東アジア海域叢書15

小島　毅編

中世日本の王権と禅・宋学

汲古書院

中世日本の王権と禅・宋学　目　次

東アジア海域叢書15

序

小島　毅

国家間の歴史認識の相違は、東アジアに横たわる深い溝である。

とりわけ二十一世紀になってから、それぞれの国の政治的な理由により過去の事件をどう評価するかが国民レベルの認識の差となって表面化し、「だからあの国は嫌いだ」という感情的なわだかまりを生む一因となっている。ある戦争を「アジア解放のための義戦」とする人たちと「利己的な侵略戦争」とみなす人たちとのすれ違いは、文化的・経済的な一体化が進むなかで相互理解に対する障碍となっている。本書はこうした問題に正面から取り組むものではないけれども、歴史を扱う立場からその淵源を学術的に追究し、正確な知識を共有せんがために行われた研究の成果である。

本書執筆者の多くは、にんぷろ（東アジアの海域交流と日本伝統文化の形成――寧波を焦点とする学際的創生）のなかの課題研究、「東アジア三国の正史に見る王権理論の比較」（略称「王権班」）のメンバーであった。この研究は、日本・中国・韓国（朝鮮）三ヶ国において、近世（この語の意味内容については学説的に議論があるがここでは触れない）の歴史認識を形作った朱子学を対象とし、それが各国でどのように形成もしくは受容され、いかなる作用をもたらしたかを比較検討することを目標としていた。

具体的には、三ヶ国それぞれに朱子学的な歴史認識のもとに編纂された三つの書物、『大日本史』・『宋史』・『高麗史』を対象として、それらの歴史叙述のあり方を王権の正統性をめぐる説明の仕方から分析していこうと志していた。『宋史』と『高麗史』はともかく、『大日本史』を「正史」と呼んでよいかどうかは評価の分かれるところだろうが、この史書が江戸時代後半から明治維新を経て、近代における「不幸な歴史」にも繋がっていく歴史認識を確立したという面から、仮にそう分類してみたのである。

『大日本史』は水戸藩の一大事業として、十七世紀後半から二十世紀初頭に至る二五〇年の歳月を要して完成した。六国史や『本朝通鑑』等の他の漢文史書とは異なり、本紀・列伝・志・表を具えた紀伝体で編まれていることにその特色がある。その歴史観は朱子学的な大義名分論に基づいており、この点で『宋史』や『高麗史』と共通する。中国では『宋史』のあとも『元史』や『明史』が朱子学の史観で編まれたし、中国史学史の上ではこれに先立つ『新唐書』・『新五代史』に画期を見出すのが通説であるが、『宋史』は朱子学成立の後に王朝政府が前王朝を回顧する形で編んだ最初の正史である。また『高麗史』も朱子学を官学とした朝鮮王朝において編まれているわけで、私たちはこの三つを同一位相のものとして比較対象に選んだのであった。

私たちは、これら「王朝の正史」を王権という術語を用いて分析することにした。王権という語は学界で広く使われている一方で、それゆえ研究分野・個別研究者ごとに多義的な内容を帯びている。ここで私たちの定義・用法を示すことはあえて避け、本書所収論文のそれぞれをもってその解説としたい。一言だけ述べておくならば、私たちは中華皇帝（理念上は全世界の統治者）や天皇を王権と称する一方、中華に朝貢した韓国の諸王朝やたとえば五代十国時代の南方諸国、日本では幕府の将軍、さらには奥州平泉のような地方政権も王権と呼びたいと考えている。均質な主権国家・国民国家（それ自体が虚構・仮構にほかならない）という理念がまだなかった時期、東アジア各地には重層的な王権が存立していた。朝貢を屈辱外交と捉えるような感性（その起源はすでに中世に誕生していた）ではなく、学術的にこの多様なあり方を分析するには、「国家」とか「王国」とか、まして「政府」というような用語ではなく、「王権」という語が最も適切に思われたのである。

科研の正規構成員たる研究代表および研究分担者（制度変更により、中途から連携研究者という呼称も使われた）は、中国思想史を専門とする小島毅・伊東貴之、日本史の保立道久・近藤成一、日本思想史の陶徳民、朝鮮史の山内弘一の六名。これに海外研究協力者として、韓国で中国史を研究している金栄済を委嘱した。金は本叢書の別の巻（第七巻）に貿易と王権についての論攷を寄せているため、本書には寄稿していない。

私たちはもともと個々人の興味関心から研究を進めてきたため、本研究を遂行するにあたってなんらかの共通テーマを設定する必要を計画段階から感じていた。そこで、特定領域採択後、二〇〇六年が『大日本史』完成百周年だったことから、まずは水戸学から考察していくこととした。日本思想史の大家たる尾藤正英・子安宣邦の両氏、また水戸学を長年研究してこられた鈴木暎一氏や復旦大学で日本史を講じる馮瑋氏らを講師に招聘して公開研究集会を主催し、私たち自身の知見を深めるとともに、関心をもつ研究者に集ってもらって活発な議論を交わした。特定領域内の他の専門家、前田勉氏（本叢書第五巻を担当した日中儒学班のメンバー）、永冨青地氏（新儒教班のメンバーで本叢書の姉妹企画「シリーズ・東アジア海域に漕ぎだす」第二巻の執筆者の一人）、松田吉郎氏（本叢書第八巻を担当した水利班のメンバーで、「シリーズ」第三巻の執筆者の一人）らにも協力を仰ぎ、特定領域としての利点を活用して検討を進めた。さらに、二〇〇七年七月に福岡で開催された「にんぷろフォーラム」で蒙古襲来をテーマとするパネルを主催し、右と同様に他班メンバーにコメント批評してもらうことで、班横断的な学際研究を行った。

また、陶徳民が時期を同じくして主宰していた関西大学のＣＯＥ「東アジア文化交渉学」と提携し、そこで開催されたシンポジウムに何度か参加している。領域全体の重点項目選定後は、そのなかでも特に私たちと関わりの深い五山文化の研究に協力し、中世日本における中国文化（遣唐使時代とは異なる新しい文化潮流）の受容とその変容について、いくつかの研究集会で報告を行ってきた。さらに、藪敏裕氏が代表を務める景観班（本叢書第十六巻を担当）が平泉を世界文化遺産に登録する事業に協力するようになると、これとの連携を深めて平泉王権（奥州藤原三代）の様相を考察した。国際的には陶徳民を仲介役として、復旦大学との共催で二〇〇八年九月に上海で研究集会を開き、その成果を中国語で刊行している（徐洪興・小島毅・陶徳民・呉震共編『東亜的王権与政治思想』）。

このように私たちの研究班は、個々のメンバーによる個別研究、班内での共通テーマ研究、領域内の横断的研究、さらには国際共同研究という幾つもの層を設定して、所期の課題に向けた取り組みを遂行してきた次第である。

そのまとめとして本叢書における論文集を企画するにあたり、私たちが選んだテーマは本書の標題、「中世日本における王権と禅・宋学」であった。これは、一つには本叢書において「日本」を書名に明示する巻が他にないこと、いま一つには中世・近世という時代区分用語が（中国史と異なって）日本史では異論なく確立していること、そして何よりも内容的に宋学を日本にもたらしたのが禅僧たちであったことに因っている。禅僧たちが宋学を日本に紹介した時代こそ、五山文化の時代であった。

こうした枠組みを設定した上で、上記六人のメンバー以外に、四名の執筆者を委嘱した。日本中世史を専攻するダニエル・シュライとガエタン・ラポー、中国思想史を専攻する井澤耕一と水口拓寿である。なお、水口はにんぷろ朝鮮思想班のメンバーであるが、同班は本叢書の企画に加わらなかったので本書に寄稿してもらった次第である。

以下、簡単に個々の論文の梗概を紹介しよう。

第一部「中国・朝鮮の近世王権」は宋学が正統教義であった近世中国・朝鮮王朝それぞれの王権理論と東アジア諸国間の近世儒教の位相を論じる三つの論考からなる。

井澤論文「東アジアにおける祖先祭祀の諸相——中国、朝鮮、日本を例にして——」は、東アジア諸国における皇帝・王などの為政者による祖先祭祀の諸相を、宗廟の創設・変遷から扱う。まず、宋代太廟制の特徴や変遷、元・明との類似点を述べる。ついで朝鮮王朝における宗廟制の変遷を明らかにし、中国を継承した点と朝鮮独自の点とを指摘する。そして日本の皇室の祖先祭祀に言及して、「祖先祭祀」から見た各国の共通性と相違性を考察している。

山内論文「朝鮮王朝建国神話の創出」は、高麗から朝鮮への易姓革命を、朝鮮王朝の当事者たちがどのように権威づけ正当化していったのか、健元陵神道碑、『龍飛御天歌』、『高麗史』を分析して述べる。前二者に描かれた太祖李成桂やその祖先・子孫代々の事蹟は王朝を権威付けする記述に満ちているが、それは正史として実証史学の史料に用いられている『高麗史』にも当てはまり、これらをはじめから「神話」として認識することの意義を提起する。

伊東論文「東アジアの「近世」から中国の「近代」へ——比較史と文化交流史／交渉史の視点による一考察——」は、まず朱子学から陽明学への流れ全体を「近世儒教」と措定したうえで、同じく「近世」の語をもって呼ばれる日本の江戸時代との比較を行う。また、明清時代の思想史・社会史諸研究を整理し、溝口雄三の所説が占める学説史的位置を論評する。最後に江戸時代の日本の思想状況を俯瞰することで東アジアのグローバリゼーションが見出されることを述べる。

第二部「鎌倉時代の王権」は『愚管抄』や『古今著聞集』など、十三〜十四世紀の日本で書かれたテクストを対象として鎌倉時代の言説を読み解いていく四つの論考からなる。

シュライ論文「ヨーロッパと日本の中世における神聖王権の可能性を巡って——フライジングのオットーと慈円の歴史

思想を中心に――」は、時代的には重なるものの属する文化や歴史的背景を異にする二人の思索者の比較を通して見た王権論の考察である。前半では王権概念に関する欧米での先行研究整理を行ったうえで、その一例としてのオットーの思想が分析される。そして後半ではこれとの比較のもとに『愚管抄』と「夢想記」とに見える慈円の王権論が解釈され、神聖王権という概念の広義での使用が提案される。

水口論文「「尼父」と「大神宮」――『古今著聞集』神祇篇第十二話の一解釈――」は、儒教儀礼の日本化譚の分析である。すなわち、某人の夢に孔子が現れて大学寮の孔子祭祀（釈奠）で犠牲獣ではなく植物を供えるに至った理由を語る説話に注目し、藤原頼長の日記『台記』と橘成季の『古今著聞集』との相違点として、後者では孔子が天照大神と同席するからとしていることを指摘する。これは既存の観念を逆手に取ってある価値観を擁護するという、『古今著聞集』全体に通底する世界観の基本構造に呼応するものだという。

近藤論文「天皇の譲位と院政――鎌倉時代を中心に――」は、天皇の譲位がどのような政治状況のもとで行われ、また逆に天皇の譲位がどのような政治状況を作り出したのかを考察している。皇位を譲る父なる天皇と、皇位を受ける子たる天皇の意志は必ずしも一致せず、後者が前者の修正を図る事例があったこと、両統迭立の状況においては皇太子の座をめぐる競争が激しくなったことを指摘している。

ラポー論文「南北朝動乱期の王権と調伏法――文観著『逆徒退治護摩次第』の秘密修法――」は、文観房弘真の「逆徒退治護摩次第」をもとに後醍醐王権における宗教儀礼を分析する。護摩儀礼の一種として密教儀礼の構成要素となった調伏法は、後醍醐政権においては特に軍事的手段として活用された。その儀礼テクストを仔細に分析することで、調伏する側の王権観を明らかにしようと試みている。

第三部「禅僧と儒者の王権論」は禅僧たちの宋学理解と王権との関わりを扱う二つの論考と、宋学の日本的変容である水戸学と近代天皇制との関係を論ずる論考とからなる。

小島論文「中巖円月が学んだ宋学」は、元に留学して帰朝した臨済僧中巖がかの地で得た宋学についての知識をどう咀嚼したかを論じている。彼の政治論『中正子』は、従来朱熹の思想と直接比較して論じられてきたが、中巖が実際に接した元代禅林での朱子学受容や、朱子学もその一構成要素である宋学全体のなかで考察される必要がある。『中正子』には仏教の立場から宋学を論じた北宋の契嵩の影響も看取されるとし、本場中国や高麗の場合と比較して当時の日本における宋学受容の特異性が指摘される。

保立論文「大徳寺の創建と建武親政」は、王権との深い関わりのなかで南浦紹明・宗峰妙超の法統に始まった大徳寺が、持明院・大覚寺両統の対立とどう関わったかを扱う。大徳寺が元弘の変による後醍醐天皇の還御直後に所領安堵されている点からも、「公家一統」を象徴する寺院としてのその位置づけが窺えるとし、建武新政期における禅律国家構想は室町幕府の禅宗国家構想に影響を与えたと論じられる。

陶論文「明治国家成立期の水戸イデオロギーに関する考察――「大日本史完成者」栗田寛の勅語講釈を中心に――」は、『大日本史』編纂作業を終結させた人物の教育勅語解釈を対象に、明治時代の国家神道成立の思想史的背景を描いている。栗田は藤田東湖に代表される後期水戸学の嫡流として、天皇制国家を祭祀儀礼により維持・再生していく運命共同体として提示した。これを伊藤博文・井上毅の憲法制定路線と比較対照することで、後者が「苦肉の策」だったことが照射される。

本書はこのように個別論文を連ねる形になっているけれども、共同研究の成果として首尾一貫したテーマを追究しているつもりである。私たちの力量が意図するところに及ばない箇所についてはご海容願いたい。そして内容に対する忌憚ない批判をおおやけにしていただくことで、このテーマをめぐる研究が厚みを増すことを念願してやまない。

本書の執筆依頼は、特定領域最終年度の二〇〇九年には行っていた。所収論考のなかには、当初の締切設定を遵守して数年前にすでに脱稿していたものもある。自身の単著に寄稿論文を収録して先に出版したため、事後にあらためて別原稿を用意してくれた執筆者もいる。諸般の事情でかくも刊行が遅延してしまった責は、ひとえに編者でありかつ叢書全体の監修者でもある私にある。長くお待ちいただいた読者各位にお詫びしたい。

ただ、言い訳めくが、こうして本書が「明治百五十年」の時期に公刊されたことは、時事的に幾分かの意義をもつかもしれない。日本が中世・近世にどのような文化交渉を経てきたか実証的に確認する作業が、維新後百五十年の歩みを再考する機縁となれば幸いである。

本叢書に共通する謝辞ではあるが、汲古書院の小林詔子さんには編集校正作業でお世話になった。彼女が費やした労力に些かでも報いられるよう、本書が広く読まれることを期待している。

二〇一七年十一月

中世日本の王権と禅・宋学

東アジア海域叢書15

第一部　中国・朝鮮の近世王権

東アジアにおける祖先祭祀の諸相——中国、朝鮮、日本を例にして——

井澤耕一

はじめに——問題の所在——

日中の制度史を通覧する際、とても有用な書として、江戸時代の儒学者伊藤東涯（一六七〇～一七三六）の『制度通』が挙げられる（岩波文庫本、平凡社東洋文庫本あり）。彼は京都の大儒伊藤仁斎（一六二七～一七〇五）の長子として、特に語学・史学・考証学・博物学などに造詣が深かった。その『制度通』巻七に「廟制並びに間架の事」という項目が

あり、『礼記』郊特牲篇の「本に報い、始めに反る」から説き起こして、

「報本反始」は、礼の大節なり。故に古えよりの礼、天子は天地を祭り、諸侯は封内の山川を祭り、大夫以下、各おのその先祖を祭る。その外、日月・星辰・風雨・寒暑、又は古えより聖賢君子、人に功徳あるものは、祭あらずと云うことなし。その事、具さに礼経にあらわる。詳らかにするに及ばず。

と述べている。続けて東涯は、伝説時代から唐代までの廟制について説き進めている。しかし「本朝の制」の項目には「原闕」とあるだけで、日本における記述・考証は一切ない。考えてみると、廟制という祖先崇拝のシステムは、中国や朝鮮半島などいわゆる中華文化圏においては従来特に重視され、例えばソウルの「宗廟」は現在、世界歴史遺産として認定されているし、北京の天安門近くにある「太廟」は一九五〇年、一旦は「労働人民文化宮」に改称され、かつ屋内にあった祭器などは取り払われてしまったが、現在では修復された廟宇を見ることはできる。一方日本においては「霊廟」など「廟」と称した建築物はあるものの、その機能は、後述するが中国や朝鮮半島のそれとは大いに異なっており、ここに日本の独自性を見て取ることができる。

さて二〇一四年に東京江戸博物館において特別展「大江戸と洛中～アジアの中の都市景観～」が開催され、その図録において「『周礼』考工記に記載された都市構成の理念（左祖右社、つまり東に宗廟、西に社稷を配置）の一つがこの宗廟と社稷にあった。しかし京都には平安京の段階からこの両者は存在しなかった。……江戸は異なる対応をした。紅葉山東照宮と徳川家霊廟の設置である。『周礼』考工記にあるようなアジアの理念を意識したのかは不明とせざるを得ないが、その共通性は認めてよいだろう。アジアが求めた宗廟と社稷の都市機能を、京都では認められなかったが、江戸には備えられた」（文中の（　）および傍点は筆者）という指摘がなされた。[1] アジアの都市の歴史的共通性を探るという意味では興味深く思われるが、果たしてそうであろうか。つまり宗廟と霊廟、東照宮と社稷は一見すると相

似性があるかもしれないが、それぞれの施設が如何に創建され、また如何なる盛衰を遂げてきたのか、また建築物に内包されている思想的機能は何かを考えていくと、その相違点が逆に明確化していくような気がしてならない。

そこで本論では、「廟制」を軸に、中国・北宋期、南宋期、明代、朝鮮王朝、近世日本、それぞれの太廟（宗廟）制度の変遷を考証し、それらの国々の祖先祭祀のありかたを明らかにしていこうと思う。

一　北宋期の太廟

本章では中国近世初期における礼制解釈と廟制の真面目を考察していく。そのために北宋前期に起きた「礼」をめぐる士大夫たちの論争を紹介した後、北宋期の太廟制の変遷を跡付けていく。

まずいわゆる「濮議」についてその経緯を以下に述べる。[2]

北宋の第四代皇帝仁宗は後嗣に恵まれなかったため、従兄弟である「濮王」趙允譲の第十三子である趙曙（後の第五代英宗）を養子に迎えた。嘉祐八年（一〇六三）に仁宗は崩御、その後を趙曙が継いだが、その際実父である濮王を如何に祭祀すべきかが問題となった。欧陽脩（一〇〇七～七二）、韓琦（一〇〇八～七五）等、いわゆる宰執派は、「親は必ず恩を主とし、礼はその本を忘れず、此れ古今不易の常なり」（『続資治通鑑長編』巻二〇一）、つまり礼の基は本を尊ぶことであり、皇帝の実父である濮王を「皇考」として扱うべきとした。これに対し、司馬光（一〇一九～八六）、范純仁（一〇二七～一一〇一）ら台諫派は、「人の後となる者は之が子と為り、敢えて復た私親を顧みず」（『続資治通鑑長編』巻二〇五）、つまり英宗は仁宗の後となった時点で生父との関係は切れているので、濮王は皇帝の伯父である「皇伯」として遇すべきだとし、これを御史台や諫院などに集う官僚が強く支持した。この案件は次第に政争となっていき、台諫派が宰執派を弾劾、あるいは宰執派が台諫派を左遷するなど、事態は深刻化していった。結局、治平三年（一〇六六）、亡き仁宗の皇后であった曹氏の介入で濮王を「皇親」として遇することで事態の収拾が図られ、欧陽脩側の勝利で濮議は収束した。

このように当時、王朝の礼制をめぐって国論が二分される事態が起こっているが、では皇帝の「家族関係」が反映される廟制は、当時如何なる変遷を遂げていたのであろうか。(3)

北宋の太廟は、建隆元年（九六〇）から唐制に依り、「同殿異室」、つまり一つの廟を室でしきって建てられたが、当初は四親廟（高、曾、祖、禰）、つまり前四祖廟のみが置かれ、太祖趙匡胤の高祖父である僖祖趙朓、曾祖父の順祖趙珽、祖父の翼祖趙敬、父の宣祖趙弘殷の前四祖が祀られた（『宋史』太祖本紀一）。その後太祖が亡くなると廟室が東側に増築され五室となり、第二代太宗の崩御時は六室、真宗崩御時は七室となった。そして次の仁宗が亡くなると「天子七廟制」に関わる問題が起こったのである。つまり「七」という数字に従えば、仁宗が太廟に入るに伴って、最も疎遠な僖祖の神主を夾室（廟に付属する小室）に遷さなければならない（これを祧《い》という）。これについて、嘉祐八年（一〇六三）、太常礼院が現状のままさらに一室を増やすことを上言したところ、天章閣待制であった司馬光は「今若し太祖・太宗を以て一世と為さば、則ち大行皇帝（仁宗）祔廟（廟に合祀すること）の日、僖祖の親尽《つ》く、当に西夾室に遷し、三昭三穆を祀るべし。先王の典礼及び近世の制において、符合せざる無し」（『続資治通鑑長編』巻一九八）と主張した。つまり司馬光は、あくまでも始祖（太祖）と三昭三穆の「七」の原則を守り、それを上回った場合には疎遠な神主から遷すことを主張したのである。それに対して観文殿学士孫抃は「後世の礼、既に三代と同じからずして、則ち廟制も亦た変りて時に従わざるを得ず」として、制度を時流に合わせて運用すべきだと説き、「今僖祖は、始封の君に非ずと雖も、要に立廟の始祖たりて、方に廟数未だ七世を過ぎざるの時、遂に其の廟を毀ち、其の主を遷すは、三代の礼を考うるに、亦た未だ嘗て此くの如き者有らざるなり」として、僖祖を北宋太廟の始祖としてそれを遷すことに反対した。結果的に孫抃の主張が採用され、八室となったのである。次の神宗の時代にも、治平四年（一〇六七）英宗の祔廟に際して、一旦は僖祖およびその后を夾室に遷したが、熙寧五年（一〇七二）、宰相王安石の意を汲んだ中書門下は、僖祖をあくまでも始祖として祧遷しないことを上奏した。それに対して韓維（一〇一七～九八）は太祖を始祖として、僖祖を遷すことを主張し対立したが、結果的に僖祖の次の順祖を夾室に祧遷することで決着が図られた（『宋史』礼志九）。その後神宗の崩御の際には、僖祖はそのままで、順祖の次の翼祖が祧遷されたが、哲宗の崩御の際には、第九室を新設し、そこに哲宗の神主を祀ることを主張した礼部太常寺と、部屋数を変えず宣祖を遷すことを主張した蔡京（一〇四七～一一二六）ら新法派が対立した。徽宗は両説のはざまで揺れ動いたが、結局崇寧二年（一一〇三）蔡京の意見が採られた。翌年、廟室が十室に増築されたのを機に、今度は神宗時代の僖祖、翼祖、宣祖、太祖、太宗、真宗、仁宗、英宗に加え、神宗、哲宗が祀られることになったのである（『宋史』礼志九）。

二　南宋期の太廟制――朱熹と陳傅良の議論を通して――

一一二七年北宋が滅んで、南宋が臨安（杭州）を行在として興ったが、南宋前期の太廟について、『宋史』礼志九・十、李心伝『建炎以来朝野雑記』乙集巻四に基づいて概略を述べてみる。

高宗期の太廟は徽宗を第十一室に祀り、その後前四祖を別に祀ることが建議されたが、実現されないまま終わった。第二代孝宗期には、翼祖が再び祧遷され、かわりに北宋最後の皇帝、欽宗および高宗が祔廟され十二室となった。そして第三代光宗の末期、紹熙五年（一一九四）には、高宗が成し得なかった、前四祖すべてを別殿に祀り、太祖を初室に祀って「始祖」とすることが、永嘉学派の陳傅良（一一三七～一二〇三）らを従えた趙汝愚（?～一一九六）によって提起され、実行されたのである。

　陳傅良とは、字、君挙、温州瑞安県の人。父陳彬は郷里で学問を教授していたが、陳傅良が九歳の時に没している。乾道五年（一一六九）、三十三歳のときから三年間、教師として越州新昌の黄度宅に滞在し、その間、永嘉学派を切り開いた薛季宣（一一三四～七三）のもとを訪れ、彼に師事している。また太学に入学する目的で臨安に赴いた際には、張栻、呂祖謙とも親交を結んだ。乾道七年（一一七二）進士甲科に及第すると、泰州州学教授に任命されたが、参知政事の龔茂良の推薦により、淳熙三年（一一七六）太学録に改められた。その後福州通判として彼の地に赴き、そこで丞相であった梁克家の信任を受けたが、弾劾を受けて罷免され、一時期帰郷している。その間、仙岩（浙江省温州市仙岩鎮）に書院を創立した。淳熙十四年（一一八七）知桂陽軍に任命されてから、提挙常平茶塩事、湖南転運判官、浙西提点刑獄、吏部員外郎と地方官を歴任した。任を終えて都に十四年ぶりに戻ってきた時には、彼の鬚鬢は雪のように白くなったため、人々から「老陳郎中」と呼ばれている。紹熙三年（一一九二）時の光宗皇帝の求めに応じて『周礼説』十三篇を上り、秘書少監兼実録院検討官、嘉王府賛読に任命された。紹熙五年（一一九四）光宗から寧宗に帝位が譲られると、中書舎人兼侍読、直学士院、同実録院修撰として宮中に参内しており、太廟に関する提議もその際なされたものであった。(4)

　この議に対して即座に反論したのは朱熹（一一三〇～一二〇〇）であった。当時、彼は煥章閣待制兼侍講として出仕しており、当時の彼の意見は『宋史』礼志十、「祧廟議並図」「進擬詔意」（『朱文公文集』巻十五）、『朱子語類』巻一〇七・内任・寧宗朝、『中庸或問』などに詳しいが、まとめると以下のとおりである。朱熹は「子孫為る者、其の先祖を択びて之を祭る」（『中庸或問』）ことは不敬であり、そこから宋朝の始祖である僖祖を太廟から祧遷することを批判した。そしてまず「面奏祧廟劄子幷図」においては、僖祖、太祖、太宗、仁宗、神宗、哲宗、徽宗、欽宗、高宗、孝宗を十室に祔廟し、その後「進擬詔意」では、北宋期の皇帝のうち先の「面奏祧廟劄子幷図」で祧遷されていた、真宗、英宗を復して、僖祖、太祖、太宗、真宗、仁宗、英宗、神宗、哲宗、徽宗、欽宗、高宗、孝宗を十二室に祔廟することを図ったのである。しかしながら朱熹のこの主張は、『宋史』礼志十所載の度正（理宗期の人）の言にあるように「学士大夫皆異論有りて、遂に行う能わず」という結果に終わってしまったのである。

三　明代の廟制――嘉靖帝の廟制改変――

さてここまで両宋での廟制を見てきたが、本章では、第一章と同じ手法で、明代に起きた「礼」をめぐる士大夫たちの論争を紹介した後、当時の太廟制の変遷を跡付けていく。

明代後期に起きた「大礼の議」とは、「濮議」と同様に、傍系から即位した皇帝がその実父母をどのように遇すべきかが争われた案件である。(5) 弘治十八年（一五〇五）第十代弘治帝（孝宗）が崩ずると、その長子の正徳帝（武宗）が跡を継いだ。彼は荒淫逸楽の天子であり、劉瑾や江彬などの跋扈を許し、また地方では反乱が頻発し、正徳十四年（一五一九）には南昌の寧王宸濠が反乱を起こしている。この乱は周知のとおり王守仁（一四七二～一五二九）によって鎮圧されたが、明王朝の弱体化は誰の目にも明らかとなった。正徳十六年（一五二一）正徳帝の治世が終焉を迎えると、大学士の楊廷和（一四五九～一五二九）らは皇明祖訓の「兄終弟及」の規定に依拠して、孝宗の異母弟、興献王の一人息子である厚熜を皇帝（嘉靖帝すなわち世宗）として迎立した。この擁立劇は巧妙かつ順調に行われ、新時代の幕開けになるかと思われたが、ここで嘉靖帝入京に際して、如何なる礼で遇するかという問題が生じた。迎える側の礼部が、楊廷和の指示通り、入京の方式として皇子の礼を採ったのに対して、嘉靖帝側は不快感を示したのである。結局両者の齟齬が埋まらないまま、うやむやのうちに、入京即位式が四月二十二日に執り行われた。この衝突の五日後、嘉靖帝は礼部に実父興献王の主祀と称号を議するように命じ、ここより大礼問題が始まった。皇帝の命に対して、楊廷和は、礼部尚書の毛澄に、前漢の陶王、前出の濮王の故事を提示し、「此の篇拠と為らん、議を異にする者は、即ち奸諛にして、当に誅すべし」と述べ、問題の鎮静化を図った（『明史記事本末』巻五十「大礼議」）。この楊氏の対応には、中山氏が指摘するように「先例を究むるに十分なる資料を用いず、卑近な書物によって片付けようとした所にも、（中略）問題を安易に片付けようとした倉卒、不用意な態度を窺わしめるものがある」が[6]、結局、興献王の異母弟である益端王の次子を主祀として迎え、また孝宗を「皇考」、興献王を「皇叔父興献大王」、興献王妃を「皇叔母興献王妃」、そして世宗の自称を「姪皇帝」とする上疏が奉られたのである。嘉靖帝はこれを斥け再議するように求めたものの、結局歩み寄りは見えず、その間隙をついて、進士の張璁が楊氏らに反駁した「大礼疏」を奉り、嘉靖帝の歓心を得ている。翌嘉靖元年（一五二二）の一月から三月にかけて、この論争の一応の妥協が図られ、孝宗を「皇考」、皇后を「聖母」、実父母を「本生父母」とし、尊称に皇を加えないことが決まった。しかしそれに満足しなかった嘉靖帝は、嘉靖三年二月、楊廷和が致仕すると、張璁や南京刑部主事であった桂萼の意見を受け入れ、四月には実母を「本生聖母章聖皇太后」、実父を「本生皇考恭穆献皇帝」に改め、さらに七月十二日には「本生」を取り去る詔を下したのである。

これに対して異を唱えたのが、当時翰林修撰となっていた楊廷和の子楊慎（一四四八～一五五九）である。彼は先ず三年六月、同僚三十六人とともに「臣等と萼の輩とは、学術同じからず、議論も亦た同じからず。臣等の執る所は、程頤、朱熹の説なり、萼等の執る所は、（前漢の）冷褒、段猶の余なり。（中略）臣等与に列を同じくすること能わずして、願わくは罷斥を賜わんことを」と訴え（『明史』楊慎伝）、張璁、桂萼の翰林学士任命に反対し、その人事案を葬った。楊慎らは俸給停止処分を受けたが、それにひるむことなく、「本生」削去の詔が出された三日後、吏部侍郎の何孟春の呼びかけに応じた廷臣二二九名が左順門に座り込みを行うと、彼も検討の王元正らとともに「門を撼《ゆら》して大哭し、声殿庭に徹《たつ》す」る示威運動を行った（同右）。その時楊慎が発した「国家士を養うこと百五十年、節に仗りて義に死するは、正に今日に在り」（『明史』何孟春伝）という言葉は自身の覚悟の程を表しているが、結果として廷臣のこの行動は嘉靖帝の怒りを買い、一三四名の逮捕者と廷杖による十六名の死者を出す大事件に発展し、楊慎自身も、二度の廷杖を科せられた上に、雲南に謫戍されてしまった。そして楊慎らが死をも賭して反対した皇帝の実父母の称号問題は、同年九月に「本生」を削去する詔が改めて下されたことによって、最終的に嘉靖帝の勝利に終わったのである。

さて以上の「大礼の議」は北宋の「濮議」と比較されるものであるが、それでは明における廟制の変遷は如何なるものであっただろうか。また果たして宋代と同じく国論を二分したものになったのであろうか[7]、以下考証していく。明における太廟は、洪武九年（一三七六）朱元璋（洪武帝、太祖）により当時の都南京に創建されたことを嚆矢とする。廟内には徳祖（朱元璋の高祖父）、懿祖（朱元璋の曾祖父）、熙祖（朱元璋の祖父）、仁祖（朱元璋の父）の前四祖が祀られていた。第二代建文帝が即位すると、朱元璋は太祖として祔廟されたが、南京王朝は永楽帝（もと太宗、嘉靖帝期に成祖と改称）の簒奪により滅亡する。都が北京に遷されると、太廟も南京時代に倣って造営された。ただ『明会典』や清・万斯同（一六三八〜一七〇二）『廟制図考』によれば、明代は宋とは違い、始祖を中央の廟室に置き、次は向かって右に、その次は向かって左というように祔廟されていることに注意を要する。宣徳元年（一四二六）には永楽帝を太宗、翌年洪熙帝を仁宗、さらに十年（一四三五）宣徳帝を宣宗として祔廟した。第六代の正統帝は土木の変（一四四九）により一旦皇帝の位を失ったが、復辟したため、第七代皇帝であった景泰帝には廟号が無く（崇禎十七年〔一六四四〕七月代宗が贈られる）祔廟もされなかった。天順帝（正統帝）が崩御すると、廟の室数は九となり、次の成化帝（憲宗）崩御の際、後を継いだ第十代弘治帝（孝宗）は、太祖の曾祖父にあたる懿祖を祧遷し、太廟の室数を増やすことはしなかった。

第十二代の嘉靖帝の即位後、明において最大規模の廟制改革が行われた。本章冒頭で述べたように、嘉靖帝は、自らの目的を果たすため強権をふるった皇帝であり、実の父を皇統に入れるために、それに異を唱えた士大夫たちを弾圧した。廟制においてもそれが導入されており、帝は火災で焼失した太廟を再建する際、「既に昭穆無く、亦た世次も無し。只だ倫理に序すれば、太祖は中に居り、左の四は成、宣、憲、睿を序し、右の四は仁、英、孝、武宗を序す」（『明世宗実録』巻三〇九、嘉靖二十四年〔一五四五〕六月己未の条）と規定した。つまり前四祖すべてを祧遷し、太祖、成祖、仁宗、宣宗、英宗、憲宗、孝宗、そして帝位につかなかった実父を睿宗として祔廟し、次に武宗を祀ったのである。これに対して後の隆慶帝（六年、一五七二）や天啓帝（元年、一六二一）の時代、睿宗の祧遷が上奏されたが、いずれも却下された（『明史』礼志五）。また太祖を始祖として、成祖とともに不祧とする制度は、明の滅亡まで維持され、天啓帝の時代、帝位につかなかった睿宗は第三位にまで遷ったのである。

四　朝鮮王朝の宗廟制

さて本章では、宋明期の廟制を踏まえながら、朝鮮王朝における廟制の変遷と特徴を考証していくが(8)、まず現在ソウル市にある宗廟の廟室を、初代王李成桂から、第二十六代高宗、その嫡子純宗までの系図を基に一覧してみる。

宗廟は宋の制度と同様に向かって左（西）から始まっている。図中の（ ）は祧廟である英寧殿に祀られている王、【 】は廃位された王、《 》は王位についていないが祔廟された王である。なお皇帝の諡号は大韓帝国期（一八九七〜一九一〇）のものである。

太祖高皇帝→（定宗大王）→太宗大王→世宗大王→（文宗大王）→（端宗大王）→世祖大王→（睿宗大王）→成宗大王→【燕山君】→中宗大王→（仁宗大王）→（明宗大王）→宣祖大王→【光海君】→仁祖大王→孝宗大王→顕宗大王→粛宗大王→（景宗大王）→英祖大王→正祖宣皇帝→純祖粛皇帝→《文祖翼皇帝》→憲宗成皇帝→哲宗章皇帝→高宗太皇帝→《純宗孝皇帝》

朝鮮王朝は一三九二年から一八九七年までの約五百年間、二十六の王によって統治されてきた国であり、廟室における祔廟や祧遷については、建物の不足や政治的闘争の煽りで、儒教の礼学理論の通りには行かなかった。例えば、王朝初期、太祖の前には穆祖（李成桂の高祖父）、翼祖（李成桂の曾祖父）、度祖（李成桂の祖父）、恒祖（李成桂の父）のいわゆる前四祖の廟について、朱熹の考えにのっとれば（第二章参照）、穆祖を「不遷」の始祖として、あくまでも宗廟内に留めなければならなかった。しかし実際は、世宗三年（一四二一）に、祭祀を司っていた礼曹より「穆祖は当に遷して、宋朝の僖、順、翼、宣の四祖を追崇し廟を別ちて奉祀するの例に依るべし、有司をして別に祧廟を建て奉祀せしめよ」という議決が出ている（『世宗実録』三年七月戊寅の条）。そして成宗三年（一四七二）恒祖が永寧殿に祧遷されたのに伴い、太祖が宗廟の初室に祔廟され、結果前四祖がすべて永寧殿に祧遷されて、現在の宗廟、永寧殿における廟室の配置の基ができあがったのである。

また廃位されたために、宗廟に祀られなかった国王もいた。第九代の成宗の嫡子として一四九四年に即位した燕山君は、乱行非行のため、十二年（一五〇六）成希顔らのクーデターによって、廃位、追放され、同年病死した。また第十四代宣祖の庶子であった光海君は、彼を推す大北派と対立する西人派のクーデター（癸亥反正）により一六二三年廃位となった。王朝が継続しているのにもかかわらず廃位や殺害に遭った皇帝あるいは王の宗廟における処遇については、明（第二代建文帝、第七代景泰帝）、朝鮮ともに同じで、廟室に祀られることもなく歴史的には黙殺されている。

さて明の嘉靖帝の時と同じく、朝鮮王朝でも国王の実父が廟号を賜って宗廟に祔廟された例もある。第十六代仁祖の実父である定遠君（一五八〇～一六二〇）はその死後の仁祖十一年（一六三三）五月に、明王朝から朝鮮国王と追封され（『朝鮮実録』巻二十八「是に追贈を用て、爾を朝鮮国王と為し、諡して恭良と曰い、之が誥命を錫う」）、翌十二年（一六三四）正月、元宗という尊号がたてまつられた（『朝鮮実録』巻二十九）。そしてその一年後宗廟に祔廟されたのである（『朝鮮実録』巻三十一）。この祔廟について、その実現に尽力したのは李珥（一五三六～八四）及び成渾の門下であった李貴（一五五七～一六三二）である。彼は癸亥反正に参加して、光海君を廃した後、宣祖の孫にあたる綾陽君倧を王に推戴、その功績により靖社功臣一等に冊録された。その後、仁祖四年（一六二六）、金長生とともに仁献王后（元宗妃）の喪期を巡り、台諫の弾劾に遭い一旦辞職している。それでも彼は仁宗にとって功臣であり、死後領議政を追贈され、仁祖廟庭に配享されている。李貴は、仁祖の意を汲み「追崇の礼は、乃ち光明正大の事」と主張するも（『朝鮮実録』巻二十五、仁祖九年（一六三一）十月二日の条）、王統に私情が介入することを危惧する儒者たちの批判を浴びている事が『朝鮮実録』から散見される。結局元宗は王位につかなかったにもかかわらず、景宗二年（一七二二）粛宗の祔廟に伴う、永寧殿への祧遷まで宗廟に祀られたのである。

五　近世日本における祖先祭祀について――天皇陵と豊国廟・東照宮――

さてここまで、中国、朝鮮における廟制というものを検討してきたのであるが、そもそも日本において果たして廟制は存在していたのだろうか。その疑問に対して大阪懐徳堂の中井竹山（一七三〇～一八〇四）は『草茅危言』巻一（天明八年〔一七八八〕六月、松平定信〔一七五九～一八二九〕との会談後、献上した書）において以下のように述べる。本論は日本における葬礼や墓制に対して鋭い指摘を行っており、これを内容別に分けて解説することによって、近世における日本の廟制を説明してみたい。

①我邦は王室にても、古来ただ陵園の式備わりたるのみにて、廟制の定めは聞こえず、令条などにも絶えてなし。中葉已来は、山陵もただ仏寺に寄寓して、別の設けはなくなり、今は泉涌寺に、数十代の塋《えい》域、累々として列したまい、その寄寓の寺をさして、廟所としたまうように見ゆれども、四親廟祧廟の差別あるに非ず。②武門も是に准じて、一向さし定りたる制度を聞かず。鎌倉は一再伝にて亡びたるゆえ、もとより論に及ばず。室町は等持院中に、今一宇ありて、十三代の塑像を安置せり。別に祖廟の設けもなく、昔は一廟一主なりしや。又はやはり今の如く同殿なりしや、何ぶん迭毀《てつき》の制はなかりしと見ゆ、十世を過ぎても尽く祀ると云うは、天子の制にもなき事なり。③当御代は、祖廟の御設け尤も顕厳を致させたまい、変世の廟制も備わりたる御事ながら、祧制はいまだ行われず。是は当初は御入用のなきことゆえ、後世子孫の建議に託したまうなるべし、万世無疆の御事なれば、いずれこの御定めなかるべからずして、今日などは、もはやその時なるべし。（馬場文耕、一七一八～五九）『明君享保録』に、享保御代始めの上意（徳川吉宗）に兼ねて仰せ置れけるは、凡そ天子は七廟、諸侯は五廟、大

夫は三廟と『礼』にあり。然るに当家既に上野並に増上寺の廟所七廟ありて、天子の如し。是れ武家の法に過て、聖人『礼記』の心に叶わず。然れども有来りたるを毀ち仕廻し様もなし、唯々当時日本の礼儀華美になりて礼儀の真実に叶わず。予今にも相い果てなば、東叡山の常憲公（徳川綱吉）の御霊敷と相殿にすべしと、上意遊ばされしと見えたり。これより同殿の制興り、今日に至れり。元来七廟のことは思召に叶わせられざる事ながら、御謙譲の美意にて祧毀にも及ばせられず、権侍の制を以て同殿の定を創せられ、その已来是を遵奉せさせたまうも、寔に余義なき御ことなるべし。さりながら万代無疆の内に同殿もついには塞がり、たとい三主四主同殿となるとも、時有りて数も満つべし。況や幾十代も、同じように奉祀有らんことは、天子の制にもなき事なるや。今日もはや十代に及ばせられたる時なれば、祧毀の制は立ちたまわずして叶わざる事なるべし。四親廟の上を次第に祧するは少しも不敬に非ず、少しも不順に非ず、是れ聖人の中制にして、天理の当然なれば、後代の範を垂ると云うものにて、聊も擬義を容るべきに非ずかし。（文中の（　）は筆者、仮名づかいなどは一部改めた）

①竹山は「我邦は……廟制の定めは聞こえず」として、中世以降の日本に、中国、朝鮮等で行われた廟制の存在を否定した。例えば戦国末期以降の天皇の葬儀については、竹山が指摘するように、第一〇六代正親町天皇（文禄二年〔一五九三〕崩御）が泉涌寺で火葬され、遺骨は深草法華堂に葬られて以降、必ず泉涌寺で執り行われるようになった。第一一〇代の後光明天皇以後は土葬となり、寺域内の「月輪陵」には幕末の孝明天皇に至るまで、天皇や皇族の墓石が並んでいる。ただ、竹山も指摘するように親疎の区別は無く、禁裏では擬似的にも廟制は行われていなかった。[9]

②次に鎌倉および室町の武家の葬儀と墓制について、源氏将軍三代の墓は当時のものは無く、室町将軍のそれは、竹山が紹介している等持院霊光殿に、第五代足利義量、第十四代足利義栄以外の木像が安置されている（徳川家康の木像も安置）。ちなみに幕末の文久三年（一八六三）、攘夷派の手により、初代足利尊氏、二代義詮、三代義満の木像の

首および位牌が持ち出され、賀茂川の河原に晒されるという事件も起こっている。

③これ以降は徳川将軍家の霊廟について述べているが、その前に豊臣秀吉（一五三七～九八）および徳川家康（一五四三～一六一六）の墓所について詳述してみたい。まず秀吉についてだが、[10]慶長三年八月十八日（一五九八）に亡くなった豊臣秀吉の遺体は、遺言により火葬されることなく暫くの間伏見城内に秘匿された。その死は翌年正月に公表され、四月には方広寺の東方の阿弥陀ヶ峰山頂に埋葬された。秀吉自身は「新八幡」として祀られることを望んでいたようだが、禁裏から贈られたのは「豊国大明神」の神号であり、次いで正一位の神階が与えられ、彼を祀った「豊国社」が創建された。伊藤聡氏の指摘に依れば、[11]この秀吉の神格化については、当時急速に勢力を伸ばした吉田神道による新たなる「人神信仰」の構築が大きく作用しているという。つまり吉田神道は、死去したばかりの遺骸の上に社殿を建てて、神として祀ることを全面的に肯定した。それまでは死穢に対する恐怖のために、死後すぐに祀ることは忌避されていたのである。豊国社の遷宮はその吉田家によって主宰され、当主の吉田兼見が主に取り仕切った。また兼見の弟神龍院梵舜が、豊国社内の神宮寺の社僧になっている。また毎年八月十八日の秀吉の年忌には「豊国祭」と呼ばれる盛大な祭りが行われるようになり、特に慶長九年の豊国祭は数種の「豊国祭図屏風」に描かれるなどして歴史的に名高い。ただ慶長二十年（一六一五）に豊臣家が滅亡すると、豊国大明神の神号は剥奪され、神社自体も廃絶された。秀吉には改めて「国泰院俊山雲龍大居士」という戒名が与えられ、秀吉の遺体そのものは阿弥陀が峰山頂に放置された。豊国社の社殿は残されたものの、以後朽ち果てるままに放置され、参道には道をふさぐように新日吉神社が移設され、十七世紀中ごろには荒涼とした廃墟と化してしまった（『京童』一六五八年刊）。豊国社は結局、江戸時代を通して再興が認められることはなかったのである。ちなみに社は、慶応四年（一八六八）、明治天皇により豊国神社の再興を布告する沙汰書が下され、明治六年（一八七二）、別格官幣社に列せられた後、復興の道を歩み、明治十三年

（一八八〇）、方広寺大仏殿跡地の現在地（現京都国立博物館の北）に社殿が完成し、遷座が行われた。秀吉の墓地も、旧福岡藩主の黒田長成《ながしげ》侯爵を中心に整備が行われ、明治三十年（一八九七）には神社境外地の阿弥陀ヶ峰山頂に伊東忠太の設計になる五輪塔が建てられ、翌年、豊太閤三百年祭が大々的に挙行された（以上の記述は『豊国神社誌』一九二五年刊、『豊国会趣意書』一八九七年刊を参考）。

次に徳川家康の神格化であるが、元和二年（一六一六）、徳川家康は駿府で死去した。遺命によって遺骸はただちに駿河国の久能山に葬られ、同年中に久能山東照宮仮殿が完成したが、翌年には下野国日光に改葬されることとなった。改葬を巡っては、吉田神道と天海（?～一六四三）が主張した山王（一実）神道のどちらで祀るかで論争となったが、結局天海が勝利を収め、以後その勢力をさらに増大させていく。日光では久能山と同じく時の名工中井正清により社殿が造営され、禁裏からは「東照大権現」の神号（選定は第二代秀忠によって行われた）と正一位の神階を贈られた。家康の遺骸は奥院廟塔に改葬され、家康死去の一周忌にあたる四月十七日には遷座祭が挙行された。その後第三代徳川家光の令によって寛永十三年（一六三六）の二十一年神忌に向けての寛永の大造替が始められた。そして正保二年（一六四五）社号が東照社から東照宮に改められたことも付け加えたい。この経緯を見ていくと、家康は秀吉の手法に倣い自らが神になることを目指した。それではなぜ両者とも神になることを願ったのであろうか、それは神になることで、自らが本来有していなかった「権威」をその手に収めることを希求していたのではないだろうか。またその神威を得ることにより豊臣家あるいは徳川家が子々孫々まで繁栄することも望んでいたに違いない(12)。

さて第二代将軍秀忠以降は、日光の大猷院に改葬された家光を除いて、東京・芝の増上寺あるいは上野の寛永寺のいずれかに葬られた。増上寺は浄土宗鎮西派の大本山であり、明徳四年（一三九三）の開山、慶長三年（一五九八）に、現在地に移転した。関東に入封した徳川家の菩提寺となり、寛永九年（一六九三）には、まず第二代徳川秀忠が葬られた（台徳院霊廟）。以後の将軍もそこに葬られ、併せて霊廟も建立されるはずであったが、東照宮造営の時と同じように、天海がここでも影響力を行使したのであった。彼が上野に造営した東叡山寛永寺は、寛永二年（一六二五）、幕府の命により創建されたものである。寺院は山号を東の比叡山ということで東叡山と号し、寺号も延暦寺と同じく、創建時の年号を用い、建立した場所も、延暦寺が京都の鬼門（北東）に当たる比叡山に建てられたように、本寺院も江戸城の鬼門に当たる上野台地に建てられ、江戸鎮護の役割を果たしていた。ほかにも清水観音堂（清水寺）、不忍池の弁天堂（琵琶湖の竹生島）、根本中堂など、その地はまさしく京都、近江を思わせるものがあった。その寺に、家光（現在大猷院霊廟跡の碑あり）、第四代家綱（厳有院霊廟）、第五代綱吉（竹山が取り上げた常憲院霊廟）の霊廟が連続して建立された。それに対して増上寺のほうも、第六代家宣（文昭院霊廟）、第七代家継（有章院霊廟）の霊廟が連続して建てられた。次の第八代吉宗は綱吉の霊廟に合祀され（吉宗以降新たな霊廟は建てられず、既存の廟に合祀された。詳しくは文化庁『戦災等による焼失文化財二〇一七』戎光祥出版、二〇一七年）、第九代家重は増上寺、第十代家治は寛永寺というようにほぼ交互に葬られ始め、第十一代家斉、第十三代家定は寛永寺であったのに対して、第十二代家慶、第十四代家茂は増上寺に葬られたのである。竹山は、徳川将軍霊廟を、「是れ武家の法に過て、聖人『礼記』の心に叶わず」と述べながらも、いわゆる中国の「七廟」に比定している。だが日本のそれは、霊「廟」と称していながらもそれを管理しているのは寺院であるし、なによりも廟内の宝塔は仏式である。また廟の建立も二寺にまたがってしまったため、結果、祭祀（参拝）が分かれてしまい、宗廟祭祀のように複数の皇帝（あるいは王）を一元的に祀ってはおらず、この点からも中国、朝鮮とその機能を異にしていると言えよう(13)。

おわりに――結論に代えて――

以上日本、中国、朝鮮の近世期における廟制の実際と、そこで発生した論争の経緯を考証してきたが、同じ「廟」という名称を使っていながら、中国・朝鮮と日本はその底流に流れるものが全く異なっていることが分かった。

つまり近世中国・朝鮮における太廟（宗廟）祭祀は、経書や歴代の儒者の言説を縦軸、支配者（皇帝・王）の祖先に対する孝心を横軸とし、微妙なバランスを取りつつ、時には祭祀対象をも変えながら、その王朝が存続する限り、一貫して執り行われたものである。そこには「血縁」関係の強固さが垣間見え、いわゆる「血」の継承が、一王朝内で途切れることなく続けられたのである。しかし時には支配者の肉親への感情があまりにも強くなりすぎたため、古からの礼説とのバランスがとれなくなり、政治的混乱にまで発展することもあった。またそのような支配者の過度な行動に対して、それを是認する、逆に否定する官僚や学者が出現し、彼らの間でも論争に発展するが、結局それを決めるのは、たいていの場合、支配者の心に叶っているか否かであり、そこには、公的な意味での合理性は見出しにくい。

それに対して、近世日本においては、廟制という形での「血」の継承は行われていなかった。その代わり豊臣政権、徳川政権とも、その始祖を神格化することにより特に屹立させ、それにより子々孫々までその政権を安定させることが図られた。これは戦など日常命を落とし危険にさらされ、「血」の継承が平和裏に行われにくい武士ならではの思想ともいえるだろうが、このように強大なカリスマ性を持った始祖の記憶を、神格化という作業を通して「権威」に転化させ、それを後世に伝えていく手法は、近世中国や朝鮮には見出しにくい事例と言えよう。このように「権威」の分散と集中という点からアジア諸国の近世史を見ていくと、国ごとの特徴が明らかとなり、ここで新たな見解が生み出せたのではないかと思われる。

注

（1）齋藤慎一「「大江戸と洛中～アジアの中の都市景観～」展の視角」、図録『大江戸と洛中～アジアの中の都市景観～』二〇一四年、一六頁。
（2）濮議の経緯については、福島正「濮議と興献議」（京都大学人文科学研究所研究報告『中国の礼制と礼学』朋友書店、二〇〇一年）を参考にした。
（3）北宋期の太廟制については、山内弘一「研究ノート　北宋時代の太廟」（『上智史学』三十五、一九九〇年）、朱溢『事邦国之神祇――唐至北宋吉礼変遷研究』上海古籍出版社、二〇一四年、陳戍国『中国礼制史　宋遼金夏巻』湖南教育出版社、二〇〇一年、湯勤福ほか『宋史礼志弁証』上冊、上海三聯書店、二〇一一年を参考にした。
（4）陳傅良の事績については、『宋史』本伝のほか、王宇『永嘉学派与温州区域文化』社会科学文献出版社、二〇〇七年および王宇ほか『永嘉学派与温州区域文化崛起研究』人民出版社、二〇〇八年を参考にした。
（5）大礼の議の経緯については、横久保義洋「嘉靖大礼議の経学的解釈――毛奇齢の立場」（『中国研究集刊』辰号、一九九三）、陳戍国『中国礼制史』元明清巻、湖南教育出版社、二〇〇二年を参考にした。
（6）中山八郎「明の嘉靖朝の大礼問題の発端」、「再び「嘉靖朝の大礼問題の発端」に就いて」（『中山八郎　明清史論集』汲古書院、一九九五）、九一頁参照。
（7）明代の太廟制については、趙克生『明朝嘉靖時期国家祭礼改制』社会科学文献出版社、二〇〇六年、小島毅「嘉靖の礼制改革について」（『東洋文化研究所紀要』一〇七輯、一九九二年）を参考にした。
（8）朝鮮王朝の宗廟制については、『朝鮮王朝実録』の当該部分および矢木毅『韓国の世界遺産　宗廟――王位の正統性をめぐる歴史』臨川書店、二〇一六年を参考にした。
（9）近世期の天皇の葬礼については、村上重良『天皇の祭祀』岩波新書、一九七七年、井上亮『天皇と葬儀　日本人の死生観』

新潮選書、二〇一三年を参考にした。

（10）　秀吉の死去については、堀新ほか『秀吉の虚像と実像』笠間書院、二〇一六年、14「秀吉の神格化」の記事などを参考にした。

（11）　本指摘については、岡田荘司「近世の神道葬祭」（『近世の精神生活』大倉精神文化研究所、一九九六年）、伊藤聡『神道とは何か　神と仏の日本史』中公新書、二〇一二年、を参考にした。

（12）　徳川家康が日光東照宮に祀られた経緯については、前注所掲の『神道とは何か』、曽根原理『神君家康の誕生　東照宮と権現様』吉川弘文館、二〇〇八年、山澤学『日光東照宮の成立　近世日光山の「荘厳」と祭祀・組織』思文閣出版、二〇一六年、図録『徳川家康と天海大僧正――家康の神格化と天海――』二〇一七年などを参考にした。

（13）　本文で述べた寺院選択の問題については、浦井正明『もうひとつの徳川物語――将軍家霊廟の謎』誠文堂新光社、一九八三年、前注所掲の『神君家康の誕生』を参考にした。

朝鮮王朝建国神話の創出

山内弘一

はじめに

朝鮮王朝建国当初、所詮は武力による権力奪取にすぎなかった高麗から朝鮮への易姓革命を、どのように権威づけ、そして正当化していったのだろうか。易姓革命の正当化の論理は、ある意味で究極の王権論であるという予断を、本稿では採用している。朝鮮王朝の王権の根拠を、易姓革命にいたる歴史として記述し、かつそれにもとづく歴史認識を構成して定着させていく過程、すなわちいわば朝鮮王朝の建国神話の創出の過程について、本稿では、おもに健元陵神道碑、『龍飛御天歌』、『高麗史』という非常によく知られた三つの資料にもとづいて考えてみたいと思う。なお、蛇足を付記しておきたいと思うが、本稿では、実証的に、歴史的な事実関係、即ち史実を追究することは、特に戦前の偉大な先学の業績に委ねていて（参考文献、池内宏）、それ自体を目的とはしていない。また、神話と、歴史記述およびそれにもとづく歴史認識についても、両者は等価値で、場合によっては限りなく同義のものとして扱おうとする立場をとっている。従って、仮にもっともらしく言い直すとしても、本稿は、歴史上にあらわれた観念や表象のなかから、意味を取り出し、かつまた解釈を加えるという作業によって、朝鮮王朝初期の王権に関する同時代的な認識の一端について考えてみる、という程度のものにすぎない。

あらかじめ、高麗から朝鮮への易姓革命の経過を、ごく簡単に整理しておいた方が、或いは便利かもしれない。

朝鮮王朝の建国者李成桂は、一三五五年、朝鮮半島の北部、現在の咸鏡道の永興で生まれた。彼の一族は、本稿でとりあげる『龍飛御天歌』などによれば、全羅道の全州出身（全州李氏）で、古くは新羅に仕えたが、やがて咸鏡道方面に移住したという。父李子春は元の直轄領双城総管府の武人であったが、恭愍王が反元を標榜し双城総管府を攻撃すると、内部からこれに呼応し、元勢力の駆逐に功績をあげた。李成桂は、この父の後継者として政界進出への足掛かりをつかみ、元末の混乱で高麗にまで侵入した紅巾賊を討伐して、武人として頭角をあらわした。また当時海岸地帯から時に内陸まで侵入し、高麗に大きな被害を与えた倭寇を撃退するなど武名をあげることで、さらに政権の中枢に歩を進めた。

一方、恭愍王時代には、朱子学の素養を身につけた李斉賢、李穡のような人々が、主に科挙を通じて中央政界に進出した。彼らは現在、新進士大夫層または新興儒臣などと呼ばれているが、元と結びついた高麗の権臣勢力と対立した。なかでも改革を強く求める急進的な趙浚や鄭道伝等は、名声のたかまった武人李成桂に接近していった。

一三八八年、明は、もとは元の双城総管府の管轄下にあった鉄嶺以北の地の領有を通告してきた。この措置に反発した高麗では、将軍崔瑩を中心に遼東を攻撃することを計画した。李成桂は当初この計画に反対を唱えたが採用されず、曹敏修等とともに指揮官の一人に任命された。李成桂はいったん出撃したが、行軍は困難をきわめ、鴨緑江の中洲威化島から軍を引き返して（威化島回軍）開城を制圧した。そして親明の方針を明らかにして、崔瑩を追放するとともに、親元派の李仁任等権臣勢力が擁立した辛禑王を退位させ、李穡、曹敏修等の意見をいれて、いったん辛禑王の子の辛昌王をたてた。しかし、翌年には辛昌王を廃して恭譲王を擁立し、また、趙浚等の主張をいれた土地制度を改革するなど、次第に権力基盤を確立していった。やがて、李成桂配下の武人や、趙浚、鄭道伝等は李成桂推戴に動きだし、それに反対する李穡や金震陽等を次々と追放した。また、李穡の門人で李成桂即位を最後まで防ごうとした鄭夢周を、李芳遠（後の第三代太宗）配下の趙英珪が、開城の善竹橋で暗殺するなど、反対勢力を完全におさえこんだ。

このようにして、一三九二年七月、李成桂は恭譲王からの禅譲という形式を整えて位についた。そして、ただちに明に使節を送り、国王交代の事情を説明したうえで、その承認を求めたが、この時の国号は高麗を踏襲し、李成桂の肩書も「権知高麗国事」というものであった。この年の冬、明が国号の改定を問題としたので、新政権は朝鮮と和寧の二つを候補として明に打診、明の洪武帝は朝鮮を由緒のあるものとして勧め、使節の帰国した翌一三九三年、朝鮮という国号が決まった。ただ、明から誥命と印章の伝達を受けて正式に「朝鮮国王」に冊封されたのは、一四〇一年、第三代太宗のとき建文帝によってであった。

一　太祖李成桂の健元陵神道碑

高麗から朝鮮への易姓革命をどのように神話化し、正当化しているのか、まず、朝鮮王朝の太祖李成桂の陵、健元陵神道碑の記述内容を考えてみよう。

この神道碑は、明の年号永楽を用いて「永楽七年四月立石」とあるように、一四〇九年（太宗九年、己丑）に立てられたもので、銘及び序の撰者は権近である。権近は高麗末から朝鮮初期を代表する文人、朱子学者と評される人物で、先述の新進士大夫層、新興儒臣の一人として、朝鮮王朝初期の文教政策の策定に多く関わったことで知られる。詩文集の『陽村集』の他、経学に関する著作として『入学図説』や『五経浅見録』などがある。

権近撰の「健元陵神道碑銘序」としては、①『陽村集』巻三十六所収、②『新増東国輿地勝覧』巻十一所収、③『東文選』巻一二〇所収のものがあり、また、実際建てられていた碑にもとづく④『朝鮮金石総覧』下に収録されたものがある。①と②、③と④はほぼ同じテキストであるが、例えば①と④とでは文字数がかなり異なり、実際の碑を建てるにあたり、文字数を大幅に減らして簡略化がはかられたと思われる。①『陽村集』所収のものには、

元本先生撰進此文、未閲月考終、今石刻文、頗経人更改、与此文不同、故両存之、（意：原本は権近が著したが、権近は著述後まもなくなった。今の碑文は人の手が少なからず入っており、原本と同じではない。そこで二つとも文集に収めた）

という説明が付記されている。本稿でおもに引用する部分に関しては、とりあえず、王朝のいわば公的な見解が示されているとみられる実際の石刻文、すなわち④『朝鮮金石総覧』下によることにし、必要があれば①を引用して比較

することにしたい。
碑の題は、
有明謚康献朝鮮国太祖至仁啓運聖文神武大王健元陵神道碑銘并序
である。この題のなかの「有明」は、勿論中国の王朝である明のことで、碑が立てられた一四〇九年の当時、朝鮮王朝は明の冊封を受けていた。即ち朝鮮は明の正朔を奉じ、朝鮮国王は諸侯として、名分上ではあるが、明の天子の臣下だったのであり、従って、この碑の立石日を記すのに永楽という明の年号を用いている。また、朝鮮国王である李成桂が亡くなると、明から謚が下賜されることになり、それが「康献」である。明では、例えば『明史』『明実録』などで、李成桂は死後「康献王」と記載された。「太祖」は李成桂の死後、朝鮮国内で奉られた廟号であり、「至仁啓運聖文神武大王」も同様に李成桂の死後奉られた謚である。この題には、明から下賜された「康献」という謚を先に記しながらも、朝鮮で定められた「太祖」という廟号が併記されていることが注意されよう。

次に序の内容をみてみよう。冒頭の部分は次のように記述されている。

天眷有徳、以開治運、必先現異、彰其符命、夏有玄圭之錫、周有協卜之夢、由漢以降、代各有之、皆由天授、非出人謀、惟我」□太祖大王之在龍淵也、勲徳既隆、符命亦著、夢有神人、執金尺、自天降而授之曰、公宜持此正国、夏圭周夢、可同符矣、又有異人来門献書云、得之智異山巌石之中、有木子更生三韓之語、使人出迎、則已去矣、書雲観旧蔵秘記、有九変震」檀之図、建木得子朝鮮、即震檀之説、出自数千載之前、由今乃験天之眷佑有徳、信有徴哉、(」は改行、□は空格を示す。以下同じ)(意:天は有徳者をいつくしむので、その開国にあたっては、まず特異な現象による符命があらわれる。夏には禹の玄圭(『尚書』禹貢)、周には文王の夢(『尚書』泰誓中)があり、漢以降も代々同様なものがあらわれたが、これらは皆天が授けるのであって、人が作り出すものではない。

有徳者李成桂にも、即位前に符命があらわれた。李成桂は夢の中で、天から下った神人から金尺を授けられ、これを持って国を正すように言われた。また、異人が智異山の岩石の中から得たという予言書を持参し、それには木子（木と子を組み合わせると李になる）氏が三韓（朝鮮のこと）を更生すると記載されていた。天文暦数などを掌る書雲観に、古くから伝わる秘記「九変震檀（朝鮮のこと）之図」には、木得子（木と子で李となる）氏朝鮮が建つと記されていた）

とある。有徳者李成桂に天命が下ったとして、易姓革命が正当化されているが、その天命とは、天から授けられる、人智を超えた神秘的な符命によってもたらされたのである。

なお、①ではこれ以外にも、李成桂の東寧府遠征や倭寇討伐の際に、それぞれ「紫気漫空」「白虹貫日」の瑞兆が現れたことなどが、漢の高祖、宋の太宗の故事と比較しつつ記されている。そして、朱子学の素養を持つ撰者権近の、神秘的な符命の類に関する見解として、

讖緯之説、雖云不経、然亦理数之或有自古而屢験天之眷佑有徳、信有徴哉、（意：讖緯の説は常法とは異なる。しかし、天が有徳者をいつくしみ、それがあらわれることは、古来たびたびあって証拠もある）

という文章が附されている。「験天之眷佑有徳、信有徴哉」の部分は④と共通している。

さて、④では、この符命を述べた部分に続いて、全州李氏である李成桂の先祖について記述する。全州の望族で新羅に仕えた李翰、その六世孫で高麗にはじめて仕えた李競休や、十三世で李成桂の高祖父穆王（穆祖）李安社、父桓王（桓祖）李子春について簡単に述べた後、李成桂の事蹟が叙述されている。政権奪取から、やがて易姓革命につながる契機となった、いわゆる威化島回軍については次のようにある。

乃以□太祖為右侍中、仍授右軍都統節鉞、逼遣攻遼、師次威化島、倡率諸将、仗義旋旆、師既登岸、大水没島、

人皆神之、（意：李成桂は右侍中に任命され、右軍都統使として遼東にむけて軍を進めたが、威化島まで至ると義を唱え、諸将をひきいて軍を返した。威化島から離れるや、島は大水のため水没し、それを人々は神業だと称えた）

とある。将軍李成桂は、辛禑王の命令を受けてやむをえず明の遼東を攻めることになったが、威化島で諸将に率先して義を唱え、軍を回したとある。即ち、威化島回軍は、奇跡をともないつつ、李成桂が明に対する事大の義を唱えて実行したものとして叙述されるのである。

回軍後の高麗では、辛禑王は放逐され、辛禑王の子で当時十歳の辛昌王がいったんたてられるが、翌年（一三八九、己巳）には、辛昌王も廃されて定昌君王瑤、即ち恭譲王がたてられた。これについて神道碑銘序④では、

己巳秋□帝責異姓為王、□太祖与将相選立王氏宗親定昌君瑤、尽心輔政、（意：洪武帝は異姓の者が国王となっているのを叱責し、李成桂等は宗親の王氏である恭譲王をたて、政治を補佐した）

と記す。なお、①では当該部分を、

己巳之秋、欽奉聖旨、責以異姓為王氏後、太祖与諸将選立王氏宗親定昌君瑤、尽心匡輔、

と記す。これら①④に引かれた己巳の洪武帝の咨文は、〈『高麗史』巻一三七、列伝巻五十、辛禑五〉にみえていて、

礼部奉」聖旨……君位自王氏被弑絶嗣後、雖仮王氏以異姓為之、亦非三韓世守之良法、（意：恭愍王が殺害されて後嗣が絶えた。異姓を王氏にかえて王位につけるのは、朝鮮の地で守られて来た正しい法ではない）

とあるものである。この咨文を明からもたらしたのは、実は使臣として遣わされた権近であった。しかも、権近はこの咨文を私拆、すなわち私的に開いて読んだとの嫌疑をうけてこの時追放処分を受けている。このことに関しては、明からの咨文の原文には「君位自王氏被弑絶嗣後、雖仮王氏以異姓為之」の文は本来無く、これは辛昌王を廃そうと

する李成桂一派の改書増入であり、権近は咨文の原文を知っていたために、中央から追放されたという有力な学説がある（参考文献、稲葉岩吉）。ただ、今となっては、遺憾ながら真偽のほどは不明とせざるをえない。

恭愍王の薨去から辛禑王即位の間の事情については、神道碑銘序④は、

恭愍薨、異姓窃位、権姦擅国、濁乱朝政、（意：恭愍王がなくなって異姓の者が王位をぬすみ、姦臣が国政をほしいままにして政治を混乱させた）

と記す。つまり、以上を総合すると、神道碑銘序では、恭愍王（王姓）の後を、僧辛旽の子の辛禑王（辛姓）が継ぎ、さらにその後を、子の辛昌王が継いだことを、明の洪武帝にとがめられたため、李成桂は宗親つまり王姓の恭譲王を、当時の宰相と将軍らとともに即位させたとしていることになる。なお①では、当該部分を、

恭愍暴薨、螟蛉窃位、権姦擅国、濁乱朝廷、

と記す。「異姓」ではなく「螟蛉」としている。「螟蛉」の語は、『詩経』小雅、小宛の「螟蛉有子、蜾蠃負之、教誨爾子、式穀似之（意：くわむし（螟蛉）は子がいても育てないので、ぢがばち（蜾蠃）がその子を教誨して善導する）」をふまえた、他姓から迎えた養子に譬えるものであろうが、権近が原本の①で、何故直説的な「異姓」ではなく「螟蛉」の語を用い、またそれが石刻本の④で「異姓」となっているのかについては、恐らく単なる修辞の問題にとどまるのかもしれないものの、やはりよくわからない。

周知のように、辛禑王の出自については、朝鮮王朝の建国神話の重要なモチーフを形づくることもあって、不明確なことがあまりに多い。朝鮮王朝で編纂された『高麗史』は、当然朝鮮王朝に都合がよいように記述されているとみられるが、〈『高麗史』巻一三三、列伝巻四十六、辛禑一〉によると、辛禑王は小字を牟尼奴といい、辛旽の婢妾であった般若が生んだ子だとされ、また或説として、般若が生んだ子が死んだので、他人のよく似た子と取り換えたともさ

れている。後嗣のないことを憂えた恭愍王は、辛旽の家に微行した時、辛旽からその子を後嗣とすることを勧められた。辛旽が失脚すると、恭愍王は近臣に対して、かつて辛旽の家で婢と関係を結び、男子が生まれたことを告白して保護するように命じた。辛旽が誅殺された後、その子を宮中に呼び入れて禑と名づけ、江寧府院大君に封じ、白文宝、田禄生、鄭枢等に教育させたということになっているのである。

本物かどうかはとりあえず措くとして、むしろ李成桂一派の改書増入であるとすればなおさら、この「君位自王氏被弑絶嗣後、雖仮王氏以異姓為之」の咨文の存在が指摘されることでも明らかなように、中国の王朝である明は、高麗から朝鮮への易姓革命を正当化するための、非常に重要な存在として記述されていることになる。④には、李成桂が推戴されて王位に登ったことを使節が奏聞した時の、洪武帝の詔が引用されていて、

□帝詔曰、三韓之民、既尊李氏、民無兵禍、人各楽天之楽、乃□帝命也、（意：朝鮮の人々が李氏を尊び、兵乱がなく自己の境遇に安んじるのであるならば、帝命も同じである）

とある。帝の前に空格があることから、ここでは帝は上帝すなわち天ではなく、明の洪武帝を意味しているように読める。また、高麗から朝鮮へ国号を改める際に、明から問い合わせがあり、洪武帝の詔によって決定されたこともこの序に記されており、洪武帝の詔が引かれている。即ち、

又□詔曰、維朝鮮之称美、可以本其名而祖之、体天牧民、永昌後嗣、（意：古の朝鮮の呼称が美しい。それを継承して天命を体して人々を治め、王朝が末永く続くようにせよ）

とある。依然として高麗を国号としていた李氏政権は、国号の改定にあたって、「朝鮮」と李成桂ゆかりの地に因む「和寧」とのふたつの候補を明に奏聞した。そこで洪武帝は『史記』などの古典に、箕子朝鮮といった朝鮮の呼称がみえることから、朝鮮の呼称が美しくて由緒があるとして朝鮮の国号を採用し、李氏政権はそれに従ったのである。

それは一三九三年（太祖二年、洪武二十六年、癸酉）二月のことで、洪武帝の決定は前年閏十二月のことであった。更に、李成桂の訃（一四〇八年（太宗八年、永楽六年、戊子）五月）が報告された時の明の状況として、この序には次のような記述がある。

及訃聞」□皇帝震悼罷朝、即遣礼部郎中林観等、賜」祭以大牢、其文略曰、惟□王明達好善、出於天性、敬順天道、効義攄忠、恭謹事大、保恤一方之民、我□皇考、深嘉忠誠、賜復国号曰朝鮮、□王功之著、雖古朝鮮之賢王、無以過也、又賜」□誥命謚曰康献、（意：訃報が届くと、永楽帝は悲しんで執務をとりやめ、使節を朝鮮に派遣して、盛大な祭祀を認め、それに伴う祭文を賜った。祭文にはおおよそ、李成桂が天性の才徳を備えた人物で、天道に従って忠義を尽くし、明に対する事大につとめ、朝鮮の人々を安んじたこと、そして洪武帝が、その忠誠を嘉して、李成桂の功績が古の朝鮮の王に勝るとも劣らないとして、朝鮮という国号を復活させて賜わったことなどが記されていた。そして、李成桂に康献の謚号が下賜された）

とある。永楽帝は李成桂の訃報を聞くと、厚い弔意を示すとともに林観等を朝鮮に派遣した。そして、李成桂のことを父親の洪武帝が高く評価し、「朝鮮」という国号を下賜したことなどに言及する祭文と、「康献」の謚が下賜されたというのである。

ところで、明では、天と高麗や朝鮮との関係をどのように認識していたのであろうか。ここでいったん神道碑銘序の記述内容から離れて、別の資料からこの点に関する明の認識について考えてみよう。一三九二年、恭譲王の退位と李成桂の即位の承認を求めて来た新政権に対して、明の礼部は洪武帝の意を受けて、次のように伝えてきている。

礼部咨高麗権知国事……欽奉□聖旨……高麗限山隔海、天造東夷、非我中国所治、爾礼部回文書、声教自由、果能順天意合人心、以妥東夷之民、不生辺釁、則使命往来、実彼国之福也、文書到日、国更何号、星馳来報、欽此、

〈『太祖実録』（朝鮮王朝）巻一、元年十一月甲辰条〉（意：高麗は山や海で隔たっていて、天が東夷を造ったが、それは我中国の治めるところではない。風俗教化は自由にすればよく、天意や人心に合致し、東夷の人々を安んじることができ、中国と紛争を起こさないならば、使節の往来は高麗にとって良いことであろう。新たな国号をどうするのか、急いで報告するようにせよ）

とある。李成桂の新政権はまだ国号の高麗を維持し、李成桂の肩書を高麗権知国事として明に上奏したのである。これに対する明の咨文では、洪武帝の意をうけて、高麗は山や海を隔てた遠い彼方にあり、天は東夷を造ったが、我中国の治めるところではないとしているのである。明は天と高麗が、いわば明の仲介なしに直接つながることを認めている。そして、新政権の国号を至急知らせるように命じているのである。その結果が、前述した洪武帝による国号朝鮮の採用につながるのであるが、明側の資料では、

上曰、東夷之号、惟朝鮮之称最美、且其来遠矣、宜更国号曰朝鮮、〈『明実録』太祖洪武二十五年閏十二月乙酉条〉

（意：東夷の呼称としては朝鮮がよく、来歴も古い。国号は朝鮮にすればよい）

と記されている。なお、明の高麗に対する「高麗限山隔海、天造東夷、非我中国所治」のような表現は、常套的なものだったらしく、例えば次のようなものもある。

礼部移咨曰欽奉」聖旨、高麗隔海限江、風殊俗異、以夷夏論之、本等東夷、実非中国所治、天造地設、三面負海以為険、余者憑山以為固、従古至今、人民蕃息、凡王於是方、主宰生歯者、必上帝有所命、方乃妥焉、〈『高麗史』巻一三六、列伝四十九、辛禑四〉（意：高麗は海や川によって隔てられ、風俗も異なる。華夷の区別でいえば、東夷であって中国が治めるところではない。その地域は三方が海、一方が山によって堅固に守られ、昔から人々がさかえている。この地の人々を支配する王は、上帝の命を受けているからこそ、宜しきを得ている）

とある。天（上帝）と高麗が直接つながっていることは、高麗においてはいうまでもなく、明においても認識されていたのであり、神道碑銘序の記述にみえる洪武帝の詔の「人各楽天之楽、乃□帝命也」や「体天牧民」の、「天」や「帝」の表現は、明側のこのような認識にもとづいているのである。

以上述べてきたように、朱子学の素養を持つ権近の手になるこの神道碑銘序で、高麗から朝鮮への易姓革命は、人智を超えた神秘的な符命で示されるような天命によって説明される。そして、明の皇帝洪武帝の支持と承認という中国の王朝の権威も、あわせて利用されるのである。朝鮮で李成桂に対して独自におくられた太祖という廟号及び健元陵という陵号と、明から下賜された康献という諡が併記されるのも、このようなある種の二面性に対応するとみなせよう。ちなみに、銘の前半の部分を念のため掲げると、次のようになっている。

天成斯民、立以司牧、迺長迺治、迺長有徳、非天諄諄、有命赫赫、禹錫玄圭、周夢協卜、惟我□朝鮮、肇基□王迹、夢有神人、授以金尺、符籙前定、天心昭晰、麗運既終、君昏相酷、農月興師、大邦搆隙、我旆義旋、罪人斯得、忠誠上聞、帝心載懌、歴数有帰、輿情斯迫、大業既成、市肆不易、高皇曰咨、惟爾有国、民無兵禍、楽天之楽、継賜国号、朝鮮是復、

とある。当然のことながら、先述の序はこの銘に即して書かれていたのである。

二　建国の歌詩『龍飛御天歌』

一四四七年（世宗二十九年、正統十二年）に完成した『龍飛御天歌』は、訓民正音で記された最古の文献として著名であり、世宗の直系の祖先である穆祖李安社、翼祖李行里、度祖李椿、桓祖李子春、太祖李成桂、太宗李芳遠の六人、

すなわち太祖李成桂直系の祖先、乃至子孫と言い換えてもよいが、彼等の業績を詠じた十巻、一二五章からなる歌詩である。まさに、彼等六人の存在を神話化して、権威づけようとした著作といえる。明の年号、正統十二年二月の年月が記された崔恒の手になる跋文の冒頭では、歌詩制作の意義について、

詩之有頌、皆所以称述先王盛徳成功、以寓念慕之懐、而為子孫保守之道也、歴観自古興運之主非一、然其」□□聖作神述天授民戴、徳之盈功之隆、事迹之瓌奇顕異、未有如我」□□祖宗之盛者也、歌頌之作、可但已邪、（意：『詩経』に頌があるのは、先王の盛徳や功業を称えて思慕し、子孫にそれを守らせるためである。歴史上王朝を開いた人物は多いが、天命を受け人々に推戴され、盛徳や功業が偉大であることについては、朝鮮の祖宗にまさるものはない。朝鮮に関する頌がなくてはならない）

と述べる。先王の業績をことほぐ歌詩は、先王のことを思い、子孫がその業績を正しく守るためにあるとする。そして、創業の君主は昔から数多くいるが、我朝鮮の創業の君主ほどさまざまな面で優れていたものはいないというのである。当時、彼等六人に関する逸話を捜索、発掘するために懸命の努力がかたむけられていた。そしてまた、集められた逸話の類は、太祖李成桂直系の王室の神話化と権威づけのために、虚実こもごも採用されて記述されたことは、想像に難くないところである。

以下、おもにこの跋文に拠りながら、『龍飛御天歌』の制作の経緯と、形式の概要を述べると、次のようになろう。一四四五年に、権踶、鄭麟趾、安止等が歌詩一二五章を製進したところ、世宗は喜んで『龍飛御天歌』の名を賜った。全一二五章は、総叙にあたる最初の第一章と、総括にあたる最後の第一二五章を除くと、全てが訓民正音で表記された対になる二首の歌詩からなっている。そして、原詩である訓民正音表記の詩を漢詩の形に翻訳したものが、続いて記載されている。ただ、原詩は漢字を混ぜた訓民正音表記で三十字前後の詩を、二つ組み合わせて対の形にしたごく

簡潔で短いもので（後に引用するように、漢詩訳の場合では、漢字十五字前後からなる句節を対の形にしてある）、歌詩の内容を理解するためには、多くの史書や古典をひも解く必要がある。そこで世宗は、朴彭年、姜希顔、申叔舟、李賢老、成三問、辛永孫等に命じて、詳細な註解を漢文で加えさせたのである。

このようにして成立した『龍飛御天歌』の内容について、特に王朝交代、易姓革命の正当化のために、太祖李成桂直系の王室の存在を、いかに歴史記述という形で神話化し、かつ権威づけたのかという点に注目して紹介しつつ、検討してみよう。

最初の、総叙にあたる部分、第一章は、漢詩訳では、

海東□六龍、飛莫非天所扶、古聖同符、

とある。一章全体の註解としては、「此章総叙□我□朝□王業之興、皆由天命之佑、先述其所以作歌之意也」と記されている。すなわち朝鮮王朝が天命によって興ったことをことほぐのが、『龍飛御天歌』の主意だというのである。一方、訓民正音表記の歌詩の註解には、六龍について漢文で、「易曰時乗六龍以御天、又曰飛龍在天、利見大人、龍之為物、霊変不測、故以象聖人進退也、□我朝自穆祖至□太宗、凡□六聖、故借用六龍之語也」と記載されている。すなわち『易』、乾、彖「時乗六龍以御天」及び六五「飛龍在天、利見大人」を引いて、朝鮮の穆祖から太宗にいたる六人を六龍になぞらえているのであり、『龍飛御天歌』の書名もこれに由来することになる。

最後の、総括にあたる部分、第一二五章は、漢詩訳では、

千世黙定漢水陽、累仁開国卜年無彊、子子孫孫聖神雖継、敬天勤民、迺益永世、嗚呼□嗣王監此、洛表遊畋、皇祖其恃、

とある。仁徳のある歴代祖先のおかげで、漢陽を都に定めた朝鮮王朝が創業された。王の子孫たちは、天を敬い民の

ために励んでこそ永遠の繁栄が得られるのであり、狩りの楽しみなどにうつつを抜かしていると、必ず天の祟りがあることを肝に銘じるべきだというのである。註解には、『書経』、夏書、五子之歌による「夏太康尸位、以逸予滅其徳、黎民咸弐、乃盤遊無度、畋于有洛之表、十旬弗反」の文が引かれ、典拠を明らかにしている。

第二章から第一二四章までの構成は、おおよそ次のようになっている。

第二章から第八章までは、穆祖、翼祖、度祖、桓祖の事蹟が、時系列に沿って古い順に簡潔に記述され、それに対応する中国歴代王朝の事蹟を記している。第三章を例としてあげると、漢詩訳では、

昔周大王、于豳斯依、于豳斯依、肇造丕基

今我□始祖、慶興是宅、慶興是宅、肇開鴻業、

とある。始祖（穆祖）が本貫の地全州から、慶興に移ったことが後に朝鮮王朝の建国につながったことについて、周の大王が豳から、岐山の下の周原に移って周を開いたことと対比されていることになる。

第九章には太祖李成桂が登場し、第十四章の漢陽遷都まで、高麗から朝鮮への易姓革命の過程が詠われる。第九章を例としてあげると、漢詩訳では、

奉天討罪、諸侯四合、聖化既久、西夷亦集、

唱義班師、遠人競会、□聖化既深、北狄亦至、

とある。対比のために詠じられている中国の事蹟は、周の武王が殷の紂王を討ったいわゆる殷周易姓革命あり、註解には多くの史書や古典が引かれ、酒池肉林、虞芮の争い、牧野の戦いといったよく知られた故事も記載されている。

朝鮮に関しては、太祖が義を唱えて軍を回したこと、つまり威化島回軍が主題となっている。註解では回軍の経緯を詳述しているが、記述にあたって、まず「高麗辛禑」と記し、その註で「辛姓也、禑音偶、名也、小字牟尼奴、妖僧

辛旽之子也、以禑偽姓、故不称王也」と、辛禑を「王」としない理由を述べる。そして、回軍に関連して太祖が唱えた遼東出兵に関する四不可論、即ち「以小逆大、一不可、夏月発兵、二不可、挙国遠征、倭乗其虚、三不可、時方暑雨、弓弩膠解、大軍疾疫、四不可」や、また「若犯上国之境、獲罪□□天子、宗社生民之禍立至矣」という太祖が諸将に下した告示も記載されている。そして、「東北面人民、及女真之素不従軍者、聞太祖回軍、争奮相聚、昼夜星奔、而至者千余人」といった、歌詩にみえる「北狄亦至」の裏付けとなるような記述もある。

第十一章は、漢詩訳では、

虞芮質成、方国多臻、維其至徳、事独夫辛、

威化振旅、輿望咸聚、維其□至忠、立中興主、

とある。対比される中国の事蹟は、独夫にすぎない帝辛、即ち紂王にさえ仕えた文王（及び武王）の至徳のさまを述べたもので、註解には、『論語』、泰伯によって、「孔子曰、三分天下有其二、以服事殷、周之徳、其可謂至徳已矣」の文を引いている。朝鮮の事蹟は、威化島回軍の後、実権を握った太祖が恭譲王を擁立したことを、中興の主をたてた太祖の至忠のあらわれとしている。註解には、太祖の回軍後、曹敏修が名儒李穡の意見によって、いったん前王辛禑王の子辛昌王をたてたが、ついで太祖が、沈徳符等と恭愍王の妃であった定妃の同意を得て、恭譲王をたてたことが記される。そして、恭譲王が太祖に与えた教が引用され、その中には、前節でも述べた明の礼部の咨文である「高麗君位絶嗣、以異姓仮王氏、非三韓世守之良謀」も引用されている。

第十三章は、漢詩訳では、

献言雖衆、天命尚疑、昭茲吉夢、帝迺趣而、

謳歌雖衆、天命靡知、昭茲吉夢、帝迺報之、

とある。この章では、対応する中国の事蹟をあげることなく、太祖が天命を受けて新王朝を開創する直前の状況が詠われている。註解には、恭譲王の時に太祖が辞職、隠退を求めて奉った上箋が複数引用されていて、そして最後に、権近も健元陵神道碑銘序で記述していた金尺の夢が記され「太祖在潜邸、夢有神人、自天而降、以金尺授之曰、公資兼文武、民望属為、持之正国、非公而誰」とある。

第十四章では、李成桂が三譲の礼をとった後、いよいよ即位したことが詠じられる。漢詩訳では、

維周聖孫、一怒而起、六百年業、洛陽是徙、

維我□聖子、三譲雖堅、五百年邦、漢陽是遷、

とある。対比される中国の事蹟は、註解において、『書経』、周書、召誥や『孟子』『史記』などの古典をふまえて、「周武王克商、遷九鼎于洛邑」「宅洛者、武王之志、而成王周公成之」のようにされ、そのうえでさらに詳しく説明が加えられている。武王はほぼ六百年続いた殷を討ったが、その後、夏、殷以来伝わった天子の宝である九鼎を洛邑に遷した。その武王の意志を忖度し、成王は洛邑を経営させたというのである。朝鮮の事蹟は、「太祖遷都漢陽」とあり、ほぼ五百年続いた高麗王朝から、新王朝の太祖三年に、漢江の北である漢陽に遷都したことを述べているのである。

第十五章から第二十六章は、あらためて穆祖、度祖、翼祖、桓祖等のはなばなしい活躍ぶりが、おもに中国の歴代王朝の帝王の業績と対比しながら詠われる。そして、第二十七章以降には、太祖李成桂が本格的に登場し、第八十九章まで、太祖の武人としての力量、例えば、射に関する百発百中の腕前や、紅巾賊や倭寇の討伐などの各局面における大活躍の状況、新王朝創設後の事蹟が、これまでと同様に中国の歴代の帝王の事蹟と対比しつつ、より詳細に詠じられる。

例えば第五十三章では、即位後の太祖について、漢詩訳では、

平定四海、路不齎糧、塞外北狄、寧不来王、

開拓四境、島不警賊、徼外南蛮、寧不来格、

とある。先ず「四海」の表現を用いつつ対比されている中国の事蹟は、唐の太宗に関するものである。「北狄」については、註解で突厥の突利可汗の入朝が例示されている。一方「四境」の表現を用いて詠じられている太祖李成桂の業績に関しては、註解で、例えば「太祖即位、量授万戸千戸之職、使李豆蘭招安女真、被髪左衽之俗、尽襲冠帯、改禽獣之行、習礼義之教、与国人相婚、服役納賦、無異編戸」のように、女真が朝鮮の（中華の）文明に教化されたことを述べ、また「太祖受命以後、声教遠被、西北之民、安生楽業、田野日闢、生歯日繁」「太祖即位、琉球国王遣使称臣奉箋、数来献方物、多帰国人之為倭所虜者」「又暹羅国王、遣使来献方物」のように述べている。いわば朝鮮を中心とした天下や、（中華の）文明世界が構想されているのである。

また第七十一章では、

欲揺元良、譖用妖星、雖是中庸君、天性則明、

謀固偽姓、請朝□京師、自是□□聖主、帝命已知、

と詠じられている。中国の事蹟は、唐の玄宗に関するものである。玄宗が太子であった時、太平公主は、術者をそそのかして星変について皇帝の睿宗に報告させ、太子を陥れようとした。しかし、睿宗はそれを聞かずに、太子に位を譲ったということをふまえている。朝鮮の事蹟は、高麗で辛禑王という異姓の王をたてていることについて、明の洪武帝が不審の意を示したとされることに関するものである。註解には、第十一章でも引用されていた、明の礼部の咨文が引用されていて、「欽奉□□聖旨、高麗自王氏被弑絶嗣後、雖仮王氏、以異姓為之、非三韓世守之良謀」とある。

また、太祖即位後にもたらされた明の礼部の咨文も引用され、「欽奉□□聖旨、覆載之間、主生民者、巨微莫知幾何、然或興或廢、豈偶然乎、非帝命不可、其三韓臣民、既尊□李氏、民無兵禍、人各楽天之楽、乃帝命也」とある。これは、前節で述べた、権近撰の健元陵神道碑銘序にも一部引用されていた咨文であるが、この『龍飛御天歌』の註解に載せられた咨文の「非帝命不可」には、帝の前に□□（空格二字）はなく、「帝命、天之命也」と注記されている。あるいは、「帝」を洪武帝の意から、あえて天の意に読みかえているとみなせるかもしれない。また、朝鮮の国号に関する明の礼部の咨文も引用され、「欽奉□□聖旨、朝鮮之称美、且其来遠矣、可以本其名而祖之、体天牧民、永昌後嗣」とある。

権近撰の健元陵神道碑銘序で述べられていた、天命が人智を超えた神秘的な符命によってもたらされたということは、『龍飛御天歌』でも勿論詠じられている。既に第十三章で詠じられた金尺の符命について紹介したが、第六十九章では、

龍闘野中、四七将済、縦曰来思、噬肯来詣、
火照城外、□十八子救、縦命往近、噬肯往就、

とある。中国の事蹟は後漢の光武帝に関わるもの。朝鮮の事蹟の註解には「讖書有□十八子正三韓之説（注、十八子於文為李）」とある。

第八十三章では、再び金尺の符命を詠じ、次いで、第八十四章では、

維帝雖賢、靡有太子、時維僵柳、忽焉自起、
維邦雖旧、将失天命、時維枯樹、茂焉復盛、

とある。中国の事蹟は漢の昭帝の時、上林園の柳がよみがえったことから、宣帝の即位を予言したという故事をふま

えたもの。朝鮮の事蹟は、註解に「徳源有大樹、枯朽累年、先□開国一年、復条達敷栄、時人以為□開国之兆」とあり、徳源の大樹がよみがえったことが、朝鮮の開国を予言したものだとする。次いで第八十五章では、

不覚方面、韋陞官爵、維天之心、誰改誰易、
未暁讖文、韋改国号、維□□帝之衷、誰誘誰導、

とある。中国の事蹟は北周の世宗の故事をふまえる。朝鮮の事蹟は、註解に「図讖有早明之文、人莫喩其義、□□天子特命改国号曰朝鮮（注、朝鮮有朝日鮮明之意、是合於早明之讖焉）」とある。朝日の鮮やかさを意味する朝鮮の国号に関するものである。さらに、第八十六章では、中国の事蹟は引用されずに、太祖に関わる歌詩が二首詠じられていて、

六麞斃兮、五鴉落兮、于彼横木、又飛越兮、
巖石所匿、古書縦徵、維天之意、孰不之知、

とある。一首目の歌詩は、射の名人であった太祖が、六本の矢で六麞を射倒したことや、一本の矢で五羽の鴉の頭を射落としたことなどの、各種の人力を超えた武勇伝をふまえて詠じられている。そして二首目の歌詩は、権近撰の健元陵神道碑銘序にも記されていた、智異山の岩石の中から得たという予言書について詠じ、註解には「太祖在潜邸、有僧踵門、献異書云、得之智異山巖石之中、書有木子乗猪、下復正三韓之句、使人迎入、則已去、尋之不得」とある。なお、「書有木子乗猪」の夾註には「太祖誕於乙亥歳」とあり、亥年生まれの木子（李）氏、すなわち太祖李成桂が三韓（朝鮮）を更生するとされ、それが天命を示すものであって、誰もが知っていることだというのである。

第九十章から第百九章は、朝鮮の三代目の国王太宗李芳遠の業績が、やはり多くが中国の王朝の事蹟に対応させる形で詠じられている。そして、第一一〇章から第一二四章までの歌詩は、二首目の最後に「毋忘」の二字が付され、子孫に対する戒めの意が込めらる形がとられている。例えば、第一一〇章は、

四祖莫寧息、幾処徙厥宅、幾間以為屋、
入此九重闕、享此太平日、此意願□毋忘、

とある。穆祖、翼祖といった先祖が、たびたび居所を移して艱難辛苦した結果が、やがて新王朝の創設につながったことを、豪壮な王宮で太平な日々を享受している子孫は忘れてはならないというのである。

以上のように、壮大な建国の歌詩『龍飛御天歌』は、高麗から朝鮮への易姓革命を、基本的には天命によって正当化している。天命の存在は、朝鮮王朝の太祖李成桂直系の王室の祖先たちの業績や、太祖李成桂自身の類まれなる事蹟によって説明され、またさらに人智を超えた神秘的な符命によっても示されていた。勿論、中国の王朝で、朝鮮にとって事大の対象である明という権威の存在も、易姓革命の正当化に利用されている。しかし『龍飛御天歌』にみられる、朝鮮の各種の事蹟を、中国の類似する事蹟と対比しながら詠じるという発想は、いわば朝鮮を中心とした天下や、（中華の）文明世界があらかじめ構想されていて、それを中国の王朝を中心とした天下や、中華の文明世界と対比させているようにみえる。敢えていえば、「大中華」に対比される「小中華」の存在があらかじめ想定されているのであり、『龍飛御天歌』の歌詩がそもそも訓民正音で記されたということも、それと関わっていよう。近代に創作され定着した「民族」の語を用いて、韓国ではこの『龍飛御天歌』を「民族叙事詩」などと評価することがあるのも、この著作の中に、いわば「小中華」の存在を、評価する者がそれとなく感じさせられているためなのかもしれない。

三　『高麗史』の「纂修高麗史凡例」

現行の『高麗史』は、文宗元年（一四五一）八月に完成した一三九巻からなる紀伝体の史書である。その編纂には建国当初から紆余曲折があり、事実関係が不明瞭なところもあるが、とりあえず経緯を整理してみよう。

李成桂は即位後、太祖元年（一三九二）十月に、鄭道伝、鄭摠等に高麗の歴史を編纂するように命じた。彼らは、高麗の歴代国王の『実録』や、李斉賢の『史略』、李仁復と李穡の『金鏡録』などを参考にしながら、太祖四年正月に、編年体による『高麗国史』三十七巻を完成させた。この『高麗国史』は現存しないが、鄭摠の序文は残されている。それによると、

謹按、自元王以上、事多僭擬、今以其称宗者書王、称節日者称生日、詔則書教、朕則書予、所以正名也、〈『東文選』巻九十二、序、高麗国史序〉（意：高麗の元宗（元王）以前は僭越な呼称が多いので、宗は王に、節日は生日に、詔は教に、朕は予にそれぞれ改め、名を正した）

とあるように、元宗の宗の字を王の字に改めて元王とするなど、中国の天子に対して僭越と考えられる呼称を改めた。先述の、朱子学の素養をもつ新進士大夫、新興儒臣に属す撰者鄭道伝、鄭摠が、名分を重視し、名を正そうとしたことになる。また、この序では、

上国之使、往来雖煩必書、所以尊天王也、灾異水旱、雖小必書、所以謹天譴也、〈同上〉（中国からの使節は煩瑣であっても必ず記載した。天子を尊ぶからである。災異や水害干害の類は小さなことであっても必ず記載した。天譴をゆるがせにしないからである）

ともある。中国の天子を尊ぶとともに、高麗が直接つながっていると認識される天の高麗国王に対する天譴も重視しているのである。

しかし、この『高麗国史』は、恭愍王から辛禑王辛昌王父子のいわば「偽朝」の時代にかけての記述に、事実と異なる部分が多いとして、太宗は一四一四年（太宗十四年）に改修を命じた。〈『太宗実録』巻二十八、十四年八月丁未

条〉に、

命領春秋館事河崙、監館事南在、知館事李叔蕃卞季良、改修高麗史、□上曰、恭愍王以下、事多不実、宜更竄定、

（意：河崙等に『高麗国史』の改定を命じた。太宗「恭愍王以後のことは事実に反することが多いので、改定した方がよい」）

とあり、またこれより三ヶ月前の記事として、〈『太宗実録』巻二十七、十四年五月壬午条〉には、『高麗国史』の改修について、「偽朝以後之事、頗多失真、故有此命、蓋因崙之請也」と記述し、太宗自身の「予観高麗史末紀□太祖之事、頗有不実」「開国之時、機密之事、予悉知之矣」という言葉が載せられている。また、〈『世宗実録』巻二十二、五年十二月丙子条〉には、この時のことを回顧して、名分を重視し、詔を教と改める等といった名を正そうとしたことに関して「乃多更改、以没其実」と指摘し、更に、

且云敬道伝之父也、別無才徳、而作伝以顕之、鄭夢周金震陽等忠臣也、貶黜不貸、唯己之事、雖小必記、是非出於愛悪、善悪謬於旧史、晋山君河崙以為、道伝心術不正、以至於此極、献議於朝、稽諸旧史、就加筆削、未就而卒、（意：鄭道伝撰の『高麗国史』では、鄭云敬は鄭道伝の父親なので、才徳も無いのに列伝に載せて顕彰した。鄭夢周金震陽等は忠臣であるのに、容赦なく貶めて退け、自分のことは些細なことであっても記述し、是非を愛憎によって判断し、善悪は史官の草稿とかけはなれたものとなった。河崙は鄭道伝の心がねじけているためにこのようになったと考え、朝廷に建議して、史官の草稿と比べながら改定しようとしたが、完成を見ずになくなった）

と説明している。鄭道伝は父親の鄭云敬について、たいして才徳もないのに伝記をまとめて顕彰したり、忠臣の鄭夢周や金震陽等をことさらにおとしめたりするなどした。河崙はこれを鄭道伝の心が不正だからだとして、『高麗国史』

の改修を建議したが、果たせないまま死んだというのである。このように、太宗の時の改修は結局実現しなかった。なお、先述の〈『太宗実録』巻二十七、十四年五月壬午条〉には、太宗自身の「善為州者、唯鄭云敬一人而已」という言葉が載せられている。太宗の鄭云敬に対する評価は必ずしも低いとはいえなさそうである。

太宗の後を継いだ世宗は、やはり『高麗国史』の恭愍王以降の記述に疑問を持った。〈『世宗実録』巻二、即位年十二月庚子条〉には、

御経筵、□上曰、高麗史恭愍王以下、鄭道伝以所聞筆削、与史臣本草不同処甚多、何以伝信於後世、不如無也、卞季良鄭招曰、若絶而不伝於世、則後世孰知□殿下悪道伝増損直筆之意乎、願命文臣改撰、□上曰然、（意：世宗「『高麗国史』の恭愍王以降の部分は、鄭道伝が自分の見聞によって書いており、史臣の草稿と異なるところが非常に多い。後世に真実を伝えることにはならず、無い方がよくはないか」。卞季良鄭招「もし全て無くして後世に伝えなければ、殿下の鄭道伝の曲筆をにくむという考えも伝わらないことになるのではないか」）

とあり、経筵の席で卞季良、鄭招と議論している。世宗は鄭道伝等の『高麗国史』を、無い方がよいとまでいっているのである。鄭道伝は、新進士大夫、新興儒臣の代表的人物で、朝鮮王朝建国の功臣であるが、太祖七年（一三九八）、いわゆる第一次王子の乱（戊寅の獄）で、太祖李成桂の末子八男李芳碩を擁して、李芳碩の異腹の兄弟を殺そうとしたという嫌疑をうけて、その異腹の兄弟のひとりである李芳遠（後の太宗）に斬首された人物である。太宗の子である世宗が、『高麗国史』を無くてもよいとまでいうのは、あるいは卞季良、鄭招のいわゆる「殿下悪道伝増損直筆之意」という歴史記述の問題にはとどまらないのかもしれない。

先にも引用した〈『世宗実録』巻二十二、五年十二月丙子条〉には、おそらく、この時のことを回顧して、「歳戊戌、□上命柳観卞季良讎校」とあるように、戊戌年（世宗即位年）に『高麗国史』の讎校を柳観と卞季良に命じたと記し

ている。世宗の考えは、名分を重視し名を正すのではなく、いわゆる「殿下悪道伝増損直筆之意」である以上、「拠事直書」でなければならなかった。同じ資料に

上曰、若孔子之春秋、則托南面之権、成一王之法……今之秉筆者、既不能窺聖人筆削之旨、則但当拠事直書、褒貶自見、足以伝信於後、不必為前代之君、欲掩其失、軽有追改、以没其実也、其改宗称王、可従実録、廟号諡号、不没其実、凡例所改、以此為准、（意：孔子が『春秋』を編述した際には、王者の権限に仮託して一代の王者の法則を立てた。今高麗の歴史を編述するにあたっては、孔子の奥深い意図を理解することができないのであるから、事実を直書することで、褒貶が自然にあらわれ真実が後世に伝わるようにすればよい。高麗の君主のために誤りを隠そうとし、軽率に正して真実が失われることまでする必要はない。宗を改め王とする問題は、実録の記述に従って廟号諡号については事実が失われないようにする）

という世宗の言葉が載せられている。一方、讎校を命じられた卞季良は、鄭道伝等の方針をそのまま受け継ぐことを主張した。すなわち、同じ資料に、

季良詣闕親啓曰、道伝改僭擬之事、非道伝時始改之、益斎李斉賢韓山君李穡、称宗者始改而書王、且朱子綱目、不書則天皇后年号、以唐二年三年書之、臣亦上法朱子之書、下効道伝之意、凡僭擬之事未改者、亦随而改之、（意：鄭道伝は僭越な呼称を改めたが、これは前例があり、李斉賢や李穡の著述でも宗を王と改めている。しかも『資治通鑑綱目』では武則天の年号を記さず、僭越な事例に配慮している。私も朱子や鄭道伝の意図に従い、僭越な呼称は改めたい）

とある。卞季良は、鄭道伝の僭越な用語を改めて名を正すという方針を継承し、更に徹底させようと考えていたようである。卞季良の考えは世宗の採るところとならなかった。ただ、「拠事直書」といっても、同じ資料には世宗の言

葉として、

唯大赦天下、則削天下二字、亦不必改天下為境内、（意：「大赦天下」については、天下の語は削除するが、境内の語に替える必要はなかろう）

とある。「赦」は名を正すならば「宥」とすべきであるが、「大赦」と「拠事直書」した。ただし、「天下」の二字は削除し、そのかわりに「境内」の語を入れることまではしないというのである。結局、世宗は〈『世宗実録』巻五、元年九月辛酉条〉に「御経筵□上謂尹准曰、近日覧高麗史、多牴牾処、宜改修」とあるように、尹准に改修を命じた。

この改修は世宗三年正月にいったん終了した。〈『世宗実録』巻十一、三年正月癸巳条〉には、

前此以鄭道伝所撰高麗史、間有与史臣本草不同処、且称制勅称太子之類、語渉僭踰、命柳観卞季良讎校、至是書成乃進、（意：鄭道伝撰の『高麗国史』は史臣の草稿と異なるところがままある。また制勅太子といった呼称は僭越である。そこで、以前柳観卞季良に校訂を命じたものが完成したので提出した）

とある。鄭道伝の方針を継承して、名を正すことを主張していた卞季良の名も記されている。ただ「語渉僭踰」、すなわち高麗で中国の天子と同じ用語を使用し、僭称にあたる箇所の取扱いをめぐって議論はまだ続いていたようで、世宗五年、再度改修作業にとりかかった。たびたび引用している〈『世宗実録』巻二十二、五年十二月丙子条〉には、「命知館事柳観同知館事尹准、改修高麗史」とある。ここには名分を重視しようとした卞季良の名は記されていない。

そして、先の世宗の即位年の言葉に従って、「拠事直書」の編纂方針がとられ、僭称にあたる用語については、『実録』と対照しながら、当時使用した用語をそのまま直書することにして、世宗六年八月に完成した。これを『讎校高麗史』と呼んでいる。〈『世宗実録』巻二十五、六年八月癸丑条〉には、「進讎校高麗史、其序文曰、」とあって、尹准撰の『讎校高麗史』の序文を引用するが、そのなかでは、世宗の即位年の言葉が「面奉玉音、若曰、孔子之春秋、則

托南面之権、成一王之法……」と引用され、そしてこの世宗の意向をうけて、編纂の方針が説明される。

臣等恭承明命、遂将元宗以上実録、比較新史、如改宗為王、節日為生日、詔為教、朕為予、赦為宥、太后曰太妃、太子曰世子之類、復従当時実録旧文、（意：王命をうけて高麗元宗以前の実録と『高麗国史』とを比べ、宗を王に、節日を生日に、詔を教に、朕を予に、赦を宥に、太后を太妃に、太子を世子に改めたものは、実録の記載に従った）

とあるように、宗、節日、詔、朕、赦、太后、太子などの僭越な用語を、鄭道伝等によって編纂された『高麗国史』のように、名分を重視して名を正すために書き改めるのではなく、直書することにしたのであり、これが、後に編纂される編年体の『高麗史全文』や、さらに紀伝体の『高麗史』にも引き継がれた。ただ、世宗七年十二月の経筵で、僭称にあたる用語の直書に強硬に反対した卞季良の主張にも一定の理解を示した世宗は、尹淮の序は載せないこととした。

その後世宗二十四年に、編年体による『高麗史全文』が申槩、権踶等によって完成し、従来の記述の補完や是正が行なわれた。この時、あらためて辛禑王辛昌王父子のいわば「偽朝」に関する歴史記述上の取り扱いが問題になった。

〈『世宗実録』巻八十二、二十年七月庚寅条〉には、

庚寅春秋館啓、史臣鄭道伝等修高麗史、至偽朝辛禑父子、皆斥書禑昌、臣等謹按……今禑雖旽之子、恭愍王名為己子、付托大臣而受帝命、在位十四年、則尤非他盗拠僭号者比……、其標題所称……、称廢王禑廢王昌、至叙在位時事……、因当時臣民所称史氏所書、或称王或称上、不没其実何如、従之、（意：鄭道伝等が編纂した『高麗国史』では、辛禑王辛昌王について禑昌と直書した。しかし、禑は辛旽の子であっても、恭愍王が自分の子として大臣に後見を頼み、明の皇帝の承認を得ているから、他の僭号の王と比べることはできない。その標題は廢王禑廢王昌とし、在位時のことを記すにあたっては、当時の呼称や史官の記述に従い、王あるいは上として実情を

保存してはどうか）

とある。標題の部分では、辛禑王辛昌王をそれぞれ廢王禑廢王昌と記し、在位当時の歴史叙述の部分では、実際に使用された王、上等の用語はそのまま記して事実をとどめることがいったん決まったのである。恭愍王が自分の子として近臣に保護を命じ、辛禑王十一年には、洪武帝によってそれまでの高麗権署国事から高麗国王に正式に冊封され、同時に前王に「恭愍」の諡が下賜されている以上、他の僭号の王とは異なるとしたのであった。編年体の『高麗史全文』は現存していないが、この決定に従って記述されていたと推定される。

その後、『龍飛御天歌』の編纂などの過程で、新たに蒐集された、高麗末の度祖から太祖に至る王室の先祖に関する記録に関して、史書に遺漏が多いことが確認された。〈『世宗実録』巻一一四、二十八年十月乙巳条〉には、

爾等与諸史官詳考史草、上自度祖桓祖、至于□太祖行事之跡、捜索以啓、（意：史官とともに史草を詳しく調査し、度祖桓祖から太祖までの業績を探し出して報告せよ）

という世宗の命令が載せられている。

世宗は更に、三十一年（一四四九）正月に、金宗瑞、鄭麟趾等に新たな史書を編纂することを命じた。そして議論の結果、新しい史書は編年体ではなく紀伝体で編むことになった。これが現存の『高麗史』で、文宗元年（一四五一）八月に完成し、端宗二年（一四五四）十月に刊行、頒布された。『高麗史』は全一三九巻からなる紀伝体による史書で、目録二巻、世家四十六巻、志三十九巻、表二巻、列伝五十巻から構成され、明の年号を使用した景泰二年（一五四一）八月二十五日付の鄭麟趾による上箋文が附されている。なおこの上箋文はもともと金宗瑞の手になるものであったが、金宗瑞は世祖のクーデタ（癸酉靖難）の犠牲になって殺害されたため、『高麗史』の編纂に関する実績も抹殺された。

ここで、『高麗史』の凡例にあたる、編纂方針を記した「纂修高麗史凡例」にもとづいて、『高麗史』の特徴を考え

てみたい。「纂修高麗史凡例」では、世家の条の説明として、

按、史記天子曰紀、諸侯曰世家、今纂高麗史、王紀為世家、以正名分、（意：『史記』では天子の事蹟は本紀に、諸侯の事蹟は世家にまとめた。『高麗史』では名分を正して王の事蹟を世家とした）

とあるように、高麗が中国の歴代王朝に封建された諸侯の国であったという認識に立ち、国王の事蹟を記述する際に、本紀ではなく世家の項目をたてた。実際、高麗は五代、宋、遼、金、元、明といった中国の王朝の正朔を奉じていた時期が長く、『高麗史』の編纂にあたっては、その点を考慮して名を正したのである。これは高麗時代の金富軾等によって編纂された『三国史記』が、新羅、百済、高句麗について本紀をたてているのと比べて、『高麗史』の特徴のひとつである。既に述べたように、『高麗史』が編纂された朝鮮王朝では、朱子学が次第に重視されるようになり、名分の秩序に対して高麗王朝よりも厳格であった面がある。朝鮮王朝は、高麗末の親元、親明両勢力の対立を背景として成立したが、その際、李成桂の政権奪取の契機となった、いわゆる威化島回軍は、遼東遠征に反対した李成桂が、親明事大の名分と大義を掲げて起こしたものとされていた。朝鮮という国号も、一三九三年に洪武帝が朝鮮を選んだことによって決まり、一四〇一年には太宗が明の建文帝から、そして一四〇三年には永楽帝から、正式に朝鮮国王に任命されていた。『高麗史』が本紀をたてず、高麗を諸侯と位置づけて世家としたのは、朝鮮王朝の明に対する配慮がはたらいているとされている。

しかしその一方で、「纂修高麗史凡例」の、同じく世家の条の説明として、

凡称宗称陛下太后太子節日制詔之類、雖渉僭踰、今従当時所称書之、以存其実、（意：王の宗の呼称や、陛下、太后、太子、節日、制、詔の語の使用は分を越えたものだが、当時の実情を保存した）

とある。廟号に宗の字を用いることや、君主の称号として陛下の語を用いるといった、名分上では天子の国でしか使

用できない用語を、高麗では実際に用いていたことがあったため、『高麗史』編纂にいたる過程で、その取扱いをめぐって論議されてきた問題である。結局世宗は、僭称にあたるこれらの用語を書き換えずに直書することにした。この点については、『讎校高麗史』の編纂の過程で既に方針が定められており、『高麗史』はそれを踏襲したことは前に縷々述べたとおりである。

また、「纂修高麗史凡例」の、同じく世家の条の説明として、祭祀等に関して、

如圜丘籍田燃灯八関等、常事書初見、以著其例、若親行則必書、（意：圜丘籍田燃灯八関などの儀礼は、臣下に代行させた場合は初回の事例を記載し、王がみずから行った場合は全て記載した）

と記している。儒教の理念に基づく祀天儀礼である圜丘における祭祀が記載されているのである。高麗が天と直接つながっていることを、祭祀の面から示すものであり、先述のように「大赦天下」の「天下」の二字を削除したにもかかわらず、高麗国王が天をまつること自体は、特に問題とされていない。〈『高麗史』巻五十九、志巻十三、礼一〉には、吉礼大祀の項の冒頭に、圜丘に関する記述が載せられている。なお、八関（八関会）は、必ずしも仏教の節会ではなく、高麗固有の「天」をまつる儀礼であるとされている。

朝鮮王朝でも当初において、圜丘における儀礼は行われていた。例えば、干害がひどかった世宗九年には、圜丘における祈雨の儀礼がおこなわれ、名を正すことを強く主張した卞季良が撰した祭文が〈『世宗実録』巻三十六、世宗九年六月辛未条〉に記載されている。一部を引用すると、

其祭昊天上帝文曰、嗚呼、天以陰陽五行化成万物……受上天之眷命、理億兆之臣庶者、君也、人事感於下、則天慶応於上矣……今値徂暑之月、乃遭旱灾之甚、咎実在予、不可他求、（意：昊天上帝を祭る文、天は陰陽五行によって自然現象を生み出すが、この天の命を受けて人民を治めるのが君主であり、君主の政治と天とは感応しあ

う。今六月になっても干害がきびしいのは、君主である私の罪にほかならない）

とあり、世宗と昊天上帝（天）が感応していることを前提として祭文が書かれているのである。

次に、『高麗史』の「纂修高麗史凡例」の列伝の説明として、恭愍王の実子ではなく、辛旽の子とされた辛禑王とその子の辛昌王の、いわば「偽朝」の取り扱いについて、次のように記している。

辛禑父子、逆旽之蘖、竊位十六年、今準漢書王莽伝、降為列伝、以厳討賊之義（意：逆臣辛旽の血をひく辛禑辛昌父子は、王位を盗んだ。そこで『漢書』王莽伝の例にならい列伝に記載した）

とある。辛旽の伝は、列伝巻四十五、反逆六にたてられ、次いで列伝巻四十六から五十が、辛禑一から五（昌、附）にあてられている。編年体による『高麗史全文』では、それぞれ癈王禑癈王昌と記し、在位当時の叙述においては、実際に使用された王、上等の用語はそのまま記して、事実をとどめたと推定されるが、紀伝体の『高麗史』では、列伝の扱いとなった。そして、『讎校高麗史』の編纂の過程で既に定められていた「拠事直書」の方針は、辛禑王と辛昌王の扱いに関しては貫徹されず、列伝であるから当然ではあるかもしれないが、王、上等の用語は、禑、昌と改められたのである。

先述のように、辛禑王が本当に恭愍王の実子でないのかどうかについては、あまりに不明なことが多く、古来議論がある。辛禑王が恭愍王の実子で、高麗の王統を正当に継承する国王だったとすると、李成桂は弑逆をおこなった逆臣の典型ということになってしまう。朝鮮王朝で高麗の歴史を編纂するにあたって、多くの場合、名を正すのではなく「拠事直書」する方針がとられたが、辛禑王と辛昌王の扱いについては、微妙な問題を糊塗するために、結局「拠事直書」の方針を貫徹することができなくなったということなのかもしれない。仮に、高麗末期に異姓の国王が存在し、それを明の洪武帝にとがめられたのだとすれば、李成桂の政権奪取から易姓革命の過程、つまり新王朝創設の過程が、道義や名分のうえで、正当性がより説得力をもつものになるのではないだろうか。これもまた、歴史の記述を通じた神話の創出の一齣といえるのかもしれない。

おわりに

本稿では、おもに健元陵神道碑、『龍飛御天歌』、『高麗史』の三つの著名な資料を用いた。健元陵神道碑は、太祖李成桂の陵に設けられた碑で、碑銘やその序は太祖李成桂の功績を述べ、太祖にとって都合の悪いことは一切書かれていないはずである。それどころか、功業を称揚して神話化するために、歴史記述として曲筆が加えられていることも否定できない。『龍飛御天歌』は、太祖直系の祖先、乃至子孫六人の業績を詠じた一二五章からなる歌詩である。まさに、彼等の存在を権威づけようとする歴史記述によって構成された神話そのものといえる著作である。『高麗史』は、これら二つとは若干性格の異なる著作かもしれない。何しろ一応は歴史書として認識されている書物であり、現在、着実な実証を重んじる歴史学の立場から高麗時代を研究する際には、なくてはならない基本資料として扱われる存在である。

偉大な先学は、史実を徹底して追究するという実証史学の立場から、朝鮮王朝の四祖に関する伝説について、濃密ともいえるほどの実証研究を我々に残してくれた。そして、「臂を大沢の間に揮ひ、風雲に乗じて功名利達の境に進みしもの、これを将来に永続せしめんとするは勿論、既往にさえ遡つてその由来を修飾せんとす。妄誕なる祖先の伝説は、この欲求にもとづいて生まる。麗末変乱の世、李成桂東北面に崛起し、西征東伐してしばしば戦功を立て、位宰輔に進み、勢威中外を圧し、しかして遂に王氏を倒してこれに代らんとす。この時父祖の伝説を捏造し、またこれを敢て憚らざりしは、けっして怪しむに足らざるなり」（参考文献、池内宏）と述べられている。政権を権威づけ、その正当化にかかわる歴史を記述するという形で創出される神話は、古今東西、つまり、いつでもどこにでも存在するようである。実際には権謀術数や武力によって、手段を選ばずに政敵から奪取された政治権力は、いったん権力を奪取してしまって守勢保守にまわると、何故か不安にかられて歴史記述を通じて都合のよい歴史認識を定着させ、換言すれば神話によって美化しつつ、その直視したくない、いわばどろどろとした実態を糊塗しなければならなくなるらしい。

中国の文化を受け入れた東アジアでは、このような美化や糊塗は、いわゆる「正史」をはじめとする歴史書の編纂といった歴史記述や、またそれにもとづいて形成される歴史認識として、現出するのが典型であるとともに、良くも悪しくも現代にいたるまで濃厚に受け継がれている伝統でもある。歴史書に記述された内容や、それにもとづく歴史認識は、その意味で、一部の人々にとってのみの客観的な歴史的「事実」にとどまらざるを得ないものだが、はじめから神話として認識してしまえば、本稿で扱おうとした王権の問題をも含めて、そのなかにその神話を創出した王朝なり政権なり人々なりが抱えていた、陳腐な言い方を用いれば、歴史的「真実」を、みいだすことができるという立場をとることも可能であろう。

【主な参考文献】

池内　宏「李朝の四祖の伝説と其の構成」上、下（「東洋学報」第五巻二号、三号、一九一五）

稲葉岩吉「李氏朝鮮の革命工作」（『朝鮮・満洲史』世界歴史大系一一、一九三八）

李　丙燾『高麗時代の研究』（乙酉文化社、一九四八、韓国）

李相佰『韓国文化史研究論攷』（乙酉文化社、一九四八、韓国）
李相佰『李朝建国の研究』（乙酉文化社、一九四九、韓国）
今西龍著、今西春秋編『高麗及李朝史研究』（国書刊行会、一九七五）
韓永愚『朝鮮前期史学史研究』（ソウル大学校出版部、一九八一、韓国）
辺太燮『高麗史の研究』（三英社、一九八二、韓国）
鄭求福『韓国中世史学史（Ⅱ）朝鮮前期篇』（景仁文化社、二〇〇二、韓国）
六反田豊「定陵碑文の改撰論議と桓祖庶系の排除――李朝初期政治史の一断面――」（『東洋史論集』一五、九州大学、一九八六）
桑野栄治「高麗から李朝初期における円丘壇祭祀の受容と変容――祈雨祭としての機能を中心に――」（『朝鮮学報』一六一、一九九六）
末松保和『高麗朝史と朝鮮朝史』（朝鮮史著作集五、吉川弘文館、一九九六）
奥村周司「高麗の圜丘祀天礼と世界観」（武田幸男編『朝鮮社会の史的展開と東アジア』、山川出版社、一九九七）
盧明鎬「高麗時代の多元的天下観と海東天子」（『韓国史研究』一〇五、一九九九、韓国）

東アジアの「近世」から中国の「近代」へ
――比較史と文化交流史／交渉史の視点による一考察――

伊東貴之

＊シナ人は、一体気分が大きい。日本では戦争に勝ったといって、大騒ぎをやったけれども、シナ人は、天子が代わろうが、戦争に負けようが、ほとんど馬耳東風で、はあ天子が代わったのか、はあ日本が勝ったのか、などいって平気でいる。それもそのはずさ。一つの帝室が滅んで、他の皇室に代わろうが、国が滅んで、他国の領分になろうが、一体の社会は依然として旧態を存しているのだからのう。社会というものは、国家の興亡には少しも関係しないよ……。

（勝海舟『氷川清話』より）

＊亡国と亡天下とを分かつものは何であろうか。曰く、易姓改号（王朝交替）を亡国と言い、（『孟子』滕文公下篇に言う）仁義の心が充塞し、獣を率いて人を喰らわせ、人びとがまさに相食む状態に至ること、これを亡天下という。（中略）天下を保つことを知って、然る後にその国を保つことを知る。国を保つことは、君主やその家臣といった（贅沢な暮らしをする支配層である）肉食者の謀るべき任務である。しかるに、天下を保つことに関しては、匹夫の賤と雖も、ともにその責任を負うのである。

（顧炎武『日知録』巻十三、正始）

はじめに

中国の「近世」という時代区分上の時期は、日本の歴史学界において、諸説あるものの、通常は十一～十八世紀、王朝で言うなら、宋・元・明・清に亙るきわめて長い期間に相当する。これに対し、日本の「近世」は、ほぼ江戸（徳川）時代に該当するというのが大方の見方である。そして、たとえば当時、熱心に学ばれた儒学の学派である朱子学や陽明学は、ずっと以前の宋や明の時代に成立した思想であった。こうした相違は、何処に由来するのであろうか？

また、しばしば両国の「近世」の内実、その質的な差異が、続く「近代」の異なった性格を特徴づけているとも言われている。この時期は、大まかに言えば、歴史的にも思想・文化的にも、日本がそれまで圧倒的な影響を被ってきた中国から、相対的に自立化していく過程と見ることも可能である。つまり、現在、考えられているような両国の特性が、それぞれ際立ち始めた時代でもあると言えよう。

小論では、こうした歴史的な諸問題をめぐって、特に思想・文化の観点から考察を加えつつ、同時に、文化本質論的な決定論や国民性論などの陥穽に陥ることなく、その背景となった両国の政治や社会の特質にも言及したい。また、可能な範囲で同時代の朝鮮・韓半島の情勢も考慮に入れ、比較史的な検討を加えたい。

具体的には、中国の王朝体制と日本の幕藩体制、すなわち、科挙にもとづく士大夫の官僚政治と士農工商を前提とする武家政権との相違、封建制と郡県制、中国の儒教や朱子学と日本の武士道や国学、更には君臣・忠孝・家・礼といった観念や形態の相違に着目しつつ、この時期の両国の歴史的・社会的、思想・文化的な異同を明らかにすることを主要な目的とするものである。

併せて、そうした前提の上で、西欧や日本とは異質な、いわば中国的な「近代」の特質について、どのように考えるべきか、近年の日本での研究動向や報告者自身の考察を加味して、少しく卑見を申し述べたい。

一　東アジアの「近世」――中国と日本、思想と社会の異同を中心に――

（1）　中国史の時代区分（論争）と東アジアの「近世」（early modern：初期近代）

まず、今更めいた感もあるが、冒頭で「中国」ないしは「東洋」「東アジア」における「近世」とは何か、という問題に関して、少しく考察と概観を試みたい。一体、漢語（中国古典語）語彙としての「近世」とは、本来、たんに近い時代、近頃、近い頃の時世などを意味し、指示範囲も至って不明確であった。従って、必ずしも第一義的に時代区分上の概念ではない(1)。その意味では、こうした時代区分もまた、日本の歴史学界の「国内」的な事情ですらある一面も否めず、小論でも、凡そ時代区分というものは、一種の説明原理としての、むしろ仮説的・構成的な概念であるとの立場に拠り、それ自体を目的化する意図はないことを附言しておきたい。

その上で、これまでの主な議論を概観するなら、まず、「唐宋変革」説、ないしは、宋「近世」説は、周知のように、内藤湖南（一八六六～一九三四）によって提唱され、その後、宮崎市定（一九〇一～一九九五）をはじめ、主にいわゆる京都学派によって継承されたもので、唐宋の際を中国史上のひとつの大きな画期と見做すものである。そこでは、君主独裁政治の確立、官僚制の充実、庶民層の勃興、文芸復興的な世俗的文化の開花など、主に西欧ルネッサンスとの対比的、比擬的な理解にもとづきつつ、古代・中世・近世・最近世（事実上の近・現代）という路程での世界史的な発展法則への確信を根柢としながら、そのなかで、ヨーロッパなどに比して、中国史の相対的な「先進」性に着目するものである(2)。

これに対し、曾ては有力であった「宋中世説」の方は、主として生産関係論にもとづく封建制論で、宋代以降、明・清期までを概ねヨーロッパ中世の封建制・農奴制と本質的に同じ段階とするものである。前田直典（一九一五～一九四九）、周藤吉之（一九〇七～一九九〇）、仁井田陞（一九〇四～一九六六）らに続いて、戦後の一時期には、特にマルクス主義に依拠したいわゆる「歴研」（歴史学研究会）派の多くの人びとによって支持された見解である(3)。

一見したところ、両者の理解は、相容れないように見受けられるが、双方ともに、中国史とヨーロッパ史とをもども、二つながら、同轍の発展過程を辿るという前提や信憑を共有するなど、問題点も多いほか、政治・制度・文化などの諸側面を重視する前者と経済的な構造に焦点を当てる後者との、視角の差異による部分も多いかも知れない。加えて、

「中国」内部の地域的差異に関しては、暫く措くとしても、そもそも「東洋」あるいは「アジア」という概念もまた、複雑多義性に富んでおり、注意を要するものである。例えば、元来、今日の通常の用法とは異なって、明代の地理書である張燮の『東西洋考』などでは、「東洋」の語が、むしろ南海（東南海域）の島嶼を指示しており、近代中国においても、鞏固な「中西」概念が持続的に存在するほか、近代以降の日本における「アジア」「東洋」といった語彙が、地理的な領域を漠然と指示するのみならず、多分に文化的な概念や観念的な虚構の所産でもあったことは、夙に津田左右吉（一八七三～一九六一）などが鋭く指摘するところである。(4)

その他、近年では、一面で、ウォーラーステインのいわゆる「世界システム」論などに触発された所論かと考えられるが、むしろ十六世紀半ば、明代中葉の時期に画期を想定するする見解が、岸本美緒らによって提起されているほか、それぞれニュアンスを異にするものの、宮嶋博史らをはじめとして、さまざまなかたちで、東アジアの「近世」論が盛行を見るに至っている。(5)

しかるに、小論では、上述したような「唐宋変革」説、あるいは「宋近世」説の内包する問題性を差し引いても、また、いくつかの有力な「異論」の存在にも拘わらず、少なくとも広義の宋学や朱子学、すなわち、いわゆる「近世儒教」ないしは「新儒教」（新儒学、Neo-Confucianism）の画期性を基調としながら、またそれが基軸となって、さまざまな変容や修正を蒙りながらも、大筋では、概ね「近世儒教」ないし「新儒教」的な思惟に根差しつつ、当該の政治社会が展開した時期を指して、文字どおりの early modern（初期近代）の謂での「近世」と称して、差し支えなかろうとの見地に立つものである。(6)

その意味では、やや常識的なラインに落ち着くが、やはり中国においては、宋・元・明・清のきわめて長い時期を意味するほか、それぞれ相応の時間的落差（タイムラグ）を伴って、韓国・朝鮮では、高麗中期から、概ね朝鮮王朝時代（李氏朝鮮時代）を指し、日本では、場合によっては、室町末期・戦国時代から、安土・桃山時代を過渡期としつつ、やはり主として、江戸（徳川）時代に該当するという前提にもとづいて、議論を展開することにしたい。

また、ここで「近世儒教」ないし「新儒教」とは、その後の展開も含めるなら、言うまでもなく、ほぼ朱子学から陽明学へと至る流れによって代表されると見て、差し支えなかろう。そして、一方の朱子学が、朱熹（朱子、一一三〇～一二〇〇）によって、道学や広義の新儒教の集大成として確立され、理気論、並びに、それにもとづくところの性即理説、格物致知、あるいは、窮理・居敬の説に加えて、後に『四書集注』（大学・論語・孟子・中庸）などが科挙の標準として採用されることで正統教学となる、どちらかと言えば、主知主義的・客観的で、士大夫層中心の学問であったのに対して、他方、王守仁（陽明、一四七二～一五二八）が提唱した陽明学の方は、心即理説、良知（致良知）説や知行合一など、すぐれて実践的・主観的な志向性を有し、むしろ郷村倫理や庶民倫理として、より親和的であったと考えられる。しかるに、そうした表層的な異同を超えて、小論では、やはり大筋では、前者の展開の延長線上に、かえって必然的に後者が生み出された、との展望に立つものである(7)。

その他、中国の「近世」ないしは「前近代」を考えるに際しては、いわば「中国」史像それ自体の再検討といった視点と併せて、後述するように、いわゆる「明清交替」（華夷変態）の意義や影響、波紋が存外、大きかったことが予測される。すなわち、それは「中華」と「夷狄」という、「華夷」秩序にもとづく「天下」観念を背景としつつ、一方で、より実質的には「冊封」体制や「朝貢」システムによっても支えられていた、伝統中国（旧中国）の「中華」的世界観に対して、微妙な齟齬や亀裂、動揺を生じせしめた訳である。もっとも、同時に、清朝政権は「夷狄」であったが故にこそ、かえって純粋に「中華」の盟主たろうとした側面もあったし、異民族王朝（征服王朝）と漢民族王朝（漢族王朝、漢人政権）との隆替は、中国本土の部分的な制圧に留まった、いわゆる「滲透王朝」なども含めるなら、むしろ一面で「中国」史の常態とも言えるものである。しかるに、やはり後述するような、朝鮮や日本における「小中華」主義の擡頭といった現象などに鑑みれば、東アジアの「近世」の外交姿勢や思想文化に与えた影響は、殊の外、甚大なものがあったと考えられる。[8]

（2）中国の「近世」と日本の「近世」

それでは、次いで、特に中国の「近世」と日本の「近世」について、国家体制（国制）や社会構成、それらを支えた政治的・社会的観念や思想といった諸点から、相互の比較を試みてみたい。なお、前述の如く、小論では、日中双方の時代区分に関して、相応の時間的落差（タイムラグ）を想定するものであるが、ここでは、便宜的に、より同時代的な比較を行うべく、取り敢えず、中国の明清時代と日本の江戸・徳川時代の状況を俎上に載せて、考察を行うものである。

第一に、国家体制（国制）としては、東アジアの伝統的な概念でもある、「封建」と「郡県」の語彙によって、比較史的な説明が可能である。周知のように、まず「封建」制とは、元来、儒家の理想とする周の制度であって、地方分権的な様態を持つのに対して、一方の「郡県」制は、法家思想を採用した秦の始皇帝によって創始された、より中央集権的なシステムで、飽くまで原則としてではあるが、儒教思想の文脈では、通常、前者の方が高く価値づけられてきた。そこで、明清時代には、「封建」論に事寄せて、中央政権や皇帝の専制的な体制への批判が、往々にして言挙げされたのに対して、江戸・徳川時代の日本の状況を鑑みるなら、いわゆる徳川幕藩体制は、天皇・将軍の地位の問題や両者の存立上の矛盾を別とすれば、一見すると「封建」に適合的に映り、実際、当時の「封建」論にあっては、概ね体制の自己肯定や讃美に繋がる傾向が多く見られた。こうした点に、明清時代の「封建」論と江戸・徳川時代の

「封建」論との大きな懸隔、対蹠的な性格が現れていると言えよう(9)。

また、近代以降の大きな展開を対比してみても、中国の場合、後述するように、地方の地域社会の成熟から、省の独立や自治といった方向で、辛亥革命へと推移し、その反面で、民国期においても、国家統合には、かなりの困難や腐心を要するなど、善かれ悪しかれ、いわば遠心力が働いていたと思われるのに対して、明治維新以降の日本は、やはりそれとは対照的に、天皇を中心とした中央集権体制へと進み、江戸・徳川時代の支配層も、多くはそこに組み込まれていったことから、「郡県の武士」（園田英弘）といった比喩も生まれている(10)。

第二に、身分と社会構成について見るなら、日本は、「門閥制度は親の敵」（福沢諭吉）といった言葉に端的に象徴されるように、基本的には「士農工商」を基調とする身分制を有していたほか、東アジアでは例外的な武士・武家政権でもあった。これに対して、中国は、言うまでもなく、文治主義と科挙にもとづく「士大夫」中心の官僚政治を国是とする一方、高い社会的流動性が夙に報告されている。この両者に対して、朝鮮は、文人官僚である両班階層を支配層としながらも、それが門閥化するという意味では、やや中間的な様相も示している(11)。

第三に、「君臣」「忠孝」「家」「礼」といった、政治的・社会的観念とその実態について、少しく概観してみたい。まず、朱子学は本来、「父子天合、君臣義合」が大原則であり、義と礼に依拠する君臣関係もまた、元来、相対的・相務的なものであると考えられる。ここに、中国の儒教や朱子学と武家政権を前提とした日本の在り方、剰え武士道などとの径庭が生じる所以がある。

また、そもそも徳川幕府のイデオロギー自体が、朱子学・仏教・神道・神君思想などの混合であった上に、儒者の地位も必ずしも高くはないことは、林羅山（一五八三～一六五七）らも剃髪・僧形であったことや、彼らが、その政治理念や道徳哲学の故に抜擢された訳ではなく、たんなる知識人・文書（文教）官僚としては重宝された、政治顧問的な存在に過ぎなかったことからも、明らかである。「此の方の儒は、国家の政に与らず、終身官を遷らず、贅旒の如く然り」（荻生徂徠）といった言明は、こうした状況の一斑を見事に言い当てたものと言えよう。他方、いわゆる武士道の絶対的「忠誠」もまた、泰平（御静謐）の世と武士の変質に伴うもので、例えば、「恋の至極は忍恋と見立て候。逢ひてからは恋のたけが低し。一生忍んで思ひ死する事こそ恋の本意なれ」といった、有名な『葉隠』（山本常朝〔一六五九～一七一九〕）のような、きわめて心情的な態度は、戦士身分の本来的な在り方から見ても、やや極端な事例と言わざるを得ないだろう。(12)

次いで、「家」観念の相違や「礼」の有無もまた、社会的習俗や宗教観の差異に由来するものとして、殊の外、重要である。日本では、「士農工商」といった枠組みに加えて、各階層内部でも、「家格」による差別化が存在し、その一方で、時に「家職」の体系などとも呼ばれるように、場合によっては、血脈よりも、「イエ」の存続が至上命題とされた。(13)これに対して、中国・朝鮮の儒教的な祖先祭祀や宗族の在り方においては、自らを「父母之遺体」と称するような、ある種の宗教的な心性でもある「孝」と「気」の思想を背景として、「同気」「父子一気」などと観念された、父系宗族の永続が至上命題とされ、祭祀の際には、そうした「気」による「感格（感応）」が最も重要な要件と認識された。朱熹の創作と信じられた「文公家礼」は、中国・朝鮮においては、朱子学の流行とともに盛行し、社会的威信とも結び付いていったのに対して、日本では、仏教・神道にもとづく伝統的な儀礼・習俗が根強く存続し、野中兼山（一六一五～一六六三）の事例などが伝えるように、それは、キリシタン禁制・寺請（檀家）制度により一層、強化された。(14)

第四に、儒教の日本的展開とも言える様相に関して、近年の一部の研究では、それを儒教思想なり朱子学のいわば「日本」化・「土着」化として捉える見方も顕著である。すなわち、『論語古義』『孟子古義』などを著して、古義学

（堀川学派）などと称された伊藤仁斎（一六二七〜一七〇五）をはじめ、「先王の道は、天下を安んずるの道なり」（『弁道』）と説いて、礼楽刑政、経世済民にも一層、重点を置き、古文辞学を創始した荻生徂徠（一六六六〜一七二八）などの古学系統の流れに加えて、後に垂加神道（儒家神道）を唱えた山崎闇斎（一六一八〜一六八二）らの崎門学派などを嚆矢とし、本居宣長（一七三〇〜一八〇一）の「漢意（からごころ）」批判に代表される後の国学の興起なども、そうした潮流の延長線上に位置づけるものである。(15)

二　中国の「近代」をどう考えるか？
——東アジア・前近代のグローバリゼーションと関説させて——

（1）明清時代の状況——中国の「近代」を考える——

さて、戦後の中国史学や中国思想史の研究にあっては、マルクス主義が標榜した「アジア的停滞論」の克服に加えて、中国近世において、陽明学左派などの裡に萌芽した市民的意識が、李贄（卓吾、一五二七〜一六〇二）に至って、遂には杜絶したとする、島田虔次のいわゆる「挫折」論（『中国における近代思惟の挫折』、一九四九）などに対抗しつつ、それへの反措定として、溝口雄三、ポール・A・コーエン、大谷敏夫ら、若干の立場の異同はあるものの、むしろ中国という基体そのものに即した、自生的・内発的な歴史的展開の過程を検証しようとする潮流が徐々に顕在化した。(16)その一方で、近年では、地域社会論を提唱した岸本美緒のほか、思想史の分野では小島毅など、地域的偏差の問題に注目する傾向も顕著になりつつある。(17)そして、取り分け近代史や近代思想史の分野では、曾て小野川秀美らによって唱えられた、洋務→変法→革命という、いわゆる「三段階論」や総じて革命論的アプローチへの疑義が、やはりス

タンスは異にするものの、溝口雄三、大谷敏夫らによって、提起されるに及んでいる。(18)

ここで、明清期の状況に関して、先行研究なども踏まえながら、国家体制や社会制度、それを構成する支配層の存在様態などを中心に、前節で瞥見した日本の江戸・徳川期の様相と対比的に概観しておきたい。

まず、国制論的には、やはり前述したように、この時期における「封建」論の擡頭が、注目に値する現象として、指摘し得るものである。すなわち、黄宗羲（一六一〇～一六九五）の『明夷待訪録』や『留書』における議論、取り分け、有名な顧炎武（一六一三～一六八二）の「郡県論」（『亭林文集』）などを挙げることが出来る。当時の「封建」論や「郡県」論は、体制構想論であると同時に、一種の土地制度論でもあり、特に前者は、端的に中央から地方への権限の委譲を求める、地方分権と自治の要求であったと言える。なお、後に雍正帝時代の呂留良・曾静事件に伴う「文字の獄」において指弾された、呂留良（一六二九～一六八三）の「封建」の主張は、彼の中華思想・華夷思想とも関連して、取り分け危険視されたが、彼の事例などは、やや極端なケースとも考えられ、より穏健で、多数派の主張としては、先の顧炎武の「封建の意を郡県の中に寓する」（「郡県論」）といった辺りが、常識的なラインかとも思われる。その場合でも、地方官のいわゆる「回避制」「不久任制」を批判し、適任者の世襲を提議するなど、その表題とは裏腹に、実質的には、より「封建」論寄りにシフトした主張となっている。勿論、これに対して、逆に王夫之（一六一九～一六九二）の『読通鑑論』での議論のように、むしろ郡県制への支持を表明する事例もあり、さまざまな位相が存したことにも留意する必要がある。(19)

また、士大夫たちは、各々の在地にあっては、同時に「郷紳」などとも呼ばれる階層を構成し、また、地域社会の知的・道徳的エリートとして、いわば名望家支配を体現していた。実際、彼らの存在様態は、一定レヴェルでの実質的な地方分権、地方への権限委譲の実現とも見ることが出来るもので、上述した「封建」論の簇生する素地もまた、こうしたところにこそある。かかる様相を踏まえて、いわゆる「郷紳」論や「郷紳」支配（論）といった概念が、重田徳、森正夫らによって提唱され、また海外においても、明清期の社会史的な研究が、J・W・エシェリック、M・B・ランキンらによって、主導されてきた[20]。

こうした動向を踏まえ、それに棹さしながら、溝口雄三は、ある意味では、自身の研究上の遺書とも言える、晩年の論攷（「辛亥革命の歴史的個性」、二〇〇六）において、大谷敏夫、夫馬進、梁其姿、黄東蘭の諸氏をはじめ、近年の清代の社会史的研究の優れた成果を参照しつつ、清代の地域社会・基層社会についての総体的・包括的な再検討を迫り、辛亥革命をたんなる排満主義にもとづく民族主義革命や西欧流の共和主義的な市民革命（ブルジョア革命）として捉えるだけでは不十分であるとして、むしろ地域社会における「郷治」の進展なり、「郷里空間」の成熟態としての辛亥革命という、新たな視点を提示して、その再評価を促している。

それによれば、中国的な意味での「自治」（＝「自立」）とは、空間的・領域的な支配（および上位のそうした支配からの離脱）を前提としつつ、個人や都市、ギルドなどによる法的な「権利」の獲得や保証を主眼とし、目的とする、ヨーロッパ的な「地方自治」の概念とは著しく異なっている。それは、伝統的な救荒事業である社倉・義倉、明末清初期から清代に掛けて、在地の基層社会・地域社会で大いに発達した、善会・善堂・善学に加え、宗族のネットワークやギルド、民間の自衛組織である団練、やはり清代に盛行した郷董制や学会など、さまざまなかたちでの自発的な道徳行為（利他行為）や慈善的な公益活動、いわゆる「善挙」として、まずは存立し、その展開を見たことが縷説される。従って、中国的な「自治」とは、近代西欧の市民社会が基調とする社会契約論的なものではない。すなわち、それは、一面では、そうした利他行為を通じて、かえって地域社会での自己の威信の向上を図り、あるいは、宗教的な意図に発するものであっても、「功過格」に端的に見られるように、ある種の現世利益的な私利や功利を伴いつつも、むしろ総体としては、いわば道徳的な共同体を志向するものと認めることが出来るという。(21)また、その多くが地方の名望家や指導層をリーダーとする「紳治」であったこととも相俟って、「官」側(地方行政)の主導によるものか、あるいは「民」(民間独自の公益事業)が主体か、といった境界線も至って曖昧であり、逆にそうした二項対立的な図式で捉えること自体が、当時の中国社会の無限に流動的で、フレキシブルな実態を見失うことになりかねないとされた。総じて、こうした見方の背後には、中国の「公私」観念が、その自在な在り方とともに、西欧的な領域的な考え方とも、日本の階層的なそれとも異なる、独自の天下的・公共的かつ、すぐれて道徳主義的な特質を有していたとする、溝口の直感や理解が横たわっていると見ることが出来る。(22)

何れにしても、こうした公共的な行為の実行に当たっては、やはり溝口によっても言及される如く、寺田浩明のいわゆる「首唱と唱和」方式を取らざるを得ず、また、小島毅も示唆するように、恰も『大学』の「修身・斉家・治国・平天下」にも擬せられる、同心円的な拡がりにおける社会イメージとともに、さまざまに簇生する小社会集団が、競合的により「公」的なるものへと参与していく、といった構造が、取り敢えずは、当時の社会モデルとして、基本的には想定し得るものと思われる。(23)

実際、翻って、そうした見通しは、清末に至ると、例えば、光緒新政の折の「地方自治章程」(一九〇九年)のほか、馮桂芬(一八〇九〜一八七四)の『校邠廬抗議』(巻上)における「郷職を復するの議」「宗法を復するの議」などや、「封建」という語で事実上、地方自治や共和を含意した黄遵憲(一八四八〜一九〇五)の議論(『湘報類纂』)などにも、象徴的なかたちで見て取ることが出来るし、地方の自衛組織としての「団練」は、やがて「省治」へと進展し、辛亥革命に際しては、いわゆる「分省自治」や「連省自治」が唱えられる素地ともなった。(24)

しかるに、有名な章炳麟(一八六九〜一九三六)の「代議然否論」(『太炎文録初編』別録巻一)のように、「代議制は封建の変相」として、結局は、地方の有力層・地主層の利益を目指したに過ぎないものとの批判が存したことに加えて、孫文（一八六六〜一九二五）のやはり有名な「散砂の民（自由）」といった悲歎が示唆する如く、中国近代においては、常に国民国家的な統合の困難を伴い、そのことがかえって、排満主義・愛国主義の鼓吹に繋がった点などにも留意する必要があろう。(25) なお、この点に関しては、費孝通のいわゆる「中華民族多元一体構造（格局）」といった概念が指し示すような、多民族国家としての中国の抱えるさまざまな問題、すなわち民族問題や宗教上の諸問題と紛争などに鑑みるに、一方での「大一統」としての「中華帝国」という伝統とも相俟って、現代中国のいわば「原型」としても、清朝を捉えることが出来るものと思われる。(26)

最後に、個別的な論点は、暫く措くとしても、上述したような溝口雄三が提起した研究上のスタンスや方法論に関連しては、彼の「基体展開論」が、ある意味で、中国を一枚岩的に表象し、実体化する一面を有しているとの批判もあり、この点、些か極端な言い方をするなら、文化本質主義にも通じる危険性を孕んでいると見る向きさえある。加えて、より具体的な歴史的事実に照らしても、「中国」的な近代は、本当に自生的・内発的か、という問いもまた、改めて言挙げされる必要があろう。すなわち、そこには、マルクス主義・社会進化論・リベラリズムといった、さまざまな近代的、同時代的な思想的意匠の影響とともに、ファシズムや軍事的共産主義などの影響や時代経験もまた、色濃く刻印されているからである。かくして、中国それ自身の自生的・内発的な発展、いわゆる「基体展開論」と世界的な同時代性やグローバリズムとの関係が、改めて問い直されねばならないのである。それらは果たして、本質的に、矛盾や齟齬を来すものなのか、それとも両立し得るものか、その微妙なバランスを仔細に検討し、考究していくことが、今後の課題となるものと思われる。

（2）東アジア・前近代のグローバリゼーション
——朝鮮（王朝時代）と日本（江戸・徳川時代）の事例から——

以上、俯瞰してきたような、主として、明清時代の中国と江戸・徳川時代の日本との社会や思想の異同を踏まえた上で、朝鮮・韓半島も視野に入れながら、東アジアの前近代におけるグローバリゼーションとも言うべき様相について、ここで改めて概観してみることにしたい。

さて、一六四四年の明王朝の滅亡とそれに続く清王朝の鼎革という、一連の「明清交替」は、東アジア規模での歴史的な地殻変動であったばかりでなく、思想文化的には、いわゆる「華夷変態」として捉えられ、中華的な文化や文明の存否をめぐる認識の振幅を齎したほか、殊に朝鮮王朝や日本などの周辺諸国においては、いわば「中華」の相対化とある種の前近代的な国家意識や民族意識の芽生えを惹起する一因となった。

例えば、前述した呂留良・曾静事件に際して編纂された、清の雍正帝による『大義覚迷録』では、「華夷の別」は、地域や種族ではなく、中華的な文明の存否にもとづくことが高唱され、朱子学の普遍主義を媒介としつつ、華夷思想の否定が目論まれたことは、よく知られている。また、南明政権や鄭成功（国姓爺）の抗清活動をはじめとする、清朝へのレジスタンス運動は、日本に対しても、さまざまな波紋を引き起こし、それに触発されて創案された、有名な近松門左衛門の『国性爺合戦』でも、鄭成功をモデルとした和藤内の表象などにおいて、日本流のある種のプロト・ナショナリズムを見いだすことが出来る。[27]

また、中国では、明末清初期以降、イエズス会宣教師の渡来による「西学」の流入が、清朝考証学の生成に対しても一定の影響や作用を及ぼしたが、それが同時に、いわゆる「西学中源説」のような中華主義的な言説を惹起するとともに、方以智（一六一一〜一六七一）の『東西均』に見られる如く、特に「地球説」の受容に伴う中華意識の相対化や尚古思想の修正（「後出の理」という観念など）といった、相反する双方向的なベクトルを有した思惟を生み出すに至ったことは、注目に値する。(28)

翻って、朝鮮王朝の事例を鑑みるなら、同時代の日本の様相とは大きく異なり、両班知識人による朱子学の篤信と遵奉に伴って、『家礼』の受容や普及、定着が一層、進捗を見たことは、周知の通りである。この点に関して、例えば、澤井啓一は、プラクティス（慣習的実践）による「土着化」を指摘しているが、この背景には、朱子学の盛行と相俟った礼学の興隆とともに、正統意識の競い合いといった側面もある、党争の激化との関連も考慮する必要があろう。加えて、老論派の代表格とされる宋時烈（ソン・シヨル、一六〇七〜一六八九）の事例に顕著なように、いわゆる小中華主義（小中華意識）が擡頭したことでも知られるが、一見したところ、それとは対照的な志向を持って勃興した、洪大容（ホン・デヨン、一七三一〜一七八三）や朴斉家（パク・チェカ、一七五〇〜一八〇四）らの北学派もまた、慕華意識の強さという点では、あたかもコインの裏表の如く、やはり表裏一体の関係にあったとも考えられる。(29)

最後に、日本の状況を瞥見するなら、大筋では、朝鮮王朝における様相とは、ほぼ対蹠的な現象が顕在化していると見ることが出来よう。朱子学の受容をめぐる反撥と葛藤、軋轢の諸相に関しては、夙に尾藤正英や渡辺浩などの指摘するところでもあるし、更に近年では、黒住真が、そうした儒教や朱子学のいわゆる「日本化」の素地ともなった、当時の思想・宗教複合との関わりに注目した所論を展開している。すなわち、儒教祭祀の欠如、仏教や神道による儀礼の再編、戦国の遺習の残存などとも相俟った、伝統的な神仏習合（思想）や基層社会への仏教の影響力の大きさを重視する視点を提起している。(30)因みに、儒式での葬儀が禁制のキリシタンに誤認されたという、前述した野中兼山の事例なども、まさにそうした状況に由来した訳である。

他方で、山崎闇斎の垂加神道のように、神道との習合へと向かった儒家神道の形成といった事例もあるほか、朱舜水（一六〇〇～一六八二）や隠元（一五九二～一六七三）など、明清交替に際会して、中国から渡来した儒者や僧侶が、新たな文化形成に大きく寄与したこと、更には、姜沆（カン・ハン、一五六七～一六一八）の存在に象徴されるような、朝鮮朱子学の影響なども、見逃してはならない点である。(31) その他、政治社会の基本的な領域での儒教儀礼の欠如ゆえに、かえって新井白石（一六五七～一七二五）や荻生徂徠など、「礼楽」や「制礼作楽」の必要性へと着目した思想家も存在したし、そのことはまた、日本型華夷秩序や朝鮮通信使をめぐる問題にも接続していくなど、同時にやや複雑な様相も呈している。翻って「守礼之邦」（守礼門など）とも称された琉球の場合、地政学的に見ても、思想文化的には、むしろ朝鮮王朝に近接し、類似した有りようを示していたと見ることが出来よう。

（3）　前近代日本の「世界」像

次いで、以上、縷説してきたことを踏まえて、前近代日本の「世界」像、取り分け、近世日本の「世界」認識について、瞥見しておきたい。

まず、古代以来の代表的な日本人の世界観としては、いわゆる「三国世界観」が挙げられるが、周知のようにこれは、「天竺」と「唐土」、並びに「本朝（日本）」の三者から構成されるもので、基本的には、仏教的な世界観と言って良いものである。もっとも、このうち、「天竺」に関する表象は、概ね想像上の産物に過ぎない上に、日本仏教の原型自体が、殆ど中国仏教に起源を有するものでもあり、その意味でも、実際には、些か空想的な世界観であることは否定出来ない。加えて、いわば「唐土」の延長として、朝鮮・韓半島がややネグレクトされるような、後世まで続く問題点も含んでいた。(32) しかるに、こうした観念は、平安朝などにあっては、かなり鞏固な枠組みとして機能していたことも確かで、言うまでもなく、『今昔物語集』『宇治拾遺物語』などの構成もこれを踏まえるし、明治期に入って、第一義的には文化主義的なアジア主義を唱道した、岡倉天心（一八六二〜一九一三）の有名な「アジアは一つ」（ここでは無論、インド・中国・日本を念頭に置く）（『東洋の理想』）といった言説にも、それは遙かに反響している。実際、日本人がイエズス会士などの「西洋」人に接触するのは、ずっと遅れて十六世紀半ばのことであり、初めはいわゆる「南蛮」人、次いで「紅毛」人がこれに従うが、前述した「三国」、換言するなら、アジアないしは東洋に、「西洋」（「南蛮」＋「紅毛」！）、あるいは、その連続としての「欧米」を加えた範囲が、当面する利害関心なり、実質的には、知的にも認識し得る「世界」の殆どを構成する、といった状況は、その後も長らく日本人にとっての「世界」認識の限界でもあったと言えるかも知れない。

いま一つの日本における近世以前の世界像としては、例えば、夙に『和漢朗詠集』などの事例が示すように、中国と日本を対比、ないしは並列させる発想を基調として、認識し得る「世界」の範囲をほぼ東アジア、あるいは、漢字（中国）文化圏に限定していく方向性が存在する。此方に関しても、近代以降にあっても、例えば、福沢諭吉（一八三五〜一九〇一）が『脱亜論』において、「謝絶」すべき「旧友」に準えたのは、清朝中国と朝鮮であり、仏教の伝統や精神的な紐帯によって、「インド」「中国」と「日本」とが、当時の欧米文明に伍して、協調や連帯をなすべきことを希求した岡倉天心の事例とは、そもそも「アジア」なり「東洋」なりの範囲が、大きく異なっている。もっとも、江戸・徳川時代において、オランダと琉球・蝦夷を除けば、「異国」とは専ら「中国（清朝）」と「朝鮮」であったことに鑑みるなら、古代以来の「三国世界観」の谺や残響を感じさせる天心の理解よりも、「アジア」「東洋」の枠組みを「中国」「朝鮮」「日本」の東アジアの三カ国に限定させる福沢の感覚の方が、一般的には馴染み易かったものと思われる。翻って、やはり前述したように、後に津田左右吉が、『シナ思想と日本』（一九三八）の中で、むしろ「アジア」

「東洋」の多様性や多義性に着目し、注意を喚起したことも、忘れてはならない(33)。

こうした「世界」認識とは別に、あるいは、それらと並行しつつ、日本の独自性や特殊性を主張しようとする、自国意識もまた、さまざまなかたちで表面化していった。近世のいわゆる「神国」観は、天子の「御学問」を規定した『禁中並公家諸法度』などにも明らかであるし、キリシタン禁令とも結び付いて、「神国」思想をより強化していく。伝統的な「神仏習合」思想は、やはり周知のように、本地垂迹説（仏↓神）から反本地垂迹説（神↓仏）へと展開し、既に中世期には、神道は儒教・仏教の根本とする、「三教枝葉花実説」（吉田神道）のような極端な主張さえ生み出すに至った。江戸・徳川期にあっても、家康を神格化した日光東照宮（東照大権現）の山王一実神道（日吉神道、天台神道）など、根強い命脈を保っている。これに幕末期に多く簇生した民衆宗教などを加えて、いわば一種の「国民的宗教」（尾藤正英）と見做す有力な見解もある(34)。

上述したような経緯を背景として、近世日本の「世界」認識について概括するなら、大筋では、「中国」中心化された世界像の表象への疑義や相対化が、徐々に顕在化していく軌跡を看取することが出来る。そこには、一面で「中国」中心主義とも表裏一体の「日本」主義やいわば日本の「固有性」論とも称すべき思潮の擡頭が随伴していると言えよう。その意味では、こうしたプロセスの裡に、近代以降の「脱亜」論的な志向性やその問題点の萌芽が、夙くも兆していると見ることも出来る。また、そうした狭間にあって、前出の姜沆と藤原惺窩（一五六一～一五一九）との交流に見られるような、朝鮮・韓国儒学の日本（江戸儒学）への影響が過小評価される傾向を生んだことも、夙に指摘されている(35)。

具体的には、やはり前述したように、儒教の日本的展開とも言える、いわばその「日本」化、ないしは「土着」化の方向性が、伊藤仁斎・荻生徂徠らの古学や古文辞学の系譜、更には、垂加神道を標榜した山崎闇斎らの崎門学派などによって主導され、特徴づけられていく。また、その際、日本を端的に「中華」「中国」「中州」などと呼ぶ、山鹿素行（一六二二～一六八五）の『中朝事実』のように、「水土人物」の善悪といった観念や基軸を媒介として、いわゆる「水土」論的な言説を利用した「華夷」論的な思考枠組みからの脱出の試みが、屢々見受けられる。それは、より一層、精緻化されたかたちで、例えば、西川如見（一六四八～一七二四）の『華夷通商考』及び『増補華夷通商考』『日本水土考』などの一連の著作にも受け継がれていく。[36]なお、やがてこうした風土論的な自己肯定の言説は、国学の生成とも相俟って、本居宣長の「漢意（からごころ）」批判に端的に表現されるような、歴史や国土に固着した日本優越論を生み出すに至ったものと考えられる。

他方、イエズス会士による西洋知識の紹介に始まった自然科学的な知見や認識もまた、いわゆる「鎖国」体制にあっても、その窓口であった長崎を通じて、まずは蘭学、やがて洋学として、引き続き間断なく摂取され、陰に陽に知識人たちの「世界」認識やその表象に影響を与え続けた。ケンペルの『日本誌』の一部を『鎖国論』として翻訳・紹介した、志筑忠雄（一七六〇～一八〇六）の師としても知られる、蘭学者の本木良永（一七三五～一七九四）が、コペルニクスの地動説を紹介（『和蘭地球図説』三巻、一七七二）し、それを受けて、山片蟠桃（一七四八～一八二一）が『夢の代』において、地動説を支持し、記紀神話や仏教を批判したことは、よく知られている。また、一般に蘭学系の思想家の場合、元来、「華夷」論的な思考からは、比較的自由で、それを相対化し易かったと同時に、杉田玄白（一七三三～一八一七）や平賀源内（一七二八～一七八〇）などにも萌芽的に見られる如く、殖産事業への着目、軍事的な関心や脅威の存在なども相俟って、かえって国益や国家意識の追求を強調するような側面をも生み出したことが、夙に報告されている。[37]

更には、幕末期に近づくと、アヘン戦争による清の敗北という「衝撃」とともに、中国経由の西洋知識が多く齎されて、海防への関心を弥が上にも高めたことは、最早、贅言を要すまい。また、多くの世界地誌・地図の類にも触発されて、国際情勢に関する知見にも大いに開眼させられたが、なかでも最も有名で、日本への影響力も大きかったのが、魏源（一七九四〜一八五六）の『海国図志』であることは、言を俟たない。だが、同時に、当時の東アジアの国際的な環境に鑑みるなら、『海国図志』に比しても、西洋の状況などに関しては、むしろ詳細な記述がなされていたとされる、徐継畬《じょけいよ》（一七九五〜一八七三）の『瀛寰志略《えいかんしりゃく》』や梁廷枏《りょうていなん》（一七九六〜一八六一）の『海国四説』なども、それぞれ逸することが出来ない重要性を有した論著である(38)。また、こうした中国経由での西洋や国際情勢に関する知識は、幕末期の日本において、政治的・思想的な立場の異同を超えて、かなり広汎な知識層に受容されたこと、かかる状況への対応をめぐって、それと対抗的なかたちで、後期の水戸学や尊王攘夷派などのナショナリズム的な言説の形成が促され、逆説的かつ間接的にではあれ、それに大きく寄与した一面があることもまた、忘れてはならない(39)。

おわりに

最後に、現代の状況から将来への展望に関して、一言しておきたい。中国の政治的な存在感の増大や経済大国化、あるいは、それにやや先立つ台湾・韓国といったＮＩＥＳの擡頭などを通じて、東アジアを取り巻く国際的な環境は、ここ数十年間のうちに、全くと言って良いほど、その面貌を一新している。「儒教ルネッサンス論」や「儒教資本主義論」「儒教社会主義論」、果ては、いわゆる「中国脅威論」などまで、さまざまなかたちで、その本質を読み解こうとする試みが続いては、挫折している。靖国問題や反日デモ、教科書問題や従軍慰安婦問題などの軋轢・葛藤に端を発した歴史認識問題もまた、有効な打開策や解決策を見ないまま、東北アジア共同体（共同の家）への模索などの試

み も、最早、現実の壁の前に途絶しつつあるやにも見受けられる。

何れにしても、日本（人）にとっては、短期的な確執や狭い国益のみに囚われた観点を超えて、善かれ悪しかれ、いわば「脱亜」的な近代の優越意識から新たな「中国の衝撃」の時代へと直面するなかで、自国史の相対化とも相俟った、長い歴史的視座や文脈による世界認識の必要性が、今こそ求められる喫緊の課題となっている。同時に、近年、動もすれば、お互いに顕在化する一方の狭隘なナショナリズムを超克するためにも、あるいは、他の東アジア世界の人びとによっても、こうした状況認識は、是非ともさまざまな角度から共有され、改めて検討を加えられる必要があろう。(40)

註

（1）因みに、現代中国語においても同様の事情があるほか、元来は「近代」とも同義語であった。剰え現代中国語の「現代」もまた、Modern を意味するなど、事情はやや錯雑している。

（2）内藤湖南『中国近世史』（弘文堂、一九四七；→のち『内藤湖南全集』第十巻、筑摩書房、一九六九に『支那近世史』として所収）、宮崎市定『東洋的近世』（教育タイムズ社、一九五〇；→のち『宮崎市定全集・第二巻　東洋史』、岩波書店、一九九二；中公文庫版、一九九九；『アジア史論』、中公クラシックス・中央公論新社、二〇〇二）など、参照。

（3）周藤吉之『宋代経済史研究』（東京大学出版会、一九六二）、同『唐宋社会経済史研究』（同、一九六五）、同『宋代史研究』（財団法人・東洋文庫、東洋文庫論叢・五十、一九六九）、前田直典『元朝史の研究』（東京大学出版会、一九七三）、また、鈴木俊・西嶋定生編『中国史の時代区分』（東京大学出版会、一九五七）、谷川道雄編『戦後日本の中国史論争』（河合文化教育研究所、一九九三）、佐藤慎一「中国に宋近世説は存在したか？――清末知識人の宋代イメージ――」（『中国―社会と文化』第二十号、中国社会文化学会、二〇〇五）、平田茂樹「宋代政治構造研究序説」（『人文研究〔大阪市立大学大学院文学研

究科紀要〕』第五十七巻、二〇〇六）など、参照。

（4）津田左右吉『シナ思想と日本』（岩波新書、一九三八）、参照。

（5）岸本美緒『東アジアの「近世」』（世界史リブレット13・山川出版社、一九九八）、次いで、永井和「東アジア史の「近世」問題」（夫馬進編『中国東アジア外交交流史の研究』、京都大学学術出版会、二〇〇七、所収）、宮嶋博史「儒教的近代としての東アジア近世」（『岩波講座・東アジア近現代通史1』、岩波書店、二〇一一）、同「東アジア世界における日本の「近世化」——日本史研究批判——」、山田賢「東アジア「近世化」の比較史的検討」（以上、ともに、趙景達・須田努編『比較史的に見た近世日本』、東京堂出版、二〇一一）、岸本美緒「東アジア史の「パラダイム転換」をめぐって」（国立歴史民俗博物館編『「韓国併合」一〇〇年を問う』、岩波書店、二〇一一）、伊東貴之「伝統中国をどう捉えるか?——研究史上のポレミックに見る儒教の影」（『現代思想』vol.42-4〔特集：いまなぜ儒教か〕、青土社、二〇一四年三月号）、青木敦『世界史のなかの近世』（青山学院大学総合研究所叢書）（慶應義塾大学出版会、二〇一七）、同「序章——「近世」と「アーリー・モダン」」など、参照。

　因みに、このうち、岸本らの所論はまた、同時に、事実上、近年の中国史学界における「伝統中国」といった呼称が含意するものに加えて、英語圏における「後期（晩期）帝政中国」（Late Imperial China）といった時代区分とも、概ね符節を合するものとも言えよう。この他にも、北米の学界などでは、いわゆる「宋・元・明移行期論」も盛んである。此方に関しては、Paul Jakov Smith & Richard von Glahn (ed.), *The Song-Yuan-Ming Transition in Chinese History*, Harvard University Asia Center (Harvard East Asian Monographs), 2003. のほか、概括的かつ批評的なレビューとして、中島楽章「宋元明移行期論をめぐって」（『中国—社会と文化』第二十号、中国社会文化学会、二〇〇五）が有意義である。

　なお、前掲、平田茂樹「宋代政治構造研究序説」（『人文研究〔大阪市立大学大学院文学研究科紀要〕』第五十七巻、二〇〇六）、並びに、同『宋代政治構造研究』（汲古書院、二〇一二）、「序言——研究の視点・方法」もまた、「唐宋変革」説や「宋・元・明移行期論」に関する俯瞰的な総括を行っている。その他、近稿として、小論と同様、主として思想史的な立場からの問題提起を行ったものとして、小島毅「宋学の近世的性格について」（総編集・堀池信夫／渡邉義浩・菅野大二編、知のユーラシア3『激突と眺望――儒教の眺望』、明治書院、二〇一三）がある。

本来なら、小論でも、こうした近年の新たな潮流や動向をも踏まえつつ、より包括的な議論を展開すべきであったが、残念ながら、現状では、私見を纏め尽くすだけの余裕を持たない。後日を期することにしたい。

（6）その意味で、小論は、溝口雄三・伊東貴之・村田雄二郎『中国という視座』（これからの世界史④・平凡社、一九九五）、小島毅『宋学の形成と展開』（創文社・中国学芸叢書、一九九九）などと基本的な視座や枠組み、パラダイムにおいて、共通する方向性を有するものである。この点では、前掲・註（5）の宮嶋博史らの所説にも、一脈、通じるところがあるものと思われる。

（7）この点、例えば、後に清代中葉の人、焦循（里堂、一七六三～一八〇二）が、「思うに、紫陽（朱子）の学問は、天下の君子を教える方途であり、陽明の学問は、天下の小人を教導する手段である。」（『雕菰集』巻八・良知）と述べていることなどは、このあたりの仔細をよく説明するものと言えよう。

また、詳細に関しては、溝口雄三・伊東貴之・村田雄二郎『中国という視座』（これからの世界史④・平凡社、一九九五）、溝口雄三『中国の思想』（放送大学教育振興会、一九九一；→のち、再版『〈中国思想〉再発見』、左右社、二〇一〇）などをそれぞれ参看されたい。なお、前著の趣旨や執筆意図としては、近世（前近代）の宋学成立期から朱子学・陽明学を経て、近代に至る、中国の思想と社会の特質を、①「天理」を軸に展開した中国的思想世界、②朱子学・陽明学の民衆化とともに成立した「礼教社会」として規定した上で、両者が絡み合う、歴史社会の動態を「礼治システム」をキーワードとして、読み解こうと試みている。同時に、同書全体を通じて、こうした「礼教」が、功罪の両面を伴いつつ、中国の基層社会に徐々に浸透していく過程として、近世（前近代）という時代を捉え直している。その他、卑見に関しては、拙稿「朱子学と陽明学」（苅部直・片岡龍編『日本思想史ハンドブック』、新書館、二〇〇八）においても、全体的な展望とともに、少しく纏めてあることを附記しておきたい。

（8）明清交替をめぐる現時点での卑見は、曾て拙論「明清交替と王権論――東アジアの視角から――」（『武蔵大学人文学会雑誌』、第三十九巻・第三号、二〇〇八）、／→同・中文訳「明清交替与王権論――在東亜視野中考察」（徐洪興・小島毅・陶徳民・呉震主編『東亜的王権与政治思想――儒学文化研究的回顧与展望』（共著・復旦大学出版社、二〇〇九）において、包括的に論じた心算であり、御参看を願えれば、幸いである。

また、当該の拙論を踏まえて、更に日本思想史や政治思想史の文脈で、これを敷衍したものとして、眞壁仁「徳川儒学思想における明清交替――江戸儒学界における正統の転位とその変遷」（『北大法学論集』第六十二巻・第六号、北海道大学法学研究科、二〇一二）があり、史料の博捜や整理などの点で、有益である。

その他、伝統中国の「中華」的世界観、ないしは「天下」観念、「華夷」秩序などについて概説したものは、枚挙に暇がないが、その理念的な構成を構造的に纏めた論攷として、差し詰め、張啓雄〔伊東貴之訳〕「中華世界秩序原理の起源――先秦古典の文化的価値――」（『中国―社会と文化』第二十四号、二〇〇九）を参看されたい。

（9）日中両国の「封建」「郡県」論の比較や差異をめぐっては、増淵龍夫『歴史家の同時代史的考察について』（岩波書店、一九八三）、同『日本の近代史学史における中国と日本――津田左右吉と内藤湖南』（リキエスタの会・トランスアート、二〇〇一）、渡辺浩『近世日本社会と宋学』（東京大学出版会、一九八五；同・増補新装版、二〇一〇）、石井紫郎『日本国制史研究Ⅱ　日本人の国家生活』（東京大学出版会、一九八六）、第六章「「封建」制と幕藩体制」、張翔・園田英弘共編『「封建」「郡県」再考――東アジア社会体制論の深層』（思文閣出版、二〇〇六）など、参照。

（10）園田英弘『西洋化の構造――黒船・武士・国家』（思文閣出版、一九九三）、参照。

（11）明清期を中心として、科挙を通じた社会的流動性の大きさを豊富な事例にもとづいて論証した代表的論著として、何炳棣(Ping-ti Ho), *The Ladder of Success in Imperial China : Aspects of Social Mobility, 1368~1911*. Columbia University Press, 1962；邦訳：寺田隆信・千種真一訳『科挙と近世中国社会――立身出世の階梯』（平凡社、一九九三）が挙げられる。なお、こうした前提の下で、多くの宗族が科挙を媒介として勢力拡大を図り、後代に至るほど、結果的に名望家一族の「再生産」の「戦略」が相当程度、達成されるという事態も現出した。そうした一例として、潘光旦『明清両代嘉興的望族』（上海商務印書館、一九四七）などを参看されたい。

翻って、日本の武士身分に関しても、必ずしも固定的なものとは言い難い側面もあり、やや例外的な事例ではあるが、いわゆる御家人株の売買などを通じての武士身分への参入の可能性とその実態について、詳細な報告がなされている。姜鶯燕「徳川幕臣の身分的変容に関する研究――いわゆる「御家人株の売買」の問題を中心に」（総合研究大学院大学・文化科学研究科国際日本研究専攻・課程博士学位論文、二〇一二）、参照。

(12) もっとも、江戸・徳川時代の武士道においても、君主個人への絶対的な忠誠の要求ばかりではなく、むしろ藩などの組織体への忠誠を重視する見解も有力である。例えば、無能・非道な悪主・暴君に対抗して、強制的な「押込隠居」という実力行使の例も数多く報告されている。笠谷和比古『主君「押込」の構造―近世大名と家臣団―』（平凡社選書、一九八八；講談社学術文庫、二〇〇六）、参照。

その他、中日双方の儒教思想における暴君放伐論、すなわち「湯武放伐論」や革命論、主君への「諫言」の諸相やその異同について、野口武彦『王道と革命の間――日本思想と孟子問題』（筑摩書房、一九八六）、将基面貴巳『反「暴君」の思想史』（平凡社新書、二〇〇二）など、参照。

(13) 江戸・徳川時代の「家」「家職」観念やその実態に関しては、尾藤正英『江戸時代とはなにか――日本史上の近世と近代』（岩波書店、一九九二；岩波現代文庫版、二〇〇六）、石井紫郎「近世の国制における「武家」と「武士」」（石井紫郎校注『近世武家思想』、日本思想大系・第二七巻、岩波書店、一九七四；同・再版、日本思想大系――芸の思想・道の思想3、一九九五に、それぞれ所収）、笠谷和比古『武家政治の源流と展開――近世武家社会研究論考――』（清文堂、二〇一一）など、参照。

(14) 中国の宗族やそこにおける祖先祭祀、儒教の宗教性などの諸問題に関しては、滋賀秀三『中国家族法の原理』（創文社、一九六七；同・再版、二〇〇〇）、加地伸行『儒教とは何か』（中公新書、一九九〇）、同『沈黙の宗教――儒教』（筑摩書房・ちくまライブラリー、一九九四）、池田秀三『自然宗教の力――儒教を中心に』（叢書・現代の宗教⑯、岩波書店、一九九八）などをそれぞれ参看されたい。

なお、ここでの野中兼山の事例とは、儒式の葬儀が禁制のキリシタンに誤認されたことを伝えるものであるが、この逸話に関しては、小説作品ではあるが、大原富枝『婉という女』（一九六〇）などにも見える。

(15) 頼祺一編『日本の近世13　儒学・国学・洋学』（中央公論社、一九九三）、黒住真『近世日本社会と儒教』（ぺりかん社、二〇〇三）、平石直昭『日本政治思想史――近世を中心に』（放送大学教育振興会、一九九七；同・改訂版、二〇〇一）、前田勉『兵学と朱子学・蘭学・国学――近世日本思想史の構図』（平凡社選書、二〇〇六）、渡辺浩『日本政治思想史〔十七～十九世紀〕』（東京大学出版会、二〇一〇）などは、それぞれ大筋で、差し詰めこうした見方を代表する著作と考えられる。

(16) 島田虔次『中国における近代思惟の挫折』（筑摩書房、一九四九；同・改訂版、一九七〇；井上進・補注、平凡社・東洋文庫版〔上・下〕、二〇〇三）、溝口雄三『中国前近代思想の屈折と展開』（東京大学出版会、一九八〇）、同『方法としての中国』（東京大学出版会、一九八九）、ポール・A・コーエン〔佐藤慎一訳〕『知の帝国主義』（平凡社、一九八八）、大谷敏夫『清代政治思想史研究』（汲古書院、一九九一）など、参照。

(17) 小島毅『中国近世における礼の言説』（東京大学出版会、一九九六）、岸本美緒『明清交替と江南社会――17世紀中国の秩序問題』（東京大学出版会、一九九九）、同『風俗と時代観―明清史論集Ⅰ―』／『地域社会論再考―明清史論集Ⅱ―』（研文出版、二〇一二）など、参照。

(18) 小野川秀美『清末政治思想史研究』（みすず書房、一九六九；平凡社・東洋文庫版〔上・下〕、二〇〇九・二〇一〇）、溝口雄三『方法としての中国』（東京大学出版会、一九八九）、大谷敏夫『清代政治思想史研究』（汲古書院、一九九一）など、参照。

(19) 明清時代の「封建」「郡県」論の諸相をめぐっては、前掲・註（9）に挙げた論著のほか、伊東貴之『思想としての中国近世』（東京大学出版会、二〇〇五）、特にその第五章「近世儒教の政治論」を参照されたい。

(20) 重田徳『清代社会経済史研究』（岩波書店、一九七五）、森正夫『森正夫明清史論集』（全三巻、汲古書院、二〇〇六）、J. W. Esherick & M. B. Rankin, *Chinese Local Elites and Patterns of Dominance*, University of California Press, 1990. などをそれぞれ参看されたい。

(21) 以上、溝口雄三「辛亥革命の歴史的個性」（『思想』第九八九号、二〇〇六年九月号；→のち前掲『中国思想のエッセンスⅡ―東往西来―』、岩波書店、二〇一一、に所収）のほか、酒井忠夫『中国善書の研究』（弘文堂、一九六〇；国書刊行会、一九七二；→のち『増補　中国善書の研究（上・下）』（酒井忠夫全集・第一巻〜第二巻）、同前、一九九九〜二〇〇〇）、大谷敏夫・前掲『清代政治思想史研究』（汲古書院、一九九一）、夫馬進『中国善会善堂史研究』（同朋舎出版・東洋史研究叢刊53、一九九七）、黄東蘭『近代中国の地方自治と明治日本』（汲古書院、二〇〇五）、梁其姿『施善與教化――明清的慈悲組織』（台北・聯経出版社、一九九七；河北教育出版社、二〇〇一）、更には、他にも、横山英『中国の近代化と地方政治』（勁草書房、一九八五）、星斌夫『中国の社会福祉の歴史』（山川出版社、一九八八）、Pierre-Étienne Will, *Bureaucratie et famine en Chine au 18e siècle*, Mouton / École des Hautes, Études en Sciences Sociales, Paris, 1980. また、近年の達成として、佐藤仁史『近代中国の郷土意識――清末江南の在地指導層と地域社会』（研文出版、二〇一三）など、それぞれ参照されたい。

（22）同じく、溝口雄三「辛亥革命の歴史的個性」（『思想』第九八九号、二〇〇六年九月号；→のち前掲『中国思想のエッセンスII―東往西来―』、岩波書店、二〇一一、に所収）のほか、溝口雄三『中国の公と私』（研文出版、一九九五）、同『公私（一語の辞典）』（三省堂、一九九六）をそれぞれ参看されたい。

（23）以上、寺田浩明「明清法秩序における『約』の性格」（溝口雄三・浜下武志・平石直昭・宮嶋博史編『アジアから考える4・社会と国家』、東京大学出版会、一九九四、所収）、同「合意と斉心の間」（森正夫・野口鐵郎・濱島敦俊・岸本美緒・佐竹靖彦編『明清時代史の基本問題』〔中国史の基本問題④〕、汲古書院、一九九七、所収）、小島毅「中国近世の公議」（『思想』第八八九号、岩波書店、一九九八）、同「八条目のあいだ」（『東洋文化研究』第一号、学習院大学東洋文化研究所、一九九九）、参照。

（24）溝口雄三『方法としての中国』（東京大学出版会、一九八九）、参照。

なお、溝口の観点とは、やや評価の基軸や位相を異にするものの、明清時代以来、伝統中国の地域社会の指導層でもあった郷紳こそが、辛亥革命、なかでも立憲派の中心を担ったことを示唆する、いわゆる「郷紳革命」論とも言うべき立場にもとづく論著として、他にも、市古宙三『近代中国の政治と社会』（東京大学出版会、一九七一；同・増補版、一九七七）、野村浩一『近代中国の政治文化――民権・立憲・皇権』（岩波書店、二〇〇七）などを挙げることが出来る。その他、この問題とも関連した具体例として、塚本元『中国における国家建設の試み――湖南1919〜1921』（東京大学出版会、一九九四）、参看。

(25) 近代中国の民族主義、愛国主義の諸相に関しては、例えば、吉澤誠一郎『愛国主義の創成――ナショナリズムから中国近代をみる』(岩波書店、二〇〇三)、坂元ひろ子『中国民族主義の神話――人種・身体・ジェンダー』(岩波書店、二〇〇四)など、参照。

(26) 以上、費孝通・編著〔西澤治彦・塚田誠之・曾士才・菊地秀明・吉開将人 共訳〕『中華民族多元一体構造』(風響社、二〇〇八)のほか、現代中国の民族問題、並びに、その歴史的背景に関しては、毛利和子『周縁からの中国――民族問題と国家』(東京大学出版会、一九九八)、川本芳昭『中国史のなかの諸民族』(世界史リブレット・山川出版社、二〇〇四)、王柯『多民族国家　中国』(岩波新書、二〇〇五)、加々美光行『中国の民族問題――危機の本質』(岩波現代文庫、二〇〇八)など、参照。また、小論でも提起した、現代中国のいわば「原型」としての清朝といった見方は、例えば、吉澤誠一郎『清朝と近代世界　19世紀』(シリーズ中国近現代史①、岩波新書、二〇一〇)などにも共通するものである。

(27) 以上、関連する諸文献も含めて、前掲・拙論「明清交替と王権論――東アジアの視角から――」(『武蔵大学人文学会雑誌』、第三九巻・第三号、二〇〇八)／↓同・中文訳「明清交替与王権論――在東亜視野中考察」(徐洪興・小島毅・陶徳民・呉震主編『東亜的王権与政治思想――儒学文化研究的回顧与展望』(共著・復旦大学出版社、二〇〇九)を参照されたい。また、他にも『国性爺合戦』に現れた華夷意識に関しては、井上厚史「『国姓爺合戦』から『漢国無体　此奴和日本』へ――江戸時代における華夷観の変容――」(『同志社国文学』第五十八号、二〇〇三)など、参照。

(28) 川原秀城「中国の思想と科学」(『中国―社会と文化』第三号、一九八八)、齋藤正高「『東西均』の反因説と水循環論」(『日本中国学会報』第五十九集、二〇〇七)、参照。

(29) 澤井啓一『〈記号〉としての儒学』(光芒社、二〇〇〇)、山内弘一『朝鮮から見た華夷思想』(世界史リブレット67・山川出版社、二〇〇三)、参照。
　その他、ヴェトナムなどにあっても、同様の小中華意識が時に散見されたことが報告されているが、ヴェトナムや北方ユーラシアなどを含む、東アジアないしは中国文化圏の周辺地域や諸民族における華夷思想の様態に関しては、酒寄雅志「華夷思想の諸相」（荒野泰典・石井正敏・村井章介編『アジアのなかの日本史Ⅴ　自意識と相互理解』、東京大学出版会、一九九三、所収；↓のち、酒寄雅志『渤海と古代の日本』、校倉書房、二〇〇一、に再録）及び、同論・所引の諸論文を参看されたい。

(30) 以上、尾藤正英『日本封建思想史研究』（青木書店、一九六一）、渡辺浩『近世日本社会と宋学』（東京大学出版会、一九八五；同・増補新装版、二〇一〇）、黒住真『近世日本社会と儒教』（ぺりかん社、二〇〇三）など、参照。また、仏教思想史の側から、近世仏教の役割を再評価した近年の論著として、末木文美士『近世の仏教――華ひらく思想と文化』（吉川弘文館・歴史文化ライブラリー、二〇一〇）、大桑斉『民衆仏教思想史論』（ぺりかん社、二〇一三）なども、併せて参照されたい。
なお、全くの仮説的な見通しではあるが、例えば、江戸・徳川時代の儒教における、①心情主義的な性格、②経験的合理主義や実学的な性格、時に実利的・功利主義的な志向、③折衷・融和的な傾向といった、一見、相反するような諸側面もまた、それらの根柢に、いわば非原理主義的とも言える特質が、全体を貫く基調として存在する、と考えるなら、それなりに整合的な理解が可能な如く思われる。

(31) 以上、阿部吉雄『朝鮮朱子学と日本』（東京大学出版会、一九六五）、徐興慶『朱舜水與東亜文化伝播的世界』（東亜文明研究叢書78・台湾大学出版中心、二〇〇八）など、参照。また、山崎闇斎に関しては、近年の成果として、田尻祐一郎『山崎闇斎の世界』（ぺりかん社、二〇〇六）、澤井啓一『山崎闇斎――天人唯一の妙、神明不思議の道』（ミネルヴァ日本評伝選・ミネルヴァ書房、二〇一四）など、参照。

(32) こうした傾向や問題性に関しては、例えば、横内裕人『日本中世の仏教と東アジア』（塙書房、二〇〇八）など、参看。

(33) 前掲、津田左右吉『シナ思想と日本』（岩波新書、一九三八）、参照。

(34) 尾藤正英『日本文化の歴史』（岩波新書、二〇〇〇）、参照。
なお、日本の知識層の一部に、こうした特質を無批判的、ないしは無前提に肯定するような傾向が見られることには、それなりの問題があろう。この点に関しては、例えば、深沢克己・編『ユーラシア諸宗教の関係史論――他者の受容、他者の排除』（勉誠出版、二〇一〇）、序章「他者の受容と排除をめぐる比較宗教史――ヨーロッパの視点から――」（深沢克己）、藤原聖子『教科書の中の宗教——この奇妙な実態』（岩波新書、二〇一一）などを参看されたい。

（35）澤井啓一『〈記号〉としての儒学』（光芒社、二〇〇〇）は、かかる問題点を鋭く突いた論著である。その他、朝鮮（韓国）儒学の日本（江戸儒学）への影響に関しては、前掲・註（31）、阿部吉雄『朝鮮朱子学と日本』（東京大学出版会、一九六五）、参照。

（36）こうした「水土」論的な志向や言説の展開をめぐっては、澤井啓一「「水土論」的志向性——近世日本に成立した支配の空間イメージ」（大貫隆・ほか編『歴史を問う3　歴史と空間』、岩波書店、二〇〇二）、佐久間正『徳川日本の思想形成と儒教』（ぺりかん社、二〇〇七）などを参照されたい。

（37）佐藤昌介『洋学史研究序説——洋学と封建権力——』（岩波書店、一九六四）、前田勉『兵学と朱子学・蘭学・国学——近世日本思想史の構図』（平凡社選書、二〇〇六）、田尻祐一郎『江戸の思想史——人物・方法・連環——』（中公新書、二〇一一）など、参照。

（38）銭国紅『日本と中国における「西洋」の発見——19世紀日中知識人の世界像の形成』（山川出版社、二〇〇四）、村尾進「梁廷枏と『海国四説』」（『中国——社会と文化』第二号、一九八七）、同「『海国四説』の意味」（『東洋史研究』第五一巻・第一号、一九九二）、任復興主編『徐継畬与東西方文化交流』（中国社会科学出版社、一九九三）、井上裕正「魏源『海国図志』編纂の経緯」（奈良女子大学大学院人間文化研究科『人間文化研究科年報』第二六号、二〇一一）、茂木敏夫「『海国図志』成立の背景——十八—十九世紀中国の社会変動と経世論」（東京女子大学紀要『論集』第六四巻・一号、二〇一三）、大谷敏夫『魏源と林則徐——清末開明官僚の行政と思想』（世界史リブレット人070・山川出版社、二〇一五）など、参照。

（39）尾藤正英「水戸学の特質」（『日本思想大系・第五三巻　水戸学』、岩波書店、一九七三）、同「尊王攘夷思想」（『岩波講座・日本歴史13　近世5』、岩波書店、一九七七）（→ともに、のち、『日本の国家主義——「国体」思想の形成——』、岩波書店、二〇一四、に所収）、植手通有『日本近代思想の形成』（岩波書店、一九七四）、徐興慶『朱舜水与東亜文化伝播的世界』（東亜文明研究叢書78・台湾大学出版中心、二〇〇八）など、参照。

（40）以上、例えば、溝口雄三・中島嶺雄編『儒教ルネッサンスを考える』（大修館書店、一九九一）、姜尚中『東北アジア共同の家をめざして』（平凡社、二〇〇一）、溝口雄三『中国の衝撃』（東京大学出版会、二〇〇四）などをそれぞれ参看されたい。翻って、古田博司『東アジアの思想風景』（岩波書店、一九九八）、同『東アジア・イデオロギーを超えて』（新書館、二〇〇三）などでは、東アジアの思想文化的基盤が、儒教をその副次的要素とする、中華思想の分有にあるとして、いわゆる「儒教文化圏」において、「民族」や「国家」が強烈な自己主張を行う背景や所以を剔抉しており、それ自体、懸念され、憂慮すべき事象ではあるが、一定の現実に照らしても、相応の含蓄や示唆に富もう。

それと同時に、現在、東アジアの国家間において、頓に尖鋭化しているのは、一面では、むしろ前世紀的なナショナリズムへの傾斜でもあるように見受けられる。かえって東アジアの歴史的な伝統の裡にこそ、善かれ悪しかれ、西洋近代的な国際法的な秩序とは異なった、共生や棲み分けの智慧や方途が存在していたことに、思いを致すことも、強ち時代錯誤的な試みとは言えまい。なお、「国家主権」の問題をめぐっては、主として、欧州の国際政治や西欧の政治思想などの事例ではあるが、篠田英朗『「国家主権」という思想――国際立憲主義への軌跡』（勁草書房、二〇一二）、また、押村高『国家のパラドクス――ナショナルなものの再考』（法政大学出版局、二〇一三）なども、それぞれ参照に値する。その他、EU統合の綻びやその後に露呈した問題点に関して、遠藤乾『統合の終焉――EUの実像と論理』（岩波書店、二〇一三）が、国家統合の困難さや向後の東アジア情勢を鑑みる上でも、多くの示唆に富む。欧州情勢に関しては、反グローバリズムの大きな流れの中で、移民問題や社会的格差の複雑化とも相俟って、各国における排外的ナショナリズムや極右政党の擡頭に加えて、英国の国民投票によるEUからの離脱の決定など、懸念すべき事態が幾重にも顕在化していることは、夙に周知の通りである。総じて、ある意味では、現下の世界的な潮流とさえ見做すべき状況として、東アジアや米国・その他の地域の将来を占う上でも、看過し得ない問題であり、喫緊の課題でもあろう。

〔附記〕

小論は、二〇一二年六月三日、台湾大学において開催されたシンポジウム「思想史から東アジアを語る（従思想史思考東亜）」の席上で口頭発表した、同名の報告にもとづき、その後の知見などを加えて、若干の補筆を行ったものである。当該のシンポジウムに御慫慂を賜りました、台湾大学日本語文学系・日本語文学研究所（同・人文社会高等研究院「東亜崛起中的日本与韓国研究整合平台」執行長）の徐興慶教授をはじめ、多々御高配に与りました、同じく同大・日本語文学系の辻本雅史教授、更には台湾大学人文社会高等研究院院長の黄俊傑教授ほか、関係の諸機関の先生方や各位に対しまして、改めて深甚の感謝の意を表するものでございます。因みに、当該のシンポジウムに関しては、既に報告集も公刊の運びですが、日本での加筆・転載をお認め下さいましたことにも、併せて、御礼を申し上げる次第です。

小論はまた、日本学術振興会・科学研究費補助金・基盤研究（B）「公共知の形成――東西比較による十八世紀学の展開」（代表者：金城学院大学・高橋博巳）、同じく、基盤研究（C）「考証学、言語の学、そして近代的知性――近代的学問の「基体」としての漢学の学問方法」（代表者：國士舘大学・竹村英二）、並びに、基盤研究（C）「心・身体・環境をめぐる「仁」概念の再検討――『朱子語類』巻4～6を中心に」（代表者：東海大学・恩田裕正）のそれぞれ研究分担者としての成果の一部でもある。御高配を戴いた関係の諸機関と各位に深謝するものである。

第二部　鎌倉時代の王権

ヨーロッパと日本の中世における神聖王権の可能性を巡って
――フライジングのオットーと慈円の歴史思想を中心に――

ダニエル・シュライ

はじめに――オットーと慈円の比較を試みる――

もしフライジングのオットー（Otto von Freising、一一一二頃～五八年）と慈円（一一五五～一二二五年）とに話をできる機会があったなら彼らの間でどういう会話が成り立ったかは、以前から気になっている問題である。何故かというと、二人ともが有名な中世の歴史家であり、さらにその人生だけでなく思想にも共通点が圧倒的に多いからである。彼らの背景は後で詳細に取り上げるが、二人とも当時の政治エリートの出身で若い頃に父の決定で宗教界に入れられ後に神学を熱心に学び、深い信仰をも見せた。そしていずれもが世俗世界の政治的な問題に絡み合うようになり、力強く活躍し続けてきたが、二人とも最終的に、政治上の目的を達せられず、失望のうちにその生涯を閉じた。その一方で二人ともそれぞれの中世の歴史思想にとって頂点となる傑作も書いている。二人が生きた時期が共通であるということに限られず、共通の多い世界史上でも例外的な人物だったに違いない。二人を比較する論文もその理由で多いはずだと思われるが、実はそうでもない。それを試みたのは今のところシュタウフェン朝の専門家の北嶋繁雄氏の論文ぐらいである(1)。

彼らの共通点を考えると、二人の出会いを想像してみたらきっといい対話になったのではないか。実際に二人の存命期間も少し重なっている。とはいえ共通している年間が少ないので、もしも二人が実際に出会ったとしてもその年齢差からまともな会話になっていないのは確かだ。本稿のテーマにとって重要かつ興味深い問題である歴史思想、つまり神学的かつ政治的な過去の分析や評価、現在を将来へと繋ぐ歴史の流れなどは二人が晩年に考えたものだからだ。

さらに年齢の相違だけでなく、実際の会話の前提となる共通空間が二人の間には存在していなかったため、やはり会話には期待できなかっただろう。周知の通り、当時の中世のヨーロッパと日本とは直接的な交通手段がなく、その成立は前近代的なグローバル化が動き出した中世後期の十六世紀の時点まで待たなければならなかった。厳密に言うと双方の中世文化圏は無関係なため、歴史思想や宗教と政治の事情などの全体的な世界観の基礎が異なっており、オットーと慈円が歴史と王権と聖なるものに関わる話をしたとしても、お互いをかなり誤解したままでその会話は終わったであろう。そうなると、二人の話が嚙み合わないのであれば、彼らの歴史思想も王権観も比較の対象にはならないのではないか。

このように考えると、話はここで終わってしまう。しかしながら歴史的な比較の可能性についてフランスの歴史学者マルク・ブロック（Marc Bloch）が注目された理論を戦前に書いている。その中で主に二つの比較タイプを区別している。互いに交流のある社会と時空間が遠く離れている社会の類似の比較である[2]。それぞれは方法の相違があるものの比較は可能だという結論に至った。後者の比較の試みとしてマルク・ブロックも自らの封建研究の中に日本の中世文化を例に取り上げたところがある（*La société féodale*[3]）。

言い換えるとオットーと慈円の比較は学術用語ないし理論概念などの議論上可能である。北嶋が二人の歴史意識を検討したことに倣って本稿はそれぞれの当時の王権観を取り上げたい。特に政治と宗教との関係を課題に、神聖王権の思想を比較の概念をもってヨーロッパと日本の中世文化を比較してみたい。王権がいかに宗教界と関わりあったかということを神聖王権という文化人類学の概念を通じて検討する。神聖王権の概念は君主を神秘化する政治神話を主張する手段として悪用されたこともあり、この概念を過去の時代に当てはめる場合には注意点が多い。その一つは宗教と政治との関係である。ただオットーや慈円のような中世の人々にとっては宗教と政治という近代的な範疇はそもそも存在せず、王権や人間、世界全体がある意味で超自然的な存在、つまりキリスト教の神と日本における神仏など、と自然に結びついた状態で把握されていた。それ故に中世の王権の宗教性を問う必要があるのかについて問うこともできる。しかしそう簡単に結論は言えない。異なる時代と異なる空間の王権と宗教との特殊な姿がまだ明確になっていないためである。そのため本稿においては神聖王権を学術概念の前提として、文化人類学の目的とは異なる、その歴史的な特徴をより明らかにすることを目指す。

一　神聖王権とは何か――その概念と研究――

最初に神聖王権の理論、その利点や弱点に簡単に触れておきたい。よく知られているように、神聖王権というコンセプトはもともと十九世紀末より様々な刊行を経たフレイザー（James George Frazer）の名作『金枝篇』（*The Golden Bough*）より出発した人類学の研究分野であり、現在に至るまで多くの批判と改善を受けながら、宗教史や歴史の分野でも展開してきたものである。何よりも有名なのはフレイザーの少し不気味な王殺しとそれに関わるスケープゴートとしての王という学説であろう。一番非難された説でもあるが文化人類学者の間では今日まで議論されている。(4)ただ中世ヨーロッパにおいても中世日本においてもフレイザーが説くような王殺しというものを証明する根拠がない。

フレイザー以降、神聖王権は主に王権や権力を正当化させる一つの手段として把握されているが、ドイツの歴史家フリッツ・ケルン（Fritz Kern）の『王権神授説と抵抗権』（一九一四年）とフランスの歴史家マルク・ブロックの『王の奇跡』（一九二四年）によって中世史学にも取り入れられた。(5)そして今でもよく読まれているカントーロヴィチ（Ernst Kantorowicz）の『王の二つの身体』（一九五七年）やル・ゴフ（Jacques Le Goff）の『聖王ルイ』（一九九六年）などによってさらに拡大されてきた。(6)

ただ長い間にわたって、それぞれの論文では神聖王権の姿や扱い方が微妙に変わってきたことも認められる。そして容易に、共通点は何かと問うことになるのであろう。この問いに答えて神聖王権の概念を新しく定義しようとする中では、近年のドイツ中世史学者エルケンス（Franz Reiner Erkens）の試みが注目できる。エルケンスは神聖王権のできるかぎり広い適用範囲を開こうとするために、主に次の三点の特徴を挙げている。（一）王権は神との密接な関係を持つこと、（二）王者は俗界において神慮を代理すること、（三）聖職者と類似性を持つように様々な儀礼などを行うことである。(7) 時代と文化によって王権と王者の神聖性の表現が異なることもあるので、これらの条件はできるだけ広い意味で一般の形でまとまっているとエルケンスは説明する。例えば中世キリスト教の聖別や戴冠式によって神聖性を得た王はあくまでも神に選ばれた代理者と信じられたが、王自身が古代ローマの皇帝と似たように神格化されることはすでにキリスト教上では考えられなかったのである。ただ、中世の国王と古代の皇帝の両者とも第一の条件に当たる。さらに一般の条件に当らない神聖王権の要素も忘れてはならない。特にブロックやル・ゴフが論じている国王の超人間的な力によって瘰癧を治療できる奇跡はフランスとイギリスにあったにもかかわらず、神聖王権の一般的に必須な条件として考えることはできない。それは、他の中世ヨーロッパやアジアの王国になかった故に、フランスやイギリスの王権思想の特殊な姿のみであった。そしてエルケンスが広い適用範囲を選んだのは古代ローマの皇帝にしろ、ヨーロッパの王者にしろ、中国の皇帝にしろ、あるいは日本の天皇にしろ、それぞれの特殊な姿に神聖王権が現されている可能性を容易に研究できるためである。逆に、それは概念の定義として広すぎると批判することもできるが、しかし狭い定義を規定すると神聖王権を世界中の時代と文化に適用するのは困難となり、研究は行き詰まってしまう可能性も低くないのであろう。理論に関しては他にも細かいところの色々追加の要素を考えることができるが、例えば王者の神聖性を維持させる儀礼や王権自体の神聖性に対する王者の神聖性との相違など、本稿で目指しているような比較には十分に相応しいアプローチなのではないか。具体的に史料を見る際にはまた細部にわたって調べる余地が十分あると思われるのである。

しかし神聖王権の研究史を省みるとそのコンセプトをもって王者を再神秘化し、政治的なイデオロギーに使用されるという問題があったことは否定できない。戦前と戦時中のドイツにおけるゲルマン民族の研究はその一つの事例となる。概略をいうと、当時の多くの研究者が描いたゲルマンの神聖王権像というのは歴史的な方法や史料批判に基づいているのではなく、ただの幻想でしかないということなのである(8)。ただそれらのような学問から離れた王権の捉え方は戦後の研究にも出会うことができるという指摘も最近されている(9)。同じように疑われるのは日本における現在にいたるまでの天皇制のさまざまな擁護論のことであろう。神話的な天皇でも歴史的な天皇でもすべてを一貫して、万世一系の形を唱えるような本や雑誌も少なくないため、今こそ神聖王権を中世史に適用しようとするならば、それらの擁護論におあつらえ向きのような議論を与えてしまうことになるのではないかという恐れがある。確かに政治的かつ文化的なナショナリズムの志向が絡みやすい研究テーマでもあり、十分に注意を払う必要があることはいうまでもない。ただ逆にそのため神聖王権の研究を基本的に断念するまでの必要はないのであろう。王権の宗教的な面をその政治的や文化的・経済的なコンテクストと結び付けた上で考えれば、上記の問題を避けることができるのであろう。

そしてとりあえずの結論をまとめると、ここで扱う神聖王権とは上記に触れた前近代の社会の一般的な政治と宗教との関係より深い密接な関わりを意味する概念でなければならない。続いて宗教的な手段によって王権や権力を正当化されることも神聖王権の一つの重要な面ではあるが、しかしそれはその研究のすべてではない。より広い意味で王権の神聖性を当時の人々の想像や思想の中に位置づける必要がある。こうした神聖王権のアプローチはエルケンスやル・ゴフが論じているようにヨーロッパの中世史だけでなく、それ以外の時代と文化にも役に立つと思われる。

二　神聖王権をヨーロッパと日本の中世史に

それでは、日本の文化と神聖王権はどうであろう。このコンセプトを日本に当てはめる先行研究をみると、早くからフレイザーの様々な指摘が挙げられる。しかし大作となった一九二七年のホカート（Arthur Maurice Hocart）の『王権』には、比較文化の論文でありながらも、日本の王権に触れられていない。ホカートは逆説的に宗教の起源を王の崇拝に求めて、即位式を通過儀礼の一種として検討した。その結果により神聖王権を分割し、王自身が神である、あるいは王が神を代表するという二つの類型に分けた。その中に太陽の信仰と王権についても述べているにもかかわらず、日本が事例として挙げられてない。ただちょうど「王権」の出版一年後、昭和天皇の大嘗祭とも関連して、宣教師と同時に神道の専門家として活躍したホルトム（Daniel C. Holtom）は、フレイザーの学説を意識しながら、三種の神器と天皇の即位礼などについての研究を英語で世に出した。[10]同時期に津田左右吉や和辻哲郎という近代日本の思想家はヨーロッパの王権理論の影響下で天皇の神聖性や権力なしの宗教的な権威をそれぞれの独自の立場から論じた。[11]ただ日本に関する神聖王権の研究が本格的になったのは主に一九七〇年代で、英語ではエルウッド（Robert Ellwood）が『延喜式』を中心に「王権の祝祭（The Feast of Kingship）」（一九七三年）を論じたことや和井田学が古代日本の事情にそのコンセプトを当てはめた論文があって、日本語では宮田登や山口昌男などの著作が挙げられる。[12]そしてそれらの研究の共通点をまとめていうと、王権の神聖性はだいたい古代日本において論じられているということになる。中世史においては例えば網野善彦が王権の神聖性を様々な場合に主張していることがあるが、研究は古代史ほど多くない。

その原因を考えると次の理由がすぐに思いつくのであろう。中世に至っては王権の事情は、黒田俊雄の権門体制論や佐藤進一の東国国家論、現在の二つの王権論など多くの解説が存在しているほど、古代ほど容易に述べることができず、神聖王権の対象もまた思ったほど明らかではない。国王であった天皇はもちろん、あるかぎりに法皇や将軍も神聖王権の理論上の対象として考えられるかもしれない。そしてさらに古代王権と異なり、神聖性の可能性は多様な実生活や思想の変更によって限られてくる。例えば『大鏡』に見られるように国王（天皇）は阿弥陀の下に位置づけられており、他界の手前のただの人間でしかないように、古代より人間像が仏教の影響下で変わってくる。八世紀にまとめた天皇を中心とする王権神話もその例外ではないため、石井進や特に佐藤弘夫がよく論じている天皇の「神から人へ」の転換が認められなければならない(13)。つまり天皇も神聖王権の主体として考えてもいいのかと言う疑問がある。

ただしヨーロッパでも十一世紀後期より王権、特に帝国の場合、権力も権威もが次第に教会により限られているようになる事情も忘れてはならない。その背景には主に教会内の、例えば聖職売買の防除をめぐっての改革運動や皇帝が聖職者を叙任できる権利を教会に取り戻す要求をする運動などが認められる。教科書ではカノッサ事件とともに叙任権闘争として広く知られている、いわゆる帝権と教権との間の争いということである。その長い間の、叙任権の問題を超えるより複雑な抗争をへて、王や皇帝の神聖性は結果として弱められた。世俗の権威や権力を目指したローマ教皇はある意味では最終的に中世の真の皇帝に変わったこともいえるのであろう。しかし神聖王権はその故に完全に人々の想像から消えたわけでもない。帝国以外の王国を見ると、特にフランスとイギリスの場合、神聖性王権の思想や信仰は特に中世後期に盛んになり、皇帝の場合も宗教的な性格が残っていた。帝国そのものは十二世紀以来「神聖ローマ帝国」と呼ばれるようになったのも弱くなった皇帝の神聖性を補う結果であったという解釈ができる(14)。

つまり中世ヨーロッパにおいても中世日本においても神聖王権の事情が激しく変更したのはいうまでもないが、しかし王権を宗教的な想像や思想を通じて描くような手段として、あるいは人々の王者に対する信仰としての神聖王権を考えると、その力を本当に完全に失ったかどうかは検討すべきなのではないか。そのために本稿ではヨーロッパと日本の王権に危機を伴う転換期における神聖王権の可能性を問うために、その時代に活躍したフライジングのオットーと慈円の歴史書を参考にする。二人とも、偶然の家系的および政治的、高位聖職者としての類似や歴史への興味があるので、比較しやすい対象であろう。[15] オットーの主著は『年代記又は二つの国の歴史』（*Chronica sive historia de duabus civitatibus*、一一三二～四六年）という、人間の事情を世界の終わりまで、そしてそれ以上の神の国についても語る、中世の宗教的な世界観を代表する歴史書である。さらにオットーはフリードリヒ一世（一一二二頃～九〇年）についての『皇帝フリードリヒ一世事績録』（*Gesta Friderici I. imperatoris seu rectius Cronica*、一一五六～五七年）を書いた。ただオットーの急死により同修道院のラーエブインが少し違うスタイルでその作品の後半を書いたので、ここではオットーの手によって書かれた二巻のみを見ることにする。慈円の主著は神武天皇以来承久の乱直前までの出来事を通史の形で語る『愚管抄』（一二二〇年頃）である。慈円は西行とともに有名な歌人でもあったが、ここでは主にその歴史書と部分的に慈円が天皇と三種の神器をめぐる夢を解釈した「夢想記」を中心に論じて行こうと思う。

三　『年代記』と『事蹟』の歴史思想における王権の神聖性

（1）フライジングのオットーという人物とその思想

オットーは、母アグネス（Agnes、ハインリヒ四世の娘）の持つ血縁関係により、コンラート三世（一〇九三～一一五二年）の異父兄弟であり、またフリードリヒ一世（赤髭王、バルバロッサ、一一二二頃～九〇年）の叔父でもあった[16]。一一三八年にシトー会の修道院モリモン（Morimond）の長になった同年に、後のコンラート三世の政治的な考慮にもよってフライジングの司教に任命された。フライジングの修道院の再建に力を入れ、第二回十字軍に参加し、シュタウフェン王朝に対し聖界諸侯としての補佐の役も果たしたとは言え、王権プロパガンダだけを歴史書、特に『事績』により書き下ろしたという評価は適切ではない[17]。オットーの時代においても、高度な教養と思想は十二世紀のルネッサンス期と呼ばれている学問的な発展に深く関係がある[18]。オットーのパリでの遊学の際にサン・ヴィクトルのフーゴー（Hugo de Saint-Victor、一〇九六～一一四一年）やギルベルト・ポレタ（Gilbert Porreta、一〇八〇頃～一一五五年）の影響を受け、後の神学的な歴史意識がこの時期から成形し始めたというのは言い過ぎではない。

さらにもう一つの重要な影響はすでに触れた、十一世紀の後期に激しくなった「聖職叙任権闘争」と呼ばれている、中世ローマ皇帝と教皇の関係、最終的に王権（regnum）と教権（sacerdotium）の支配範囲をめぐる議論であった[19]。オットーが『年代記』にて語っている言葉は、恐らく当時の多くの人々の受けたショックや時代転換の感覚を反映している[20]。このような伝記的や歴史的な事情もあってオットーがどのように王権の神聖性について考えたかを『年代記』と『事績』で検討する前に、もう少しオットーの歴史観とその基礎を見てみよう。

十二世紀のルネッサンスの特徴の一つは歴史への再認識であった。それ以前は神学の補助学科として、歴史は聖書の訓詁への第一歩であり、聖書に描かれている出来事の意味を明確にするものでしかなかったのである。知識階級、ほとんどは修道院の僧たち、は現世の歴史より、神の国、聖書の裏の意味の道徳的などの意義の方に興味を持っていた。その理解において、聖書は根本的に一般の人に解読できる書物ではなく、意義が何層も重なっているような複雑な構造を持っているため聖書の物語の真意を把握するには主に三つ、時には四つもの解釈段階が必要とされた。だいたいの聖書解釈論においては寓喩的・予型論的（allegorical-typological）、教訓的・道徳的（tropological-moral）そして神秘的（anagogical）な意味層が区別できる。サン・ヴィクトルのフーゴーが学問体系の『学習論』（*Didascalicon*）において、歴史学を神学への補助学問として再評価しその重要性を主張した。オットーの歴史書にもこういった知識的な傾向が見られるだけでなく、『事績』の中でギルベルトとペトルス・アベラルドゥス（Petrus Abaelardus、一〇七九〜一一四二年）の思想を批評するところにより、オットーのスコラ学に対する徹底的な理解が分かる。

その教養を基にしたオットーの歴史意識には二つの重要な思想をあげなければならない。[21] これらはオットーの主著である『年代記』から捉えられる。その一つは歴史の神学的な意義にあり、もう一つはアウグスティヌス（Aurelius Augustinus、三五四〜四三〇年）の『神の国』（*De civitate Dei*）で言う「国」（civitas）説に認められる。オットーが書く歴史書の主な対象は、帝国の栄枯盛衰やキリスト教のエクレシア（ecclesia、教会）の事情である。[22] 旧約聖書に載っているダニエルが世界の諸帝国の勃興を予言した話は、オロシウス（Paulus Orosius、三七五頃〜四一八年）の神学的な解釈に基づいた『世界史』を通して四帝国論として中世に広く知られており、[23] 世界史の構造の一つとなっていた。オットーは『年代記』において、その予言が論じる四つの勃興する帝国を主題にし、その頂点を邪宗からキリスト教に変わったローマ帝国であるとしている。どうやってそれぞれの歴史上の国を一貫した構造に入れることができたかというと、それはオットーが、帝国の帝権（imperium）という抽象的なものが、次第に衰えた国からその後に興って行く国に伝わっていったという移転（translatio）を論じたからである。[24] この論によると、帝権は国の間だけでなく、世界史上の最後の帝国であるローマ帝国内においても移転があった故に、ローマ帝国は五世紀に滅亡したのではなく、帝国を象徴する帝権が西から東に移転した後、カール大帝の戴冠によりまた西に戻り、オットーの時代に至るまで続いている。言い換えればオットーの時代のフリードリヒ一世は、ローマで戴冠した故に、古代ローマ以来の皇帝と一線上に並んだ上、カール大帝やオットー大帝の正統な継承者になっている。ローマ帝権の連続性と、宗教と伝統に基づいた支配正当化がここに見られる。オットーもまたローマ帝国を最後の審判までの最後の帝国として理解しているから、そこに衰退の兆しが出れば現世の終わりも近いという終末論がオットーの歴史意識に働いている。しかしオットーはその点だけで止まらず、国の勃興やすべてのものの変化もテーマにしている。世界の移りゆきはお互いに無関係で偶然なものでは無く、一つのものの変化（事象の変化）の理（mutabilitas rerum）があると主張している。この意味について考えるとまた宗教的な理由がある。歴史の表面は一見混乱しているがその裏を見ることにより、そこに結局神の創造した秩序を把握することになる。つまり、歴史というのは天地創造から最後の審判へ向かう救済史であり、歴史学は現世の多様な出来事から神の意図を明らかにすることに他ならない。歴史の検討により実践的な政治対策も得られるが、それよりも重要な目的はあくまでも神への意識を深めることであろう。そのためオットーはハインリヒ四世（一〇五〇〜一一〇六年）の盛衰を、特に明確な事例をきっかけにして神の被造物である人間の事情について語っている。(25) 読者がそういったところをよく把握すれば、彼らが絶えず移り行く歴史を通じて、永劫不変の安定した「神の国」に目覚め、神意の理解に近づくことができるという歴史学の重要性が認められるのであろう。目に見えるものから目に見えない世界へ（*per visibilia ad invisibilia*）、ここにフーゴーの影響も推測できる。

この点や上記の移転説上の王権と教権との関係には、オットーの「国」説も見過ごすことはできない。アウグスティヌスによる「神の国」と「地上の国」の概念は、中世一貫してよく知られたキリスト教的な二元論を代表する思想であったが、本来の意味で捉えた人はほとんどいなかった。『年代記』の副題でも見られるようにオットーは、中世で初めてアウグスティヌスの「国」説を徹底的に検討し、自分の歴史観に当てはめようとしたと言ってもよい。無論、二人の歴史背景や目的の違い故に、オットーの解釈もアウグスティヌスと同じものではない。(26) オットーの言う「国」

は、実存の共同体であるのと同時に理想的、かつ形而上的だとも言われているが、永遠の状態をも意味する。神の国と地上の国の両方は実情と他界の状態が同時に考えられている。最後の審判の際、両方の国は善と悪などの区別において明確に分離される。但しその前に、現世の形で現れ、地上の神の国はノア以来、ユダヤ教徒の中にあってはキリストの受肉より前から普遍的にキリスト教徒の共同体に拡大し、さらにコンスタンティヌス帝とテオドシウス帝によるローマ帝国のキリスト教化以来、世俗の王権と教会が「混合わせる国」（*civitas permixta*）という現世において顕著な混合体（*corpus permixtum*）へと形成された。地上の神の国は混合した形で、天上の永遠の神の国を現世に予型（praefiguratio）する。邪宗（地上の国）とキリスト教（神の国）の対立は以前に比べると内面的な正統と異端との難解な対立に変わり、帝国と教会は両方ともエクレシアの中に統合し一つの混合わせる国になった。[27] 教皇と皇帝の不和により混合わせる国が分解し始め、これは世界の終わりの兆しに他ならないとオットーは強く信じたようである。[28]

（2）『年代記』の救済史の中の王権——神と王との関係——

順番としてはまず『年代記』を検討し、その後オットーの現代史書『事績』をあげることにする。王権は神に与えられたものであり、歴史上の王は神意によって位に登ったということが、邪宗の王にも及ぶ基本的な救済史の視点である。オットーがフラウィウス・ヨセフス（三七頃～一〇〇年）の記録に従って、ペルシア軍を破ったアレクサンダー大王も自ら自分の勝利の裏に神の意図を意識したということを特筆している（Chr. 2, 25 S. 148, 28f）。一方で神意を認めないことやドミティアヌス（五一～九六年）という邪宗のローマ皇帝のように神のことを否定し自分を「神」と称賛した人物は狂気としてのみ表現されている（*deum et dominum appellari ac coli fecerit*, Chr. 3, 19 S. 252, 23f.）。邪宗の王よりもユダヤ教やキリスト教の王は、自分の最高位は神意に頼ることを認めつつ、自分の権力の限界を意識せねばならないという教訓にもなる。キリスト教の王は、神に祈ることで敵を倒せるようになるとの記録もあるように、神と王との密接な関係を示している（テオドシウス、Chr. 4, 18 S. 338, 9f.）。古代ローマの皇帝もすべてが否定的に批評されたわけでもない（Augustus, Tiberius, Hadrian など）。権力の利用は宗教を問わず王権を批評するための一つの基準になっている点に、オットーの世俗的な王権理想が見られる。神聖性の表現は最後の審判以来の状態をあげる第八巻に見られる。そこにオットーが神の不可説や不朽の栄光（decore suo et gloria incomparabili et inmarcescibili）を比較により言葉に表そうとしており、それを王（或いは皇帝）の尊厳に求めている。神の永劫不変性に対比すればどうしても移ろい変わりやすい（gloria sua fluxa et transitoria）ものではあるが、それにもかかわらず王の尊厳を通じて他界の神の栄光を現世にて予感することができる。この点にオットーの王の神聖性に対しての感覚がつかめると思われる(29)。

ところで、神聖王権の理論で注目されている即位式、キリスト教の場合は塗油（unctio）といい王の体に部分的に聖油を塗る儀式、についての記録は『年代記』には意外に少ない。オットーはピピン三世の七五四年の塗油をあげているが、そこでは王の神聖性ではなく、王権がメロヴィング朝からカロリング朝へ移転したことを重視している(30)。カール大帝などについても塗油の儀式のことは書かれてない。他の歴史学においてよく議論されているハインリヒ一世が拒絶した塗油については、メルゼブルク司教のテートマール（九七五〜一〇一八年）などの批評と違い、オットーはハインリヒをその点では批判せず、ローマ帝権を継承してないという点の方でハインリヒの欠点を指摘している。にもかかわらずオットーの彼に対する批評は割りと肯定的なもので、ローマでの戴冠が結局できなかった理由もハインリヒの死亡に求めている（Chr. 6, 18 S. 458, 5f.＋S. 460, 5f.）。その後の王位継承の件をみると、オットーは塗油などの宗教的な儀式も時々あげているが、それより王の諸侯（帝国と聖界の諸侯）による選挙の方に注目している。オットーにとって現世の王権は神と選挙に根拠があった（ex ordinatione Dei et electione populi, Chr. 4 prol. S. 294, 9f.）。特に全員一致

（unanimus）の選挙は明確に神意を表すことになると強調している。その背景には叙任権闘争後、フリードリヒ一世の時からドイツで行われる王の選挙は、ローマでの戴冠の前にも神意の直接な表現とされる傾向が強くなり、ローマ法などの影響も受けた王権側の思想家は次第に帝国の独立した尊厳、帝国の神聖性も論じ始めたことがある。（ドイツで選ばれた王はローマへ行くことで初めて皇帝になるが、王位自体がもうすでに選挙の故に神から与えられたという見方である。）　もう少し叙任権闘争に関してのオットーの立場と王権の神聖性の事情を見る必要がある。

ザクセン朝（九一九～一〇二四年）とザーリアー朝（一〇二四～一一二五年）の初期、ドイツの中世皇帝の神聖性と宗教内の権威は一つの頂点に達した。王は神に塗油された（christus Domini）という聖職者と類似する人とされた。ウィーポ（Wipo、一〇〇〇頃～一〇四六年）がこの様な王が神を代行するという思想を『コンラート二世皇帝事績記』（*Gesta Chuonradi II. imperatoris*）（コンラート二世、九九〇頃～一〇三九年）の中に imitatio Dei や vicarius Christi などの代表的な言葉で表しており、そこには道徳的な王権論あるいは教育書の性格が見られる。[31] 十一世紀半ばから始まる教会改革運動より皇帝に対するローマ教皇の独立性が論じられた。ハインリヒ四世とグレゴリウス七世の間で起こった有名なカノッサの事件で代表される「叙任権闘争」とされる衝突や、ヴォルムス協約（一一二二年）までの劇的な出来事が神聖王権に画期的な影響を及ぼしたとは否定できない。[32] しかし研究者が以前に主張したように、十二世紀以来の中世ローマ帝国において王の神聖性はこれにより完全に消えたというのも言いすぎなのではないか。[33] オットーの「年代記」を見ればそこには案外カノッサ事件に関する記載はなく、王の宗教的な支配権にも触れていない。さらに王権と教権の関係について矛盾にも見える言葉も書いてある。オットーはコンスタンティヌスの寄進状を巡る教会側の解釈を取りあげ、コンスタンティヌスからローマ教皇が世俗の王の上に位置する権威を得られたという理解を示した。その時神がエクレシア（教会、つまり地上の神の国）を昇進（*exaltare*）させたとオットーは言う。[34] しかしオットーは自分の考えに逆行するかのように、王権側からあげられた二剣説の解釈もまた指摘し王権に介入しようとする聖職者を批判する。(35) オットーはここに自分の批評より当時の議論となっていた異なる意見を記録したといってもよいが、司教の不明になった立場をもう少し見てみよう。解決の一つはオットーの「国」説で可能になるのではないか。上に書いたようにオットーが混合わせる国を現世の一番適切な政治的宗教的な状態として考え、こう言った混合体が継続するためには、何よりも教皇と皇帝の協和が必要である。皇帝と教皇は一緒に同じ地上の神の国であるエクレシアの中に立ち、そのエクレシアは帝国と教会が混合した国であるからこそ二人の権力者の協和は存続の前提となる。しかし協和が失われた時点で『年代記』を書いたオットーは、これから終わりに至る最後の事象の変化が始まると予測した。(36) 状態がさらに悪化しないようにオットーは熱心に両権力者のバランスを重視し、帝権と教権の両方を承認しながらバランスを崩す行為を批判している。この点と、オットーが叙任権闘争以外にも全巻を通じて皇帝と教皇の不和にあまり触れない理由も、彼の理想と現実との対立として見られる。しかし『年代記』におけるヴォルムス協約の後の神聖王権の存続と同時にその限界はオットーの歴史観の中に認められる。『年代記』にはあまり詳細に述べられてないが塗油を受けた王がまだ christus Domini として称美され、聖職者との類似も考えられることは『事蹟』を読むとわかる。

（3）『事績』における王の神聖尊厳

『年代記』の約十年後に書き始めた『事蹟』ではフリードリヒ一世の王権を賛美する描写が多いことやシュタウフェン朝への賛成傾向、また歴史物語の雰囲気も明るい方に変わったことは否定できない。しかしだからといってオットーの歴史観が悲観的から楽観的、救済史から王権のプロパガンダへ変わったという、以前からあげられている批評は適切ではない。両方の歴史書を注意しながら読むと、オットーの歴史観は基本的には変わってないことが分かると思われる。一番の変化の原因になったのは執筆目的、『事績』という種類や認識意志の相違によるのではないか。[38]

『事績』に出てくる言葉を見ると、古代ローマの敬称、例えば augustus invictissimus（GF 1, 71 S. 280, 15）はあるが、当時に現れ始めた sacer や sacratissimus、特に sacrum imperium（神聖帝国）などの表現はない。[39] 王権は *Dei gratia* のものであり、王は直接に、つまり教皇による戴冠ではなく諸侯の選挙によって、神と結び付いているという主張は『年代記』よりも明確にあげられている。王は特に神に守られていることはオットーの主題の一つで、その特徴はフリードリヒの先祖までにも及んでいる。[40] 王は神意を代行するという要求もされている。別の言い方をすれば、これは宗教的に論じられた道徳的政治的な君主理想を実現する期待とも言えよう。オットーがフリードリヒの政治活動に関して言う「現世の王は天上の王の手本に従う」（imitetur princeps terre principem celi, GF 2, 26 S. 332, 11f.）の言葉は、十一世紀の imago Dei に近い表現でもありながら、こういった代行者の思想を表している。これに従う王が帝国と教会の平和を守り、そのために戦争をしたり、教会内の論争を抑えたとしても、国民と神の前にはかかわらず責任を持っている。王が神と人間を仲介するという意味で、神聖性の相互関係が認められる。但しこの表現はオットーの宗教的な君主政治理想の一つの部分だけであるということも忘れてはいけない。最後に「事績」における即位式を見てみよう。そこでオットーが十二世紀に初めて王になったフリードリヒをもう一度 christus Domini と呼んだのは学界では有名な例だが、たびたび主張したようにそこに単純に叙任権闘争後の神聖王権の継続を推論することはできない。即位式の前後関係を見ると、まずオットーが描く政治的な君主理想のところに注目できる。即位の直後フリードリヒの前に、罪過のためフリードリヒが過去に裁いた家来が現れ、たった今王になったばかりのフリードリヒに寛大を求めた。似たようなシーンはウィーポの『コンラート二世皇帝事績記』にもある。しかしそこでウィーポが描く即位式は、新しくなった王は神の代行者（vicarius Christi）と呼ばれ、以前に裁いた家来を恩赦することによって神の天上の恩寵を地上に実現できたという、imitatio Dei などの神聖王権思想の例として有名である。しかしオットーの『事績』での話は違う。フリードリヒは過去の厳しい判決を減刑せず、これに他の家来や一般の人々が驚きを見せたとオットーは記している。家来が取り成しを頼んでも、王は慈悲を見せなかった。当時の法律観を考えると厳しい判決は、大体寛大（clementia）で補われることが期待されたが、この場合には王の厳格性は揺れなかった。そしてオットーはこの描写でフリードリヒの行動を批判したのか。否、そうではない。むしろ逆に、『年代記』に描かれた王像に注意すれば、王の厳格さを評価するところも幾つかあることから、この厳格性はやはりオットーがフリードリヒに求める理想の一つであることがわかる。(41) しかしオットーが即位式の描写をそれでは終わらせず、フリードリヒと同じ日に同じ教会、同じ大司教に同じ名前の人が司教に塗油されたことは偶然ではないと力説し、その合致を通じて本当の rex et sacerdos（王と祭司）であるキリスト自身が目では見えない形で即位式に参加したと言っている。このところにようやく christus Domini の表現があることから、この言葉は単に王の神聖性を表しているだけではない。それより『年代記』の主題であった皇帝と教皇の協和理想はここにもう一度明確に現れてくる。王権と教権は別の支配範囲を持つとともに、両権の代表者は、一つの混合体を作っていながら、キリストのイメージの中に理念的に一緒になっている。それを体験した人々の目から見れば、王と司教の二人ともが神と密接な関係を持ち、それを通じて俗と聖が神の下に調和したことになる。

まとめると、このシーンにはオットーの歴史家としての想像力において王の神聖性の限界と可能性がある。オットーが『事績』で十二世紀にすでに過ぎ去った時代の理想を蘇えらせようとしているという批評は今までも度々されているが、それは適切な評価ではない。何故かというと、王の神聖性はあくまでもオットーの救済史と「混合わせる国」の範囲内のものでしかない。肯定的にいうと、神に創造された秩序と救済史上の役割に合わせようとする王は神聖性を得ることができる。こういった神聖性は王権を正当化させる王崇拝の単なるイデオロギーではない。他面においてオットーが王権や王者を論じる際、特別な権威、神聖性を挙げること自体は王権の危機、つまり帝権と教権の構造を揺るがす事情背景を反映しているともいえるのであろう。その結果を踏まえて次に慈円の歴史思想へ向けることにする。

四　慈円の歴史思想における神聖王権の可能性

（1）夢から始まる慈円の王権論

日本の事情を考えると、王権は宗教を通じて、つまり仏神事において把握できることはいうまでもない。古代の大王や天皇が人の為に潤沢な食料や国の安全を神々へ祈念し、人々の生活環境などを保証するという思想が認められる。言い換えれば、オットーがキリスト教的な意味合いで唱えた rex et sacerdos という性格は民俗学や宗教学によって祭祀王の姿で日本の王権にも合わせられている(42)。中世に入ってからもその王者の宗教的な役割はある限りに続いたが、同時に国王の玉体は仏事によって安穏されるべき存在にもなったから、権力のレベルだけでなく、観念的な権威においても中世の王権は古代と違うものに変更したことも否定できない。その展開のありさまを探ってみるには慈円の著作が特に役に立つ。

慈円はオットーと同じように高位貴族出身で政治世界にも活躍した天台宗の聖職者であった。摂関家に生まれた慈円は若い頃に青蓮院に入寺させられた。天台密教の教法を学んだ慈円は深い個人的な信仰も持っていたが、同母兄弟の九条兼実や当時の藤原家内の政治競争のため完全に俗世を離れてはいなかった。そして慈円が結局天台座主の高い地位まで昇れたのはその政治的な背景から見なければならない。よく知られているように、平家に打ち勝った源氏と結びついた兼実は頼朝の支持下で摂政になり、九条家もその政治的な頂点に達した。ちょうどその頃、慈円が一一九二年に座主となった。しかしたった四年後、兼実の失脚とともに慈円も辞任させられた。後鳥羽が朝廷の文化や勢力の再生に力を入れて院政を開いた頃、慈円もまた院の支持を得ていずれも一〜二年の短期間ではあるが、最終的には四度までも天台座主になった。その地位から慈円が後鳥羽の護持僧として活躍し、兼実の一二〇七年の死去を超えて九条家の再興も目指していた(43)。

九条家の運が改めて上がった頃の一二〇三年に慈円は天皇とその三種の神器について神秘的な夢を見た。一二〇九年まで三回にかけて慈円は次第に密教の教法に基づいた解釈を進ませ、そして結果として天皇家と仏神との密接な関係を強調した。いわゆる「慈鎮和尚夢想記」は、赤松俊秀がこの史料を青蓮院で発見して紹介して以来、多くの研究のテーマとなった故に、ここでは省略して王権の神聖性と慈円の歴史思想に関連するところのみを挙げることにする(44)。簡単にいうと、慈円が三種の神器のそれぞれ、宝剣・神璽（八尺瓊勾玉）・内侍所（神鏡）を天皇・皇后・皇太子と結びつけた上に、天皇を一字金輪仏頂、皇后を仏眼部母、そして皇太子を大日如来あるいは天照大神の人格化として把握している。その解釈の中心部となるのは即位式における天皇が印を結ぶ密教儀礼であり、その儀礼を通じて天皇が金輪王そして大日如来に変身する。いうまでもなく、夢の背景事情をなす一つの重要な事件は一一八五年に壇ノ浦で起こった宝剣の紛失である。後鳥羽はその前年にすでに神器なしに即位しており、平家の滅亡の後、三種の神器より玉と神鏡だけが京都に戻った。一一八三年に大中臣親俊が伊勢神宮より別の宝剣を朝廷に送ったが、後鳥羽はなくなった宝剣に対してずっと不具合を感じたらしい(45)。その事情も含めて、院は慈円の解釈に深い興味を見せたと思われる。

ただしその解釈は難解なところが多くて、それぞれの人、神器、仏神との細かい関係は次第に分からなくなると感じさせる面もすくなくない。近年の研究が注目してきた即位灌頂の問題にとっては重要な史料でもあり、中世密教の神学的な王権論の例としては価値の高いものでもあることはいうまでもない。本稿のテーマに合わせていうと、慈円がこの夢の解説において王権や天皇家の神聖性をはっきりと描いたということがいえるのであろう。しかし慈円はこのような神聖王権の形に止まらず、さらに王権たる国王の民に対する義務そして国王や皇后の時運にかかわる能力を指摘している。つまり形としては王権の特別な権威となす神聖性はあるものの、その期待の通りに王権を実現できるかどうかは別の問題となる。それは具体的に何よりも国王たる人の性質やその時代の政治的かつ経済的な背景に関わる問題であると慈円は主張している。その点において数年後の『愚管抄』に働いている歴史意識の芽生えが「夢想記」においても見えるのであろう。慈円は十二世紀だけでなく、『日本書紀』の神代時代からの王権の歴史を省み始めた頃、もう天皇のことをただ賛美することができなくなったのであろう。『愚管抄』の時点では京都と鎌倉との関係も悪化し、慈円も後鳥羽の王権に対して異なる立場と取るようになった。その故に次に、慈円の描いた王権の神聖性を考える際には欠かせない『愚管抄』を見ることにする。

（2）『愚管抄』の中の王権と宗教

『愚管抄』という七巻からなる歴史書は何よりも末法思想や道理、百王説などの中世的思想によく知られている史料であろう。慈円はその中に特に「道理」という合理的な響きのあるキーワードを使用しながら日本史の展開、主に自分の生き抜いた時代を「一筋」があるように論じているが、しかしその語り方を細かく見るとそれはかなり主観的な、九条家の立場からまとめた歴史像に他ならないということがわかる。(46) 慈円が扱う道理の解釈に関しては多くの研究がもうすでにあり、例えば鎌倉の史料における道理との相違、しかしだいたいにおいてその道理はある限りの合理的な概念として把握されているという共通点が認められる(47)。ただ慈円は現在の視点からすると合理的ではない事情、夢や仏神よりの宣託などを道理の範囲内のものとして考えていることを忘れてはならない。ある意味では慈円が使用している道理は当時の日記などにもよく出ている先例と似たような意味合いもあるのではないか。少なくともその点において慈円はオットーと同じように、歴史を自分の目的や思想に都合良く合わせて述べているということがいえるのであろう。こうした二人の歴史書はより個人的な性質があり、国家の立場を取る歴史書、例えば六国史、とは異なるのは重要だと思われる。

一二二〇年前後に書かれたと考えられている『愚管抄』の内容を見ると、それは翌年勃発した後鳥羽院の朝廷軍と北条義時の鎌倉武士との「承久の乱」として知られている内乱の直前の京都での事情を知ることができる史料なのである。慈円はこの歴史書を通じて後鳥羽院の倒幕計画を防止し、藤原家の中の九条家の優位を確定しようとしたのは間違いない。最後の源氏将軍であった実朝が一二一九年に暗殺された後、後継者についての議論が始まり、北条政子などは皇子を後鳥羽より求めたが結局許されなかったため九条道家の息子頼経が次の将軍として二歳で鎌倉に迎えられた。さらに京都で順徳天皇の中宮九条立子に産まれた皇子が次の天皇となり九条道家が摂政になる方針が決まった時に慈円は再び九条家の再生を期待した。それで京都と鎌倉を公武合体のような政治構造で指導する九条家は政治の中心に戻ることを希望したらしい。そして慈円は九条家の将来を危なくする後鳥羽の倒幕計画を予測したら急いでその計画の問題点を後鳥羽に提示するために『愚管抄』を書いた。そのためになぜ神武天皇から始まる長くて難しい歴史書を書いたのかは興味深い問題ではある。これはオットーの『年代記』が書かれた理由と同じように慈円の歴史思想に深く関わっている問題だと思われるがここで入ることはできない。結論をいうと、承久の乱が導いた結果により、慈円はその目的を最終的には達成できなかった(48)。

それらの事情を踏まえて慈円は『愚管抄』の中で王権をどういうふうに宗教と結び付けて考えているのであろうか。そのためにはまず慈円の宗教的な世界観を簡単に見ることにしよう。慈円が見た世の中は神仏などの超自然的な力によって動かされているが、一方で、人間が祈念や儀礼を通じてその悪影響を防止し、望ましい結果を導かせることができる限りで、自らもその力を動かすことができる。末木文美士も指摘した通り、慈円の思想には冥と顕ということばが重要である(49)。前者は目で見えないものを意味し、後者は人間の世界である。両界の関係は多様で、夢などで神意が啓示され、神や観音が人間の体に現れる話や、天文学的な現象は冥界からの表現でもあり、様々な出来事は怨霊や狐、狸などの神秘的な力によって起こされているということになる。そして人間をあらゆる影響から守ることができるのは仏教の儀式である（三三八頁）。慈円は真言の儀式よりも天台の儀式を重視し、特に熾盛光御修法や薬師御修法の有効性を評価していることは不思議ではない。天台座主に任じられたことのある慈円の傾向がここに窺われる。さらに冥と顕のコンセプトを神聖性のありさまにあわせていうと、慈円は俗と聖のものを超越的に分離させず、聖が現世に多面的に現れており、眼で見えるものの裏側であるように、俗と聖は程度だけが異なっている(50)。クリフォード・ギアツがいうように、東洋文化圏における神聖観の特徴はちょうどその具体性にあり、人や物が現す神聖性は超越的なものを象徴（represent）するものというより、そのものを顕現（manifestation）するに他ならないということである(51)。神聖性の把握をめぐって慈円を読むと、例えばすでに触れた「夢想記」に描かれた天皇家と神仏との同一性においても、確かにそのような、オットーとヨーロッパの中世宗教思想と異なる想像が認められるのであろう。

『愚管抄』では天皇を大日如来などに直接唱えるところはなく、神仏の化身に言及されているのはだいたい慈円の歴史思想に重要な役割を果たした人物である。彼らは神意による道理の意味を方便のように具体的に説明する。その中でも聖徳太子（仏教の受容）と菅原道真は大切とされているが、ただ結局慈円が注目しているのは特に摂関家の必要性（藤原鎌足）、摂関家を藤原家に限定すること（道真）と九条家の優位性（八世紀の天台座主良源）を神仏との関係によって正当化する権化である。[52] 他方において天皇家の中からの化身は少なく、普段は仁徳天皇のような死後の神格化が記録されているが[53]、ただ三人の例が認められる。その一人はよく知られている八幡大菩薩と同一視された応神天皇である。もう一人は少し微妙な事例ではあるが、慈円は称徳天皇を観音の権化として見るところがある（一四五頁）。微妙という理由は道鏡との関係の上に称徳天皇が亡くなった後、天武系の皇統が断絶し、皇位が藤原百川と藤原永手によって天智系の光仁天皇に移された事件もあり、そして第七巻では称徳天皇が悪王であった陽成天皇と武烈天皇と同列にされている（三四八頁）。つまり逆の評価がなされているという矛盾があるため、慈円の本当の立場は不明である。おそらく『愚管抄』を急いで書いた結果で称徳天皇についての正反対の伝説を別々のところに入れてしまったかもしれない。そして最後の天皇家の化身は安徳天皇である。安徳は特に外祖父にあたる平清盛が厳島神社で行った祈念によって生まれたもので、実はその神社の龍王の娘の化身とされている。もちろん、その不思議な解釈には具体的な理由もある。慈円はこのように壇ノ浦で紛失した宝剣の悲劇を説明している。それは、龍王は安徳の溺死を通じて宝剣を取り戻して、剣に代わり、武家がこれから国王と王家を守る役割を神仏により与えられたという道理がそれで現れたという説明になる。つまり慈円は武士の政治的な役割を、神仏を通じて認めている。このように権化の箇所を見渡すとさらに根本的な条件がわかる。権化であるかどうかは生前に認識することではなく、あくまでもその人が亡くなってから、初めて知恵の人が把握できるという条件である。[54] まとめていうと、権化の描写は『愚管抄』において王権の神聖性を証明するのではなく、歴史的な出来事を説明する手段なのである。

天皇の神仏との同一性を直接に唱えるところがなくても、神仏との密接さを描写する箇所はたくさんある。例えば後三条天皇に関わる説話の中に、当時の関白藤原教通は天皇の判断を聖断や神の告として称賛している。しかしその表現はそのまま後三条が神仏の意見を伝えるということを意味することより、背景にあった政治事例に関係する。教通の発言の原因は興福寺領と確定されてない国司を巡る論争の中で、藤原氏の長である教通は自分の立場を公卿の前で弁護するために、天皇を「神慮又ハカリガタシ。タダ聖断ヲアフグベシ。伏テ神ノ告ヲマツトテ」（一九五〜一九六頁）というように呼びかけたことにある。単なる無私的な表現では勿論ない。そして判決は結局興福寺側に有利に決められたが、追加的に慈円は教通の少し不思議な性格を指摘しているところもあるため、結局慈円は教通の口からの称賛は評価しているか、皮肉と考えているか、微妙に不透明になってくる。ただし基本的には、多くの縁起物や説話に語れているように、神仏に近い存在である天皇や上皇でもそれらの冥界の情報を顕界に伝える媒介者（霊能者）が必要とされている。『愚管抄』にもそのような伝説が書かれており、例えば「カカルフシギヲモ御覧ジタリケル君ナリ」（二〇八頁）と評価された白河上皇も媒介者は必要であった。熊野神社へ詣でた時に「イヅレノタビニカ、信ヲイダシテ寶前ニヲハシマシケルニ、宝殿ノミスノ下ヨリメデタキ手ヲサシイダシテ、二三ドバカリウチカヘシカヘシテヒキ入ニケリ。ユメナンドニコソカヽルコトハアレ」という不思議なことが起こった。[55]この神秘的な現象をうまく理解できなかった白河は熊野の巫女に確認を求めたが、誰も説明はできなかった。ちょうど美作国から来た七歳の巫がようやく「ハタト御神ツカセ給タリケル。世ノスエニハ手ノウラヲカヘスヤウニノミアランズルコトヲ、ミセマイラセツルゾカシト申タリケル」（二〇八頁）という解釈をすることができた。つまり神仏の意図を人間に伝えるのは巫などの聖職者の役割であり、天皇や上皇は他の人と同じ水準にあることを示している。しかし他の人と違って上皇は天皇よりも自由に寺社を巡礼して、その内側に入ると、巫などの媒介によってではあるが、神仏と触れ合うことができた。[56]十一世紀の白河上皇で始まった院政期以来、上皇・法皇とも寺社の聖職者との関係を強め、慈円が「国王の氏寺」と呼ぶ御願寺を造立して、最勝講などのさまざまな儀式を行うような活動に集中しているほど、自分の王権の宗教的な面を強調した。その反面に石井進や佐藤弘夫が指摘した上皇の皮肉を語るエピソードが多く残っているが、ただ一般の人の眼には天皇家が神仏と特別に近い存在でもあったことは疑いないのであろう。

しかし慈円が見た王権はもう少し複雑に宗教と結び付けられたものである。次に『愚管抄』の儀式の描写を見ると、天皇や上皇が自分で行う儀礼よりも王者が対象とされている仏教の儀式の方が注目されていることが目立つ。もちろん、慈円の立場を考えると当然な傾向であることも思われるが、結果としては天皇や上皇は『愚管抄』において儀式を行う、神聖性を媒介する聖職者にたよる存在として強調されている印象も強い。天皇が年中祭祀として神事を行う事情は恐らく慈円にとっても当たり前のことではあるにしても、『愚管抄』の語りで天皇のいわゆる祭祀王の性格は重要ではなかった。その理由の一つは、儀式の描写の前後関係を注意すると、それは慈円の歴史思想とつながっているという特徴から考えられる。なぜかというと、慈円は儀式の影響を評価するところは主に不運を導いた普段の理解を超える困難な出来事が背景にあるからである。このように慈円が一二〇六年の九条良経の急死を解釈している。「コノ春三星合トテ大事ナル天変ノアリケル。司天ノ輩大ニヲヂ申ケルニ、ソノ間慈円僧正五辻ト云テシバシナリケル御所ニテ、トリツクロイタル薬師ノ御修法ヲハジメラレタリケル修中ニコノ変ハアリケリ」（二八九頁）。そして慈円は、薬師法の影響によって、もともと天変の対象であったはずの後鳥羽院の代わりに良経がその犠牲者に変わったという解説をする。そして順徳天皇の大嘗会を行おうとするところに朱雀門が崩壊したことなどの不運な出来事も同じように、密教の儀式によって人か物が王者のかわりに損害を被るという考えを通じて解釈されている。慈円は『愚管抄』で一貫して彗星（二八九、二九八頁）や怨霊（三三七、三三八頁）などの影響から天皇と上皇を守るという鎮護国家の思想、そして王権と仏法（仏・寺院・僧侶）の相依論を適用している上に、その中に特に台密と自分の役割を強調している。『愚管抄』の目的と性質に相応しいのであろう。それは、過去に後鳥羽の善用に活躍した慈円もまた将来に、京都と鎌倉の歩むべき政治の道について、後鳥羽に善用を導く意見、換言すれば「愚管」を申し上げるのはその歴史書の意味となるからである。

『愚管抄』は歴史書だけでなく、歴史思想の深い著作でもあることは何よりも道理の話によって明らかである。上記の道理の説明に加えていうと慈円はその実は多義的な捕らえがたい概念を歴史そのものの発展、歴史的な変化をまとめて解釈するために使用しているのはよく知られているが、その点においてオットーの「事象の変化」と対比することができる。本稿のテーマではないが、二人ともが同じように一般的な人生の経験を歴史解釈のためのコンセプトに概念化したところに歴史思想の共通点が反映されていると言えるのであろう。もちろん、それをいかに自分の宗教的な世界観と結び付けることには当然な相違が生じるのはいうまでもない。

（3）　悪王、聖主、神意を代理する人

続いて王権の宗教的な基礎が決定されるところを見ると、慈円の巻七の政治論或いは君主論を明白に語る文章に注目できる。王者に成るべき条件について次のようにいう。「ソレニ国王ニハ国王フルマイヨクセン人ノヨカルベキニ、日本国ノナラヒハ、国王種姓ノ人ナラヌスヂヲ国王ニハスマジト、神ノ代ヨリサダメタル国ナリ。ソノ中ニハ又ヲナジクハヨカランヲトネガフハ、又世ノナラヒ也」（三二八頁）。ここに慈円があげる特徴は日本国の宗廟、特に王家の祖神である天照大神によって決められた、王家を確定する上で慈円の時代にいたるまで絶えず有効とされた規則、つまり道理である。大隅和雄がいうように、その規則は『愚管抄』の絶えず変化する歴史世界の中で唯一不変不滅な道理である(57)。承久の乱の前夜、慈円は王位が天皇家から奪い取られる不安を感じたのであろうか。ところがそうでもない。これは、一つは摂関家と天皇家との密接な関係から説明できる。慈円が『愚管抄』で述べる歴史的な展開の中核

となすものは神代の遙か昔の神話的な神代で成立した天照大神と天之児屋根、さらに天照大神と八幡大菩薩の間になされた約束ということである。つまり慈円が求めている政治構造に重要なグループの祖神の間の約束となる。(58) もう一つは中国の歴史を計測指標とも言えるように日本史と対比する背景から説明できる。同じ巻七に慈円が「ソレニ漢家ノ事ハタヾ詮ニハソノ器量ノ一事キハマレルヲトリテ、ソレガウチカチテ国王トハナルコト、サダメタリ。コノ日本国ハ初ヨリ王胤ハホカヘウツルコトナシ。臣下ノ家又サダメヲカレヌ。ソノマ、ニテイカナル事イデクレドモケフマデタガハズ」（三四七頁）ということを指摘している。このように慈円が両家の歴史の出発点からの運命的な釣り合いと、中国と比べた日本の特徴を読者に伝えている。それは一四世紀に北畠親房が『神皇正統記』で論じる王権論と一つの類似点ともなる。

そうした祖神の決定に立脚する王家は神聖なる正当性を持ち、王も神意によって、言い換えると神仏が決めた道理によって、王位を維持している。しかしここに王は仏神との関係のゆえに無条件な不可侵などという人間の社会を超える位置までに高められることはない。その点は悪王についての箇所で明らかになるが、その前にはまず性格の良い王を見ることにしよう。つまり良い国王と評価されるにはどういう性質が求められたのであろうか。この場合、慈円は主に徳治主義を唱える儒教的な教養や活動を挙げている。皇太子にも天皇にも古典を侍講する儒家が必要とされている（二六五頁）。そして儒教の思想に基づいた六国史では評価の表現として使用されている「聖主」もまた『愚管抄』に見られる。本来中国の政治思想では聖主と呼ばれる王は知徳の優位性を基にして民間と国を鎮める王を意味し、歴史思想においては易姓革命による新しい王家を正当化させるイデオロギー的な面もあった。慈円はこの言葉を通じて王の徳ある性質を称賛する使い方をするにもかかわらず、慈円が生きている末世の時代には聖主はもういないというような悲観的な見方もある。しかしながら特に後三条の場合に明らかになるように、儒教的な徳治主義と異なる事情を評価している。「後三条ノ聖主ホドニヲハシマス君ハ、ミナ事ノセンノスエズエニヲチタヽンズル事ヲ、ヒシト結句ヲバシロシメシツヽ御サタハアル事ナレバ」（一九九頁）と、慈円は一方で書いている。他方では後三条によって藤原家の政権が緩くなったと慈円も少し前のところに書いている（一八七頁）から、結果としてはよろしくない治世であったのではないか。読み続くと慈円は後三条と藤原師実との関係、そして師実の養子である賢子が白河天皇に入内できることを生き生きとした描写で細かく述べていることがある。なぜ慈円はこの話をそんなに力を入れて語っているのかと問うと、回答は慈円が考えた政治構造に関わるにほかならない。賢子は本来源顕房の長女であったが、藤原師実の養子や白河天皇の中宮になった時点で三家の祖神が神代の約束で決定した構造はその関係によって実現へ一歩進めることができたと慈円が考えたらしい。そして慈円がそれを可能にした後三条を聖主と呼んでその時代を評価していたと思われる。聖主という呼称もそれ故に『愚管抄』においては本来の意味合いでの徳のある王あるいは徳政を行う人の意味よりも、ただの称賛の表現の一つなのではないか。

次にその正反対に性格の良くない王はどうであろうか。慈円が日本史を神武天皇から述べると、最初の十三代の天皇の時代までは問題なく過ぎたが、「神代の気分」が次第になくなってゆくと、どう見ても耐えられない悪王が現れたという事実を認容しなければならない。武烈はその中の有名な例であろう。そしてこれらの悪王にどう対応すべきかという問題の解決をめぐって慈円は再び道理を用いて、天照大神は悪王を早く亡くならせるのと、基本的には王の体を弱めたから天皇家に悪王が出ても長く存続はしないというような説明を主張している。(59) 忘れてはいけないのは歴史上二つの王の暗殺事例（安康天皇と崇峻天皇）のことであるが、しかしながら両方の事件は特別な道理で説明され、あくまでも例外であると慈円は強調している。(60)

しかしもしある悪王が十分に早く亡くならない場合はどうであろうか。実は、悪王でもそのまま耐え忍ぶのが常例な義務であると慈円が指摘している。「次ニ国王トテスヱマイラセテ後ハ、イカニワロクトモ、タヾサテコソアラメ」（三二七〜三二八頁）。されど慈円はこのような解決に止まらない。もちろん、王国の民には悪い王よりよい王の方が望ましいという事情はいうまでもないが、ただ慈円が信じたと思われる百王説、つまり日本における天皇は百代に限られているという思想を前提とすれば、悪い王を短い間耐忍することより、よい王が長い間統治できる方がさらに新しい意味で望ましくなるのであろう。つまり天皇の一代が長ければ百王の間も時間的に延び、日本国もより長く存続する。この前提をもとにした慈円は必要に応じて悪王が摂関の手によって退位させられることもできると論じている。歴史を省みると藤原基経が陽成天皇に対して見せたように、摂関には、王を退任させて新しい王を即位させる権威がある。この特別な役割は摂関家に限られていることや、王の退任と即位は摂関の独裁によっての結果なのではなく、神意の一つの表現であると慈円もまた主張している。その理由は慈円が論じた神話的なレベルにあって、天皇家の祖神である天照大神は藤原家祖神である天之児屋根に天皇家の継承を守る役割を求めたということである。このように藤原の政権は強調され正当化されているのはいうまでもないが、神聖王権の理論に合わせて考えると、藤原家の摂関はこの特別な活動によって神の意志を天皇よりも代理するものとなる。

さらに慈円はさまざまな箇所で藤原家の中の九条家の位置を宗教的な根拠で強調している。[61]この面において仏神との密接な関係は王家に限られておらず九条家のメンバーにも当る。彼らは夢などで神仏の啓示や特別な加護を得、損失の場合には時運により冥加が得られなかったと慈円はしばしば書いていることから推測できる。[62]結局慈円が王より自分の家の政治的な立場を濃い色彩で描いた印象は強い。全体像から見て換言すれば、『愚管抄』の主題は天皇と院だけでなく、九条家の出身である藤原の大臣と鎌倉の将軍より成立する国家構造でもある。この国家構造や摂関の特別な役割を主張する慈円がこれでかなりはっきりした言葉で後鳥羽の倒幕計画を批判しているとも言わなければならない。

この結論を「夢想記」とそこにおける天皇家の神聖性の描写と比べれば慈円の意見が大きく変更したのではないかというふうに考えられるが、しかし両方の著作とその背景を見ればまた異なる印象も得られる。一方では慈円の王権に関する意見は確かに鋭くなってきたが、他方では「夢想記」の中に慈円は天皇家王権の神聖性のみならず、同時に人間としての天皇の性質をすでに重視した。さらに両方の著作の創作事情を考えると、「夢想記」の時点では慈円は主に護持僧の立場から王権を省み、『愚管抄』の時点では主に九条家の立場から政治と宗教を改めて結び付けたという重要な相違も認められるのであろう。つまり慈円の立場は一二一九年の政治事情にあわせて突然変更したわけではなく、九条家の位置が次第に衰えたことにしたがって慈円も天皇家と藤原家によって成立する京の王権の特徴を上記の結果を生み出すように考え続けてきたと思われる。そして天台の僧侶であった慈円の王権論では一貫して王法と仏法の密接な関係も重要なテーマであったことも忘れてはならない。それを踏まえて神聖王権の視点から慈円の王権論を見ればどうであろうか。両方の著作に描かれた王権は神聖性を持っていたことは確かであろうが、ただし誰が慈円の王権論の中に一番神意を現す神聖性のある人であるかどうかは事情によって異なる。そして『愚管抄』の後の歴史の流れを見ると、実際には当時の摂政九条道家は慈円が目指した方向には行かず、一二二一年に承久の乱に伴って慈円が理想に思った「魚水体制」と公武合体の政治制度の希望はとりあえず無に帰した。しかし慈円が論じた王権の特徴、徳のある政治と祖神の道理、別のキーワードでいうと徳政と神国、はその後の十三世紀でさらに重要になって行く。(63)『愚管抄』以来の神聖王権の可能性もその枠内で考える必要があるのではないか。

おわりに

本稿では十二世紀の西ヨーロッパの神学歴史観を代表するフライジングのオットーと、十三世紀の中世日本の歴史観で有名な慈円による双方の歴史書を見ることで、それらの歴史思想における神聖王権の可能性を探ってきた。両著作において王と王権の神聖性を現す描写を把握することができたと同時に、これらの神聖性は著者の独特な歴史観や宗教的神話的に根拠付けられた政治世界観の中に位置付けられたことによる高い制限も見えてきた。そこで最後にさまざまな共通点と相違点の中から三点を簡単な形で述べ、本稿のまとめとしておきたい。

1　両著者の神聖王権には、王権を宗教的に正当化するイデオロギー的な面も勿論あるが、それと同時に、その面を超えたより豊かな王権想像世界がある。神聖王権のアプローチから中世の王権を省みたら、さまざまな面に光を照らすことができるのではないか。すべての権力は神から与えられたということを王権の基礎にするオットーには、神を代理するという第二の条件は神聖王権には特に大切なことであり、その賛否については問題にされなかった。聖職者と類似するという第三の条件はザクセン朝とザーリアー朝の初期に比べると軽減された。叙任権闘争や教会改革運動の影響も認められる他に、オットーの混合体の政治理想も一つの原因に思われる。慈円の場合は天皇の祭司としての役割は問題にされず、第二の条件の方はすでに見た通りに、かなり相対化されたように思われる。神意を代理する役は天皇や上皇、摂関、さらに聖徳太子や菅原道真という特別な人物にまで広がっている。しかし中世西洋で重視された王や教皇を神の代理（vicarius Christi 或いは vicarius Dei）とする想像は、慈円の政治論においては国王や院より特に九条家の摂関の地位に当てはめることができる。こうみれば中世日本における神聖王権をより幅広く考える必要があるのではないか。

2　神聖王権の理論的な面を見ると、三つの条件は確かに効果的なアプローチを可能にするが、弱点の一つは前提とされる宗教概念にあると思われる。本稿では宗教を広い意味で簡単な形で適用したが、ただ宗教がより複雑で統一されていない場合には、王と王権に対する宗教的な立場は宗派によって異なり、宗教を特徴付ける王崇拝から独立した信仰や教義が創立される。それにより王権の神聖性を押える可能性もありえる。また、中世ローマ皇帝の宗教的な権威は、教会とローマ教皇の要求を通して次第に限られるようになり、中世日本の朝廷や天皇の宗教的な権威は嗷訴や鎌倉時代の新しい仏教宗派によっても制限された。理論上の宗教概念はさらに整理する必要性が残ると思われる。

3　神聖王権の限界について考えると、それは仏教の信仰あるいは叙任権闘争の影響にかかるということよりも、両著者の歴史観の方にあることが明らかになった。その点では慈円とオットーについての中世思想の比較研究、および中世そのものの特徴をめぐる検討の有効性が認められるのではないか。

註

（1）北嶋繁雄「慈円とフライジングのオットー。中世歴史思想の比較の試み」『愛知大学文学論叢』六十六、一九八一年。
（2）マルク・ブロック『比較史の方法』（*Pour une histoire comparée des sociétés européennes*）、高橋清徳訳、創文社、一九七八年（原著は一九二八年）、九頁、一六頁、二七頁。
（3）マルク・ブロック『封建社会』石川武、堀米庸三訳、岩波書店、一九九五年、二六三頁より、五四八頁より。
（4）Luc de Heusch, 'Forms of Sacralized Power in Africa', in: Declan Quigley (ed.), *The character of kingship*, 2005, pp.25-37, Märta Salokoski, *How Kings are made–how Kingship changes*, Helsinki, 2006.

（5） Fritz Kern, *Gottesgnadentum und Widerstandsrecht im frühen Mittelalter*, Darmstadt, 1954. Marc Bloch, *Les rois thaumaturges: étude sur le caractère surnaturel attribué à la puissance royale particulièrement en France et en Angleterre*, Préface. de Jacques Le Goff, 1983.『王の奇跡——王権の超自然的性格に関する研究、特にフランスとイギリスの場合』、井上泰男・渡邊昌美共訳、刀水書房、一九九八年。

（6） Ernst Hartwig Kantorowicz, *The king's two bodies. A study in mediaeval political theology*, 1957.『王の二つの身体——中世政治神学研究』、小林公訳、筑摩書房、一九九二年。Jacques Le Goff, *Saint Louis*, 1996.『聖王ルイ』、岡崎敦・森本英夫・堀田郷弘共訳、新評論、二〇〇一年。この二つはその後どちらもちくま学芸文庫に収録。

（7） Franz-Reiner Erkens, *Herrschersakralität im Mittelalter: Von den Anfängen bis zum Investiturstreit*, Stuttgart, 2006, pp. 28–31.

（8） 詳しくは Erkens 二〇〇六、八〇～八六頁。

（9） Jens Ivo Engels, 'Das "Wesen" der Monarchie? Kritische Anmerkungen zum "Sakralkönigtum" in der Geschichtswissen-schaft', in *Majestas*, Bd. 7 (1999), pp.3–39. Alain Boureau, 'How Christian was the Sacralization of Monarchy in Western Europe (Twelfth–Fifteenth centuries)', in *Mystifying the Monarch. Studies on Discourse, Power and History*, ed. Jeroen Deploige, 2007, pp. 25–34.

（10） Daniel C. Holtom, *The Japanese enthronement ceremonies: with an account of the imperial regalia*, 1928.

（11） 詳しくは米谷匡史「津田左右吉・和辻哲郎の天皇論——象徴天皇制論」『人類社会の中の天皇と王権』、網野善彦ほか編集、岩波講座　天皇と王権を考える　第一巻、二〇〇二年、二三～五六頁。

（12） Robert Ellwood, *The feast of kingship: Accession ceremonies in ancient Japan*, 1970. Manabu Waida, 'Sacred Kingship in Early Japan', *History of Religions* 15/4 (1976), pp. 319–342. 宮田登『生き神信仰——人を神に祀る習俗』、塙書房、一九七〇年。山口昌男『天皇制の文化人類学』、立風書房、一九八九年。

（13） 日本古典文学大系、第二一巻、二四七頁。石井進「院政時代」『封建社会の成立』、講座日本史第二巻、東京大学出版会、一九七〇年、二一九頁、佐藤弘夫『神・仏・王権の中世』、法藏館、一九九八年、二二六頁。

（14）　Stefan Weinfurter, ‘Wie das Reich heilig wurde’, in: *Die Macht des Königs*, ed. Bernhard Jussen, 2005, pp. 190–204.

（15）　その比較の可能性については北嶋（一九八一）の論文が参考になる。

（16）　オットーの生涯と学問に関しては多くの研究があり、Hans-Werner Goetz, *Das Geschichtsbild Ottos von Freising. Ein Beitrag zur historischen Vorstellungswelt und zur Geschichte des 12. Jahrhunderts*, 1984. Leopold Josef Grill, ‘Das Itinerar Ottos von Freising’, in: Herwig Ebner (Hrsg.), *Festschrift Friedrich Hausmann*, 1977, pp. 153–177’が参考になる。日本語では北嶋繁雄『中世盛期ドイツの政治と思想——初期シュタウファー朝時代の研究』、梓出版社、二〇〇一年、三七九～四〇五頁と上記の北嶋（一九八一）の論文がある。

（17）　オットーの死去後に『事績』の継続を託されたラーエブインには適応できる評価だと思われる。

（18）　Charles Homer Haskins, *The Renaissance of the twelfth century*, 1927.

（19）　叙任権についての論争は「聖職叙任権闘争」の一部分であったにもかかわらず、教会革命派と皇帝派の間での多様な問題に絡む、長期間に渡る対抗であり、後に第三者であるドイツ諸侯の位置が強固になる結果を導いたと言ってよい。

（20）　Chr. 6, 35 S. 490, 25f. 皇帝と教皇の関係に転換があったかどうかは、それぞれの党派による批評でもあったが、現時点から省みると転換期であった。

（21）　より詳しい説明は Goetz（1984）を参照。

（22）　エクレシア＝神の国：*civitas Dei, quae est ecclesia*: Chr. 3, 22 S. 258, 12; *populum Dei, id est ecclesiam*: Chr. 3, 45 S. 288, 16。

（23）　Orosius, *Historiae adversum paganos*, 四一八年。アウグスティヌスの弟子でもあったオロシウスがその歴史の中にアウグスティヌスの考えを当てはめた。他の歴史家と違ってオロシウスはカルタゴを三番目の帝国として数えた。オットーはバビロンの後メディア（ペルシャとも）、マケドニアそしてローマのそれぞれを帝国として意識している。

（24）　translatio imperii である。この思想はオットーが代表的に『年代記』において使用した。帝権以外にも学問と修道制の東方から西方への移転があげられている。

（25）　Chr. 7, 12 S. 518, 9から。

(26) 周知の通り『神の国』はアラリックが四一〇年にローマを劫掠した後のキリスト教の護教論であり、オットーの「年代記」は叙任権闘争後の二つの「国」の事情を明らかにする歴史論である。しかし「国」の概念の違いについては多様な研究意見がある。Goetz, p. 181–190.

(27) ここにもまたオロシウスの影響が見られる。

(28) オットーが論じる地上の「国」もまた事象の変化の理（mutabilitas rerum）に支配されており、アウグスティヌスの「国」よりも発展する歴史的な存在になった。『年代記』がこういった終末論的なところで終わるため、オットーは根本的に悲観論者だという評価がされたが、それに対してより釣り合いの取れた批評はハンス＝ヴェルナー・ゲッツにより論じられた。Goetz 1984, p.90から。

(29) Chr. 8, 33 S. 674, 17f.: "*Si reges vel imperatores terrenos in gloria sua fluxa et transitoria cum admiratione et quadam hilaritate videmus, quam inestimabili gaudio suffusos, ineffabili mentis iubilo repletos estimabimus, qui regem regum, creatorem universorum, in decore suo et gloria incomparabili et inmarcescibili caelesti angelorum et hominum stipatum milicia videbunt?*" 似たような描写はその前 Chr. 2, 47 S. 194, 15f. の箇所にもある。

(30) 王朝の代替わりを正当化する意味ももちろんある。Chr. 5, 23 S. 410, 29f. 西洋史上の最初の事例とみなされているピピン三世の塗油の日付と意義についてはすでに長期にわたる研究議論があるが、以前に論じられたような邪宗的な血筋の神聖性（Geblütsheiligkeit）とキリスト教的な神聖性との対立は結局史料では証明できない。Erkens（2006）を参照。

(31) Ludger Körntgen, Königsherrschaft und Gottes Gnade, 2001, p. 140. 以降を参照。

(32) Erkens（2006）, p. 190.

(33) 井上雅夫「カノッサ事件と王権の『神聖性』」関西中世史学会編『西洋中世の秩序と多元性』、法律文化社、一九九四年、五五～七四頁。Erkens, 'Der 'pia Dei ordinatione rex' und die Krise sakral legitimierter Königsherrschaft in spätsalisch-frühstaufischer Zeit', in: Jörg Jarnut, Matthias Wemhoff（Hrsg.）, *Vom Umbruch zur Erneuerung?: Das 11. und beginnende 12. Jahrhundert-Positionen der Forschung*, 2006, pp. 71–101.

（34）Chr. 4 prol. S. 290, 17f.: *Et ut cognoscas non fortuitis casibus, sed Dei profundissimis ac iustissimis iudiciis id factum, vide pridie latitantem ac quemlibet infimae conditionis virum fugientem in brevi tantae auctoritatis fieri, ut regibus imperet, de regibus iudicet; vide tantae a seculo venerationis haberi, ut veniant curvi vestigiaque pedum eius in solio sedentis adorent orbis domini.* (Jes. 60, 14).

（35）Chr. 7 prol. S. 496, 21. 教皇ゲラシウス一世により四九四年に始めて立てられた二権論は、王（この場合は東ローマ皇帝を指す）の世俗の権力（regalis potestas）と司教の宗教的な権威（sacrata auctoritas pontificum）を区別し、叙任権闘争の初期からその説がルカ福音書に書いてある二つの剣のイメージと結び付けられたことにより王権（regnum）と教権（sacerdotium）の関係を巡る二剣論と呼ばれるようになった。

（36）オットーが叙任権闘争の記録の後、ダニエルの世界帝国の終わりの予言に触れているのはその史観をよく示している。

（37）ラーエブインよりもオットーの記録はフリードリヒ一世を批判するところもある。

（38）『年代記』の終末論や悲観的な評価議論に対し、ハンス＝ヴェルナー・ゲッツはより釣り合いの取れた批評をしたうえで、『年代記』と『事績』の両方においてオットーの歴史観がほぼ同じだと示している。フリードリヒ一世の最初の成功、つまり教皇との和解に好意的な印象を受け、一つの「事象の変化」の変わり目（mutabilitas）を乗り越えたことで、世界の歴史が最悪の状態からまた好転したとの解説もできる。Goetz（1984）pp. 90, 265, 276。それに対して例えば甚野尚志はまだ古い研究評価をあげている（岸本美緒責任編集『歴史家とその作品』「歴史学事典」第五巻、弘文堂、一九九七年、一三二～一三三頁）。北嶋もその創意について、オットーの学問について二つの知識方法、象徴主義的歴史学神学とスコラ学に基づいてその方法と心性の違いで説明している（北嶋一九八一、四五頁）。この知識の分離の基には、十二世紀の学問世界を修道院的神学（monastic theology）とスコラ的神学（scholastic theology）の二つの流れに分けて考える学説が確認できる（北嶋二〇〇一、三一〇・三九一・三九八頁）が、その分離の仕方に関しては疑問もある（Hans-Werner Goetz, *Geschichtsschreibung und Geschichtsbewußtsein im hohen Mittelalter*, 1999, p. 77）。『事績』は当初三巻までの予定であったが、オットーが第二巻を書き終わった時点で皇帝と教皇の協和は改めて崩壊し、結局オットーは生きている間にその続きを書くのを諦めた。

（39）神聖帝国という概念の意義、成立と使用を巡っては複雑な研究議論がある。実はラーエブインの書いた部分には古代ローマの敬称の使用が多いが本稿の検討はオットーの書いた部分に限る。
(40) シュタウフェン家の歴史を遡ると、王朝になる前からすでに神との特別な関係を有しているとオットーが指摘しており、これはフリードリヒの正統性の強調にもなる（GF 1, 48 S. 222, 6f., GF 2, 41 S. 364, 17から）。
(41) Chr. 3, 9, GF 2, 27 S. 334, 27f., Goetz (1984) p. 296.
(42) 祭司王のコンセプトについて村上重良『日本史の中の天皇――宗教学から見た天皇制』、講談社、二〇〇三年（初版一九八六年）では、「呪王」から「巫王」を経由して、「祭司王」になるまでの進展が描かれており、ここにフレイザーの系譜的な発展の主張が裏に認められるのではないか。他にもHoltom, p. 116, 岡田精司編『大嘗祭と新嘗』、学生社、一九七九年、丸山裕美子「天皇祭祀の変容」、大津透編『古代天皇制を考える』、講談社 日本の歴史08、二〇〇九年（初版二〇〇一年）、一八〇～二二九頁に見られる。
(43) 多賀宗隼『慈円の研究』、吉川弘文館、一九八〇年と大隈和雄『愚管抄を読む――中世日本の歴史観』、講談社、一九九九年（初版は平凡社、一九八六年）を参照。
(44) 赤松俊秀「慈鎮和尚夢想記について」、『鎌倉仏教の研究』、平楽寺書店、一九五七年。
(45) 詳しくは谷昇『後鳥羽院政の展開と儀礼』、思文閣出版、二〇一〇年、六八頁。
(46) 詳しくは大隈（一九九九）、二五三頁。
(47) 石田一良『愚管抄の研究――その成立と思想』、ぺりかん社、二〇〇〇年、河内祥輔『中世の天皇観』、山川出版社、二〇〇三年、河内祥輔『日本中世の朝廷・幕府体制』、吉川弘文館、二〇〇七年。
(48) 慈円が鎌倉への反対グループによる倒幕計画の目的を非常に危険と思ったことは『愚管抄』が明白に語っている。それを河内が言うように「朝廷再建運動」（河内、二〇〇七年、四二頁）として評価できるかは疑問も感じる。『愚管抄』の作成日付を巡っての議論がかつてあったが、近年は討幕を防止する目的とつなげ、一二二〇年頃、つまり承久の乱の直前と考えられている。
(49) 末木文美士『鎌倉仏教展開論』、トランスビュー、二〇〇八年。

(50) 例えば慈円が末世における不思議な出来事の裏側を考えると「猶百王マデタノム所ハ、宗廟社稷ノ神々ノ御メグミ、三宝諸天ノ利生ナリ。コノ冥衆ノ利生モ、又ナカバ、人ノ心ニノリテコソ、機縁ハ和合シテ、事ヲバナスル事ニテ侍レ。ソレモ心エガタクフカシギノ事ノミ侍ルベシ。」(二〇〇頁) としており、冥と顕との関係を推測している。

(51) Clifford Geertz, *Negara. The theatre state in nineteenth-century Bali*, 1980, p. 124. 聖と俗の違いを超越性の相違に求めるのは一般的な観点、立川武蔵『聖なるもの俗なるもの』、講談社、二〇〇六年、七〇頁も参照。

(52) 大隈一九九九年、一五七頁。

(53) 「仁徳ハ平野ノ大明神ナリ」(一五一頁)。

(54) 例えば聖徳太子のところには「ソノユヘハイミジキ権者トハソノ人ウセ給テ後ニコソヲモヘ……」と書いてある (一三七頁)。逆に言うと、生きている人が権化であるとの主張や噂が流れてくると慈円は注意するよう勧めている。二九五頁には法然とその弟子に対しての批判も含めている。言い換えると、慈円が正統派と思わない宗派の意見を求めないことにも関係あるのであろう。

(55) 『愚管抄』、二〇八頁。ここでは白河上皇に起きた事になっているが、実際には鳥羽上皇に起きた事象である可能性が高い。『保元物語』(日本古典文学大系第三十一巻)、五七頁。

(56) 一つの先例となったのは白河が娘の郁芳門院をつれて日枝神社や石清水八幡宮に入ったという出来事である。詳しくは Brian O. Ruppert, 'Royal progresses to shrines: Cloistered Sovereign, Tennō, and the sacred sites of early medieval Japan,' in: *Cahiers d'Extrême-Asie* 16 (2010), pp. 183–202, p. 191.

(57) 大隈一九九九年。

(58) 石田二〇〇〇年、河内二〇〇七年。

(59) 『愚管抄』、一四〇頁。「世ノ末ノ国王ノワガ玉体ニカギリテツヨツヨシカラズヲハシマスハ、造意至極ノトガヲ国王ニアラセジト、大神宮ノ御ハカライノアリテ、カヤウノ事ハ出デコヌゾト心ウベキナリ」。

(60) 同、一三六頁。「日本国ニハ当時国王ヲコロシマイラセタル事ハオホカタナシ。又アルマジトヒシトサダメタルクニナリ」。

（61）同、一五三、三四七頁。

（62）同、「藤原師輔」、一五八頁、「九条兼実」二七三頁、「損失」二八一頁を参照。

（63）その関係については Daniel F. Schley, *Herrschersakralität im frähmittelalterlichen Japan. Eine Untersuchung der politisch-religiösen Vorstellungswelt des 13–14. Jahrhunderts*, 2014, p. 245. で詳しく論じた。

【文献】

赤松俊秀「慈鎮和尚夢想記について」『鎌倉仏教の研究』平楽寺書店、一九五七年

Marc Bloch, *Les rois thaumaturges: étude sur le caractére surnaturel attribué à la puissance royale particulièrement en France et en Angleterre*. Préface de Jacques Le Goff, Paris Éditions Gallimard 1983. マルク・ブロック『王の奇跡：王権の超自然的性格に関する研究特にフランスとイギリスの場合』、井上泰男・渡邊昌美共訳、刀水書院、一九九八年

Marc Bloch, *Pour une histoire comparee des sociétés européennes*, Paris Revue de Synthese Historique 1928. マルク・ブロック『比較史の方法』、高橋清德訳、創文社、一九七八年）

マルク・ブロック　『封建社会』、石川武・堀米庸三訳、岩波書店、一九九五年

Alain Boureau, How Christian was the Sacralization of Monarchy in Western Europe (Twelfth-Fifteenth centuries), in: *Mystifying the Monarch. Studies on Discourse, Power and History*, ed. Jeroen Deploige, Amsterdam 2007, pp. 25–34.

Robert Ellwood, *The feast of kingship, Accession ceremonies in ancient Japan*, Tokyo Sophia University 1970.

Jens Ivo Engels, Das “Wesen” der Monarchie? Kritische Anmerkungen zum “Sakralkönigtum” in der Geschichtswissenschaft, in: Majestas, Bd. 7 (1999), pp. 3–39.

Franz-Reiner Erkens, *Herrschersakralität im Mittelalter. Von den Anfängen bis zum Investiturstreit*, Stuttgart Kohlhammer 2006, pp. 28–31.

Erkens, Der “pia Dei ordinatione rex” und die Krise sakral legitimierter Königsherrschaft in spätsalisch-frühstaufischer Zeit, in: Jörg Jarnut, Matthias Wemhoff（Hrsg.）, *Vom Umbruch zur Erneuerung?: Das 11. und beginnende 12. Jahrhundert-Positionen der Forschung*, München W. FInk 2006, pp. 71–101.

Clifford Geertz, *Negara: The theatre state in nineteenth-century Bali*, Princeton Princeton University Press 1980.

Hans-Werner Goetz, *Das Geschichtsbild Ottos von Freising. Ein Beitrag zur historischen Vorstellungswelt und zur Geschichte des 12. Jahrhunderts*, Köln-Wien Böhlau 1984.

Hans-Werner Goetz, *Geschichtsschreibung und Geschichtsbewustsein im hohen Mittelalter*, Akademie-Verlag Berlin 1999.

Jacques Le Goff, *Saint Louis*, Paris Gallimard 1996.『聖王ルイ』、岡崎敦・森本英夫・堀田郷弘訳、新評論、二〇〇一年

Leopold Josef Grill, Das Itinerar Ottos von Freising, in: Herwig Ebner（Hrsg.）, *Festschrift Friedrich Hausmann*, Graz Akademische Druck–u, Verlagsanstalt 1977.

Charles Homer Haskins, *The Renaissance of the twelfth century*, Cambridge Harvard University Press 1927.

Luc de Heusch, Forms of Sacralized Power in Africa, in: Declan Quigley（ed.）, *The character of kingship*, Oxford, Berg 2005, pp. 25–37.

Daniel C. Holtom, *The Japanese enthronement ceremonies: with an account of the imperial regalia*, Tokyo Kyo Bun Kwan 1928.

石田一良　『愚管抄の研究：その成立と思想』ぺりかん社、二〇〇〇年

石井　進　「院政時代」『封建社会の成立』講座日本史第二巻、東京大学出版会、一九七〇年

北嶋繁雄　「慈円とフライジングのオットー。中世歴史思想の比較の試み」愛知大学文学論叢（六十六）、一九八一年、二三～五五頁

北嶋繁雄　『中世盛期ドイツの政治と思想。初期シュタウファー朝時代の研究』梓出版社、二〇〇一年

Ernst Hartwig Kantorowicz, *The king's two bodies: A study in mediaeval political theology*, Princeton Princeton University Press 1957.『王の二つの身体：中世政治神学研究』、小林公訳、平凡社、一九九二年

Fritz Kern, *Gottesgnadentum und Widerstandsrecht im frühen Mittelalter*, Darmstadt Böhlau 1954.

Ludger Körntgen, *Königsherrschaft und Gottes Gnade*, Berlin Akademie Verlag 2001.
河内祥輔『中世の天皇観』山川出版社、二〇〇三年
河内祥輔『日本中世の朝廷・幕府体制』吉川弘文館、二〇〇七年
宮田　登『生き神信仰。人を神に祀る習俗』塙書房、一九七〇年
Manabu Waida, Sacred Kingship in Early Japan, *History of Religions* 15:4 (1976), pp. 319–342.
Märta Salokoski, *How Kings are made–how Kingship changes*, Helsinki Helsinki University Press 2006.
大隅和雄『愚管抄を読む：中世日本の歴史観』講談社、一九九九年
Brian O. Ruppert, Royal progresses to shrines. Cloistered Sovereign, Tennō, and the sacred sites of early medieval Japan, in: *Cahiers d'Extrême-Asie* 16 (2010), pp. 183–202.
佐藤弘夫『神・仏・王権の中世』法藏館、一九九八年
Daniel F. Schley, *Herrschersakralität im frühmittelalterlichen Japan: Eine Untersuchung der politisch-religiösen Vorstellungswelt des 13.–14. Jahrhunderts*, Berlin LIT 2014.
末木文美士『鎌倉仏教展開論』トランスビュー、二〇〇八年
立川武蔵『聖なるもの俗なるもの』講談社、二〇〇六年
多賀宗隼『慈圓の研究』吉川弘文館、一九八〇年
谷　昇『後鳥羽院政の展開と儀礼』思文閣出版、二〇一〇年
Stefan Weinfurter, Wie das Reich heilig wurde, in: *Die Macht des Königs*, ed. Bernhard Jussen, Munich C. H. Beck 2005, pp. 190–204.
山口昌男『天皇制の文化人類学』立風書房、一九八九年
米谷匡史「津田左右吉・和辻哲郎の天皇論：象徴天皇制論」『人類社会の中の天皇と王権』網野善彦ほか編集、岩波書店、二〇〇二年、一二三～五六頁

「尼父」と「大神宮」——『古今著聞集』神祇篇第十二話の一解釈——

水口拓寿

はじめに——問題の所在——

『古今著聞集』は、鎌倉時代の橘《たちばなの》成季《なりすえ》（生年未詳～一二七二以前）が著した説話集である。全七二六話[1]が神祇・釈教・政道忠臣・公事・文学など三十篇（二十巻）に分けられ、建長六年（一二五四）執筆の自序と自跋を付す。作者の生涯には未詳の部分が多いが、仕官して五位程度に達したようであり、また上級貴族に家司として仕えたこともある

と推定されている。(2)

同書の首位に配された神祇篇の第十二話（通算第十二話）として、次のような短い説話が見える。

或人の夢に依りて大学寮の廟供に猪鹿を供へざる事

大学寮の廟供には、昔猪鹿をもそなへけるを、或人《ある》の夢に、尼父《ちほ》のの給はく【筆者註——「宣《のたま》はく」に同じ】、「本国にてはすゝめしかども、此朝《この》にきたりて後は、大神宮来臨同《ジクス》レ礼《ヲ》。穢食供すべからず」と有《あり》けるによりて、後には供せず成《なり》にけるとなん。(3)

「尼父」は、孔子（孔丘、前五五二?～前四七九）に贈られた最古の諡号である。生前の字《あざな》「仲尼《ちゆうじ》」に基づき、男子の美称である「父《ほ》」を付け加えたもので、逝去時に魯の哀公が発した誄《るい》(4)に現れる。「大神宮」は、文字通りには伊勢神宮を指すのだが、この説話では、伊勢神宮の祭神である天照大神（アマテラス）を婉曲に意味する。律令制のもと、官人養成機関である大学寮は式部省の下に置かれ、(5)そこでは「釈奠《せきてん》」と称して、孔子を主要な祭祀対象とする儒教儀礼も行われた。(6)大学寮の建物は、平安時代末期の治承元年（一一七七）に焼亡したまま、同書の成立当時にもなお再建されなかったのだが、釈奠の挙行は、太政官庁の建物を臨時借用することで継続されていた。(7)この説話の大意を示せば、大学寮による釈奠では、昔は犠牲として猪や鹿が用いられたが、或る人の夢に孔子が現れ、「自分が日本に来てからは、釈奠の場に天照大神が『来臨』して『同《ジクス》レ礼《ヲ》』るので、天照大神が忌避する『穢食』を供えてはならない」と告げた。そのことに因って、後には猪や鹿を献げなくなったのだという。

釈奠における犠牲奉献と「穢《けがれ》」意識の関係史を論じた戸川点氏と中野昌代氏は、

●かつて釈奠では「三牲」と称し、計三頭の獣類が孔子に献げられたが、後年に至って獣類犠牲が廃されたという史実。
●そうした変化の背景として、獣肉食や、祭祀における獣類犠牲・獣肉製供物の奉献を穢とする意識が伸長し、それが中国由来の儒教儀礼にも突き付けられたこと。

の影響を受けたテクストとして、この説話に注目した。[8] 両氏はそこに、集団的な意識変遷のバロメーターを求めたのだったが、仮に両氏の指針に従いつつ、なお一層の読解を試みるならば、さしあたりこの説話は、

●獣類奉献の廃止という過去の事件を、「孔子（祭祀対象であり、かつ儒教的思考や制度の源泉とされる者）自身がそれを命令した」という設定を通して、釈奠に関する儒教経典の記述や、律令制下の制度・旧例を超越した形式により正当化する。
●獣類奉献の廃止が正当である理由の内実として、伊勢神宮に代表される（日本の）神祇祭祀の穢意識が、釈奠にも適用されて当然だという論理を明示する。

という現状支持型、或いは現状追認型の立場から語られたものか、さもなくば既存のそうした語りを特に筆記したものということになろう。[9] この説話が少なくとも大局的なレヴェルにおいて、天照大神（神祇祭祀）に対する孔子（釈奠）の譲歩という構図を示し、なおかつ「来臨」という敬意を含む動詞表現を通して、天照大神が孔子よりも上位に設定されていることを考えれば、上のような読解が導かれること自体に不自然はない。

しかし、それだけで済ませてよいものか。或る人の夢枕で孔子が告げたという命令が重大な契機となって、釈奠に

獣類を用いなくなったという史実があるのか否か、また「そのような経緯で獣類奉献が廃されたのだ」と過去を説明付けるような語りが、『古今著聞集』の成立当時やそれ以前の人々に共有されていたのか否か、筆者には今のところ分からない（第一節・第二節で述べるように、こうした説明付けには先蹤が一つ存在するのだが、細部までこの説話と同じという わけではない）。但しいずれにせよ、そもそもこの説話は文体から見て、大学寮に残された命令文書や記録文書の抄出でないことは明らかであり、またこの説話を、「当時の人々によく知られていたかもしれない言説を、客観的或いは賛同的に文字化したものに過ぎない」と決め付けては不適切だろう。これはあくまで、橘成季という知識人が、説話集の作者という資格において送り出した作品なのであり、『古今著聞集』という著作の一翼を担うものとして、相応の地位を与えたはずの文章なのだ。同書に組み込まれた説話は、完全にオリジナルなものであろうと、既存の題材や筋書を利用したものであろうと、最終的にはそこに、彼自身の思考なり感情なりが反映していると考えるべきである。なおかつ、同書は数ある説話集の内でも、先に言及したように細かい分篇と自序・自跋を持つことや、各篇所載の説話が事項の年代順に配列されることなどを根拠に、複数の研究者から著作としての構成性の強さを指摘されている(10)。故に、同書の総体が何らかの形で纏まりのある言説体系を成し、そして神祇篇第十二話を初めとする各々の説話が連携しながら、その表出を何らかの形で分担しているという蓋然性も考慮しておかねばなるまい(11)。

ここで改めて問いを立てよう。橘成季は『古今著聞集』の神祇篇第十二話において、「尼父」「大神宮」などのキーワードを用いつつ、一体如何なることどもを読者へ発信したのだろうか。また、この説話が同書の総体のために果たす役割というものがあるなら、それは何なのだろうか。拙稿はこの説話を、先行する論考とは異なる着眼点を設けて精読し、またそれが同書の中に占める地位を考察することにより、上記の疑問に対して筆者なりの答案を提出するものである。

一　史実の確認

まずは、『古今著聞集』成立以前における釈奠の制度と実態を、拙稿の行論に必要な範囲内で確認しておく。これら二つの局面に関する史実は、日本釈奠史研究の古典と呼ぶべき弥永貞三氏の「古代の釈奠について」(12)以来、拙稿に先行する諸氏の論考中で繰り返し整理と考証が為されたので、筆者自身による包括的な叙述や詳細な記載は、ここでは敢えて行わない(13)。

中国王朝による釈奠挙行の伝統には、二つの源泉がある。第一には、前漢の高祖が前一九五年に孔子旧宅を訪れ、牛・羊（山羊）・豕（豚）各一頭を献げて孔子を祀ったという故事である。このような組み合わせの獣類犠牲は「太牢」と呼ばれ、孔子が祭祀対象として、相当高く等級付けられたことを意味するものだった(14)。第二には儒教経典上の文言であり、『礼記』文王世子篇に、

凡《ソ》学《ハ》春《ニ》官釈㆓奠《シ》于其《ノ》先師《ニ》㆒、秋・冬《モ》亦如《クス》㆑之《ノ》。(15)

とあるのが、特に「学」（教育機関）で、定期的に釈奠を行うことの根拠とされた。唐の太宗が貞観四年（六三〇）に、全国の州学・県学に孔子廟を設置させ、玄宗が開元二十年（七三二）に、最新の国家祀典として『大唐開元礼』を施行するに至り、釈奠に関わるハードウェアとソフトウェアはひとまず完成した。その次第は「三献礼」（三度にわたって酒を献げること）を中核として構成され、儀礼の場には太牢に加えて、様々な獣肉製供物も並べられた。

日本における釈奠の挙行は、『続日本紀』大宝元年（七〇一）二月丁巳条として、

釈奠《ス》。注。釈奠之礼、於《テ》レ是《ニ》始《メテ》見《ユ》矣。[16]

と簡潔に録されるのが初伝である。『大宝律令』の成立は同年八月であり、即ちこれは、以前から存在していた大学寮が、律令制に組み入れられようとするタイミングでの出来事だった。現存する『養老律令』では学令の釈奠条に、中央の大学と地方の国学で、二月と八月の上丁（最初の丁《ひのと》の日）に釈奠を行うよう定められ、更に弥永氏によれば、散逸した『大宝律令』にも、ほぼ同じ条文があったと推定されるという。[17]草創期の釈奠で、三牲として獣類が献げられたか否かについては学説が分かれるが、遅くとも奈良時代末期の延暦十二年（七九三）までに獣類犠牲が定着したことは確かである。[18]弥永氏は断定を避けながらも、渡唐経験者の吉備真備が釈奠制度を整備した、天平年間（七二九～七四九）に転回があったと考え、それまでは魚貝類で代替されていたのに対し、この時期から獣類犠牲の奉献が実施されたのだろうと述べる。[19]吉備真備による釈奠制度の整備に関連して補足すれば、共に渡唐した人物で大学助教の職にあった膳臣大丘《かしわでのおみおおおか》の建言により、朝廷は神護景雲二年（七六八）に、孔子の呼称を唐朝での諡号変更に沿って「孔宣父《こうせんぽ》」（唐朝貞観十一年〈六三七〉以後）から「文宣王」（唐朝開元二十七年〈七三九〉以後）に改めた。[20]

平安時代の延長五年（九二七）に成立した『延喜式』では、大学寮式と雑式の諸国釈奠式に、それぞれ大学寮と各地の国学で行われる釈奠に関し、日程・儀礼次第・器具・犠牲・供物など多項目にわたって詳細な規定が見られる。そこでは大学寮・国学のいずれについても、三牲として大鹿・小鹿・[21]豕各一頭が指定され、この組み合わせは中国式の太牢（牛・羊〈山羊〉・豕〈豚〉各一頭）と等しくないものの、魚貝ではなく獣類が犠牲とされることに違いはない。犠牲用の獣類に加え、大学寮・国学共通の獣肉製供物として兎の醢《ししびしお》も挙げられている。あらゆる釈奠の機会に獣類犠牲と獣肉製供物が要請されたのではなく、大学寮式では、宮中の園《その》神社・韓《から》神社、大和国の春日神社、山城国の大原野神社などの祭日と重なった場合（或いは、その直前に釈奠が行われる場合）に、獣類犠牲と兎を鯉・鮒の類で代替するよう定められていた。但し実際には『延喜式』以前から、神祇祭祀との日程重複を避けるために、釈奠挙行を他日にずらすという措置も取られ、その初伝として『日本紀略』弘仁十一年（八二〇）二月丁丑条に、上丁が祈年祭と重なり獣類犠牲が忌避されたので、釈奠を中丁（第二の丁の日）に延期した旨が記されている。逆に言えば、釈奠の日程が神祇祭祀と離れさえすれば、神祇祭祀で忌まれる獣類奉献は問題視されなかったのであり、尾留川方孝氏はこの点に注目して、『延喜式』成立の頃までは釈奠と神祇祭祀の間に、「同じものがある祭祀においては穢れと評価され「また別の祭祀では供物として意味付けられ機能するという相対性」が存在したと指摘する。(22)

尾留川氏は更に、こうした「相対性」が「摂関院政期に典型的にみられる人や動物の死体そのものを無条件に穢れとする観念」とは異質だったと述べるが、(23)果たして後年に至ると、後者の擡頭が、釈奠挙行の実態に影響を及ぼすようになった。『百錬抄』には大治二年（一一二七）八月十日条として、

釈奠《ス》。依《リ》二殺生禁断《サルルニ》一、不レ供《セ》二葷腥之類《ヲ》一。(24)

とある。これはむしろ仏教的な「殺生禁断」を理由に、獣類を初めとする「葷腥《くんせい》」(25)を献げずに釈奠を行ったという語りのようだが、ここに録された事件から僅か十九年の後、藤原頼長（一一二〇〜五六）の日記である『台記』に、久安二年（一一四六）四月一日庚子条として、次のような一繋がりの記事が現れることになる。第二段落の内容が、明らかに『古今著聞集』神祇篇第十二話と似ているが、この点については次節で改めて論じる。

依《リテ》レ例《ニ》講《ズ》二『毛詩』《ヲ》一。【中略】依《リ》二祭礼《スルニ》一、今日不レ入《レ》二鹿《ヲ》於家中《ニ》一、又当日食《フ》レ之《ヲ》者《ハ》不レ入《レ》二家中《ニ》一。昨《きぞ》食《フ》者《ハ》無《ク》レ妨《ゲ》相逢《フ》。

往古《ノ》釈奠《ニハ》供《スレドモ》レ肉《ヲ》見《ユ》レ『式』《ニ》【筆者註――『延喜式』】、中古以来止《ム》レ之《ヲ》。或者云《ク》、「人《ノ》夢《ニ》云《ク》、『文宣王云《ク》、太神宮常《ニ》来臨《スレバ》、
莫《レト》レ供《スルコト》レ肉《ヲ》』。因《リテ》止《ムト》レ之《ヲ》」。
今日准《ジテ》レ彼《ニ》又止《ム》レ之《ヲ》。(26)

藤原頼長は関白藤原忠実の子として生まれ、若年から同世代の貴族たちに抜きん出て漢学（特に儒教経学）を好んだ人物である。官職は左大臣にまで昇ったが、保元の乱（一一五六）の敗者となって、数え三十七歳で命を落とした。当時、大学寮の釈奠は「雨儀」と呼ばれる略式が常態化して久しかったが、彼は本来の形式（雨儀と対照して「晴儀」と呼ばれた）を復興することに尽力し、仁平三年（一一五三）と翌久寿元年（一一五四）にそれを実現したことでも知られる。(27)このように朝廷における釈奠挙行の歴史にも名を留めた一方で、彼は孔子生誕の日の干支とされた庚子の日に、(28)邸内で儒教経典を講読する会を催し、併せて私的な孔子祭祀を行っていた。ここに掲げた『台記』の記事は、彼がまだ内大臣の任にあった数え二十七歳時点で執筆されたものである。「文宣王」は上述のように、奈良時代に改定された孔子の諡であり、「太神宮」は「大神宮」と等しく、やはり天照大神を婉曲に指す。この記事に拠って、大学寮の釈奠で獣類を献げることが、「中古」と認識される程度の過去以来、実態としては既に全く断絶していたことが分かるのであり、その理由として藤原頼長が受け容れたものは、孔子のための祭祀儀礼であろうとも、天照大神の忌避に触れる獣類奉献を常に排除するべしという論理だった。そして彼は、こうした後発型の論理を私的な孔子祭祀にも準用し、鹿の肉や当日それを食べた者たち（獣肉食をした者たち）を、邸内に入れないことに決めたのである。この後、大学寮の釈奠で晴儀を復興した際にも、恐らくは三牲として獣類以外の何物かを用いたのだろう。なお、釈奠における獣類犠牲が実際上の全面断絶に至る過程、また『延喜式』では三牲中の二頭を占めた鹿が、却って忌まれる「肉」

の代表に挙げられるという意識変遷の過程をめぐって、戸川氏は伊勢神宮で嘉承二年（一一〇七）から、鹿の死亡を穢と見なすようになったこと、及び院政期に伊勢神宮信仰が高まったことの重要性を指摘する。[29]

橘成季が『古今著聞集』の序・跋を誌した鎌倉時代の建長六年（一二五四）は、『台記』にこの記事が現れてから一〇八年目に当たる。

二　テクストの解釈（上）――『台記』との相違点から――

前節で確認した一連の史実を踏まえて、『古今著聞集』神祇篇第十二話の分析と解釈に入ろう。その内容は『台記』前掲箇所の第二段落に似るわけだが、『古今著聞集』所収説話の内には、他ならぬ『台記』を典拠とするものが複数確認されている。[30]故に、この説話もまた、『台記』が情報源の一つとなった蓋然性があるだろうが、両者の間に直接の影響関係があるか否かはともかく、この説話の内容が、約百年を遡る先蹤を持つことは明白な事実である。[31]両者の内容は、

●大学寮の釈奠で、過去には獣類が献げられた。
●或る人の夢に孔子が現れた。
●夢の中で孔子は、天照大神の「来臨」を理由として獣類奉献を禁じた。
●この事件に因って、獣類奉献は廃止された。

という骨格部分に関して全く共通し、即ちこの説話は、少なくともそこまでのレヴェルにおいて、既存エピソードを順当に踏襲して成り立ったものと言うことができる。しかし一方で、両者の細部には複数の相違が見られるのであり、本節ではそれらを糸口として、橘成季自身がこの説話に込め入れた言説を読解することとしたい。

この説話が『台記』と異なる点は、以下の四つである。

①孔子が「文宣王」ではなく「尼父」と呼ばれる。

②孔子の発言内で、「本国」（中国）と「此朝」（日本）が対置される。

③孔子の発言内で、天照大神が「来臨」するだけでなく「同《ジクス》レ礼《ヲ》」とされる。

④孔子の発言内で、釈奠で献げられる獣類が「穢食」と評される。

まず①に関して述べれば、大学寮による釈奠では『台記』成立当時も『古今著聞集』成立当時も、孔子の呼称として奈良時代以来の「文宣王」が用いられていた。橘成季はなぜそれに従わず、わざわざ「尼父」という呼称を選んだのか。この問題については後段で改めて考察する。

次に②に関して述べれば、孔子は自身の「本国」以外に、日本という「此朝」があるという国際認識を示したことになる。即ち、孔子の発言内で中国と日本が、並立する二つの「国」／二つの「朝」として相対化されるのである。こうした認識のもとで中国と日本は、華夷の区別をひとまず捨象した並列関係に置かれる。(32) それは、孔子と天照大神を並列的に捉えることに繋がり得ると言えるが、次の③にも併せて注目することにより、「此朝」における両神の関係は更に進んで、対等性及び同質性を具えた並列関係として立ち現れる。『台記』の中の孔子は、天照大神が常に「来臨」するとのみ語っており、この簡潔な述語からは、天照大神が孔子という外来神（異質な神）に威圧的に向き合い、釈奠の一部始終に睨みを利かせるという構図を想像することも不可能ではなかろう。対するに、この説話における孔子の発言では、天照大神が孔子と「同レ礼《ジクスヲ》」とも語られることを通して、両神の関係が『台記』よりも明確に定義されるのである。ここでいう「同レ礼《ジクスヲ》」を、説話の文脈に即してパラフレーズすれば、それは両神が、一つの祭祀儀礼を共同で享受することに他ならない。

或る者と或る者が「同レ礼《ジクスヲ》」ということをめぐって、漢籍では『春秋左氏伝』荘公十八年に、

王命《ズルニ》二諸侯《ニ》一、名位不《レバ》レ同《ジカラ》、礼亦《モ》異《ニシ》レ数《ヲ》、不二以《テ》レ礼《ヲ》仮《サ》一レ人《ニ》。(33)

とあり、そこでは爵位の異なる諸侯に対して、王（天子）から与えられる礼遇に格差があるべき（より具体的には、下賜される物品に格差があるべき）だと述べられる。対偶命題を用いて換言すれば、相同な礼遇を受けてよい者たちは、等しい爵位を有する者たちなのである。また、唐の杜佑（七三五～八一二）『通典』の「礼四十・凶二・総論喪期」に、

杜元凱【筆者註——晋の杜預（二二二～二八四）】以為《ヘラク》、「古者、天子・諸侯三年之《ノ》喪《ハ》、始《メ》同《ジクスレドモ》二斉・斬《ヲ》一【筆者註——異なる身分の者と同様に、斉衰や斬衰の喪服を着る】、既葬《ニレバ》除《キ》レ服《ヲ》、諒闇以居《テリ》、心喪《シテ》終《ヘ》レ制《ヲ》【筆者註——喪の期間が終わるまで、心の中だけで喪に伏す】、不下与二士・庶一同《ジクセ》上礼《ヲ》。【後略】(34)」

とあり、そこでは天子や諸侯が三年の喪に服する場合に、喪礼の履行方式が士や庶人と異なっていたと述べられる。やはり対偶命題を用いて換言すれば、士や庶人の方式で喪礼を行った者たちは、必ず士や庶人の身分に属した（天子や諸侯ではなかった）ということになる。上の二つの例の中で、「礼」という名詞の厳密な指示対象は、必ずしもこの説話と同じくないが、しかし前後いずれの例においても、或る者と或る者が「同レ礼《ジクスヲ》」という関係が成り立つために

は、条件として身分上の均一性が要請されるのである。漢籍に現れるこうした礼説を、橘成季が熟知していたか否かはともかく、孔子と天照大神が一つの儀礼を共同で享受するのだと語るためには、祭祀対象としての主従関係や優劣関係を設ける[35]のでない限り、おのずから両神の間に、充分な程度の対等性が想定されていなければなるまい。なおかつ、両神が文化的出自や祭祀の伝統を異にするにも関わらず、釈奠の場で融和的に共座するのだと語るためには、これらの神々が何らかの次元で、やはり充分程度の同質性を有するという認識が欠かせないはずだ。故に筆者は、この説話における孔子の発言では、天照大神が孔子と「同《ジクス》レ礼《ヲ》」という要素の導入により、両神の関係が、対等性と同質性を具えた並列関係として定義されると解釈する。

　但し孔子の発言内では、『台記』にも見えた「(天照大神の)来臨」という敬意表現が、あたかも「(両神が)同《ジクス》レ礼《ヲ》」という文言に覆い被さるように、その直前に置かれるのであり、このことは、むしろ天照大神を上位とする差等秩序こそ、「此朝」における両神の関係の基調として重く受け止められるべきことを示すと言える。更に④にも注目するならば、そこでは孔子に献げられる獣類を、孔子自身が「穢食」と蔑称するという言動を通して、少なくとも犠牲・供物の禁忌に関わる範囲で、両神(そして釈奠と神祇祭祀)が畢竟異質な存在であることが指摘されるだけでなく、両神の間に消去不能な格差があることについても、再び注意が喚起される。即ち、孔子と天照大神の対等性や同質性と言いながら、それらはこの説話の中で、無制限に承認されるわけではないのだ。天照大神は孔子に対して、あくまで上位者かつ異質者として屹立するのであり、そうした前提を揺るがさない限りにおいて、「(両神が)同《ジクス》レ礼《ヲ》」という述語に託された程度の対等性なり同質性なりが、孔子の口から語り出されるのである。

　なお、孔子が「文宣王」ではなく「尼父」と呼ばれるという現象(『台記』と異なる点の①)は、天照大神との対等性ということに即して説明できるかもしれない。日本で天皇の祖先神と称された天照大神が、天皇自身に勝るとも劣らない地位に置かれていたのに比べ、唐朝が孔子に贈った「文宣王」という諡号は、『春秋左氏伝』前掲箇所に出てくる周朝の王（天子）とは異なり、皇帝（天子）の臣下としての王（即ち諸侯王）の位階に止まっている。唐朝は一方で、老子（李姓と称された）を皇室（李姓）の祖先と称した故に、老子に諡号を贈る際には皇帝として遇したのだが、[36]そうした事例とは一線を画するのである。中国の皇帝と日本の天皇の地位関係について、橘成季の見解を窺わせるような記述は、管見の限り『古今著聞集』のどこにも探し当たらないが、[37]仮に彼がこれらの君主を同格と見なしていたとすれば、「文宣王」の諡号を用いて孔子に言及するという行為は、天照大神と孔子に「君主（及びその祖先神）の身分領域か、臣下の身分領域か」という重大な分かれ目を設けることに等しくなる。

	君主の祖先神	君主	
（日本）	天照大神……	天皇	
		↑ 同格 ↓	
（唐朝）	老子…………	皇帝――	文宣王
	君主の祖先神	君主	臣下

既に呼称からして、このように身分の不均一性が表現されるのであっては、両神が「同《ジク》レ礼《スヲ》」という語りを持ち込もうとしても、さすがに読者の違和感を招きかねないだろう。それに引き替え、この説話に用いられた「尼父」という呼称は、君臣という身分序列の垂直軸から離れている。[38]為政者から贈られた諡号であるという来歴に関しては、多分に「文宣王」と共通するとはいえ、「尼父」という文字列の裡に、為政者によって保証されるような身分の標識は含まれない。そこにあるのは、男子一般に適合する「父」という美称ばかりである。故に、孔子を敢えて「尼父」と呼

ぶことにより、少なくとも呼称に関しては、孔子と天照大神が同一軸上で比較されるのを、ひとまず回避することができるのである。このような目的のためならば、単に「孔子」や「仲尼」と呼んでも、或いは「孔宣父」という唐代初期の諡号で呼んでも大差はないはずだが、橘成季は最古の諡号である「尼父」を選択することに、何らかの拘りを持っていた可能性もあるだろう。

彼が中国の皇帝に、日本の天皇よりも高い地位を認めていた場合には、以上のような説明は根本から揺らいでしまう。故に、あくまで仮定に基づく推測の試みとして、本節の最後に記しておくことにしたい。

三　テクストの解釈（下）――『古今著聞集』の世界観の中で――

ここで拙稿における筆者の問いを、当初よりも掘り下げた形で再度提起しよう。橘成季は如何なる意義のもと、孔子と天照大神の関係に前節で述べたような構造を与えたのだろうか。また、両神の関係をめぐるこの説話の特徴は、『古今著聞集』という一個の著作の中に、どのように位置付けることができるのだろうか。

この説話から看取される橘成季の基本的態度として、獣肉食や祭祀における獣類奉献を穢とする意識が伸長し、天照大神などを対象とする神祇祭祀だけでなく、中国由来の儒教儀礼である釈奠にも適用されるようになったという歴史的趨勢については、批判や抗議を表明することがない。彼はむしろ、孔子という外来神であろうとも、天照大神を上位とする差等秩序に取り込まれなくてはならないことや、釈奠という外来儀礼であろうとも、天照大神が忌避するという獣類犠牲を排除しなくてはならないことを、「此朝」の文化における所与の原則として承認するのである。しかし一方では、両神の関係の基調としてこのような格差と異質性が承認されているからこそ、釈奠の場で両神が「同《ジクス》レ礼《ヲ》」という語りの導入は、孔子と釈奠に、それぞれ「あくまで限定的な局面においてではあるが、あの天照大神との間に対等性と同質性を有する神」及び「旧来の方式を改めるという条件を課した上ではあるが、あの天照大神によって享受される祭祀儀礼」という特権的地位を賦与することになる。即ち、天照大神に設定された（孔子以上の）尊貴さの故にこそ、孔子と釈奠もまた「此朝」の文化の中で、附随的に尊貴な地位を獲得できるという論理が成り立つわけである。大学寮による釈奠から獣類奉献が姿を消したという史実も、単に天照大神が「来臨」するからというのではなく、両神が「同《ジクス》レ礼《ヲ》」るためであるとの説明が加わったことで、天照大神（神祇祭祀）に対する全く不本意な屈服というよりも、むしろ孔子（釈奠）の側から「もてなし」の雅量を示したものとして、解釈する余地が生じることになる。即ち、孔子はこのような説明付けを通しても、やはり天照大神と孔子の間に承認された格差と異質性、及び釈奠と神祇祭祀の間に承認された異質性を前提としつつ、天照大神のホスト役に相応しい程度の尊厳と、潜在的な主体性を獲得すると言えるのである。

橘成季は、遅くとも藤原頼長が「中古」と呼んだ時期までに確立していた、孔子（釈奠）と天照大神（神祇祭祀）の関係をめぐる一連の観念と、それが大学寮の釈奠挙行にもたらした変化を、この説話の中で、まずはありのままに受け容れてみせた。しかしそこに、両神が「同《ジクス》レ礼《ヲ》」という新しい要素（少なくとも『台記』にはなかった要素）を装着したことにより、却って日本における孔子と釈奠の価値を、一定程度に確保するような論理を打ち出す結果となった。拙稿の「はじめに」で筆者は先行研究の指針に従いながら、この説話に現状支持、或いは現状追認の立場を見出すこと自体は不自然でないと述べたが、筆者自身がこの説話を『台記』との異同に注意しながら精読した末に、そこから読み出さずに済まされないものは、むしろ既存の観念や既成事実を逆手に取って、このように孔子と釈奠の擁護に回り込んでしまうという旋転の姿勢である。筆者が「はじめに」で主張したことの幾分繰り返しになるが、「（両神が）

同《ジクス》レ礼《ヲ》」という文言の存在を初めとして、この説話が『台記』と異なっている四つの点が、たとえいずれも橘成季の創案に係るものではなく、何か『台記』以外の先行文献に由来するのであっても、この説話が、彼自身の名において『古今著聞集』に組み込まれた作品であることに変わりはない。それだけの根拠に基づいて、この説話から筆者が析出する微言大義を、他ならぬ橘成季の思考や感情と同一視しても差し障りはないはずである。しかし、更に同書の全貌を視野に入れつつ、この説話に示された孔子と天照大神の関係論、及びそこから導かれる、孔子と釈奠に一定程度の価値を認める論理を改めて検討することで、それらが果たして、同書の総体を以て表出される世界観の言説に十分整合することが明らかになる。

同書に対しては複数の研究者が、著作としての構成性の強さを指摘するわけだが、少なくとも「或る特徴を備えた世界像の呈示」という局面に関して、こうした見解は筆者の首肯にも値する。同書の構成に関し注目するべき点の一つとして、各篇の最初に、その主題を端的に表出するような（或いは、主題に関わる起源譚であるような）、説明性の勝った短い説話が置かれているのだが[39]、同書の首位を占める神祇篇の冒頭話（通算第一話）「天地開闢の事幷びに神祇祭祀の事」には、

この【筆者註——神武天皇】御時に、戊子の年九月に、はじめてもろ〳〵の神をまつられけり。第十代崇神天皇《の》六年に、天照大神を笠縫邑《カサヌイノムラ》に祭りたてまつる。同《おなじき》七年に、天社《アマツ》・国社《クニツ》を（お）よび諸国諸神の神戸《かむべ》をさだめらる。其《その》後、世お（を）さまり、民ゆたかなり。第十一代垂仁天皇廿五年《の》三月に、あまてる御神《オホンガミ》【筆者註——天照大神】の御をしへにしたがひて、伊勢国《のくに》五十鈴河《イスズノ》上にいわ（は）ひ奉りて、第二皇女《のヒメミコ》倭姫《ヤマトヒメノ》命を斎宮にたてまつられけり。凡《およそ》我《わが》朝は神国として、大小《の》神祇、部類・眷属、権化《ごんげ》の道、感応あまねく通ずる物也。所謂《いはゆる》神功皇后の三韓《カン》をたひらげたまふに

も、天神・地祇ことぐ〱くあらはれたまひけるとぞ。これに依《よつ》て、忝《カタジケナク》廿二社の尊神を定《さだめ》て、専《モハラ》百王百代の鎮護にそなへたてまつる。天子より始《はじめ》て庶人《しよにん》に至《いたる》まで、その明徳をあふがずといふことなし(40)。

とあり、そこでは「神国」と称される日本が、天照大神に代表される天神・地祇の庇護下で、国家の安寧と民生の安定を保証されてきたことが繰り返し語られる。そして、釈教篇・政道忠臣篇・公事篇を挟んだ文学篇には、同篇の冒頭話（通算第一〇六話）として次のような説話が置かれ、

　文学の起源幷びに効用の事

伏犠氏の天下《てんが》に王として、はじめて書契【筆者註——文字】をつくりて、縄をむすびし政にかへ給《たまひ》しより、文籍なれり。孔丘の仁・義・礼・智・信をひろめしより、此《この》道さかりなり。書曰《ニク》、「玉不《レバ》レ琢《カ》不レ成《ラ》レ器《ニ》。人不《レバ》レ学《バ》不《ト》レ知《ラ》レ道《ヲ》」【筆者註——『礼記』学記篇】。又云《ク》、「弘《メ》レ風《ヲ》導《クニ》レ俗《ヲ》、莫《ク》レ尚《キハ》ニ於文《ヨリ》一、敷《キ》レ教《ヲ》訓《フルニ》レ民《ヲ》、莫《シト》レ善《キハ》ニ於学《ヨリ》一」【筆者註——唐太宗『帝範』崇文篇】。文学の用たる、蓋《けだし》かくのごとし(41)。

そこでは天照大神などの嘉する「神国」を支え、風俗の善導と民衆の教化に資する文化コンテンツの筆頭として、外来の「文学」（漢語による散文や韻文）が挙げられると共に(42)、「孔丘」と姓名そのままに呼ばれる孔子(43)が、仁・義・礼・智・信を説いて「文学」を盛んにした功労者として称揚されるのである。伏犠（伏羲）の君臨した「天下」が太古の日本を含んでいたか否かについて、橘成季の見解は示されないのだが、それはともかくも、同書の内部にこのように組み立てられた世界像（特に、「神国」としての日本像）のもとで、天照大神と孔子こそは実に、日本という政治空間・文化空間を存立させる大きな柱として定置され、評価される存在なのであった。

翻って考えれば、筆者が神祇篇第十二話に見出したような両神の関係——天照大神を上位とする差等秩序と、獣類奉献が穢に当たるという、神祇祭祀由来の意識を孔子が受け入れることを前提としつつ、文化的出自などを異にする両神が、釈奠という中国由来の儒教儀礼において共座する——と、それによって孔子と釈奠のために、「此朝」の文化における価値を確保するという論理は、こうした世界観の基本構造と巧みに呼応するもの、より精確に言えば、それを釈奠論や犠牲・供物論（或いは穢意識論）の脈絡上で演繹したものと見なすことができる。なおかつ、そもそも神祇篇第十二話は同書の中で、両神が共に言及される唯一の説話となっており、これらの神々の直接的関係が語り出される貴重な場としても、同書の総体に貢献している。即ち、筆者が「はじめに」で蓋然性を指摘しておいた通りに、この説話は同書の中で孤立することなく、橘成季が『古今著聞集』という著作に託した世界観の表出を、同じ神祇篇や文学篇の冒頭話と連携しながら担っていると言えるのであって、たとえこの説話が、彼の創意に基づく要素を全く持たないとしても、そのテクストに宿った言説を、「橘成季自身の言説」として解釈しようとする筆者の視座は覆される恐れがない。

四　「尼父」と「聖徳太子」

筆者の答案を形作るべき言葉のピースは、もはや全て出揃ったようである。しかしそれらを纏め直して拙稿を締め括る前に、神祇篇第十二話と『古今著聞集』全体の繋がりということに関連して、「既存の観念や既成事実を受け容れてみせるが、それを逆手に取って、本来ならば疎外されたり、甚だしい劣位に置かれたりしかねない者の擁護に回る」型の筆法が、同書では他の箇所にも見られることを報告しておきたい。

神祇篇の直後に配された釈教篇では、その冒頭話（通算第三十四話）「欽明天皇十三年に百済国より仏教伝来の事」から三話連続で、日本における仏教興隆の功労者として聖徳太子（廏戸皇子、五七四～六二二）(44)に言及があり、特に冒頭話では「それよりこのかた仏法弘通《ぐつう》して効験たゆることなし」と述べて、日本が「神国」の伝統を有するばかりでなく、外来の仏教によっても守護されてきたことが主張される。(45)厳密には、これらの説話に込められた言説をも踏まえて、同書の世界観はより多元的に理解されるべきなのだろうが、その意味で天照大神・孔子と並ぶほどに重要な存在である聖徳太子の出生をめぐって、第二話（通算第三十五話）「聖徳太子物部守屋等を滅して仏法を弘め給ふ事」に次のような記述がある。

御母の夢に金色《こんじき》の僧来《きたり》て、「われ世をすくふ願あり。ねがはくは暫《しばらく》御腹にやどらん。我は救世菩薩《くぜぼさつ》【筆者註――観世音菩薩】なり。家は西方にあり」といひて、おどりて口に入《いる》と見給《たまひ》て、はらまれ給へる所也。【中略】委シキ旨ハ見ヨ二『伝』ノ一文ヲ。(46)

そこでは救世菩薩に超人的な能力、荘厳さを帯びた尊貴な地位、及び「世をすくふ」事業への強い志願が認められた上で、聖徳太子がその転生者として語られることにより、西方浄土に住むという菩薩と俗世に出生した仏教振興者が、少なくとも本質上は同格の存在として、同書の中で価値を持つようになっている。

説話の中で扱われる事件（救世菩薩の入胎から、聖徳太子が仏教排撃側の物部守屋に戦勝するまで）の詳細については、『伝』即ち聖徳太子の伝記を参照せよという註釈が付くわけだが、それが橘成季の原註であるか否かはともかくも、所謂「太子伝」著作群の内で、この入胎譚と文言及び言説内容が相通じるテクストの一つとして、『聖徳太子伝暦』（飯田瑞穂氏の推定によれば、平安時代の十世紀前半までに成立した(47)）の欽明天皇三十二年辛卯（五七一）春正月朔甲子条を挙げることができる。

夜、妃《ノ》夢《ニ》有《リ》二金色《ノ》僧一、容儀太《ダ》艶《ナリ》。対《ヒテ》レ妃《ニ》而立《チ》、謂《ヒテ》レ之《ニ》曰《ク》、「吾有《リ》二救世之願一。願《ハクハ》暫《ク》宿《ラント》二后《ノ》腹《ニ》一」。妃問《フ》、「是為《ルカ》レ誰《ト》」。僧曰《ク》、「吾《ハ》救世菩薩《ナリ》。家《ハ》在《リト》二西方《ニ》一」。【中略】僧懐《キ》二歓色《ヲ》一、躍《リテ》入《ル》二口中《ニ》一。【中略】自《リ》レ此以後、始《メテ》知《ル》レ有《ルヲ》レ娠《メルコト》。[48]【後略】

『伝暦』は、先行する聖徳太子関連文献を集成したという性格を帯びる一方で、後世に「太子伝」の代名詞となるほど、後続の同類著作や説話文学に多大な影響を与えたという。[49] 故に、前掲の説話は必ずしも『伝暦』を典拠にすると限らず、その情報源となった何らかの文献や、『伝暦』から衍生した何らかの文献に基づく可能性もあるだろうが、[50] 今暫く『伝暦』という書物に視野を限ってみれば、そこでは推古天皇十五年丁卯（六〇七）夏五月条・秋七月条など複数の箇所を費やして、更に聖徳太子を、中国の衡山（南嶽）に道場を構えた「念禅法師」なる僧の転生者とする語りが展開される。[51] その主要部分は、聖徳太子が手許の仏典に脱字があることを疑った挙句、自らの前身たる念禅法師の所蔵本を衡山まで取りに行かせたというエピソードに伴って現れるのだが、やはりこのように転生関係の設定を通して、中国の名山に住した高僧と、仏典テクストの「正確さ」に象徴される中国仏教の権威が、聖徳太子という周辺国の仏教知識人にも分与されるのである。

『古今著聞集』の世界観に照らした場合に、その神祇篇第十二話が決して孤立するものではないことに似て、そこで橘成季が孔子と釈奠のために用いた筆法も、同書の中に類例を持たないものではなかった。但し、彼が既存文献から摂取して、釈教篇第二話の一部分とした聖徳太子と救世菩薩の関係論は、解決を要する衝突的要素がもとより存在しないため、神祇篇第十二話に示された孔子と天照大神の関係論に比べ、おのずから単純な構造に止まっていると言える。

おわりに

鎌倉時代の橘成季は、日本を天神・地祇に庇護された「神国」と見なし、それを支える文化コンテンツの筆頭として中国由来の「文学」を重視するような世界観を、説話集『古今著聞集』を通して表出した。このような世界観のもとで、天照大神と孔子は、日本という政治空間・文化空間を存立させる大きな柱として位置付けられた。

孔子を祭祀する儒教儀礼として、日本でも奈良時代以前から釈奠が行われた。大学寮による釈奠では、遅くとも奈良時代末期までに、孔子に獣類犠牲や獣肉製供物を献げることが定着し、続く平安時代には、『延喜式』に獣類奉献の具体的内容が規定された。しかし、やがて獣肉食や、祭祀における獣類奉献を穢とする意識が伸張してゆき、藤原頼長が『台記』と題する日記を執筆した平安時代末期には、天照大神を初めとする（日本の）神祇祭祀に準じて、釈奠に関しても獣類奉献が禁忌視されるようになった。『台記』には、釈奠における獣類奉献の廃止を正当化する語りとして、或る人の夢に孔子が現れて「釈奠の場には天照大神が常に『来臨』するので、肉を供してはならない」と告げたというエピソードが記載されている。

約百年を隔てて、橘成季は『古今著聞集』に、このエピソードと骨格部分の共通する説話を組み込んだ（神祇篇第十二話）。彼はそこで、上述のような歴史的趨勢に批判や抗議を表明することなく、むしろ孔子という外来神であろうとも、天照大神を上位とする差等秩序に従うべきことや、釈奠という外来儀礼からも、獣類を「穢食」として排除するべきことを、「此朝」における所与の原則として承認した。但しこうした前提に立ちつつ、他方では孔子と天照大神の関係論に、「両神が釈奠の儀礼を共同で享受する（天照大神は、単に「来臨」するのではない）」という要素を導入することにより、却って孔子と釈奠の価値を、「此朝」の文化の中で一定程度に確保するような論理を打ち出したのである。彼は既存の観念や既成事実を逆手に取って旋転し、最終的には孔子と釈奠の擁護に回り込んでしまった。附言すれば、これに類する筆法が、同書の他の箇所では聖徳太子のために用いられた。

神祇篇第十二話に示される孔子と天照大神の関係論や、孔子及び釈奠の価値論は、『古今著聞集』の総体によって表出される世界観の基本構造と呼応するものである。より精確に言えば、それを釈奠論や犠牲・供物論（或いは穢意識論）の脈絡上で演繹するものとして、この短い説話を同書の中に役割付けることができる。

註

（1）後世に加えられたと推定される説話を含む。永積安明「解説」（永積安明・島田勇雄校注『古今著聞集』、岩波書店「日本古典文学大系」、一九六五）二九～三八頁、西尾光一「解説」（西尾光一・小林保治校注『古今著聞集』上、新潮社「新潮日本古典集成」、一九八三）四八九～四九九頁、西尾光一「解説」（西尾光一・小林保治校注『古今著聞集』下、新潮社「新潮日本古典集成」、一九八六）四三三～四四二頁。

（2）永積安明前掲「解説」四頁、六～八頁、西尾光一前掲「解説」（西尾光一・小林保治校注前掲『古今著聞集』上）四七九～四八三頁、本郷恵子『古今著聞集』（山川出版社「物語の舞台を歩く」、二〇一〇）九～一〇頁。

（3）拙稿において『古今著聞集』の引用は、永積安明・島田勇雄校注前掲『古今著聞集』に拠る（本叢書の体例に従い、通用の字形を用いる。以下全ての文献引用についても同じ）。ここでは、筆者の判断で振り仮名を増補した。なお、同書の中で釈奠に関係する説話は、他に宿執篇第十三話（通算第四九二話）「藤原守光重病を冒して薩摩より釈奠に馳せ参ずる事」がある。

（4）『春秋左氏伝』哀公十六年を参照。

（5）大学寮自体は『大宝律令』以前から存在し、その創設時期については複数の学説がある。久木幸男『大学寮と古代儒教――日本古代教育史研究』（サイマル出版会、一九六八）五～二三頁。

（6）拙稿では釈奠という語を、専らこの意味で用いることとするが、中国王朝の定めた儒教儀礼の体系では、武成王（太公望呂尚《りょしょう》）などの祭祀も釈奠と称されてきた。

（7）太政官庁の建物での釈奠の挙行は、更に室町時代の寛正二年（一四六一）まで続いたことが確認されている。翠川文子「釈奠（一）――前期釈奠年表――」（『川村短期大学研究紀要』十号、川村短期大学、一九九〇）。

（8）戸川点「釈奠における三牲」（虎尾俊哉編『律令国家の政務と儀礼』、吉川弘文館、一九九五）二一二～二一五頁、中野昌代「釈奠三牲奉供をめぐって」（『史窗』五十三号、京都女子大学史学会、一九九六）一二四頁。

（9）このような読解は、既に江戸時代の藤井懶斎（一六二八～一七〇九）により提出されていた。『閑際筆記』（別称『和漢太平広記』）巻之中「古今著聞集ニ載」条を参照。筆者は李月珊氏の発表「釈奠研究の現状と問題点」（プロジェクト研究会「日中の架け橋――東アジアの学的国際交流と日本儒学」、国士舘大学アジア・日本研究センター、二〇一四年七月）を通して、同書の存在及び釈奠史関連文献としての意義を教えられた。

（10）永積安明前掲「解説」四～五頁、西尾光一前掲「解説」（西尾光一・小林保治校注前掲『古今著聞集』上）四八三～四八九頁。

（11）但し本郷恵子前掲『古今著聞集』のように、「作者自身が特定の方針・主題に沿って全体を構成することを避けているように思われる」とした上で、「成季が目指したのは、【中略】ものごとはあらゆる方向に展開しうるということを受け入れ、その多様な事例を記録することだったのではないだろうか」と考察した例もある。同書一五二～一五三頁。

（12）弥永貞三「古代の釈奠について」（坂本太郎博士古稀記念会編『続日本古代史論集』下巻、吉川弘文館、一九七二）。

（13）本節では弥永貞三前掲「古代の釈奠について」以外に、下記の論考を参照した。翠川文子前掲「釈奠（一）」、同「釈奠（二）――孔子像――」「釈奠（三）――釈奠図――」「釈奠（四）～（七）――太政官庁釈奠復元（1）～（4）――」（『川村短期大学研究紀要』十一～十八号、川村短期大学、一九九一～一九九八）、所功「日本における釈奠祭儀の特色」（『京都産業大学論集』二十七巻四号、京都産業大学、一九九七）、戸川点前掲「釈奠における三牲」、同「釈奠と穢小考」（服藤早苗ほか編『ケガレの文化史――物語・ジェンダー・儀礼』、森話社「叢書・文化学の越境」、二〇〇五）、中野昌代前掲「釈奠三牲奉供をめぐって」、尾留川方孝「穢れと供物の相対性――釈奠と神祇祭祀の差異から論じる成文化当初の穢れ観念――」(『人文研紀要』第七十七号、中央大学人文科学研究所、二〇一三)。

(14) 儒教儀礼は数量によって尊卑を表すことを好み、獣類犠牲は祭祀対象の等級に連動して、「豕のみ」↓「少牢(羊・豕)」↓「太牢(牛・羊・豕)」の順で昇級する。更に等級が高いものとして、牛のみを献げる「犢《とく》」や「特」もあったが、これらは天子による祭天・祭地の儀礼など、極めて限られた場合に用いられた。

(15) 『礼記』の引用は、『重栞宋本十三経注疏附挍勘記』清朝嘉慶二十年(一八一五)刊本に拠る。筆者の判断で句読点・返り点・送り仮名を施した。

(16) 『続日本紀』の引用は、黒板勝美・国史大系編修会編『続日本紀』(吉川弘文館「新訂増補 国史大系」、一九六六)に拠る。筆者の判断で句読点と返り点を一部変更し、鉤括弧を省き、送り仮名を増補した。

(17) 弥永貞三前掲「古代の釈奠について」三九三頁。なお、史料上最初の釈奠が行われた大宝元年(七〇一)二月丁巳は、第二の丁の日であった。

(18) 『日本紀略』延暦十二年(七九三)二月己未条を参照。

(19) 弥永貞三前掲「古代の釈奠について」四〇四頁。一方で戸川氏は、積極的な証明は不可能としながら、釈奠の受容当初から獣類犠牲が用いられたという見通しを示す。戸川点前掲「釈奠における三牲」二〇七～二〇九頁。

(20) 『続日本紀』神護景雲二年(七六八)七月辛丑条、及び『類聚三代格』所収太政官符「応改孔宣父号為文宣王事」(神護景雲二年七月卅日)。

(21) 中野氏は『古今著聞集』神祇篇第十二話を根拠の一つとして、ここにいう「豕」が、豚ではなく猪であると推定する。中野昌代前掲「釈奠三牲奉供をめぐって」二二三～二二五頁。

(22) 尾留川方孝前掲「穢れと供物の相対性」二四四～二五〇頁。引用箇所の出典は二四九頁。

(23) 尾留川方孝前掲「穢れと供物の相対性」二五九頁。

(24) 『百錬抄』の引用は、黒板勝美・国史大系編修会編『日本後紀 後篇・百錬抄』(吉川弘文館「新訂増補 国史大系」、一九六

五）に拠る。筆者の判断で句読点を一部変更し、送り仮名を施した。
（25）仏教では、大蒜《にんにく》などの植物も「葷腥」の一種として忌避される場合がある。
（26）『台記』の引用は、増補「史料大成」刊行会編『台記』（臨川書店「増補史料大成」、一九六五、当該箇所の含まれる巻第六は箕田申之校正、井上頼国検閲）に拠る。筆者の判断で句読点を一部変更し、送り仮名と振り仮名を施し、書名と発話内容に鉤括弧を付した。
（27）藤原頼長の漢学と釈奠に関する事績は、橋本義彦『藤原頼長』（吉川弘文館「人物叢書 新装版」、一九九四〈原著一九六四〉）三二～五〇頁、一〇六頁、及び久木幸男前掲『大学寮と古代儒教』二一三頁を参照。
（28）『春秋公羊伝』襄公二十有一年、及び『春秋穀梁伝』襄公二十有一年を典拠とする。
（29）戸川点前掲「釈奠における三牲」二一三～二一五頁。
（30）管絃歌舞篇第五十五話（通算第二八四話）「大宮隆季夢に依りて抜頭の面形を返す事」のように、『台記』の記事と「ほとんど同文といってよい」説話すら見られる。永積安明前掲「解説」一〇～一一頁。但し前者は和文、後者は漢文である。
（31）『台記』前掲箇所第二段落の内容は、日記中の記事という性格に鑑みて、藤原頼長自身の創作ではなく、伝聞を書き留めたものと考えるのが適切だろう。
（32）中国と日本を二つの「国」として並列する言説は、能書篇第二話（通算第二八六話）「嵯峨天皇弘法大師と手跡を争ひ給ふ事」にも見える。但しそこでは、弘法大師（空海、七七四～八三五）の発言として「唐土は大国なれば」「日本は小国なれば」という対照が為されるのであり、両者の非対等性が強調される。
（33）『春秋左氏伝』の引用は、『重栞宋本十三経注疏附挍勘記』清朝嘉慶二十年（一八一五）刊本に拠る。筆者の判断で句読点・返り点・送り仮名を施した。
（34）『通典』の引用は、王文錦ほか点校『通典 点校本』（中華書局〈北京〉、一九八八）に拠る。筆者の判断で句読点を一部変更し、返り点と送り仮名を施した。
（35）例えば、『延喜式』大学寮式では『大唐開元礼』に倣い、孔子を「先聖」として主要な祭祀対象とするだけでなく、顔子

（顔回）を「先師」として次位に置き（配祀・配享）、孔門十哲の他の九名を更なる下位に置く（従祀）よう定められていた。

（36）高宗が乾封元年（六六六）に「太上玄元皇帝」と追尊したことを、その始まりとする。

（37）註（32）に挙げたように、「唐土＝大国、日本＝小国」という図式を示す箇所ならば存在するが、そこでも君主の地位関係には筆が及んでいない。

（38）孔子が為政者から、初めて世俗的身分（諸侯王、公爵、或いは侯爵）を追贈されたのは、「尼父」と諡されてから約四八〇年後、前漢の元始元年（後一）に平帝から「褒成宣尼公」に叙された時のことである。

（39）永積安明前掲「解説」四頁、本郷恵子前掲『古今著聞集』冒頭部分（頁番号なし）で、既にこのことが指摘されている。

（40）筆者の判断で句読点を増補した。校注本の「凡例」によれば、片仮名による振り仮名は底本に付されていたものである。永積安明・島田勇雄校注前掲『古今著聞集』四二頁。

（41）前註に同じ。

（42）同書はこの後、和歌篇・管絃歌舞篇・能書篇・術道篇（術数・方技に関する説話を収める）と続いてゆく。

（43）神祇篇第十二話と同じく、孔子が「文宣王」とは呼ばれないのである。

（44）聖徳太子を虚構の人物とする学説や、その名を「廏戸皇子」ではなく「廏戸王」とする学説があることは筆者も承知しているが、拙稿の行論においては、それらの是非を論じる必要を認めない。ここでは専ら橘成季の歴史認識を尊重し、釈教篇冒頭話にその名が「廏戸《うまやどの》　豊《とよと》　耳《みみの》皇子《みこ》」と記されるのに従っておく。

（45）実は神祇篇冒頭話でも前掲以外の部分において、宇佐神宮の祭神（八幡神）が自ら「大自在王菩薩」と名乗っている。

（46）筆者の判断で漢文部分について送り仮名を増補し、書名と考えられる部分に鉤括弧を付した。

（47）飯田瑞穂「伝記のなかの聖徳太子」（『聖徳太子伝の研究〈飯田瑞穂著作集一〉』、吉川弘文館、二〇〇〇）五頁。

（48）『聖徳太子伝暦』の引用は、日中文化交流史研究会編『東大寺図書館蔵文明十六年書写『聖徳太子伝暦』影印と研究』（桜楓社、一九八五）に影印・翻刻された東大寺図書館蔵文明十六年（一四八四）写本に拠る。同写本に見える句読点・返り点・送り仮名・振り仮名を参考にしながら、筆者の判断で改めて訓読を施し、発話内容に鉤括弧を付した。『伝暦』は、聖徳太子の生年を敏達天皇元年（五七二）とする。
(49) 坂本太郎「日本書紀と聖徳太子の伝記」（坂本太郎著作集編集委員会編『古事記と日本書紀（坂本太郎著作集第二巻）』、吉川弘文館、一九八八）三七五〜三七六頁、阿部隆一「室町以前成立聖徳太子伝記類書誌」（聖徳太子研究会編『聖徳太子論集』、平楽寺書店、一九七一）五一一〜五一二頁、前田雅之「説話文学にみる聖徳太子伝」（『国文学 解釈と鑑賞』五十四巻十号、特集「聖徳太子伝の変奏」至文堂、一九八九）、蔵中進「解説」（日中文化交流史研究会編前掲『東大寺図書館蔵文明十六年書写『聖徳太子伝暦』影印と研究』）三七三〜三七四頁、三九〇頁、飯田瑞穂前掲「伝記のなかの聖徳太子」四〜五頁、一三〜一四頁など。
(50) 現存する「聖徳太子伝」文献の内では、『伝暦』に先行する『上宮聖徳太子伝補闕記』（漢文）に、既に「金色僧」の入胎記事が現れている（飯田氏は、両書の間に影響関係を推定する。「『上宮聖徳太子傳補闕記』について――特に本文校訂に関連して――附、彰考館蔵『上宮聖徳太子傳補闕記』翻印」〈前掲『聖徳太子伝の研究』〉一二四〜一二五頁）。但し、そこでは僧の正体について言及されない。
(51) 念禅法師は、実際に衡山を拠点とした南北朝時代末の慧思（五一五〜五七七）がモデルであるかもしれないし、或いは慧思の別称として「念禅法師」が用いられたのかもしれない。慧思と聖徳太子の在世期間は若干重複するにも関わらず、所謂「聖徳太子慧思禅師後身説」が『伝暦』の成立以前から唱えられてきた。飯田氏・川岸宏教氏共に、唐僧の思託が渡日後に著した『上宮皇太子菩薩伝』を、「聖徳太子伝」現存文献における同説の初出と見なし、飯田氏は、その成書を奈良時代末の延暦七年（七八八）、或いは同五年（七八六）〜十三年（七九四）の間と推定する。「『上宮皇太子菩薩伝』について」（前掲『聖徳太子伝の研究』）九二〜九六頁、「聖徳太子慧思禅師後身説の成立について」（同）三〇二〜三〇五頁、川岸宏教「恵思後身と南岳取経――『上宮皇太子菩薩伝』をめぐって――」（前掲『国文学 解釈と鑑賞』五十四巻十号特集）四二〜四三頁。

参考文献

【一次資料】

橘　成季『古今著聞集』（永積安明・島田勇雄校注『古今著聞集』、岩波書店「日本古典文学大系」、一九六五、及び西尾光一・小林保治校注『古今著聞集』上・下、新潮社「新潮日本古典集成」、一九八三～一九八六）

＊　＊　＊

『続日本紀』（黒板勝美・国史大系編修会編『続日本紀』、吉川弘文館「新訂増補 国史大系」、一九六六）
『日本紀略』（黒板勝美・国史大系編修会編『日本後紀 前篇』『日本後紀 後篇・百錬抄』、吉川弘文館「新訂増補 国史大系」、一九六五）
『百錬抄』（黒板勝美・国史大系編修会編前掲『日本後紀 後篇・百錬抄』）
『養老律令』（黒板勝美・国史大系編修会編『律・令義解』、吉川弘文館「新訂増補 国史大系」、一九六六、及び黒板勝美・国史大系編修会編『令集解』前篇・後篇、吉川弘文館「新訂増補 国史大系」、一九六六）
『延喜式』（黒板勝美・国史大系編修会編『交替式・弘仁式・延喜式』、吉川弘文館「新訂増補 国史大系」、一九六五）
『類聚三代格』（黒板勝美・国史大系編修会編『類聚三代格・弘仁格抄』、吉川弘文館「新訂増補 国史大系」、一九六五）
思　託『上宮皇太子菩薩伝』（宗性編『日本高僧伝要文抄』所収、黒板勝美・国史大系編修会編『日本高僧伝要文抄・元亨釈書』、吉川弘文館「新訂増補 国史大系」、一九六五）
『上宮聖徳太子伝補闕記』（飯田瑞穂「『上宮聖徳太子傳補闕記』について――特に本文校訂に関連して――附、彰考館蔵『上宮聖徳太子傳補闕記』翻印」に翻刻、『聖徳太子伝の研究〈飯田瑞穂著作集一〉』、吉川弘文館、二〇〇〇）
『聖徳太子伝暦』（東大寺図書館蔵文明十六年〈一四八四〉写本、日中文化交流史研究会編『東大寺図書館蔵文明十六年書写『聖徳太子伝暦』影印と研究』に影印・翻刻、桜楓社、一九八五）
藤原頼長『台記』（増補「史料大成」刊行会編『台記』、臨川書店「増補史料大成」、一九六五）
藤井懶斎『閑際筆記』（日本随筆大成編輯部編『日本随筆大成』巻九、吉川弘文館、一九二七）

＊　＊　＊

『礼記』『春秋左氏伝』『春秋公羊伝』『春秋穀梁伝』（以上、『重栞宋本十三経注疏附挍勘記』清朝嘉慶二十年〈一八一五〉南昌府

学刊本、藝文印書館〈台北〉影印、一九五五）
唐 太宗『帝範』（『武英殿聚珍版全書』清朝光緒二十五年〈一八九九〉広雅書局刊本）
杜 佑『通典』（王文錦ほか点校『通典 点校本』、中華書局〈北京〉、一九八八）

【二次資料】

阿部隆一「室町以前成立聖徳太子伝記類書誌」（聖徳太子研究会編『聖徳太子論集』、平楽寺書店、一九七一）
飯田瑞穂「伝記のなかの聖徳太子」「『上宮皇太子菩薩伝』について」「『上宮聖徳太子傳補闕記』について——特に本文校訂に関連して——附、彰考館蔵『上宮聖徳太子傳補闕記』翻印」「聖徳太子慧思禅師後身説の成立について」（以上、前掲『聖徳太子伝の研究』）
川岸宏教「恵思後身と南岳取経——『上宮皇太子菩薩伝』をめぐって——」（『国文学 解釈と鑑賞』五十四巻十号、特集「聖徳太子伝の変奏」至文堂、一九八九）
蔵中 進「解説」（日中文化交流史研究会編前掲『東大寺図書館蔵文明十六年書写『聖徳太子伝暦』影印と研究』）、「中世太子伝変奏の序曲——『太子伝古今目録抄』——」（前掲『国文学 解釈と鑑賞』五十四巻十号特集）
坂本太郎「日本書紀と聖徳太子の伝記」（坂本太郎著作集編集委員会編『古事記と日本書紀（坂本太郎著作集第二巻）』、吉川弘文館、一九八八）
高橋庸一郎「聖徳太子宗の経典——『聖徳太子伝暦』について——」（前掲『国文学 解釈と鑑賞』五十四巻十号特集）
戸川 点「釈奠における三牲」（虎尾俊哉編『律令国家の政務と儀礼』、吉川弘文館、一九九五）、「釈奠と穢小考」（服藤早苗ほか編『ケガレの文化史——物語・ジェンダー・儀礼』、森話社「叢書・文化学の越境」、二〇〇五）
所 功「日本における釈奠祭儀の特色」（『京都産業大学論集』二十七巻四号、京都産業大学、一九九七）
中野昌代「釈奠三牲奉供をめぐって」（『史窓』五十三号、京都女子大学史学会、一九九六）
永積安明「解説」（永積安明・島田勇雄校注前掲『古今著聞集』）

西尾光一　「解説」（西尾光一・小林保治校注前掲『古今著聞集』上）、「解説」（西尾光一・小林保治校注前掲『古今著聞集』下）
根本誠二　「「行事奇異」の太子――「上宮聖徳太子伝補闕記」にみる太子像――」（前掲『国文学　解釈と鑑賞』五十四巻十号特集）
橋本義彦　『藤原頼長』（吉川弘文館「人物叢書　新装版」、一九九四〈原著一九六四〉）
久木幸男　『大学寮と古代儒教――日本古代教育史研究』（サイマル出版会、一九六八）
尾留川方孝　「穢れと供物の相対性――釈奠と神祇祭祀の差異から論じる成文化当初の穢れ観念――」（『人文研紀要』第七十七号、中央大学人文科学研究所、二〇一三）
本郷恵子　『古今著聞集』（山川出版社「物語の舞台を歩く」、二〇一〇）
前田雅之　「説話文学にみる聖徳太子伝」（前掲『国文学　解釈と鑑賞』五十四巻十号特集）
翠川文子　「釈奠（一）――前期釈奠年表――」「釈奠（二）――孔子像――」「釈奠（三）――釈奠図――」「釈奠（四）～（七）――太政官庁釈奠復元（1）～（4）――」（『川村短期大学研究紀要』十～十八号、川村短期大学、一九九〇～一九九八）
弥永貞三　「古代の釈奠について」（坂本太郎博士古稀記念会編『続日本古代史論集』下巻、吉川弘文館、一九七二）

天皇の譲位と院政――鎌倉時代を中心に――

近藤成一

はじめに

一八八九年二月十一日に大日本帝国憲法と同格の法典として裁定された旧皇室典範には、第十条において「天皇崩スルトキハ皇嗣即チ践祚シ祖宗ノ神器ヲ承ク」と定められていたが、枢密院議長伊藤博文の著として刊行された『帝国憲法・皇室典範／義解』[1]には、本条の解説の末尾に「本条ニ践祚ヲ以テ先帝崩御ノ後ニ即チ行ハル、者ト定メタルハ上代ノ恒典ニ因リ中古以来譲位ノ慣例ヲ改ムル者ナリ」と記されている。つまり旧皇室典範第十条は皇位継承の原因を前天皇の崩御に限り、譲位を認めない趣旨であると解釈されていた。[2]

旧皇室典範は日本国憲法の施行を前に廃止され、かわって日本国憲法に基づく法律として新皇室典範が日本国憲法とともに施行された。新皇室典範には第四条において「天皇が崩じたときは、皇嗣が、直ちに即位する」と定められているが、本条が旧皇室典範第十条を引き継いだものであることはいうまでもない。つまり旧皇室典範における譲位を認めない趣旨は新皇室典範に引き継がれたとみなすべきであろう。

旧皇室典範にはまた、第十二条において「践祚ノ後元号ヲ建テ一世ノ間ニ再ヒ改メサルコト明治元年ノ定制ニ従フ」と定められていた。「明治元年ノ定制」については、『帝国憲法・皇室典範／義解』に「明治元年九月八日ノ布告ニ云、今般御即位御大礼被為済、先例之通、被為改年号候、就テハ是迄吉凶之象兆ニ随ヒ、屢々改号有之候へ共、自今御一代一号ニ被定候、依之、改慶応四年、可為明治元年旨、被仰出候事ト、此レ本条ノ依ル所ノ令典ナリ」と解説されている。つまり、元号を天皇一代に一つとする一世一元の制は一八六八年の明治改元の際に定められたが、一八八九年に裁定された旧皇室典範において確認されたということになる。

終身皇位・一世一元の制は中国の制度にならったものである。中国では皇帝が生前に退位するのは例外的なことであったし、また明代以降は一世一元の制が行われた。そのことは日本においても知られていたはずであるが、日本における一世一元の制の確立は中国よりも五百年遅れた。明治維新により強力な天皇権力の樹立がはかられるに至って一世一元の制が定められたのであるから、それ以前、皇位と元号が一対一に対応するものではなかったことは、天皇が必ずしも強力な権力ではなかった状況に対応している。皇位を終身のものとする観念もまた、強力な天皇権力の樹

169　天皇の譲位と院政

	天皇	誕　生	登　位	譲　位	崩　御
1	後鳥羽	治承 4 (1180).7.14	寿永 2 (1183).8.20(3)	建久 9 (1198).正.11(17)	延応元(1239).2.22(58)
2	土御門	建久 6 (1195).12.2	建久 9 (1198).正.11(2)	承元 4 (1210).11.25(14)	寛喜 3 (1231).10.6(35)
3	順徳	建久 8 (1197).9.10	承元 4 (1210).11.25(13)	承久 3 (1221).4.20(23)	仁治 3 (1242).9.12(45)
4	仲恭	建保 6 (1218).10.10	承久 3 (1221).4.20(2)	承久 3 (1221).7.9(2)	天福 2 (1234).5.20(16)
5	後堀河	建暦 2 (1212).2.18	承久 3 (1221).7.9(9)	貞永元(1232).10.4(20)	天福 2 (1234).8.6(22)
6	四条	寛喜 3 (1231).2.12	貞永元(1232).10.4(1)		仁治 3 (1242).正.9(10)
7	後嵯峨	承久 2 (1220).2.26	仁治 3 (1242).正.20(21)	寛元 4 (1246).正.29(25)	文永 9 (1272).2.17(51)
8	後深草	寛元元(1243).6.10	寛元 4 (1246).正.29(2)	正元元(1259).11.26(16)	嘉元 2 (1304).7.16(61)
9	亀山	建長元(1249).5.27	正元元(1259).11.26(10)	文永11(1274).1.26(24)	嘉元 3 (1305).9.15(56)
10	後宇多	文永 4 (1267).12.1	文永11(1274).1.26(6)	弘安10(1287).10.21(19)	元亨 4 (1324).6.25(56)
11	伏見	文永 2 (1265).4.23	弘安10(1287).10.21(22)	永仁 6 (1298).7.22(33)	文保元(1317).9.3(52)
12	後伏見	弘安11(1288).3.3	永仁 6 (1298).7.22(10)	正安 3 (1301).正.21(12)	建武 3 (1336).4.6(48)
13	後二条	弘安 8 (1285).2.2	正安 3 (1301).正.21(15)		徳治 3 (1308).8.25(23)
14	花園	永仁 5 (1297).7.25	徳治 3 (1308).8.26(11)	文保 2 (1318).2.26(20)	貞和 4 (1348).11.11(51)
15	後醍醐	正応元(1288).11.2	文保2(1318).2.26(29)	元弘元(1331).10.6(40)	延元 4 (1339).8.16(50)
16	光厳	正和 2 (1313).7.9	元弘元(1331).9.20(18)	正慶 2 (1333).5.25(19)	貞治 3 (1364).7.7(50)

表　鎌倉時代の天皇　年月日の後の（　）内に満年齢を記す。

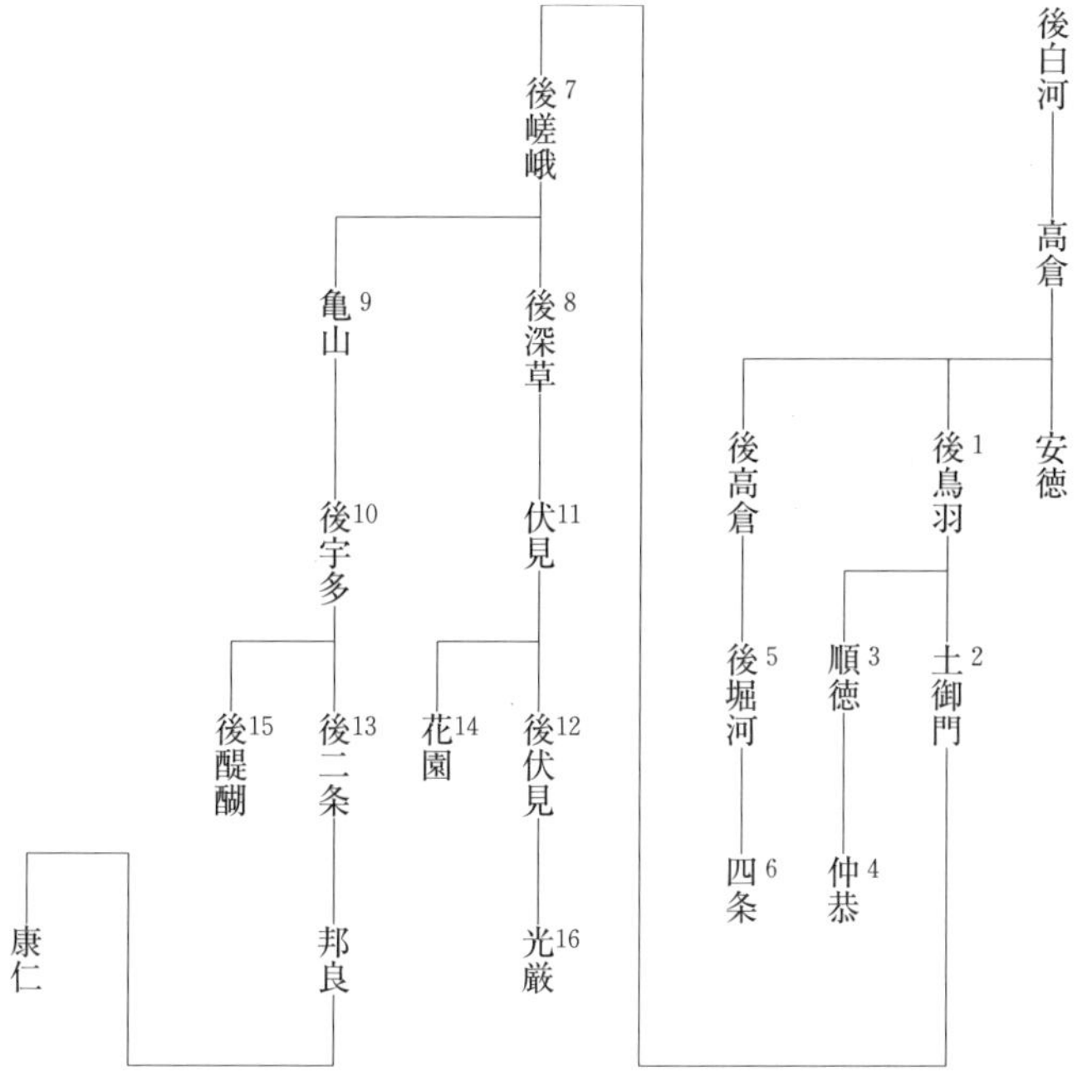

図1　鎌倉時代の天皇系図

立をはかる観念に対応するものであろう。明治天皇の三代前の光格天皇までは、生前に譲位を行い、しかも譲位後に院政を行うのが慣例であった。日本においてはなぜ譲位の慣行がそれほど根強く続いたのか。天皇の譲位がどのような政治状況のもとで行われ、また逆に、天皇の譲位がどのような政治状況を作り出したのかについて、鎌倉時代を中心に考えてみたい。

一　鎌倉時代における天皇の譲位概観

鎌倉時代には十五人の天皇が在位したが、そのうち終身在位したのは二人だけで、残りの十三人は生前に譲位している。終身在位したのは四条天皇と後二条天皇であるが、この二人の死没年齢は満十歳と満二十三歳であり、十五人の天皇の死没年齢の平均の満四十六歳よりもかなり若い。意図して終身在位したというよりも、若くして亡くなったために譲位に間に合わなかったと解すべきであろう。(3)

十五人の天皇が皇位についた年齢の平均は満十一歳、皇位を退いた年齢の平均は満二十歳である。従って、天皇は若いというよりも幼いのが常態で、しかも皇位を退いてから平均して二十六年生きている。さらに皇位を退いた者が上皇として院政を行うのがこれまた常態であった。院政を行うべき上皇が存在しなければ、やむなく天皇の親政のかたちがとられるが、その場合も天皇に皇嗣が生まれれば、すみやかに譲位を行って院政に移行した。鎌倉時代百五十年間の間に院政が行われた期間を合算すると百年間に達する。

以下、鎌倉時代における天皇の譲位が、皇位継承や政治動向とどのようにかかわりながら行われたのかを検討することにしたい。

二　後鳥羽の皇統と院政

寿永二年（一一八三）七月、安徳天皇が平家とともに没落したために、翌月、後鳥羽天皇が四歳（以下においては年齢は数えで示す）で皇位に登った。後鳥羽は安徳の異母弟で、後鳥羽の母七条院は、かつて安徳の母建礼門院に仕えた女房であった。後鳥羽の登位は後白河法皇の指名による。(4)没落した安徳を京都では「先帝」と称したけれども、安徳自身は退位したわけではなく、平家に支えられて、讃岐の屋島を行在所としたので、寿永四・元暦二年（一一八五）三月に平家が壇ノ浦で滅亡し、安徳も入水するまでの一年半ほどの間は、二人の天皇が並立したことになる。三種の神器は安徳の側にあり、壇ノ浦の戦いの後に鏡と璽は後鳥羽のもとに回収されたが、剣は壇ノ浦の水底に沈み、永遠に喪われた。(5)

後鳥羽天皇は文治六年（一一九〇）正月に元服。間もなく、摂政九条兼実の娘任子が入内し、中宮に立てられた。後鳥羽十一歳、任子十八歳である。後鳥羽の元服に伴い、兼実の摂政は関白に改められた。

中宮九条任子の懐妊は建久六年（一一九五）のはじめには明らかになり、皇嗣を産めば、中宮の父関白兼実の地位を磐石にするものと期待されたが、同年八月十三日に任子が出産したのは皇女であった。その一方で、同年十二月二日に権大納言源通親の養女在子が後鳥羽の皇子を出産した。この年、後鳥羽は十六歳、任子は二十三歳、在子は二十五歳である。

在子の母高倉範子は後鳥羽の乳母であり、在子は範子と法勝寺執行能円との間に生まれた。能円は平時子・時忠の異父弟にあたり、寿永二年の平家没落に同行し、壇ノ浦の戦いの後には流罪に処された。(6)その間に範子は源通親と再

婚したため、(7)在子は通親の養女として入内していた。(8)

建久九年（一一九八）正月、後鳥羽は在子所生の皇子に譲位した。後鳥羽は十九歳、新帝は四歳、後に土御門天皇と呼ばれることになる。(9)

後鳥羽が皇位についた当初は祖父後白河法皇による院政が行われたが、後白河は建久三年（一一九二）三月に亡くなった。後白河が

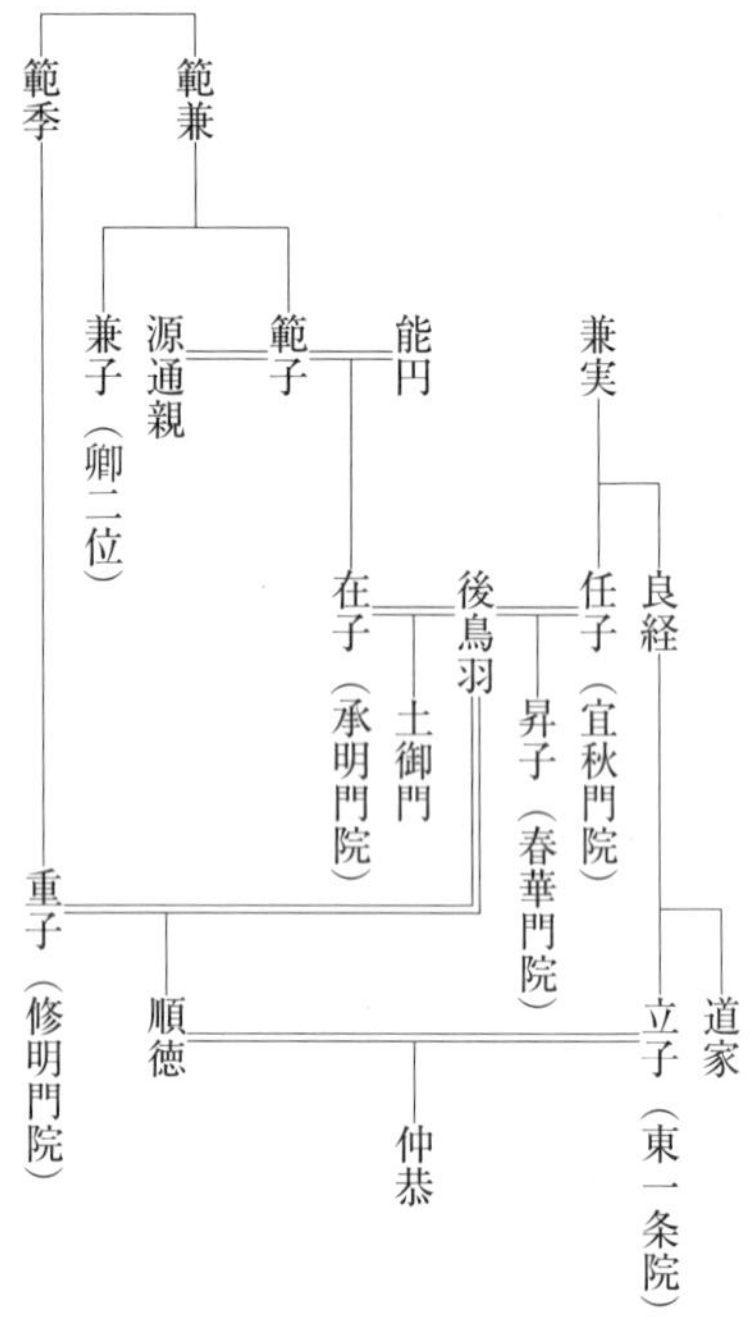

図２　後鳥羽天皇関係系図

亡くなった後は後鳥羽天皇の「親政」の形がとられたが、当時の朝廷を主導したのは、九条兼実や源通親などの権臣たちであった。後鳥羽が土御門に譲位したのは、通親の意向によるところが大きいと思われる。(10)

後鳥羽が朝廷を主導するようになるのは譲位後のことで、正治二年（一二〇〇）四月に、六歳の土御門天皇の皇太弟に後の順徳天皇が立てられたのは、後鳥羽自身の意志に基づくものと思われる。(11)

順徳の母修明門院は土御門の母承明門院（源在子）の母高倉範子の従妹にあたる。修明門院の父高倉範季は後鳥羽を養育し、姪にあたる範子とその妹兼子を後鳥羽の乳母とした。(12)順徳が誕生した建久八年（一一九七）に後鳥羽は十八歳、修明門院は十六歳であった。

承元四年（一二一〇）十一月、十六歳の土御門から十四歳の順徳に対する譲位が行われた。その前年三月に故摂政九条良経の娘立子が東宮の御息所となされていたが、東宮が皇位についたことにより、その翌年正月、立子は中宮に

立てられた。建保六年（一二一八）十月十日に中宮立子の産んだ皇子は一か月後の十一月二十六日に皇太子に立てられ、承久三年（一二二一）四月に順徳から皇位を譲られた。明治に仲恭と諡されることになる天皇である。[13]

仲恭が順徳の皇子として誕生する以前、土御門にも複数の皇子が誕生していたが、いずれも僧籍に入っているのは、[14]皇位を伝えるのは順徳の子孫であって土御門の子孫ではないという後鳥羽の意志によるものと思われる。後鳥羽にとって、土御門に譲位したのは自らの意志によるものではなく、自らの意志の発露として、土御門に替えて順徳を天皇に立てたのであった。

四歳で皇位に登った仲恭天皇は、祖父後鳥羽の望む皇嗣であったのみならず、摂関家出身の中宮を母とするという点でも、宮廷社会の理想とする天皇であった。仲恭が皇位に登ったことにより、国母九条立子の弟九条道家が摂政に就任した。しかし理想の天皇を実現した後鳥羽がさらに鎌倉幕府の執権北条義時を除くことを企て、それに失敗したことにより、理想の天皇は頓挫する。[15]仲恭は在位七十八日にして皇位を廃され、以後「九条廃帝」と呼ばれることになる。[16]

三　後高倉の皇統と院政

仲恭天皇が廃された代わりに皇位に登った後堀河天皇は、後鳥羽の兄後高倉の三男である。ここから後鳥羽の皇統にかわる後高倉の皇統が始まることになる。

後高倉は後鳥羽と父母を同じくし、後鳥羽よりも一年年長であるが、寿永二年（一一八三）に平家が没落した時、兄安徳とともに平家に従ったために、[17]京都では弟の後鳥羽が天皇に立てられた。平家が壇ノ浦で滅亡した後に、後高倉は京都に戻るが、弟の後鳥羽が上皇として権勢を誇るのとは裏腹に、裕福ではあるが中級の貴族持明院基家の庇護を受けてひっそりと暮らす。後高倉の妃は基家娘陳子ただ一人であるが、後高倉よりも六歳年長の陳子は、二十二歳から四十歳までの間に五人の男女を産んだ。そのうち男子が三人いるが、長男は十五歳で、次男は十歳で出家させ[18]、後高倉自身も三男が誕生した翌月に三十四歳で出家している[19]。皇族が出家するのは皇位継承の可能性をなくすことを意味しており、後高倉は弟の後鳥羽の系統のライバルとなることを避けたのである。

後鳥羽が幕府との戦いに敗れ、仲恭が皇位からおろされた時、後高倉の三男もすでに十歳になっていて出家の予定であった[20]が、かろうじて出家する前であった。そこで幕府は、仲恭のかわりに後高倉の三男、すなわち後堀河を皇位につけ、後高倉に院政を行わせることを指示した[21]。当時の朝廷の政治にとっての要点は誰が天皇であるかではなくて誰が院政を行うかである。院政を行う資格は天皇の直系尊属である者に限られる。幕府が後鳥羽を排除して院政を行わせる相手として注目したのが、後鳥羽の兄である後高倉であった。

後高倉を庇護しその岳父となった持明院基家の妻は平頼盛の娘である。頼盛は清盛の弟であるが、頼盛の母が頼朝の命を救った恩人であり、頼盛は寿永二年の平家の没落に同行せず、かえって頼朝から厚遇されるところとなった[22]。その頼盛の娘と基家との間に生まれた娘の一人が後高倉の妃となった陳子であり、もう一人が西園寺公経の母であった。また基家の甥一条能保は頼朝の妹を妻としていた。基家の子息保家と西園寺公経と一条能保が、頼朝の時代に親幕派の公卿として知られていた[23]。このような親幕派の人間関係のなかにいたことが、後高倉が後鳥羽にかわる治天の君に指名される理由となったと思われる。

後高倉は皇位を経験していない。承久以前にすでに出家しているので、これから皇位に登ることもできない。後堀河が天皇になったので、その父として太上天皇の尊号を奉られた[24]が、後高倉が院政を行ったのは前天皇としてではなく、天皇の父としてであった。

親幕派公卿西園寺公経は承久の乱に際して、後鳥羽により拘禁されたが[25]、それゆえにかえって乱後の朝廷の主導権を握るところとなった。その公経の女婿にあたる九条道家は仲恭天皇の叔父として摂政を務めていたので、仲恭の廃位とともに摂政を辞したが[26]、岳父が公経であり、一方で公経の娘掄子との間に儲けた子息の一人頼経が三代将軍実朝の後嗣として鎌倉に下っていたこともあり[27]、やがて復権して関白となり[28]、娘竴子を後堀河の中宮に立てた[29]。竴子が後堀河の皇子を産むと、皇子はただちに皇太子に立てられ、生後十四か月にして後堀河より皇位を譲られた。新帝は四条天皇である。後堀河もまだ二十一歳であった。後高倉は院政二年足らずで亡くなったので、その後は後堀河の親政の形になっていた[30]。皇子の誕生によりただちに譲位して院政を行ったのは、院政こそが恒例であり、親政は臨時のも

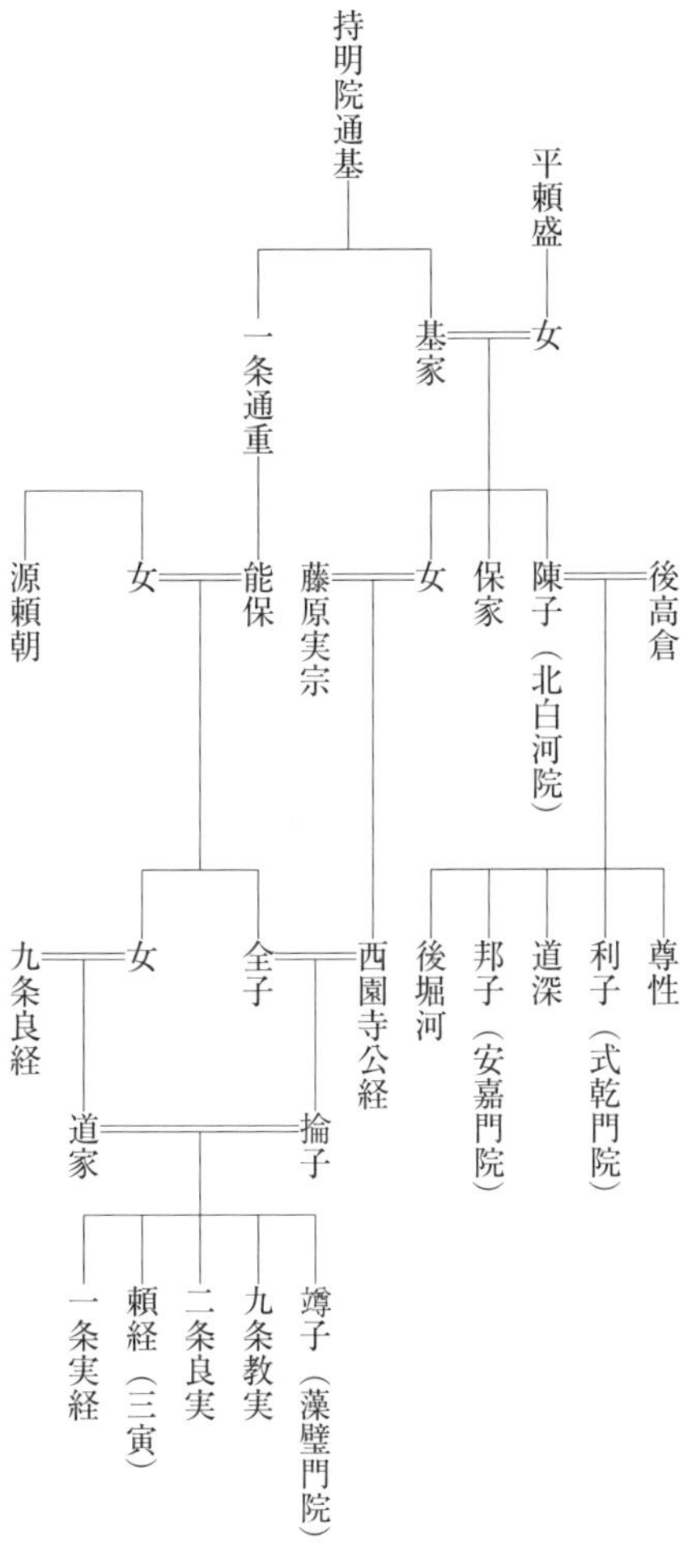

図３　後高倉院関係系図

のであるという考えにもとづくものであろう。臨時の親政はできるだけはやく恒例の院政に切り替えられるべきであった。

四条に譲位することにより親政を院政に切り替えた後堀河であったが、わずか二年余、二十三歳で亡くなった。そのためふたたび四条の「親政」となったが、四歳の四条が政務を決裁することは不可能であり、摂政による執政が行われた(31)。

四条は、十一歳になった仁治二年（一二四一）のはじめに元服し、同年末には九条道家の孫娘彦子が入内した。やがて彦子を中宮に立てる予定であり、彦子が皇子を産めば、最短で皇太子に立て、譲位を行い、四条による院政が行われることが望まれていたのであろうが、四条は彦子を迎えて一か月もたたない間に急死してしまった(32)。

四　後嵯峨の皇統と院政

四条天皇が亡くなったことにより、後高倉の皇統は絶えた。皇位を継ぐ候補に擬せられたのは、故土御門天皇の皇子と順徳上皇の皇子であった。朝廷を主導する九条道家は、順徳の皇子に皇位を継がせることを予定して、幕府に相談したが、幕府は土御門の皇子を指名してきた(33)。隠岐に流された後鳥羽はすでに亡くなっていたが、佐渡に流された順徳はまだ存命していた。順徳の皇子が皇位を継げば、順徳を京に戻して院政を行わせるべきだという意見が出てくる可能性があり、執権泰時の主導する幕府はそれを嫌ったものとも考えられる(34)。

土御門の皇子は承明門院とその異父弟土御門定通の庇護を受け、順徳の皇子は修明門院の庇護を受けていた。土御門の皇子は二十三歳、順徳の皇子は二十一歳であったが、二人ともまだ元服を遂げていなかった。現皇統の直系からはずれる傍系の皇族は、皇位のライバルとして危険視される場合があり、それを避けるために出家して皇位継承の可能性をあえてなくすことがあったが、逆に直系が絶えた場合には、皇位に登る機会があるから、その機会をねらって出家するのをぎりぎりまで遅らせることがある。土御門の皇子も順徳の皇子もそれぞれの庇護者に養育されながら、ぎりぎりまで出家を遅らせていたものであろう(35)。

幕府の指名により皇位に登った土御門の皇子が後嵯峨天皇である。後嵯峨が皇位に登ると、その年のうちに西園寺実氏の娘姞子が中宮に立てられた。この後、西園寺家が九条家にかわって天皇の外戚として繁栄することになる。中宮姞子が翌年皇子を産むと、皇子はただちに皇太子に立てられ、皇子が四歳になったところで、後嵯峨は皇子に譲位した(36)。新帝は後深草天皇である。つまり後嵯峨が皇位にあったのはわずか四年であった。後嵯峨の父土御門はすでに亡くなっており、院政の有資格者は存在しなかったので、後嵯峨が親政を行ったが、皇子の誕生により、臨時の親政を恒例の院政に切り替えることがはかられたのである。後嵯峨はその後五十三歳で亡くなるまで二十六年間にわたって院政をおこなった。

後嵯峨が譲位後に前中宮姞子（大宮院）との間に後深草より六歳年少の皇子をもうけると、皇子は十歳で皇太弟に立てられ、翌年、後深草より譲位された。新帝が亀山天皇である。その後、後深草にも亀山にもそれぞれ皇子が生まれた。後深草の皇子のほうが亀山の皇子よりも年長であったが、亀山の皇子のほうが皇太子に立てられた(37)。それが後嵯峨の生前であったことに鑑みれば、後嵯峨は亀山の子孫に皇位を伝える意志であったものと思われる。後嵯峨が文永九年（一二七二）に亡くなると、後嵯峨の遺志が改めて問題となったが、大宮院の証言により、亀山の子孫に皇位を伝えるのが後嵯峨の遺志であったとされ、後深草上皇の院政は行われず、亀山天皇の親政が行われることになった(38)。

五　皇統の分裂と院政

亀山は二年弱親政を行った後、二十六歳で八歳の皇太子に譲位して院政を開始した。新帝は後宇多天皇である。一方、後深草は皇位を自分の子孫に伝える望みを失っていたが、幕府の助力を得て、皇子伏見を後宇多の皇太子に立てることに成功した(39)。皇太子の伏見が天皇の後宇多よりも二歳年長である。伏見が皇太子に立ったことにより、後宇多の在位中は亀山が院政を行えるが、後宇多が譲位するとともに院政を終わらせざるをえないことになった。後宇多の譲位をめぐる駆け引きが始まり、後宇多は二十一歳で二十三歳の伏見に譲位することを余儀なくされた(40)。

伏見は皇位についた一年後に皇子が誕生するとただちに皇太子に立て、自分の子孫に皇位が伝わる手立てを講じたが、永仁六年（一二九八）に伏見の側近である京極為兼が幕府の処罰を受けると、皇太子に譲位せざるをえなくなった。新帝は後伏見天皇である。後伏見は伏見の皇子であるから、伏見自身は親政を院政に替えただけで、治世は変わらないが、皇太子が皇位についたことで、皇太子の地位が空き、新たな皇太子には後宇多の皇子が立てられた。これにより、将来の皇位は亀山・後宇多の子孫に伝わることになった。このことこそが、伏見に譲位させた真のねらいであった。後伏見天皇が十一歳であったのに対して、皇太子は三歳年長の十四歳であった。

後伏見天皇は在位二年半で皇太子に譲位し、新帝後二条天皇の父後宇多上皇が院政を行うことになった。そしてその半年後、伏見上皇の子で後伏見上皇の弟にあたる皇子が皇太子に立てられた。のちの花園天皇である。後伏見が後二条に譲位したことにより、院政の主も伏見から後宇多に交代したが、将来後二条が花園に譲位すれば、伏見が再び院政の主に返り咲くことが約束されたことになる。おそらくそういう見通しのもと、伏見の皇子を皇太子に立てることを条件として、後伏見の後二条に対する譲位が早期に行われたのであろうと思われる[41]。こうして後深草の子孫と亀山の子孫の両方が交互に皇位につくという諒解が成立した。おそらくその諒解のうちに、皇位・院政を約十年で交代するという諒解も含まれたものと思われる[42]。

このころ、かつて後高倉皇統の拠点御所であった持明院殿を伏見上皇が継承し、拠点御所に用いるようになった[43]。後深草・伏見の子孫を持明院統と呼ぶようになるのは、この御所にちなむ。一方、亀山・後宇多の子孫を大覚寺統と呼ぶようになるのは、後宇多上皇が出家後、大覚寺を居所とするようになったことにちなむ[44]。

後二条は在位七年にして二十四歳で亡くなり、花園が十二歳で皇位についた。皇太子には後宇多上皇の子で後二条天皇の弟にあたる皇子が立てられた。後の後醍醐天皇である。皇太子は二十一歳で天皇よりも九歳年長であった。そして花園の在位が十年目となった文保二年（一三一八）、二十二歳の花園は三十一歳の後醍醐に譲位した。

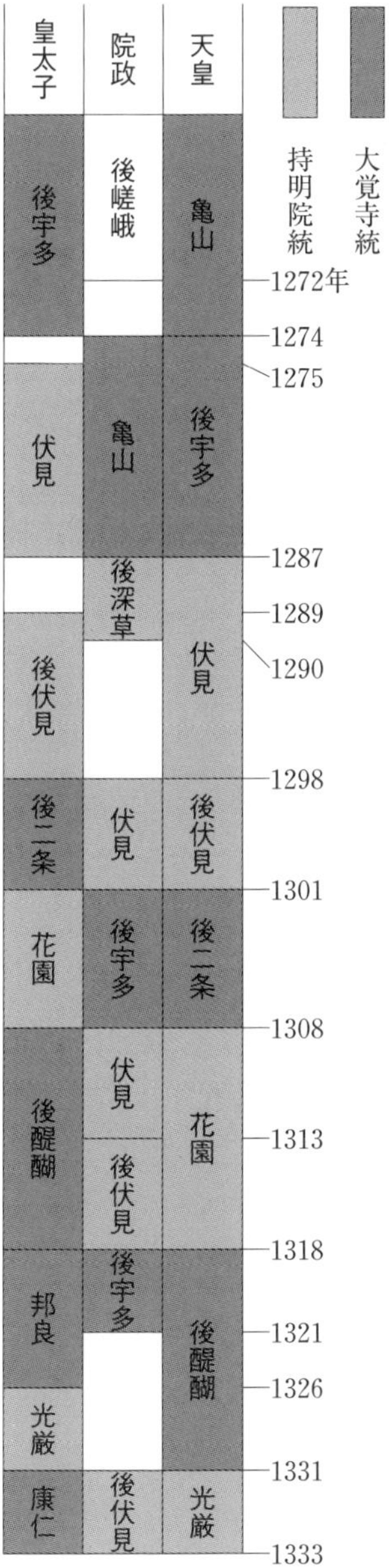

図4　皇統の分裂

皇太子も、後に天皇になった者については、便宜上天皇の諡号で記した。

六　後醍醐天皇

持明院統のほうでは、花園を後伏見の猶子とし、花園の後には後伏見の皇子に皇位を継がせることにより、皇位の一系を維持しようとした(45)。それに対して、大覚寺統のほうはさらに分裂する傾向を見せた。

乾元二年（一三〇三）に五十五歳の亀山法皇に皇子恒明が誕生すると、亀山は恒明に皇位を継がせることを望み、嘉元三年（一三〇五）に亡くなる前に、後宇多上皇に対し、恒明を皇嗣とすることを遺命した(46)。しかし後宇多は後二条の皇子邦良に皇位を継がせることを望み、大覚寺統は邦良派と恒明派に分裂した(47)。徳治三年（一三〇八）に後二条天皇が亡くなり、持明院統の花園が皇位についたことにより、新たな皇太子を大覚寺統が立てる機会が訪れたが、邦良派と恒明派の対立のために、第三者として後醍醐が皇太子に立てられることになったのである。

後醍醐が皇位に登ったことにより空いた皇太子の地位には、持明院統の後伏見上皇の皇子がすでに六歳になっていたにもかかわらず、後醍醐と同じ大覚寺統から十九歳の邦良が立てられた。五十二歳になっていた後宇多が、邦良に皇位が伝わる保証を立太子という形で強く望んだこと、花園の譲位直前に伏見法皇の側近京極為兼が幕府に罰せられる事件が起こり、持明院統の立場が悪かったことにより、かつて後二条天皇の急死により大覚寺統の治世が十年に満たなかったことを理由として、大覚寺統の天皇の皇太子に大覚寺統の皇子が立てられたのであった(48)。

嘉暦元年（一三二六）に皇太子邦良が二十七歳で亡くなると、持明院統から後伏見上皇の皇子が十四歳で皇太子に立てられた。後の光厳天皇である。二年前に後宇多法皇が亡くなっており、また同年に正中の変が勃発していたことが、持明院統からの皇太子擁立を可能にした。元弘元年（一三三一）、後醍醐は倒幕を掲げて笠置山に籠城したが、後醍醐は捕らわれの身となり、皇太子が皇位についた。持明院統の光厳が皇位についた後に空いた皇太子の地位には大覚寺統から邦良の子康仁が立てられ、両統迭立の原則が守られた。

幕府との戦いに敗れた後醍醐は隠岐に配流の身となったが、正慶二年（一三三三）に入って反幕府勢力の蜂起がつづくなか、配所を脱出して伯耆の船上山に拠り、幕府が滅亡した後、京に戻った。その過程で、後醍醐の在位、元弘年号の継続を宣言し、康仁の皇太子を廃した。

おわりに

鎌倉時代の朝廷においては院政が行われるのが恒例で、親政は臨時に、つまり院政を行うことができない例外的な状況において行われるものであった。

院政を行うことができないというのは、院政を行うべき上皇が存在しない場合である。もちろん天皇が譲位すれば上皇となって院政を行うことができるのであるが、譲位する相手となる皇子がいなければそれができない。在位の天皇を中心に考えて、その天皇の直系尊属にあたる上皇が存在せず、また天皇がただちに譲位できるような直系卑属の皇子も存在しないような場合に、やむなく親政が行われた。したがって天皇に皇子が誕生すれば、なるべく早く譲位して院政に移行した。鎌倉時代に親政を行った天皇は、後鳥羽・後堀河・四条・後嵯峨・亀山・伏見・後醍醐の七人であるが、後嵯峨までの四人の親政は上皇の不在を原因としており、自身の皇子の誕生によりすみやかに譲位を行い、院政に移行した。

親政が行われる場合の天皇は概して年若く、時には若いというよりも幼くて統治能力を持たない場合もあった。そのような場合も含めて一応「親政」と言っているけれども、それは院政ではないことを意味するに過ぎず、天皇が現実に統治権を行使しているとは限らない。

院政は白河上皇に始まると通常考えられているが、上皇による政務関与が顕著になるのは、堀河天皇の在位中ではなく、嘉承二年（一一〇七）に堀河天皇が亡くなって鳥羽天皇が満四歳で皇位についた頃からである。大治四年（一一二九）に白河法皇が亡くなった時には、鳥羽天皇は崇徳天皇に譲位した後であったので、院政は白河法皇から鳥羽上皇に引き継がれた。保元元年（一一五六）に鳥羽法皇が亡くなった後は、保元の乱を経て後白河天皇の親政が行われ、後白河天皇が保元三年に二条天皇に譲位した後は、後白河上皇による院政を支持する者と二条天皇による親政を支持する者に朝廷が分裂した。後白河上皇による院政が本格的に行われるのは、二条天皇が六条天皇に譲位して亡くなった後、その六条天皇に替えて後白河が平清盛の妻の妹にあたる平滋子（建春門院）との間に儲けた高倉天皇を皇位につけた頃からである。

後白河法皇（嘉応元年〈一一六九〉出家）による院政は、高倉天皇とその母建春門院を間において、平清盛と連携して行われたが、やがて後白河と清盛が対立すると、治承三年（一一七九）十一月に清盛は後白河を幽閉し、翌年二月高倉天皇は安徳天皇に譲位して院政を開始した。高倉上皇による院政は後白河法皇により院政が再開されることをとどめるためのものであった。この頃から朝廷においては院政が行われるのが恒例であるという観念が成熟してくる。治承五年に高倉上皇と平清盛が相次いで亡くなり、後白河法皇が院政を再開し、その後白河院政のもとで後鳥羽天皇が皇位について鎌倉時代が始まることになる。(49)

院政は、天皇が終身在位せず譲位を行うことが前提であるが、天皇が譲位を行うのは必ずしも院政を行うことを第一の目的とするものではない。天皇が譲位を行う第一の目的は、皇位を自分の直系の子孫に伝えるためである。子・

孫・曾孫と自分の直系子孫に皇位が伝わることを見届けるために、自分が譲位するのみならず、子や孫にも長くは在位させず早期に譲位させる。それを確実ならしめるために朝廷における実権を確保する。皇位を直系の子孫に長く伝えたいという天皇の意志の結果が院政にほかならない。

皇位を直系の子孫に長く伝えたいという意志は代々の天皇に共通するが、父なる天皇の意志と子たる天皇の意志は時に衝突する。というのは、父なる天皇は、直系の断絶を恐れて、複数の子に皇位を並行して伝える。どの子の子孫に皇位が伝わっても自分の直系の子孫であることには変わりがない。ところが、子たる天皇の側からすると、自分の兄弟の子孫に皇位が伝わってしまうと、それは自分の直系の子孫ではないことになる。だから子たる天皇は父なる天皇が作成した複線の皇位継承計画を修正することになる。父なる天皇は子たる天皇による計画修正を許さないために、終生権力を手放すまいとするし、子たる天皇は、父なる天皇が亡くなったのちに、あるいは父なる天皇と対立して、父なる天皇が作成した計画を覆して自分のための計画を作成することになる。白河上皇による院政の始まりそれ自体が父後三条天皇による皇位継承計画を変更することに始まったものであった(50)。父なる天皇と子たる天皇の意志の不一致はいわゆる院政期から鎌倉時代を通じての皇位継承をめぐる紛争を規定することになる。

後嵯峨天皇の二人の子、後深草天皇と亀山天皇の兄弟から皇統が分裂したことは、皇位継承に関する新たな論理を産み出した。鎌倉後期の皇統の分裂期、複数の上皇が並立するのが常態となり、最大で五人の上皇が並び立つが、院政を行うのは在位の天皇の直系尊属にあたる上皇に限られる。両統迭立の状況においては、天皇と皇太子とは直系の親子ではないのが通例となるから、天皇が皇太子に譲位することにより新たに院政を開くのは、譲位した当の天皇ではなく、受禅した天皇の直系尊属にあたる上皇である。譲位により皇太子が天皇になると、空いた皇太子の地位をめぐって皇統各派が競争する。皇太子の座を制した派が次の皇位と治天の座を制することになるのである。皇太子の座をめぐる競争のために譲位が行われることもあった。

註

（1）枢密院議長伊藤伯著『帝国憲法・皇室典範／義解』国家学会、一八八九年六月。伊藤博文著・宮沢俊義校注『憲法義解』岩波文庫、一九四〇年四月。

（2）一八八七年二月の井上毅の「皇室典範・同説明案」は第十三条において譲位を例外的に認め、同年三月十四日の柳原前光の「皇室典範再稿」は第十二条としてこれを踏襲したが、同月二十日、伊藤博文が高輪別邸に柳原・井上・伊東巳代治を召集した討議において、伊藤は柳原再稿第十二条の削除を決した。小林宏・島善高編『日本立法資料全集16　皇室典範（上）』（信山社出版、一九九六年四月）所収資料41・43・45。奥平康弘『「萬世一系」の研究（下）』（岩波現代文庫、二〇一七年三月、初出岩波書店、二〇〇五年）等参照。

（3）年齢表記について。満年齢を示す場合には「満」を冠した。「満」を冠さない場合の年齢は数えである。天皇の若さ・幼さを強調するためには満年齢のほうが適当であるが、天皇以外の人物については誕生日が判明しない場合があるので、やむなく数え年齢と併用した。

（4）後鳥羽登位の事情については龍粛「寿永の践祚」（同『鎌倉時代　下〔京都〕――貴族政治の動向と公武の交渉』春秋社、一九五七年十二月）参照。践祚の儀は寿永二年（一一八三）八月二十日、即位の儀は元暦元年（一一八四）七月二十八日に、いずれも神器無しで行われた。大嘗会は神器のうち鏡・璽が帰還した後の文治元年（一一八五）十一月十八日に行われた。

（5）壇ノ浦合戦後、宝剣の捜索は断続的に行われ、建暦二年（一二一二）には後鳥羽上皇が藤原秀能を捜索のために派遣したことが知られる（『大日本史料』第四編之十一、同年五月是月条、七七三〜七七四頁）が、ついに発見されることはなかった。建久元年（一一九〇）に後鳥羽天皇が元服した際には、昼御座の御剣を宝剣の代わりに用いた（『大日本史料』第四編之二、九四五・九五七頁）が、承元四年（一二一〇）に順徳天皇が登位するに際して、かつて伊勢神宮より後白河法皇に献じられ、蓮華王院に納められていた御剣を宝剣の代わりに用いることとされ（『大日本史料』第四編之十、同年十二月五日の第二条、九〇二～九〇五頁）、以後この剣が宝剣として用いられるようになった。『山口県史 通史編 中世』（山口県、二〇一二年十月）第一編第二章第二節「宝剣の捜索」参照。

（6）平時子・時忠の父時信と母（令子内親王家の半物）とは時子・時忠を儲けた後に離別し、時信は藤原顕頼の娘との間に滋子（建春門院）を儲け、時子・時忠の母は藤原顕憲との間に能円を儲けた。能円は元暦二年（一一八五）五月二十日、時忠の能登配流と同時に備中配流を宣下され（『玉葉』翌日条）、文治五年（一一八九）閏四月十五日の宣旨により召し還された（『吾妻鏡』同年五月十七日条）が、正治元年八月二十四日頃、六十歳で寂した（『大日本史料』第四編之六、同日の第二条、二四九～二五一頁）。

（7）範子は通親との間に通光・定通・通方の三子を儲けているが、通光の生年が文治三年（一一八七）と推定される（『大日本史料』第五編之二十五、宝治二年正月十七日の第三条に通光の伝記史料を収録）ので、その前年までに範子と通親との婚姻は成立していたと思われる。

（8）『百練抄』が正治元年（一一九九）十二月十三日に在子に准后の宣下があったことを記すのに「従三位源在子」とするほか、諸書は在子の本姓を源氏とする。『五代帝王物語』は「承明門院は能円法印か女なれは、法師の女の国母なること、先例もなけれは、大納言の女の儀にて、院号よりさきに、先准后の宣下ありし時も、源氏の人々職事に補して振舞あはれけり」と記している。

（9）土御門天皇は寛喜三年（一二三一）十月十一日に崩じたが、追号を奉られたのは十一年後の仁治三年（一二四二）七月八日であり（「紹運要略」）、同年に皇子にあたる後嵯峨が登位したことによると思われる。ただし「承久三年四年日次記」は承久三年（一二二一）の記事に「土御門院」と記し（ちなみに後鳥羽は「一院」、順徳は「新院」と記す）、後世の編纂物であるが『吾妻鏡』『百練抄』にもこの用例がある。承久の乱当時において「土御門院」の呼称が用いられていたとすれば、それは居所によるものであろう。土御門殿は源通親の殿第であり、通親の猶子となった承明門院の御所に用いられ、土御門の皇子にあたる後嵯峨もこの殿第で養育された。

（10）九条兼実は、通親が外祖の威を振るうために、土御門の弟二人を排除して土御門を強力に推した事情を日記『玉葉』に記している（建久九年正月十一日条）。土御門は実の外祖父が僧侶であることを難とされたが、通親は二・三歳の践祚は不吉であるとして、土御門の弟二人を排除した。この時皇位から排除された二歳の弟が後の順徳天皇である。なお二・三歳の践祚が不吉であるというのは、安徳天皇が三歳で皇位に登った例を指すと思われる。

(11) 後の順徳天皇を「皇太弟」とするのは『大日本史料』第四編之六、正治二年四月十五日第二条の綱文による。同条の按文には「皇太弟ハ、百練抄、皇帝紀抄、東宮坊官補任等、皇太子ニ作ルモ、今、皇代記、歴代編年集成、皇年代略記等ニ拠リテ掲書ス」と記すが、同条は『百練抄』、『皇帝紀抄』、『東宮坊官補任』を引用するのに対して『皇代記』、『歴代編年集成』（『帝王編年記』）、『皇年代略記』を引用していない。順徳立太子の当時において皇太子と皇太弟とは必ずしも明確に区別されていなかったかもしれない。同時代史料である「猪隈関白記」には「立坊」「東宮」等と記され、皇太子と皇太弟の区別がつけられていない。『愚管抄』は順徳の立坊は後鳥羽の意向を察して通親が進めたと記している。建仁二年（一二〇二）に通親が死去した後、後鳥羽の意志はより強く政治に作用するようになった。

(12) 兼子は卿二位の名で知られる。後鳥羽の側近にあって院政を支え、藤原宗頼・大炊御門頼実などの後鳥羽の近臣を夫とした。

(13) 『公文録』神祇官之部／庚午七月・『太政官日誌』明治三年／第二十八号、七月二十四日戊子（ともに帝国学士院編『帝室制度史』第六巻（一九四五年三月初版）七〇五～七一二頁に収む）。大友に弘文、淡路廃帝に淳仁の諡号が贈られるのと同時であった。

(14) 仲恭誕生以前に誕生していた土御門の皇子としては、承元三年（一二〇九）ないし四年生まれの道仁、承元四年生まれの尊守、建保二年（一二一四）生まれの仁助、建保四年生まれの静仁、建保五年生まれの尊助がいる（いずれも誕生年は命日・享年等からの逆算による。このほか道円が一説では承元四年の誕生である。藤井譲治・吉岡眞之監修『天皇皇族実録55　土御門天皇実録　第二巻』〈ゆまに書房、二〇〇八年十月〉等参照）。いずれも法親王の宣下を受け、道仁・仁助・静仁は園城寺長吏、尊助は天台座主に補せられているが、弟にあたる後嵯峨天皇が登位した後の栄誉であると思われる。

(15) 後鳥羽上皇の主宰する朝廷は、承久三年（一二二一）五月十五日に北条義時追討を命じる官宣旨を五畿七道諸国に下すとともに京都守護伊賀光季を討ったが、義時とその姉政子に従った幕府軍は後鳥羽方を破って六月十四日に京に到り、翌日、後鳥羽は幕府に従う旨の院宣を幕府軍に届けた。

（16）後鳥羽・土御門・順徳の三上皇が遠所に移されたのに対し、仲恭天皇は皇位を廃されたものの京にとどまり、母の弟九条道家の九条殿において庇護されることになった。天福二年（一二三四）十七歳で崩じたが、法印性慶の娘との間に義子を儲け、義子はのちに内親王宣下・院号宣下を受け和徳門院と称されることになる。

（17）後高倉と後鳥羽はともに七条院の所生で、能円・範子の夫妻に養育されたが、寿永二年（一一八三）の平家都落ちに当り、後高倉と能円は平家に同道し、後鳥羽と範子は京に残った（『愚管抄』巻五）。

（18）長男尊性は承元二年（一二〇八）十二月十七日に妙法院実全の房に入り、翌三年三月十六日に出家した。『大日本史料』第四編之十、各日の条参照。次男道深は建保四年（一二一六）十二月十六日に仁和寺北院に入り出家した。『大日本史料』第四編之十四、同日の第三条参照。

（19）建暦二年（一二一二）三月二十六日。『大日本史料』第四編之十一、同日の第二条参照。

（20）『五代帝王物語』に「後堀河院は十楽院の贈大僧正仁慶松殿之子弟子に成て、御同宿有けるを、迎まいらせて、承久三年七月九日践祚ありて」と記されている。仁慶は承久三年十二月十八日に後堀河の兄尊性等とともに後堀河の護持僧に補せられている。『大日本史料』第五編之一、同日の条参照。

（21）後堀河天皇が皇位についたのは承久三年（一二二一）七月九日であるが、『吾妻鏡』はその前日の八日の条に後高倉が院政を行うことになったという記事を載せている。

（22）平治の乱に敗れた頼朝の助命のために頼盛の母宗子（池禅尼）が奔走したことは『平治物語』に詳しく記されているが、『吾妻鏡』元暦元年四月六日条・六月一日条には頼朝が池禅尼に恩徳を感じていたことを示す記事が見える。寿永二年の平家の没落に同道しなかった頼盛は、同年冬から翌年夏にかけて鎌倉に滞在し、頼朝の歓待を受けている。

（23）『愚管抄』巻六は、建久元年（一一九〇）上洛中の頼朝が右近衛大将に任ぜられた拝賀の行列に公卿として加わったのが、当時中納言の能保であり、能保が娘婿の中将公経と従弟で猶子の少将保家を具していたことを記している。

(24) 承久三年八月十六日、後高倉に太上天皇の尊号が奉られた。『大日本史料』第五編之一、同日の第一条参照。
(25) 『吾妻鏡』承久三年五月十九日条は、公経の家司三善長衡の飛脚がこの日鎌倉に着き、公経とその子実氏が十四日に弓場殿に召し籠められたことを伝えている。
(26) 七月七日、道家の摂政が止められ、翌日近衛家実が同職に補せられた。
(27) 頼経の鎌倉下着は承久元年（一二一九）七月十九日。『大日本史料』第四編之十五、同年六月三日の条参照。
(28) 安貞二年（一二二八）十二月二十四日、近衛家実の関白を止め、道家が同職に補せられた。
(29) 竴子は寛喜元年（一二二九）十一月十六日に入内し、翌年二月十六日に中宮に立てられた。『大日本史料』第五編之五、各日の条参照。竴子は後堀河の三人目の中宮である。一人目は三条公房の娘有子で、貞応二年（一二二三）二月二十五日に中宮に立てられたが、嘉禄二年（一二二六）三月十五日に退下した。かわって六月十九日に近衛家実の娘長子が入内し、七月二十九日に中宮有子を皇后に移し、長子が中宮に立てられた。しかし寛喜元年四月十八日に中宮長子の院号を定めて鷹司院とし、竴子の入内・立后に備えられたのである。後堀河の中宮の交替は権力者の推移を示すものであった。
(30) 後堀河天皇は承久四年正月三日に元服した（『大日本史料』第五編之一、貞応元年正月三日の条）。天皇が元服すれば摂政は関白に替えられるべきであるが、家実が摂政を辞して関白に補せられたのは、元服から二年近く後の貞応二年（一二二三）十二月十四日である。後高倉が崩じたのは同年五月十四日なので、後堀河親政の最初の半年は摂政が置かれていたことになる。
(31) 天福二年（一二三三）八月に後堀河上皇が崩じて四条天皇の親政となった当初の摂政は九条教実であった。文暦二年（一二三五）三月に教実が薨じたことにより、教実の父道家が摂政に復したが、二年後の嘉禎三年（一二三七）三月、道家は摂政の職を近衛兼経に譲った。兼経の父家実と道家は摂関の地位をめぐって競合する関係にあったが、嘉禎三年正月に道家の娘仁子と兼経との婚姻が成立し、兼経は道家の女婿の立場にあった。教実・兼経が摂政の時期にあっても、「大殿」と呼ばれた道家が実権を掌握した。またこの時期には、院宣・綸旨の替わりに、「摂政殿御気色」「摂政宣」などの奉書文言を有する文書が用いられた。これを「摂政御教書」と呼んでいるが、「摂関家御教書」が摂関の職にある個人の意志を伝えるものであるのとは異なり、摂政として天皇に代わって意志を伝えるものである。富田正弘『中世公家政治文書論』（吉川弘文館、二〇一二年六月）第二部第一章「中世公家政治文書の再検討」一三八～一三九頁（初出『歴史公論』四巻十二号、一九七八年十二月）参照。

（32）四条天皇は仁治三年（一二四二）正月九日に急死した。その事情について、『五代帝王物語』は「近習の人、女房などをたふして、わらはせ給はんとて、弘御所に、滑石の粉を板敷にぬりをかれたりけるに、主上あしくして御顚倒有ける」と記すが、『後中記』同年正月七日条が「主上聊有下令レ踏二違御足一給事上」、『百練抄』同日条が「昨日於二渡殿一、聊御顚倒」と記すのと一致する。『大日本史料』第五編之十四、仁治三年正月九日の第一条参照。

（33）皇嗣を指名する幕府の使節は正月十九日に入洛し、翌日後嵯峨天皇が皇位についた。この間、十二日間の空位が生じたと認識された。『百練抄』仁治三年正月二十日条参照。

（34）文暦二年（一二三五）九条道家は後鳥羽・順徳の還京を計画し幕府に諮ったが、幕府はこれを拒絶した。『明月記』文暦二年四月六日・十六日・五月三日・十四日条。『明月記』五月十四日条は幕府の拒絶について「東方書状、家人等一同申二不レ可レ然之趣一、以二泰時状一申、無二将軍御消息一」と記し、幕府の意向を知らせてきたのが将軍の消息ではなく泰時の状であったことを特記する。将軍頼経は道家の子である。頼経によって了解されることを期待していたところが、泰時によって「家人等一同」の名で拒絶されたことに、京都の廷臣たちは衝撃を受けたものと思われる。龍粛「承久の変の遺響」（註（4）所掲『鎌倉時代　下〔京都〕』収録）参照。

（35）嘉禄元年（一二二五）頃、幕府は皇嗣の候補の不足に備えるために、後高倉・後鳥羽の兄弟に当る惟明親王の王子の出家を止めたが、寛喜元年（一二二九）王子は長髪の姿で鎌倉の鶴岡若宮拝殿に現れ、京に住む所なく、元服の予定も出家の予定もないので、鎌倉に居住することを希望した。幕府は王子を醍醐のあたりに送り、出家させることとした。『明月記』嘉禄元年四月二十六日条・同二年九月十一日条・寛喜元年九月二十四日条。『明月記』は王子が近年、交野宮と呼ばれ、江口・神崎あたりで遊んでいた人物であるとも記している。龍粛「後嵯峨院の素意と関東申次」（注（4）所掲『鎌倉時代　下〔京都〕』収録）二一五～二一七頁参照。王子が長髪なのは肉体的には成人しているにもかかわらず元服もせず、出家もせず、中途半端な状態であることを示す。登位前の後嵯峨も交野宮と同様の境遇にあったと思われる。後嵯峨は皇位につく直前に元服し、邦仁の諱を定められた。

(36) 後嵯峨は皇位につく以前、つまり元服する以前、すでに子を儲けている。円満院に入り園城寺長吏・四天王寺別当を歴任する円助は弘安五年（一二八二）に四十七歳で薨じているので、生年を逆算すると嘉禎二年（一二三六）である。後嵯峨が皇位についた時にはすでに七歳であったことになる。また仁治三年十一月二十二日には平棟子が宗尊を産んでいるが、懐妊は後嵯峨が皇位についた直後であろう。しかし一方で姞子は、同年の六月三日に入内し、八月九日に中宮に立てられ、翌年六月十日に後深草を産んでいるので、宗尊誕生の頃には姞子の懐妊は明らかであったと思われる（姞子の着帯は仁治四年正月二十三日であった）。後嵯峨の皇嗣には中宮所生の皇子の誕生を待ったのであろう。宗尊は建長四年（一二五二）に鎌倉幕府の将軍に迎えられることになる。

(37) 後深草の皇子の母愔子と亀山の皇子の母佶子はともに洞院実雄の娘。後深草の皇子は文永二年（一二六五）四月二十三日、亀山の皇子は文永四年（一二六七）十二月一日の誕生である。亀山の皇子は誕生の翌年の文永五年六月二十五日に親王とされ、八月二十五日に皇太子とされたが、後深草の皇子が親王になるのは、後に皇太子に立てられる（註（39））直前のことで、皇子はすでに十一歳になっていた。

(38) 龍粛「後嵯峨院の素意と関東申次」（註（35）所掲）。

(39) 文永十一年（一二七四）正月二十六日に亀山は後宇多に譲位したが、このことにより皇太子の地位が空いた。翌年十月十八日に幕府の使節が入洛し、伏見を皇太子に立てることを奏請した。後宇多は皇位についた時点で八歳であり、当然のことながら皇子を持たなかったから、亀山としてはできるだけ譲位を遅らせたかったに違いない。しかし院政が常態となり親政が臨時のことと考えられるようになった状況において、すでに皇太子が立てられていて譲位を引き延ばすのには限界がある。亀山は引き延ばせるぎりぎりのところでやむなく譲位を行ったのではないか。しかし案の定、亀山の側で後宇多の皇嗣を用意できないでいる間隙を突いて、後深草の側が伏見を皇太子に立てることを幕府に働きかけて、成功した。

(40) 弘安十年（一二八七）九月二十五日に入洛した幕府の使節佐々木宗綱は将軍惟康を親王とすることを奏請したが、十月四日に惟康が親王とされた後も京に残り、十二日に再び関東申次西園寺実兼を訪問し、譲位を行うべきことを申し入れた。これにより二十一日に譲位が行われたが、伏見がこれまで父後深草とともに用いてきた冷泉富小路殿が新たな内裏となり、後宇多の内裏として用いられてきた二条高倉殿は、そのまま後宇多の譲位後の院御所に用いられた。

(41)　ただし、後二条の皇太子に花園が立てられたことについては、亀山・後宇多の側は不満で、吉田経長を鎌倉に送って、不満を伝えた。それに対して幕府は、後二条が花園に譲位する時期を後二条したがって大覚寺統の意向に任せることを伝えて、懐柔につとめた。にもかかわらず、後二条が在位七年にして崩じたことで、大覚寺統はその意に反して早期に持明院統に皇位をわたすことになった。

(42)　院政・親政を通じた治世の期間を見ると、亀山親政・院政が文永九年（一二七二）から弘安十年（一二八七）までの十五年間、後深草院政と伏見親政・院政が弘安十年から正安三年（一三〇一）までの十四年間である。次の後宇多院政は後二条天皇が在位中に崩じたことにより七年で中断することになった。

(43)　持明院殿は後堀河天皇の皇女室町院と神仙門院が使用していたが、室町院は正安二年（一三〇〇）五月三日に、神仙門院は正安三年十二月十七日に亡くなり、後高倉院の血統を伝える者は絶えた。室町院は持明院殿とともに膨大な荘園群を管領していたが、室町院領の継承をめぐっては後宇多上皇と伏見上皇との間で相論となり、正安四年、幕府の裁定により両者の間で折半されたが、なお相論がくすぶった。伴瀬明美「東寺に伝来した室町院遺領相論関連文書について」『史学雑誌』第一〇八編第三号、一九九九年三月。正安四年四月二十六日、伏見上皇は持明院殿に遷り、後高倉皇統の追善仏事を継承した。

(44)　大覚寺は嵯峨天皇の離宮が後に寺に改められたものであるが、徳治三年（一三〇八）後宇多法皇により再興された。

(45)　花園が後二条の皇太子に立てられた際に、伏見は花園を後伏見の猶子とし、将来後伏見に皇子が生まれた時にはその皇子を花園の猶子とすることを定めた。正安三年四月二十七日伏見上皇消息（國學院大學久我家文書編纂委員会編『久我家文書』第四巻〈國學院大學・続群書類従完成会、一九八七年十一月〉一七二九号、正安三年九月一日伏見上皇消息案（宮内庁書陵部所蔵伏見宮本「伏見院御文類」（伏七五三）三）。

(46)　嘉元三年八月五日亀山法皇消息（帝国学士院編『宸翰英華』（紀元二千六百年奉祝会、一九四四年十二月）第一冊四十三号

（口絵五）、東京都佐々木信綱蔵）。

（47）恒明の母の弟にあたる西園寺公衡は亀山の遺言を遵守して後宇多の勅勘を蒙り、嘉元三年閏十二月から翌年二月までの二か月間、出仕を止められた。

（48）花園から後醍醐に対する譲位をめぐる両統間の交渉は、花園の在位が十年に近づいた文保元年（一三一七）に幕府を仲介として行われた。交渉の焦点は譲位により空く皇太子の地位に誰を立てるかであったと思われる。この交渉は「文保の和談」と呼ばれるが、「和談」の名に反して交渉は不調であった。しかしこの年の九月に伏見法皇が崩じたことにより、翌年大覚寺統に有利な条件で譲位が行われることになった。

（49）鎌倉時代を鎌倉に政権のあった時代と定義するならば、鎌倉幕府の成立をもって鎌倉時代のはじまりとすることになるが、周知のように鎌倉幕府の成立時期については諸説があり、それはまた鎌倉幕府が全国統一政権としてはただちに成立しなかった事情による。しかし鎌倉時代を朝廷と幕府とが並立した時代と考えるのであれば、そのはじまりは朝廷と幕府との関係が成立した時点に求められ、寿永二年（一一八三）十月に後鳥羽を戴く朝廷が頼朝の東国支配権を承認したことが有力な節目となる。逆に鎌倉幕府の成立そのものについては、自律的な権力体としての一応の成立が認められる治承四年（一一八〇）としてよい。つまり鎌倉幕府は治承四年に成立したが、鎌倉時代のはじまりは寿永二年からと考えることになる。

（50）河内祥輔「後三条・白河「院政」の一考察」、石井進編『都と鄙の中世史』（吉川弘文館、一九九二年三月）初出、同『日本中世の朝廷・幕府体制』（吉川弘文館、二〇〇七年六月）収録。

南北朝動乱期の王権と調伏法

――文観著『逆徒退治護摩次第』の秘密修法――

ガエタン・ラポー

はじめに

元亨二年（一三二二）の春[1]、中宮懐妊を目的とした祈禱として、文観房弘真（一二七八〜一三五七）を含む諸寺・諸山の高僧が盛んに秘法を行った。しかし、三年という月日にわたり、いくら精魂つくし修法しても一向に中宮には懐妊の兆しがあらわれない。そこで「後に子細を尋れば、関東調伏の為に、事を中宮の御産に寄て、加様に秘法を修せられけると也[2]」。このように『太平記』に語られているように、後醍醐天皇は四年間にわたって、様々な調伏儀礼の修法を依頼し、関東調伏の儀礼を御産祈禱と見せかけて実行させた[3]。この出来事の詳細は太平記以外の文献で確認できないが、文観がその結果として硫黄島に流されたことが、彼の弟子・宝蓮の記した『瑜伽伝心抄』に記載されており、おおむね事実と見なしてもいい[4]。この一連の調伏儀礼の実施後、『瑜伽伝灯鈔』に見られる文観の伝記によると[5]、文観は後醍醐天皇からの報酬として、金十二両を下賜されたほか東寺長者、醍醐寺座主といった地位に任命されるという出世をとげる。もちろんこのタイミングでの文観の出世が、必ずしも関東調伏を行った功績のみによるものとは断言できないものの、後醍醐天皇にとっての調伏儀礼の重要性を覗うことはできる。しかし、それだけではない。後醍醐天皇は、「聖天供」といわれる「悪人悪行速疾退散」のための調伏法[6]において自ら護摩を焚いた程に、調伏儀礼の遂行に熱心であったのである[7]。

それ以外にも、後醍醐天皇の関与した調伏儀礼の修法としては、元亨四年（一三二四）同じく上記の僧文観が、後醍醐天皇の側近である藤原兼光と共に[8]、鎌倉幕府倒幕の御願成就をこめて般若寺の八字文殊菩薩騎獅像を造像した事例が有名である[9]。また、同年十月から十二月にかけて、後醍醐天皇は、関東調伏を目的とする本尊として、二顆宝珠の作成を文観に依頼し、内裏二間に行われた作成儀礼に自ら参加した[10]。後醍醐天皇はさらに、建武元年（一三三四）大威徳護摩の調伏儀礼を天台僧慈厳（一二九八～一三五八）に依頼する。同時期に下された論旨には、この儀礼の目的が「王道を果たすために夷狄を伏す」と表現されていることから、後醍醐天皇の調伏法への期待が覗える[11]。調伏法に関心を寄せたのは後醍醐天皇ばかりではなく、その側近もまたそうであった。延元元年（一三三六）北畠親房は、伊勢光明寺の密教僧恵観に北朝への呪術的攻撃として、「大勝金剛法」という調伏法の修法を依頼している[12]。

このように、後醍醐天皇とその周辺の人物らは熱心に数々の調伏法を修法してきた。本稿では、後醍醐天皇のために修法された調伏儀礼の中でも、聖教によりその儀礼内容の全貌が具体的に把握できる『逆徒退治護摩次第[13]』に着目し、この儀礼を日本中世および東アジアの調伏法の中に位置づけ、また教理的に理解することを通じ、儀礼に投影された後醍醐天皇の「王権」観を考察する事を目的とする。「王権」という術語の定義、特に日本中世史研究におけるこの語の使用を巡る諸問題に関しては、大津透、近藤成一らがつとに論じてきた[14]。「王権」という言葉によって、中世社会におけるいかなる権力を指すことになるのかについては、諸権力の乱立した中世社会をどう読み解くのかによって異なってくるはずであり、近藤の言葉に拠れば「重層的に複数の『王権』が並立[15]」していた中世においては、天皇のみを指して「王権」と位置づけるには語弊があるだろう。一九八〇年代以降、「王権」は、社会階層・統治制度など権力を機能させる具体的なシステムだけでなく、権力を成立させる思想的・象徴的・宗教的な基盤をも指す言葉としても使用されてきた。水林彪の言葉を借りれば、いわば「王権の力学」に重点をおいた視点から、「王権の詩学」と位置づけられる研究が現れ始めたのである[16]。この文脈において、儀礼学も「王権の詩学」の代表的な例として登場したが、調伏法に着目する本論考もこうした研究の流れに与するものである。「王権」という言葉を用いることにより、当時の宗教（ここでは真言密教）との関わりを通じて概念化される、あくまでも文観と後醍醐天皇の構想した権力像を本稿では論じることとする。[17]

一　調伏法とはなにか――東アジアにおける調伏法の伝統――

調伏法は、必ずしも中世日本に限定的な儀礼ではなく、インドに端を発し東アジア全体に広がった修法である。仏教における「調伏」とは、明王などの力を借用し、何らかの対象を降伏することを祈願する儀礼であり、起源はインド密教に遡る。[18]梵語では元々「アビチャーラカ（abhicāraka）」と称し、「呪術により魂を魅了する、悪霊祓いする」と言った意味に解釈される。[19]この儀礼が中国に伝えられた際、直接的には「ひざまずき、支配される」といった状態や、その状態にさせる動作を示す「降伏」・「調伏」といった言葉へと主に翻訳された。[20]アビチャーラカの訳語として特に「降伏」・「調伏」の語彙が選択された理由は、一行による『大日経義釈』が良く語源学的説明を行っている。ここで「調伏」は、「良馬を馴牛するが如し」と動物の調教になぞらえられ、調伏の対象となった者が比喩的に調教された馬のように従順に御しやすくなることから、特にこの語があてられたと説明している。[21]実際仏教では、悪鬼・煩悩の逆退を意図する儀礼行為を、動物の調教になぞらえるレトリックが伝統的に存在したことが指摘されている。[22]

密教儀礼としての調伏法は、密教における根本的な儀礼である護摩儀礼の一種と位置づけられる。護摩はバラモン教における火神への供養に由来し、そこから密教護摩でも、僧侶が壇を構築し、その内部に火炉を設けてヌルデの木などを燃やすことで、仏・菩薩・明王への祈願を執り行う儀礼となっている。護摩に関する解説書・儀軌は、中国密教経典に多数存在するが、中でも不空著の『金剛頂瑜伽護摩儀軌』は、日本の真言宗で最重要視された古典の一つで、真言系護摩の礎を築いた基本書と目されている。これに拠ると、「護摩」の本来の修法目的は五種に大別され、その内容は「息災」・「増益」・「鉤召」・「敬愛」・「降伏」である。(23)「息災」は災難の回避、「増益」は諸尊の力による幸福倍増、「鉤召」は招福、「敬愛」は他人からの尊敬の獲得や家内安全の祈願、最後の「降伏」は諸尊の力によって己の煩悩や邪悪な敵（邪神）を降伏することを意味する。(24)密教経典に多く見られる調伏法の多くは、本来修行を妨げる様々な邪鬼や魔物、もしくは仏法そのものを脅かす邪神といった抽象的な敵対する概念を倒すことを目的としていた。(25)倒されるべき対象であった邪神が、調伏を受け儀礼が成功したことにより、逆に信仰対象になり得る守護神へと進化する神話も存在する。この神話の論理を体現した仏教説話としては、降三世による大自在天の調伏が有名である。(26)こうした仏教神話の存在は、調伏儀礼の成立の教理的典拠を示唆しているばかりか、仏教において調伏儀礼が単に信仰の形として機能しただけではなく、信仰対象そのものも形成してきた重要な修法であったことを表している。

二　調伏法の正当化の必要性

密教の調伏の特徴は、その対象が抽象的な邪神・悪鬼だけであるとは限らない点である。生身の、しかも特定の人間が儀礼の対象となることは、既にインド後期密教に見られる傾向である。(27)仏教の立場からすれば、権力者が仏教者の力を借りて、敵対者とは言え、この世を生きている生身の人間の呪殺を祈願することは、そもそも仏教の戒律に反し、根本的に倫理的な問題をつきつける行為であった。夢窓疎石の『夢中問答集』(28)では、殺人が罪である一方で調伏による呪殺が罪ではない点が問題視されている。(29)この倫理的な矛盾をはらんだ命題を、小川豊夫は端的に「調伏法のアポリア」と称し論じている。(30)

実際に調伏法を、言ってみれば「殺人」という極めて非人道的な実益をもたらすための手段と捉えるのか、もしくはあくまでも当時慣行されていた邪を祓うための数々の宗教儀礼の一つとみなすかについては、判断が難しい。中世に成立した調伏について論じている様々な宗教テクストをみても、生身の人間を「呪殺」するという目的そのものを断言する例はみられないからである。

例えば、当時東宮であった後三条天皇の護持僧・成尊が愛染王法という調伏法の修法を行い、その修法後に実際に後冷泉天皇が病没したことは、必ずしも呪殺の結果として受けとめられるものではない[31]。修法の対象は、現実に生きている後冷泉天皇ではなく、あくまでも後三条院の心情の中に存在する「後冷泉」であり、これが障害とされたからである。しかし、先述したような、邪念・煩悩など抽象的な悪も含めて克服する、という修法の微妙な論理は、かれらをとりまく当時の宮廷貴族社会の人々には必ずしも全面的には理解されず、単純に修法の直截の顕現として受けとめられたのである。この逸話から示唆されるのは、仮に修法者である僧侶、そして法の施主において殺生の意図がなかったとしても、当時の社会に生きた人々の一部は、調伏法の効験が呪殺であるかのように考えたということである[32]。微妙な政治的動向を敏感に見守り、権力関係の栄枯盛衰を体感し、また自身も時にその闘争の主体者であった人々は、単に塵芥の利得のみに注意を向けて生きていたわけではなく、同時に霊験を畏れ敬い信仰にすがりながら生活していたという背景があるからこそ、結果として調伏法が生きた人間にあだなす呪術として成立しえたとも言えるのである。

また、調伏法を正当化する論理として広く密教において用いられたレトリックに、調伏法が慈悲の行為であり、悪鬼を対象とするもので、悪人のみを害するという論がある。この理論を扱っているのが、慈円による『秘経鈔』の裏書きに見られる問答体の議論である。この問答においては、こうした論理によって調伏法が肯定されるばかりか、善人に対する調伏を経の「本意に反する」といった上で、仮に悪人が善人を調伏したとしても、成就しないといっている[33]。

東アジアに見られる興味深い類似例の一つとしては、ラ・ローツァワ・ドルジェタク（?～一一一〇以降）というチベット密教の僧侶が修法した「度脱」という儀礼がある。「度脱」とは、悪人とみなされた特定の人物を、ヴァジュラバイラヴァ（ヤマーンタカ）を主尊とする密教修法によって葬り去った上で、さらに文殊菩薩が主宰する浄土に送り届けるという調伏儀礼を言う。(34)このドルジェタクは、実の父すら「度脱」によって呪殺しており、その直後に直弟子から父殺しの罪の重さを問い詰められると、「度脱こそ、解説の近道にして、慈悲の道であり、慈悲の武器」とすら答えたとすら言う。(35)ドルジェタクは、権威あるタントラを典拠とし、普通は容易に到達しえない浄土へ調伏法により行かせてやるのだから、「度脱」による殺人はむしろ慈悲の行為に他ならないという正当化の論理を用いたのである。(36)

これと同様の論理は日本でも利用されている。大治四年（一一二七）鳥羽院の命で修法された「六字経法」がその一例である。修法する大義名分の表明として鳥羽院は院宣を発し、調伏の対象であった玄覚を「逆臣謀反之党類」と断定した上で、玄覚が「公家ヲ呪詛ス」即ち公家政権（ここでは鳥羽院）に対して呪術を行ったと非難している。つまり、鳥羽院が行った調伏法は、相手からの呪術的攻撃への対抗策として説明されているのだが、さらに倫理的な調伏行為の正当化が、新たな儀礼の本尊創出により成されている。

「六字経法」は、鳥羽院の命で新たに儀礼の尊格となった「六字明王」という新尊格を本尊とする調伏儀礼である。六字明王は、『覚禅鈔』に記載されている表白に拠ると、蛇頭で剣を握る異形の仏で、外見こそ憤怒の形相であったとしても、内には慈悲の心を秘めており、(37)この仏の調伏の対象となって死去した人物は、怨霊調伏の祈禱によって調伏された死者の魂と同様、良い往生が得られると考えられた。(38)要するに、この慈悲心を持つ明王の登場により、調伏する側は、敵の悪行を阻止するばかりか理想的な往生を与えることで、「衆生の救済」という仏教の本来の目的に貢献するという道徳的な名目を有する事ができたのである。これは、ドルジェタクのチベット密教においても見られる、真言密教における常套的な調伏の正当化論法であると言えよう[39]。

しかし、上川通夫に拠れば、この事件では、道徳的な理由付けだけでなく、政治的な動機も調伏法遂行の背景に窺えるという。この時調伏法の対象となった興福寺別当玄覚は、鳥羽院が当時寵愛していた女房三条殿の後見人長円と、興福寺大仏師の地位を巡って敵対関係にあった。鳥羽院は、個人的な人選を全うするためだけではなく、興福寺系勢力の長であった玄覚失脚を契機に、奈良諸寺院を院政権力制御下に置く事を目的に、特に玄覚に対して調伏法を執り行ったとされている[40]。

あらゆる手段によりライバルを蹴落とそうとするのが権力闘争の本質であり、その抗争が畢竟行き着くところが、反乱や戦争の形をとることとさえある殺人行為である。したがって、戦争のような大規模なロジスティックを必要とせずに、悪とみなされた対象の排除を目的とする調伏法は、権力を欲し、また維持したいと願う人々の希望を叶える側面があった。それゆえ、数々の密教儀礼の中でも、特に調伏法が権力により手段として用いられたことは、当然の帰結であったと言えるだろう。実際、調伏法と王権の密接なつながりは、すでにインド密教においてみられる現象である[41]。調伏法が重要視されたのは、唐代中国においても同様で、不空三蔵による調伏儀礼が有名である。不空は、唐王朝をゆるがした安禄山の乱の際に、皇帝の敵対勢力排除を目的として、盛んに不動明王を本尊とする護摩調伏法を修法した。乱が鎮圧されると、その修法の効力が大いに認められ信頼されるところとなり、玄宗の息子である粛宗の時代には、調伏などのための灌頂道場が長安に設けられたほか、修法を行い灌頂を貴族らに授けた不空の政治的、社会的影響力は絶大なものとなった[42]。

日本において、「六字経法」の修法例以上に政治的動機の色濃い調伏法修法事例[43]としては、後白河院の命により、寿永二年（一一八三）九月十二日から十月十七日に法住寺内裏にて行われた「転法輪法」と、十一月十日から十六日にかけて昼夜を問わず蓮花王院にて修法された「百壇大威徳供」が挙げられる。(44)両者とも『覚禅鈔』においては、「逆臣」を調伏するために行われた儀礼として記される。(45)本節冒頭に紹介した調伏法「愛染王法」の場合、調伏法の対象者の死が修法の直截な結果であることは明言されないことで、調伏法に内包される論理的問題が浮上するのが避けられていた。しかし、このように、仏教系のテクストにおいても、結果としての修法の対象者の死を、調伏法の効験として喧伝するものもあったのである。

調伏法の効験を記す『覚禅鈔』の語り口は巧妙なものである。「百壇大威徳供」の修法が終了した十一月十六日の三日後、源義仲はかねてより不仲であった後白河院に離反し、後白河院自身の御所であった法住寺殿を襲撃した上、殿舎を焼き討ちするという強硬手段に出る。しかし、永寿三年（一一八四）一月に宇治川や瀬田で鎌倉軍に惨敗した後、二十日近江国粟津の闘いで戦死してしまった。実に「百壇大威徳供」修法から二ヶ月を経過せず、戦死したことになる。更にその一ヶ月後には、壇ノ浦の戦いが起こり、後白河院を悩ませていた平氏の勢力も義仲に続いて滅亡したという史実がある。儀礼執行の当事者であった覚禅は、こうした反後白河勢力の衰亡の事実を知った後に、それがまさに儀礼の法験であったと著述したのである。(46)

ただし、ここで留意しておきたいのは、調伏法が施行された時点では、具体的に誰が対象者であったのかについては、源義仲・源頼朝・平氏など諸説あり、不明瞭であるということである。(47)調伏法修法後に実際に滅亡したのは平氏と義仲であるが、儀式を準備する当初から平氏と義仲が確実に念頭におかれていたのかは定かではない。つまり、調伏の効験は、後付けもしくは牽強付会ともとれるのである。うがった見方をすれば、義仲の死や平氏の滅亡が、修法の実施後に都合の良いタイミングで起きたために、儀礼の効験を明示するのに好都合の現象として『覚禅鈔』のレトリックに利用されたと見えなくもないのである。この「百壇大威徳供」修法の目的は、表向きには後白河院の「玉体安穏」つまり国家安泰と「御願円満」であったとされているが[48]、儀礼の施行者の上皇の「御願」の実際の内容が、源頼朝・義仲・平家といった朝敵の調伏であったと認識されたことが、こうした『覚禅鈔』の記述から示唆されるのである。この場合は、巧妙なレトリックにより、調伏による呪殺が国家の安泰という大義のために正当化されていると言える。

以上のように、呪殺という儀礼による殺人的行為が、倫理的側面だけでなく政治的動機によっても正当化を試みられており、調伏が必要とされる歴史的背景と併せて、調伏法の成立を可能にさせる正当化の論理に、調伏に関わる王法と仏法の関係が如実に反映されているということが分かる。それでは、後醍醐天皇は調伏儀礼の遂行の必要性をどのように考えていたのだろうか。序章で述べたように、後醍醐天皇は数多くの調伏儀礼を修法させ、また自らも修法したのだが、こうした調伏儀礼への傾倒の理由を知るためには、修法の史実を追うだけではなく、修法された儀礼の内容を検討することも重要となる[49]。

三　後醍醐天皇の調伏法――文観著『逆徒退治護摩次第[50]』――

後醍醐天皇が修法に関与した調伏儀礼の中で、現在まで完全な形で儀礼の次第[51]が残されている史料は数少なく、吉野如意輪寺蔵『逆徒退治護摩次第』はその稀有な例の一つである。『逆徒退治護摩次第』は、延元二年（一三三七）七月三十日、当時後醍醐天皇の護持僧であった文観房弘真が、天皇の命により著した聖教であり、儀礼の成立に後醍醐天皇の意向が深く反映されていると考えられる[52]。この『逆徒退治護摩次第』では、本文に「焚焼怨家形姓事」とあり、敵の名前を紙に書いてその紙を燃やす、という調伏法の典型的なパターン(53)が見えることから、調伏法の一種であることは確実である。

筆者である文観自身の奥書識語は以下の通りである。

「延元二年七月卅日牛尅記之。
奉為　今上聖主御願成就早為
逆徒退治、天下静謐、為勤行。任
相兼秘伝所記之。甚深秘法也。
輙不可授散、付法一両人外不可授之。
仏法之磨滅、王法衰微、只此時
也。此尊本誓尤亦此時也。
　法務大僧正弘ー（真）
　　醍醐座主小野僧正文観弘真
興国三年正月十七日於大和州
吉野郡現光寺賜御本書写之
　　比丘宝蓮
同廿八日巳尅御伝授了(54)」

（傍線は筆者）

本テクストは秘伝の相承によって作成された秘法中の秘法であり、聖教の題名にある通り、天皇の政治に対抗した「逆徒」の「退治」と、それによって得られる天下の安泰という「御願」の「成就」という目的のために修されるという。文観は、この秘法の法験を特に主張し、妄りに付法し伝授してはいけないと注意を喚起している。更に、この秘法の本尊の誓いにより、修法自体が定められた特殊な時代にのみ行われると限定している。奥書には更に、

　仏法之磨滅、王法衰微、只此時也。

とあるように、王法（王権）と仏法（仏教）が窮地に陥った時にこそ、「逆徒退治護摩」が修法されるべきであるとする。同様の希求はテクストの冒頭部分にも見受けられ、

「令法久住法
　此ノ法ニ有二一伝一。即大日令法ト文
　殊令法ト是也。今ハ付文殊ノ令法
　久住ニ一也。「但有口伝　即令ムル仏法
　王法ヲ久住一秘法也。此《コレ》甚密ノ
　法也。即真《仏》俗《王》衰微ノ時ニ行此ノ
　法ヲ一也。「㝡秘々々」

とあり、儀礼「逆徒退治護摩」を、仏法と王法の双方の安定を計るための秘法としている。ここにも、儀礼は「真俗」（仏と王）の力が衰微した状態で修法すべき事が明記されている。つまり、調伏法であるはずの「護摩次第」は、王法と仏法の興隆のために創られていたことが分かる。

四　王法と仏法

王法と仏法の結びつきは、いわゆる「鎮護国家」のもと実施された国家法会や、仁王経をはじめとする国家の庇護を唱える経典に拠る儀礼修法に顕著に見出されるとされ[55]、古代国家形成論あるいは古代仏教の展開論においてその関係が極めて重要視されてきた[56]。平安時代中期以降律令国家体制が崩壊していく過程で、寺院への国家の後ろ盾が薄弱となり、経済基盤を失いつつあった仏教界のほうから、仏教帰依の意義を主張すべく仏法の衰退と王法の滅亡の表裏一体を説く考え方が唱えられた[57]。この思想は、黒田俊雄が顕密体制論を形成する上で、その根拠の一つとなるイデオロギー「王法仏法相依論」として着目し、新しい社会秩序における仏法と王法の在り方がこの術語により定義された。黒田俊雄を始めとする顕密体制研究の流れでは、この思想を生んだ社会状況が特に注目を浴び、王権と仏教が運命共同体であると言うスローガンの背景には、寺院の経済的援助の必要性があり、それに応えた政治権力側も寺社勢力の制御や統合を意図していたと理解されてきた[58]。

しかし、王法と仏法の関係は、社会的、経済的、政治的側面において照射されるばかりではなく、信仰の問題であるという面も看過されてはならない[59]。権力と仏教の関係を具体的に橋渡しする役割を担っていたのが、古代以来仏教者が従事してきた鎮護国家を希求する「祈禱」の作業である。こうした「祈禱」の中には、既述した永寿二年（一一八二）の「百壇大威徳供」の例からも分かるように、国家規模の調伏法も含まれていた。そもそも大規模な調伏法を修法するためには巨大な資金が必要となり、権力の側も単に権力の荘厳を目的としていたのではなく、権力者自身が儀礼の法験を信頼していたからこそ、莫大な費用を負担したのである[60]。また、儀礼を修法する僧侶の側も、経済的不如意のみが儀礼の動機ではなく自身も法験を真剣に信じていた側面があり、上記の「百壇大威徳供」の当事者であった覚禅は、だからこそ儀礼の法験を記録に子細に残したのだろう[61]。

信仰の観点は、天皇と仏教の関係を語る際にも重要となってくる。十一世紀前半に制度として整えられた「護持僧」

の存在は、その後僧侶の出世ルートとして形骸化した傾向が主に強調されてきたが[62]、本来その役割は「朕躬を護持」する、つまり天皇の身体を病などから守る祈禱の実施であり、天皇の宗教生活そのものへの影響力は極めて大きく[63]、中世においても依然として保持されていたと考えられる。こうした仏教儀礼によって保護された天皇は、仏法の利用者というよりも救済の対象と目されるにふさわしい[64]。

同様の傾向は、公家にも見られる。治承四年（一一八〇）十二月二十八日平重衡率いる軍が、奈良を攻撃し東大寺と興福寺の伽藍を焼き討ちした上に、大仏もかなりの損傷を受けた事件が起こる。これを知った藤原兼実は、その日記『玉葉』十二月二十九日の条において、大仏の損傷を「仏法と王法と滅尽し了るか」と嘆き、この事件を中国の武宗帝による仏教への弾圧になぞらえた[65]。つまり、為政者である公家においても、仏教への帰依・信仰心を礎とした王法と仏法の共存関係が認識されていたのである。

このように信仰心と政治的な思惑の密接な絡み合いは、王法と仏法の共存関係を語る上で重要な因子となっており、それは為政者が自ら仏教者となった時にもっとも顕著に表出する。そうした為政者の一人が藤原道長で、四天王寺や高野山に度々参拝することで、聖徳太子や空海への信仰を高め、その理念の重要性を喚起し、鎮護国家のために法住寺を建立した。道長の場合、自身の仏教への帰依が、仏教界へ大きな影響力を行使する際の正当性を裏付けることになった[66]。こうした帰依は、院政期の法皇による政治においても脈々と継承されていく。法皇という存在自体は、陰の実際の権力者であった上皇が出家し仏教界に入ることで、俗世界の権力のみならず諸寺院へ大きな影響を行使することが可能になった。法体となった上皇の中には、密教の伝法灌頂を受け、自ら密教の儀礼遂行資格者である阿闍梨位に付き、自らの法流まで創出する程の強固な信仰心を有する人物もいた。後醍醐天皇の父である後宇多天皇もそうした法皇の代表例の一人として数え上げることができる[67]。

後醍醐天皇もこうした為政者の流れを汲み、出家し法皇となることは無かったものの、俗体でありながら阿闍梨となるための通過儀礼である伝法灌頂を授かり、自ら護摩を焚いた。また、自身の命で護持僧の文観に様々な儀礼を創作させていることから、文観の儀礼には後醍醐天皇の信仰の在り方が直截的に投影されていると考えることができる。調伏法は、後醍醐天皇政権下においては具体的なライバル討伐のための一手段として理解され、政策の一環、ひいては具体的な軍事手段として度々修法されたのである。

そこで、実際に次節では『逆徒退治護摩次第』のテクストを読みながら、その儀礼の内容を検討してみたい。

五　「逆徒退治護摩」とはどのような儀礼か

文観に拠ると、本儀礼はまず「文殊ノ令法久住」、つまり文殊を本尊とする仏法安泰の儀礼と表現される。『逆徒退治護摩次第』テクスト冒頭部部には、

「此ノ法ニ有二一‐伝一。即大日令‐法ト文殊令‐法ト是也。今ハ付文‐殊ノ令‐法久‐住ニ一也。」

とあるのだが、続く儀礼の道場観（次第中の儀礼本尊の位置づけを解説する部分）をみると、他に様々な本尊が現れる。

「一次道場観　「先器界観如常

結テ如来ノ奉印ヲ一「観想スベシ　妙高山

頂ノ上有八葉ノ大蓮花一。上ニ有

字一、変成五峰八柱ノ法界宮殿ト一。
其ノ中ニ微妙大壇一。々ノ上ニ有字一
変成宝蓮花ト一。其ノ上ニ有字一、変
成満月輪ト一。其ノ中ニ有字、変
成如意宝珠ト一。放威光ヲ一、照法界ヲ一。
亠一山ノ宝珠并大海ノ底ノ龍宮ノ
宝珠ト冥合一躰ニシテ無二也。雨テ無
量弥珠ヲ一、即利益ス一切衆生ヲ一。此
宝珠転成大日如来ト一、万徳荘
厳セリ。身ハ黄金色ニシテ住ス法界定印ニ一
着五智宝冠ヲ一、即入法住ノ三昧ニ一。
心ノ中ニ有字一。変成虹ノ像ヲ一。変成
文殊師利菩薩ト一。身ハ金色ニシテ頂ニ有
八髻一。①左ノ手ニ持青蓮花ヲ一。上ニ有般
若ノ梵篋一。右ノ手ニ執智慧ノ利剱ヲ一。乗シテ
大力ノ獅子王一、無量眷属囲遶也。
亦観念スベシ。文殊師利住シ令法久住ノ
本誓ニ一、為降伏仏法王法ノ障難ヲ一。

変シテ身ヲ一、成[illegible]字ト一。変成輪上釼ト一々
変成大威徳忿怒ノ王ト一。[2]即身青
黒ノ色、成就ス六面六臂六足ヲ一。即上
面ノ中ノ面ハ菩薩慈悲ノ面也。頂上ニ
載無量寿仏ヲ一。即立テ青キ水牛ノ背ニ
踏テ八輻輪宝ヲ一。以テ髑髏ヲ一為領冠
瓔珞ト一。乕ノ皮為裾ト。左右ノ第一手
執弓箭ヲ一、射拂作障ノ者ヲ一。右ノ
第二ニハ持釼ヲ一。第三ノ手ニハ執トル宝
棒ヲ一。皆作ス打勢ヲ一。左ノ第二ノ手ニ
持輪索ヲ一。第三ニハ持ス三戟叉ノ
鉾ヲ一。火焔遍シ身ニ一、猶如刧火ノ一、焚
焼ス諸ノ衆生業煩悩作障ヲ者ヲ一。
後有法形文殊一。前ニ上執トル金剛
輪宝ヲ一。即四大忿怒明王、八
大童子、十二時神、八万四千
夜叉眷属、及梵釈四王
護法諸神。前後左右囲

繞。③各住護法ノ三昧ニ一。手ニ持輪
宝ヲ一。摧伏国土ノ災害ヲ一、調伏仏法
怨敵ヲ一。如此一、良観畢。」　（傍線は筆者）

傍線部①に見られるように、まず文殊菩薩が八字文殊の形で登場する。八字文殊は「文殊師利令法久住ノ本誓ニ住シ、仏法王法ノ障難ヲ降伏セント為ス」といわれ、確かに仏教と王権を保護する役割を果たしている。しかし、その直後下線部②では、文殊菩薩が変貌し、水牛に立つ忿怒形の大威徳明王へとなる[68]。大威徳明王の形態は、「左右ノ第一手弓箭ヲ執リ、作障ノ者ヲ射拂ス」と説明され、調伏の能力を有している。この二つの仏の結びつきは仏教教理に散見されるもので、文殊菩薩が忿怒の姿である大威徳明王の形をとることで、人類救済のために現れた「教令輪身」とされている[69]。更に忿怒形の大威徳明王を中央とし、東西南北に四大明王が占め、背後には「法形文殊」があり、「十二時神」と「八大童子」が周りをとりまく構造が描かれる（傍線部③）。

実は、この構造は、文観が正平七年（一三五五）に自ら開眼し供養した「大威徳転法輪曼陀羅[70]」に表現された構造とまさしく一致している。「大威徳転法輪曼陀羅」は、「大威徳転法輪法」という調伏法の本尊であり[71]、文観自身も本『逆徒退治護摩次第』において、本儀礼が文殊を中心とする令法久住の儀礼であると同時に、「大威徳転法輪法」であることを以下のように明言している。

「故以文殊一、為法住ノ尊ト也。
此法亦名大威徳転法輪法
也。降伏諸魔中殊調伏人法
二伝也。宸秘々々」　（傍線は筆者）

「大威徳転法輪法」なる儀礼は、寿永二年に後白河院の命により「百壇大威徳供」において修法された調伏法として有名であるが[72]、聖教では保元三年（一一五八）勧修寺の僧侶興然（一一二一〜一二〇四）による識語を有する金沢文庫蔵『大威徳転法輪法』に詳細に説明されており、その内容は子細に確認できる[73]。この儀礼によく似たものが、興然の弟子である覚禅が著した『覚禅鈔』においても言及されている。『逆徒退治護摩次第』には、テクスト内で引用を明言していないものの、『覚禅鈔』の記述と酷似する箇所がテクストに散見される[74]。したがって、『逆徒退治護摩次第』は、既に院政期に確立されていた「大威徳転法輪法」という調伏法を基盤として新たに作成されたものであることは明らかである。

しかし「逆徒退治護摩」は、「大威徳転法輪法」の系譜に位置する儀礼ではあっても、「大威徳転法輪法」そのものではない。「逆徒退治護摩」と「大威徳転法輪法」を比較すると、「逆徒退治護摩」における儀礼の構造には、本尊を中心としてかなりの異同が認められる。テクストの道場観では、本尊が三度にわたる変貌を経て最終的に曼陀羅が構成されるという流れがある。最初の本尊の形は如意宝珠、次に大日如来へとかわり、さらに大日如来が八字文殊へと変貌した上で、八字文殊が大威徳明王になる。最後に、大威徳転法輪曼荼羅を想起させる諸天部眷属の構図が示される。本尊が入れ替わり立ち替わり出現する一連の流れの記述は、既述の『大威徳転法輪法』や『覚禅鈔』にはみられない。『大威徳転法輪法』の道場観には大威徳明王と大威徳転法輪曼荼羅の眷属しか登場せず[75]、『覚禅鈔』では憤怒形の大威徳明王のみが描かれる[76]。つまり、文殊を中心とする「令法久住」と、大威徳明王を本尊とする「調伏」の二つの儀礼を一つの儀礼に組み合わせたことは、『逆徒退治護摩次第』の大きな特徴と言える。このような組み合わせが試みられた背景には、儀礼成立時の特定の史的状況と、文観自身の王権思想があると言える。

六　吉野における文観の活動と後醍醐天皇——儀礼成立の史的背景——

そもそも『逆徒退治護摩次第』が執筆された延元二年（一三三七）は、後醍醐天皇が建武新政崩壊後の建武三年（一三三六）に吉野へ逃れた特殊な時期にあたる。後醍醐天皇の密教儀礼への傾倒は、戦局の悪化を目の当たりにするにつれて、より顕著に現れるようになる。まず、忠臣と目されていた楠木正成が延元元年（一三三六）に湊川の戦いに敗れて自害し、南朝側の武将新田義貞・北畠顕家も足利尊氏に対抗し合戦を繰り返すものの決定的な勝利を導くことができず、戦局は停滞した状況が続いた。延元二年三月、南朝側の拠点の一つであった金ヶ崎城が落城し、後醍醐天皇の皇子・尊良親王は新田義顕と共に自害、もう一人の息子恒良親王も捕らえられ京へと護送される。また、後醍醐天皇の股肱の臣であった北畠顕家が延元三年五月に、新田義貞が閏七月に続けて死去している。同延元三年暮れの後醍醐の心境を詠んだ歌に

「こととはむ　人さへまれになりにけり　我が世の末の程ぞしらるる」（『新葉和歌集』[77]）

とあり、後醍醐天皇が事実上絶望的な状況下にあって、かなりの焦燥感や悲壮感を抱いていたことが感じられる。密教儀礼に関する聖教が文観により次々と著されたのは、まさに南朝にとって敗色が一層濃くなった苦渋の時期である延元二年から四年に集中している[78]。

この時期の文観の活動の全貌は、文観自身やその周囲の人物が書き記した聖教の内容からある程度推し量ることができる。例えば、『四度加行』[79]と言ったテクストの執筆により、修行の体系を文字化し、自身の法流の継続・再構築を図っていたことが窺えるほか、焼失した聖教を再度書写していたことが分かっている[80]。また、吉野・吉水神社が現

在蔵している『両界種子曼荼羅』の作成にも関与したことも分かっている。この曼荼羅は、文観が後醍醐天皇のために特別にしつらえたものであり、一般的に両界曼荼羅が死者の追善のために描かれたことを鑑みると、争乱期に死没していった者たちへの追善ととらえられる。(81) 中でも、この時期の儀礼次第を記した重要資料に、『小野弘秘抄』と呼ばれる聖教群があり、それを構成する現存の十二冊の多くは、新たな境遇の必要性に応じ後醍醐天皇のために創出された様々な新儀礼を説明している。例えば、東寺宝菩提所蔵『普賢延命法』は後醍醐天皇の死の間際に、テクストのタイトル通り、病の床にあった後醍醐天皇の寿命を延命することを目的としている。(82) この十二冊の聖教にみられる文観の弟子宝蓮の筆跡は、『逆徒退治護摩次第』の筆跡と酷似していることから、『逆徒退治護摩次第』も本来は『小野弘秘抄』を構成する聖教群の一部であったものが、（詳らかな経緯は分からないものの）何らかの理由により流出し単独で伝来したものと考えられるのである。(83) こうした密教儀礼は、吉野に潜行した後醍醐天皇が困難な状況に対処すべく修法を命じたものと考えられるのである。

『逆徒退治護摩次第』の奥書には、

「延元二年七月卅日牛尅記之。

奉為　今上聖主御願成就早為

逆徒退治、天下静謐、為勤行。」

（傍線は筆者）

とあり、儀礼が天皇の修行のために作成されたことが説明されるが、このことからも『逆徒退治護摩次第』が『小野弘秘抄』の一部であったことは、不自然ではないように思われる。いずれにせよ、『逆徒退治護摩次第』が執筆されたのと同時期に、後醍醐天皇の命を受けて数々の密教儀礼が文観により創作されたのは確かであり、一連の修法に、窮地に陥った後醍醐天皇がその状況を打開する希求をこめていたことは、当時の南朝の状況から容易に推測できるのである。『逆徒退治護摩次第』の教理的な枠組みを理解するためには、同時代に同様の状況で創出された文観の他の儀礼と比較し、位置づけることが必要である。

七　「三尊合行法」に投影された後醍醐天皇の王権像
――南朝の帝王のための儀礼創造――

『逆徒退治護摩次第』と同年延元二年（一三三七）に、文観により著された『金峰山秘密伝』（上中下三巻）[84]は、『護摩次第』と執筆や儀礼の創作活動が同時進行であると考えられるため、『護摩次第』の教理的背景を考察する上で、その内容は大いに参考になる。『金峰山秘密伝』は、蔵王権現や吉野の神仏にまつわる伝統的な儀礼と教理を紹介するテクストで[85]、後醍醐天皇の修行のために創出されたことは下巻の奥書から明らかである[86]。この儀礼に登場する本尊である蔵王権現はもちろん、その眷属である勝手・子守などの諸神、究極の秘仏として現れる弁才天への修法も、怨敵調伏という側面を含めた効能があると考えられており、『金峰山秘密伝』に展開される儀礼の一部は、『護摩次第』同様に調伏法の一種とも捉えられる[87]。ただし『金峰山秘密伝』は、儀礼・教理の分析に文観の作成した儀礼体系である「三尊合行法」の思想が投影されているのが特徴である[88]。『護摩次第』の場合には、本文テクストに「三尊合行法」関係次第書と類似した構造は見られるものの[89]、『小野弘秘抄』の聖教群と同様、どこまで「三尊合行法」に関係しているのか完全には解明できない部分がある。しかし、『金峰山秘密伝』・『逆徒退治護摩次第』が成立した延元二年（一三三七）前後、文観が「三尊合行法」を主題とするテクストを多数作成・書写していることを考えると、少なくとも、『逆徒退治護摩次第』も類似した思想の枠組みの中で構想されたということは言えよう。したがって、こうした一連の聖教に通底する思想を把握することが、調伏法である『護摩次第』の成立背景を教理的に理解するために必要である。

「三尊合行法」儀礼の創出およびその体系化を試みた文観自身は、後醍醐天皇の護持僧であり、また彼の「三尊合行法」関係著作の大半は後醍醐天皇の影響、或いは命令を受けて作成されたものである。[90] 石山寺蔵『謀書目録』[91]によると、後醍醐天皇が自ら「三尊合行法」に関心を抱きその受法も求めたとある。[92]

「或記云、当代被貴重之於三宝院法流者
称為道順僧正瀉瓶而三尊合行次第、三宝
院骨目伝之 云々 仍奉授禁裏事、彼僧尚
御代以外朝奨、而三宝院法流随道順相
承之由自称、即三条房門通重公、道祐法印
同為道順室相承門跡、幼稚間受印可、
大事等少々受之。[93]」

後醍醐天皇の関心の背景には、この儀礼の効果への期待と文観の働きへの評価がある。嘉暦二年（一三二七）、文観著の「三尊合行法」の基本文献の一つである『御遺告大事』[94]に付された文観による奥書には、

「嘉暦二年十二月廿一日、密々御修法間、於禁裏仁寿殿第三対、御為当流、最極大
事嫡々相承秘奥、為付法一人記之。写瓶外不可開見。々々々若違此言、両部諸尊
大高祖知見証罰給。重々秘決別記之。内供奉十禅師菩薩苾蒭殊丨《音》」[95]

とあり、この聖教が、後醍醐天皇の在位中、内裏で書写された旨が記されており、後醍醐天皇の「三尊合行法」への

関心が強く示唆される[96]。元亨三年（一三二三）、文観が勅により参内して以来、後醍醐天皇の密教儀礼への関心はいや増していった感があり、それは彼が文観に求めた密教伝受の数々からも窺える[97]。正中二年（一三二五）には印可と仁王経秘法、二年後の嘉暦二年（一三二七）に両部灌頂が授けられ、さらに元徳二年（一三三〇）の瑜祇灌頂は密教伝授の到達点として、かの有名な清浄光寺蔵「後醍醐天皇像」に描かれている[98]。

また、後醍醐の密教受法への関心には、父である後宇多天皇（のちに法皇）の強い影響も指摘できる[99]。後宇多は、真言宗の二つの主な宗派であった醍醐寺小野流と仁和寺広沢流をまとめ、大覚寺を本拠地とする新しい流派、いわゆる「後宇多院御法流」を創始し、この頂点に立つことを企てた[100]。後宇多のこの計画に積極的に関与した僧侶が、同時に文観の直接の師である醍醐寺報恩院の道順でもあったことは偶然の一致とは考えられない[101]。この道順は、後醍醐天皇の即位後も新帝の下でも活躍し、文観が後醍醐天皇に近づく機会を得たのは、この人物を介してであったと考えられている[102]。つまり、後宇多の密教への傾倒が、後醍醐天皇と文観の邂逅の機会をつくったともいえるのである。

また、後醍醐天皇と調伏法を始めとする密教儀礼への関心の増大は、即位以来の後醍醐天皇の政治的立場の不安定さと比例している。後醍醐天皇が即位した時、時代は折しも持明院統と大覚寺統がせめぎ合う両統迭立の時代のさなかにあり、しかも大覚寺統に属する後醍醐天皇は、本来味方であるはずの大覚寺統の派閥や実の父からも受け容れられず、自分の息子を東宮に立てられないまま退位を迫られる状況にあった。したがって、後醍醐天皇には、父の後宇多のように院になり、退位後にも権力の掌握を維持するという選択肢が無かったのである。皇太子の任命権を握っていた幕府を滅ぼさないかぎり、自分の血筋を天皇にするのは不可能であった[103]。また、建武新政で一時的に権力を掌握したかにみえたが、すぐに吉野へ逃げ延び、そこで打ち建てた南朝の政治も、前節で説明したように苦戦を強いられた。こうした四面楚歌の状況下で、自分の権力や血筋の正統性を訴える手段と、さらに自分の対立者を排除する方法を両方同時に提供できる手段と目されたのが、密教儀礼であったと言える。後醍醐天皇の命を受けて数々の密教儀礼を創作した文観の教理には、窮地に立たされた後醍醐天皇の要求に応えるための新しい王権像が託されていたと考えられる。特に「三尊合行法」儀礼には、天皇の王権の正統性を確立するための教理が顕著に見られる。

文観の著した『御遺告大事』に紹介されているように、「三尊合行法」の修法方法は、その具体的な本尊によって大きく二種に分類されうる。(104) 一つは神格化された大師空海を本尊とする「三尊一躰」の本尊を拝む形態で、もう一つは儀礼を三段階に分け、如意輪か宝珠・不動・愛染をそれぞれ続けて本尊に仕立てる「各別三尊」という形態である。文観は、この両者を東密の究極奥義と位置づけ、これに関する著作を多数著している。(105)

中でも、中核的な聖教である『秘密源底口決』（延元三年＝一三三八書写）には、「三尊合行法」を支える根幹の思想が口伝として伝えられている。このテクスト本文中の「最極秘伝」の箇所には、以下のような記述が見られる。(106)

「更有最極之習。即、日本国主天照
大神、是、一字金輪之所変也。
以日輪天照大神習之。金輪《モ》住
日輪。金輪、是、仏果帝皇三昧也。
一字《ト》者《ハ》、唯一无二義。帝皇万国
為主。是、為一人《ト》。金輪、即、勝絶不共
徳也。今、一字頂輪王、天照太神、現如意輪観音。」

ここでは、「三尊合行法」の本尊である如意輪観音(107)の所変についての口伝が紹介されているが、ここで注目されるのは、如意輪観音と同体視される大日如来・一字金輪・天照大神が本尊として登場することである。(108) 天照大神は、いうまでもなく神祇においては天皇家の権威を裏付ける象徴的存在であり、一方で一字金輪は、仏教における王権を持った帝皇、金輪聖王の唯一無二性の表象である。[109]この同体説によって、「三尊合行法」の本尊である如意輪観音が、全てを統べる帝王と同一視される。文観は、「三尊合行法」の修法を通じ、修法の対象である天皇を儀礼の本尊になぞらえることで、その主君であった後醍醐天皇が本尊に付せられた象徴的な権威を有することを目指したとされている。[110]このように、「三尊合行法」に支配者の権能を表徴する本尊を据えることで、王法の正統性を確立するという具体的な意味を儀礼に付与しようとしたと考えられる。

さらに「三尊合行法」は、仏法の究極の尊格として、密教の権威の頂点に君臨する大師空海をも本尊としている。真言宗の開祖である空海は、平安中期から中世にかけて神格化が進み、[111]単に仏教者の先人、仏道の修行者の鑑として敬われたばかりではなく、高野山に入定した後、「大師空海」として自身が真言宗の信仰の対象ともなった。こうした文脈で、東寺の大師御影の行事に見られるように、大師空海、或いは彼が請来した仏舎利（宝珠）が護国の本尊であるという信仰が発展した。[112]

大師を本尊とする「三尊合行法」の形態は、「三尊合行法」関係聖教から確認され、例えばそうした聖教の一つである『御遺告大事』が描く九つの三尊図像のうち、その四つが大師を本尊にしている。[113]「三尊合行法」の本尊としての大師は、文観著『三尊合行秘決』にも「護国本尊」そして「三仏合体ノ秘尊」と表される。[114]上述の『自行次第』はまさにその応用といえる。[115]後醍醐天皇が自らの手で書写した醍醐寺の秘宝『天長印信』には、文観による奥書が付せられており、ここには大師を本尊とする「三尊合行法」、ひいては文観の王権論の成立の背景にある根幹思想が表現される。[116]

「大師御筆、代々座主相承之重宝也。然、祖師三宝院権僧正時、一本写之、座右置之、常為拝見也。正写共三宝院嫡々相承大事。不伝此印信、輙号嫡弟者、冥慮可恐々々。然、今上聖主、誠大師再誕、秘蔵帝王。仍為末代法流重宝。延元四年六月十五日。今上皇帝震筆、所申下也。代々座主之外、不可開見。若違此旨、宗三宝八大高祖、知見証罰給。勿異々々。于時、延元四年六月十六日、記之。但一行余二十字御脱醍醐寺座主大僧正法印大和落了。無念々々。」

（傍線は筆者）

傍線部に明らかなように、「今上聖主」と呼ばれている後醍醐天皇は、「誠に大師の再誕」、つまり空海の生まれ変わりとされながらも、同時に「秘蔵の帝王」でもあるとみなされている。儀礼における如意輪観音・天照大神・一字金輪・空海といった本尊の出現には、まさに文観のこうした思想がまさに投影されている。

儀礼における天皇は、金輪聖王として仏教的世界（須弥山）の頂点に立つ、四海を統べる王であり、現実世界の為政者より強大な絶対権力を内包する唯一無二の王の権能を手にすることができた。しかも、天照大神の子孫であることで神祇の極致にあると同時に、大師空海の再誕となることで究極の阿闍梨と成り得たのである。後醍醐天皇にとっての「三尊合行法」の修法は、俗界と法界の境界を超越した絶対的な王権を象徴的に手中に入れることを意味したのである。

八　儀礼を通じてみえる教権の理想の王権像

「三尊合行法」にみえる王権像は、文観が独自に創作した空前のものではなく、むしろ長い儀礼伝統の流れにあり、その到達点に位置づけられる。(117)

まず、「三尊合行法」の本尊の一つである如意宝珠は、院政期以降しばしば王権の象徴として密教儀礼に登場し、様々な宝珠法が次々に成立した[118]。これと同時に、如意宝珠と同体（三昧耶形）の如意輪観音も、天皇を中心とする仏教儀礼に重要な役割を果たした。天皇の私的仏事として院政期に内裏において展開された儀礼には、天皇の寝床の裏に安置される二間観音像への夜居加持、仁寿殿に行われる観音供などがあり、本尊である観音の正体について、様々な口伝が展開された。中でも、醍醐寺東密や台密では、その本尊を如意輪観音とする説が有力であった[119]。いわゆる神仏習合の思想の影響を受け、この如意輪観音が宝珠・天照大神・三種の神器の神鏡・大日如来等と同一視された結果[120]、神祇と密教の究極の尊格の存在が天皇のための儀礼修法に導入されることになり、天皇の玉体安穏、息災、増益を祈禱する効能がより強固になると信じられたのである[121]。ここに、天皇の王権を神祇と仏教の尊格の霊験によって支える儀礼形態の原型が見出される。

こうした考え方の流れを汲み、十二世紀の天台僧・慈円はとくに『夢想記』の中で王仏二法の冥合、つまり王法と仏法の真俗の等価性を主張する思惟や言説を著した[122]。『夢想記』以外の著作にも展開された慈円の論をふまえると、如意輪観音が天皇（一字金輪）と玉女（仏眼）の合体によって生まれる神鏡、そしてそこから変成する天照大神・大日如来と同体視されるのである[123]。実際に法流の血脈上に直接の関連は認められなくとも、慈円が唱えた王仏二法の冥合の概念は、文観の「三尊合行法」の本尊を形成する論理の先駆けとも見える類似性を有している。また、後醍醐天皇自身が慈円の『夢想記』を読んだ可能性が高いということが指摘されていることからも、その関係性が示唆されるのである[124]。

更に、王権像をより具体的に象る場を生成するものに即位灌頂の儀礼があり、この儀礼が摂関家主導のもとで行われていたことからも、慈円の思想と即位灌頂の関連性が指摘されている[125]。一方で寺院の側も、密教の伝受を意味する伝法灌頂をモデルに、様々な即位灌頂が作成された[126]。中でも、正中元年（一三二四）に成立した『鼻帰書』には、文観の師であった道順が、後宇多天皇の要求に応えてわざわざ伊勢に赴き即位灌頂をつくった逸話が紹介されている。[127]文観が、「三尊合行法」の基本文献である『御遺告大事』をこの道順に仮託していることからも分かるように、「三尊合行法」は即位灌頂の儀礼を意識して創造されたと思われる。[128]

「三尊合行法」の成立は、文観自身が『御遺告大事』に説明するところによれば、醍醐寺僧勝覚が作成し、その後勝賢が発展させた秘法である。[129]実際に儀礼の核となる思想の痕跡としては、十三世紀末に製作された厨子などに、三尊の基本形態である如意宝珠／如意輪観音、愛染明王、不動明王のパターンが数点確認できることから、文観以前に既に成立していた可能性が高い。[130]したがって、「三尊合行法」は、文観独自の固有の創作ではなく、上記の王権と仏法をつなぐ儀礼の伝統を昇華させ、文観が後醍醐天皇のために体系的に文字化し編集した修法なのである。こうした文観の仕事に大きく関与した後醍醐天皇自身に関しても、最近の研究では、かつて言われていたような突出した異形性よりも、[131]鎌倉末期の政治的・思想的な流れの末端に位置づけられるとする見解が目立つ。[132]文観の人物像の歴史的評価に関しても、彼の関与した儀礼が「立川流」という邪法であるという説は、「三尊合行法」の伝統的な系譜への位置付けからも見直されるべきであろう。[133]

また、こうした見直しにともない、後醍醐天皇の時代における儀礼を介在させた王法と仏法の関係も改めて考察し直すべきだろう。後醍醐天皇政権下においては、旧来の仏法と王法の相互依存関係は崩され、仏法はもはや王法に吸収され、仏教が王権にひたすら奉仕していると理解されてきた。[134]蓑輪顕量によると、中世を通じ王法と仏法の関係は、相依するだけではなく、その関係の根源を仏法におく「仏法為本」というモデルも生まれてきた。その後十五世紀末には、さらに王法が仏法を凌駕する教え「王法為本」が登場する。[135]時代的には、「仏法為本」に加え「王法為本」も併存することになる大きな思想の流れの中間に位置する『逆徒退治護摩次第』は、調伏法遂行の理由として、王法と仏法の共存関係の必要性を数回示唆するものの、完全には相依論の単純な焼き直しとは言えない面がある。「三尊合行法」の論理に見られたように、儀礼の修法において、天皇は為政者でありながら同時に仏教者であるという像が象られ、なおかつ自ら儀礼も遂行する修行者である。つまり後醍醐天皇は、仏教の法験を有する僧侶らを手段として一方的に利用したのではなく、自分自身を王法・仏法の双方を究めた人物として、その両方の験力を自在に操ることができる存在と見なしていただろう。彼においては、「王法」も「仏法」もどちらかが優っているのではなく、この二つの要素が共に彼の「王権」を絶対の存在にするために奉仕せねばならず、その手段が儀礼の修法であったのである。

おわりに——調伏の正当化の論理付けに見える王権像——

『逆徒退治護摩次第』の成立状況を振り返ると、既述したように、奥書には「天下静謐」をもたらすための「逆徒ノ退治」という儀礼遂行の動機が明記されている。この「逆徒」が、具体的に誰を指しているのかは本写本内では明言されない。しかし、『逆徒退治護摩次第』が、建武新政崩壊直後の吉野において、南朝が建てられてから実に一年後である延元二年（一三三七）に成立したという歴史的背景を考慮すると、「逆徒」が後醍醐天皇の敵である足利尊氏を始めとする北朝の協力者であることは明らかである。南朝の創始者である後醍醐天皇からすれば、北朝が調伏法の対象となる「逆徒」であるのは当然であったであろう。調伏法の修法にあたっては、調伏する側の王権観が如実に反映されたのである。[136] また、調伏法を修法するということは、とりもなおさず調伏法を施行する側の正統性の主張に他ならなかったのである。

北朝の側も、「逆徒」として後醍醐天皇の調伏法の対象に甘んじていたわけでは無かった。足利尊氏は、文観のライバルとも言える醍醐寺三宝院賢俊や報恩院隆舜に帰依し、[137]彼らを中心とする新しい宗教的後ろ楯を得ることで、南朝を対象とする調伏法を修法させた。[138]このように、南北朝動乱は調伏の面でも、両陣営において盛んに修法が行われ儀礼合戦の様相も呈した。

この場合、実際の戦争の結果が、調伏儀礼の法験の有無に関わることになる。こうした調伏合戦は、鎌倉時代においても公家と武家の抗争の場面で、度々繰り返された。この時には、神仏の庇護を受けているはずの朝廷が敗北を喫した場合、仏法の衰微・王法の不徳が朝廷側の敗因の根底にあるとされた。[139]抗争する両者が各々天皇を戴いた南北朝動乱の場合には、戦争の敗因の理由付けはより複雑となる。[140]北朝と南朝の両朝が神仏の加護を受け対峙し、宗教的にも両者が神仏の果報をめぐって対等に戦うことになった。戦勝し「調伏儀礼の効果があった」とみなされた側が、神仏の庇護を受けた正統の王権と主張することになる。こうした文脈で、王権と教権の正統性を謳う「三尊合行法」を含む儀礼の整備が必要とされ、新たな調伏法「逆徒退治護摩」などが「三尊合行法」の影響を受けて修法されたのだろう。換言すれば、調伏法遂行の正当性論理を確立する背景に、神仏の加護を受けるにふさわしい正統性を勝ち取るための闘争があったと言える。つまり、文観にとっては調伏による呪殺が倫理的かどうかという次元ではなく、修法による呪殺が全うされることにより証明される王権の正統性が問題だったのである。「三尊合行法」を始めとする密教儀礼はこの正統性を高め、最も強力な神仏の庇護を獲得するための手段であった。調伏法を成立させた根拠の基盤には、仏教教理と神祇に裏付けられた神聖性を有する王法の権威があり、調伏法の遂行は正統な王権の執行に他ならなかったのである。

註

（1）岡見正雄氏による他史料を用いた分析に基づけば、実際は『太平記』にある元亨二年が誤りで、嘉暦元年（一三二六）というのが正しいが、ここでは『太平記』の記述によった。岡見正雄『太平記（一）』（角川書店、一九八二年）四七二頁以降を参照。

（2）日本古典文学大系34『太平記　第一』（岩波書店、一九六〇年）四二頁。

（3）百瀬今朝雄「元徳元年の「中宮御懐妊」」（『金沢文庫研究』二七四号、一九八五年）一～一三頁によれば、中宮御懐妊の事件が元徳元年冬に作成された金沢貞顕書状二通に言及されていることから、祈禱は凡そ四年間続いた。なお、網野善彦『異形の王権』（平凡社、一九八六年）二二二～二二四頁では、この祈禱が後醍醐天皇の「異形性」を象徴する行為の一つの例として紹介されている。

（4）『中世禅籍叢刊　第七巻　禅教交渉論』（臨川書店、二〇一六年）七〇九～七一〇頁。

（5）文観の弟子である宝蓮の著した『瑜伽伝灯鈔』は、現在原本は大谷大学図書館が所蔵しており、文観の伝記に関わる箇所の翻刻が既に以下の研究において紹介されている。辻村泰善「『瑜伽伝燈鈔』にみる文観伝」（『元興寺文化財研究』六九号、一九九九年）一～五頁。本稿においては、原本史料を通覧した上で、特に内田啓一の翻刻が正しいものとして参考にした。内田啓一「文観房弘真に関する絵画二題――白鶴美術館蔵五字文殊画像と尾道浄土寺蔵如意輪観音菩薩画像――」（『南都仏教』七十八号、二〇〇〇年）七八～七九頁。

（6）百瀬今朝雄、前掲書、二一七頁。

（7）阿部泰郎「宝珠と王権――中世王権と密教儀礼」（『岩波講座東洋思想十六　日本思想二』岩波書店、一九八九年）一一五～一六九頁中、一五〇頁参照。

（8）八字文殊像の矧ぎ合わせには、「大聖□□尊、菩提戒□、殊音。大願主、前伊勢守藤原兼光。大仏師、法眼康俊。子仏師、康成、康□」とあり、藤原兼光が願主となり造像されて、文観に贈られたことが示されている。「殊音」は、西大寺時代の文観の律僧としての法名である。内田啓一『文観房弘真と美術』（法藏館、二〇〇六年）一一七頁。

（9）この像の墨書銘には「元亨四年甲子三月、七日　奉為法界衆生発菩提心、金輪聖王御願成就（中略）信心施主所願、円満護持仏子、発心堅固、奉造立所也。」（傍線部筆者）とある。網野義彦に拠れば、ここで言う「金輪聖王」とは後醍醐天皇を指し、「御願成就」は彼が当時目指していた倒幕計画を示している。網野善彦『異形の王権』二〇〇～二〇八頁。ただし、この「御願成就」には異説があり、内田啓一に拠れば、ここで言う「御願成就」とは、単純に引用文冒頭の「法界衆生発菩提心」の箇所を指している。この説に従えば、八字文殊造像の理由は、全衆生の悟りを求めると言う宗教的目的に完全に帰結するのであり、従来網野善彦らが提示した呪術的調伏としての理解が否定されることになる。内田啓一、前掲書、一一八頁。

（10）この修法に関しては、坂口太郎氏が新出『御遺告払秘抄　第四上』（高野山大学図書館蔵　特12ユ金13マイクロ191-12）の確認をもとに、二〇一三年六月八日佛教文学会高野山大会において詳細な発表を行った。

（11）『大日本史料　第六編之二』五九二頁。この事件について、速水侑『呪術宗教の世界』（塙書房、一九八七年）一八一頁を参照。

（12）岡野友彦『北畠親房――大日本は神国なり』（ミネルヴァ書房、二〇〇九年）一一四～一一五頁に拠ると、光明寺文書をもとに「これは、単なる南朝方の戦勝祈願などといった生易しいものではなく、密教の法力、いや霊地伊勢に座すありとあらゆる神仏の霊力を動員して、北朝方に反撃を加えようとするものであったに違いない」と分析される。

（13）『逆徒退治護摩次第』は、奈良県吉野山如意輪寺蔵の未公刊資料であり、管見の限りでは現存する唯一の写本である。筆者は、住職加島氏の好意により、二〇一〇年、二〇一六年の二回にわたり調査をさせていただいた。その際に筆写し翻刻したテクストを元に行ったのが本研究である。本テクストの翻刻と解題は、本稿とは別に、「『逆徒退治護摩次第』解題・翻刻」（阿部泰郎、ラポー・ガエタン［編］『文観弘真著作集　第一巻』（名古屋大学文学研究科人類文化遺産テクスト学研究センター監修“HERITEX”別冊、勉誠出版、二〇一八年刊行予定）において公刊する予定となっているため、別途参照されたい。なお、宮坂敏和『吉野　その歴史と伝承』（名著出版、一九九〇年）四一一頁には、『逆賊退治護摩次第』なる写本に関する基礎的な情報が紹介され、冒頭の文章のみの翻刻が掲載されている。本書では、題の「逆賊」は、「逆徒」の翻刻の間違いであり、おそらく同じ写本を指していると考えられる。

(14) 大津透「序　王権論のための覚え書き」(同〔編〕『王権を考える——前近代日本の天皇と権力』、山川出版社、二〇〇六年)三〜一二頁、近藤成一「中世日本の「王権」」(小島毅〔編〕『東アジアの王権と宗教』、勉誠出版、二〇一二年)一六〜二六頁。

(15) 近藤成一、前掲論文、二一頁。

(16) 水林彪「序」(水林彪、金子修一、渡辺節夫〔編〕『王権のコスモロジー』弘文堂、一九九九年)一〜五頁。

(17) 「王権」という言葉が、天皇といった特殊権力の相対化にも有効な概念用語であったために、東京大学の多分野横断的な演習においても便宜的に用いられたことは、以下に述べられている。小島毅「序言」(前掲『東アジアの王権と宗教』)四〜一五頁中、九〜一〇頁。

(18) 松長有慶『インド・チベット密教』(法蔵館、一九九四年)九四頁。

(19) この理解のために、世界的に権威ある Monnier Williams のサンスクリット辞書の英語版を用いた。abhicāraka(名詞)の項には、"enchanting, exorcising or conjuring" とあり、また動詞 "abhicar" の説明としては、"to bewitch"(魅了する、魔法をかける)とある。

(20) ほかに、アビチャーラカを音のままに「阿毘遮嚕迦」と記述した場合もみられた。不空〔訳〕『金剛頂経瑜伽十八会指帰』Ttt. XVIII 869、二八五頁b一五。

(21) 「梵云難多、即是已調柔義謂。以十種方便学処種種調御六情根、故一切三業任運調柔、如馴牛良馬堪可随意服乗有所至到也。」『大日経義釈』、続蔵経36、七七四頁b一四〜一七。

(22) Nobumi Iyanaga(彌永信美), "Récits de la soumission de Maheśvara par Trailokyavijaya d'après les sources chinoises et japonaises(漢文及び日本語資料に拠る降三世明王による大自在天の降伏)", In *Tantric and Taoist Studies in Honor of R. A. Stein*, Michel Strickmann (ed.), Coll. Mélanges chinois et bouddhiques (Bruxelles: Institut belge des hautes études chinoises, 1985), p. 721.

(23) Ttt. XVIII 908、九一六頁　a一七〜a一九:「護摩五種事　一有多種　息災及増益　第三為降伏　鉤召為第四　第五是敬愛」。

（24）護摩の種類とその目的について、松長有慶『密教』（岩波新書、一九九一年）一一二頁。経典における調伏護摩の例は、法全『建立曼荼羅護摩儀軌』（Ttt. XVIII 九一二～九三三頁 c 七～九三四 a 八）に見られる。Michel Strickmann, *Mantras et mandarins: Le Bouddhisme tantrique en Chine*, Paris, Gallimard, 1996, pp. 351–352.

（25）望月信亨〔編〕『望月仏教大辞典』第四巻（世界聖典刊行協会、一九五四～一九五七年）三七二〇頁。

（26）降三世明王による大自在天降伏説話に関して、Iyanaga Nobumi 前掲論文を参照。

（27）中世インドにおけるこうした儀礼の修法者について、Ronald M. Davidson, *Indian Esoteric Buddhism: A Social History of the Tantric Movement*, New York: Columbia University Press, 2002, p. 187を参照。

（28）夢想疎石〔著〕、川瀬一馬〔校注・現代語訳〕『夢中問答集』（講談社、二〇〇〇年）五三～五七頁。

（29）Taira Masayuki（平雅之）, "La légitimation de la violence dans le Bouddhisme au Moyen Âge（中世仏教における暴力の正当化）", in *Légitimités, légitimations; la construction de l'autorité au Japon*, Anne Bouchy, Guillaume Carré, François Lachaud (ed.)（Paris: École française d'Extrême-Orient, 2005）, pp. 79–103.

（30）小川豊夫『中世の神話・文字・身体』（森話社、二〇一四年）一一九頁。

（31）これは、小川豊夫が『覚禅鈔』にみられる成尊の呪殺の伝承を『四巻』（寛信、明海もしくは実運、実任、観祐の四師より受けた小野流の秘説を興然が類聚した書）のような他の聖教を用いた上で導き出した理解である。前掲書三八頁（元引用）、一一八～一三六頁（解説）。

（32）同上書、一二三頁。衣川仁「院政期の密教修法と法験」（覚禅鈔研究会〔編〕『覚禅鈔の研究』親王院堯栄文庫、二〇〇四年）三〇一～三二九頁を参照。

（33）慈円『秘経鈔』（天台宗典編纂所〔編〕『続天台宗全書　密教三』、一九九〇年）一七～一八頁。ちなみに、裏書きは必ずしもテクストの原作者のものとはかぎらないことを留意しておきたい。これについて、Gaétan Rappo, "'Writings on the Verso' in Buddhist Manuscripts of Medieval Japan: Form and Functions of the 'Margins' in the Work of the Monk Monkan（1278

–1357)（日本中世の聖教における「裏書き」――文観著作の「余白」の形式と機能）" in *Marges et marginalia: actes de la journée 2016 des doctorants de l'Ecole nationale des Chartes et de l'Ecole Pratique des Hautes Etudes*, Cécile Capot, Tiphaine Foucher (ed.)（Paris: École nationale des Chartes, 2018 刊行予定）。

(34) 正木晃『性と呪殺の密教　怪僧ドルジェタクの闇と光』（講談社、二〇〇二年）九～一〇頁。

(35) 同上書、一八一頁。

(36) 同上書、一八二頁では、タントラ『グヒヤサマージャ・タントラ』の第九分〈第九章〉から次のように該当部分の抜粋の翻訳を紹介している。「……（前略）……これら秘密金剛によって、一切衆生を殺せ。殺された者たちは、かの阿閦如来の仏国土において仏子（浄土）に往生する」。

(37) 「内秘二慈悲之心一、外現二忿怒形一、黒色威猛之形、偏伏二悪人一」『覚禅鈔　第二』（『大日本仏教全書　第四六巻』仏書刊行会、一九一五年）八一一頁。

(38) 前掲『望月仏教大辞典』三七二〇頁に引用されている経典では、調伏法は悪を善に変えるために行われる。

(39) 上川通夫「『覚禅鈔』「六字経法」について」（『愛知県立大学文学部論集　日本文化学科編』五四号、二〇〇六年）一七～四四頁中、二三頁。

(40) この儀礼が修法された史的背景については、同上論文、二〇～二二頁が詳しい。

(41) Ronald M. Davidson、前掲論文、pp. 122–124。

(42) 『代宗朝贈司空大辯正広智三蔵和上表制集』、Ttt. LII 2120、八二九頁b二六～b一九：「命三藏不空。於前件寺爲國修一灌頂道場。其道場有息災増益之教。有降伏歓喜之能」および、Charles D. Orzech, *Politics and Transcendent Wisdom: The Scripture for Humane Kings in the Creation of Chinese Buddhism,*（University Park, Pa.: Pennsylvania State University Press, 1998）, p. 142を参照。

(43) 『覚禅鈔』には、政治的動機による調伏法修法の数々の事例が他にも多数言及されている。例えば、宮田敬三「『覚禅鈔』「仏眼法」と「義経」事件」（前掲『覚禅鈔の研究』）二三一～二四六頁中、二三八頁。

(44) 横内裕人「密教修法からみた治承・寿永内乱と後白河院の王権――寿永二年法住寺殿転法輪法と蓮華王院百壇大威徳供をめぐって」（同『日本中世の仏教と東アジア』塙書房刊、二〇〇八年、初出一九九七年）一〇五～一二八頁中、一一五頁。二大密教勢力の真言・天台両宗の上層部にあった守覚法親王、醍醐寺座主勝賢、天台座主明雲、園城寺長吏ら、当時の仏教界を代表する僧侶がこの儀礼のために一堂に会する大規模なものだった。

(45) 「而近年逆臣背二王法一 頻侵二奪洲郡一 悪賊乱二国界一 屢殺二戮良民一」仏書刊行会〔編〕『覚禅鈔　第五』（『大日本仏教全書』四十九巻、仏書刊行会、一九一六年）一六八八頁。

(46) 「同三年正月二十日義仲滅亡、二月七日平氏悉被レ打、似レ有二法験一」。仏書刊行会〔編〕『覚禅鈔　第五』（『大日本仏教全書』四十九巻、仏書刊行会、一九一六年）一八九五頁。

(47) 紙面の都合上、この諸説を全て詳述することは出来ないため代表的な研究を言及しておく。上川道夫や宮田敬三が、調伏の対象者を、義仲・頼朝・平氏も含む武士一般とする一方で、横内裕人は、儀礼修法の時期に頼朝が朝廷に敵視されていたか分からないとして、頼朝が対象者であったとすることには慎重である。上川道夫「中世聖教史料論の試み」（同『日本中世仏教史料論』吉川弘文館、二〇〇八年、初出一九九六年）三〇～三三頁。横内前掲書、一一二、一二〇頁。宮田敬三「『覚禅鈔』「金剛夜叉法」と源平合戦」（中野玄三・加須屋誠・上川通夫〔編〕『方法としての仏教文化史――ヒト・モノ・イメージの歴史学』勉誠出版、二〇一〇年）二六六～二七〇頁。

(48) 横内裕人『日本中世の仏教と東アジア』一一五頁。

(49) 仏教儀礼のテクストである聖教を、歴史研究の地平にも役立てる試みは既に、上川通夫『日本中世仏教史料論』（吉川弘文館、二〇〇八年）によって提示されており、今後は聖教が単に仏教学、仏教哲学の文脈だけではなく歴史研究に新たな視点をもたらす史料となることが期待されている。また、中世文学における聖教の位置付けに取り組んだ研究に、阿部泰郎〔編〕『中世文学と寺院資料・聖教　中世文学と隣接諸学』（竹林舎、二〇一〇年）もある。

(50) 奥書から、この写本そのものは文観の弟子・宝蓮が直接伝授し、書写したものであるとわかる。筆跡も宝蓮の手による可能性が高い。

(51) 次第とは儀礼の修法、執行方法を具体的に記す聖教の一種である。

(52) 他に完全な形で残されている文観の次第としては東寺蔵文観著『小野弘秘抄』群があるが、その内容の全貌がいまだあきらかではないため、後醍醐天皇が関わった調伏法が納められているかどうか定かではない。最近では、『小野弘秘抄』と関係があると思われる『御遺告弘秘抄　第四上』の存在が坂口太郎氏により確認された（註（10）参照）。

(53) 小川豊夫の研究によれば、後冷泉の調伏法の場合、成尊は本尊である愛染明王の左第三手に紙を持たせ、「愛染王一字心」という咒を書き、その下施主である後三条の姓名（後三条）と調伏対象の姓名（後冷泉）と梵字を記したようである。前掲書、一一九～一二〇頁。

(54) 奥書のみは、『大日本史料』六編二一冊四八八頁にも収められている。

(55) 上島享『日本中世社会の形成と王権』（名古屋大学出版会、二〇一〇年）四一一頁。

(56) 井上光貞『日本古代の国家と仏教』（岩波書店、一九七一年）一二一～一二五頁。最近の研究では、「国家仏教」の実態について様々な疑問点が提示されている。前掲、上川『日本中世仏教形成史論』（校倉書房、二〇〇七年）二一～二二頁。

(57) 黒田俊雄『黒田俊雄著作集　第二　顕密体制論』（法蔵館、一九九四年）七頁。この研究では、天喜元年（一〇五三）に東大寺領茜部荘の荘司や住民が、東大寺に対して提出した解が、王法と仏法の関係に具体的に言及した例として挙げられている。この資料では、王法と仏法の関係が、車の両輪や鳥の二翼といった、不可分の一対として初めて完全体として機能し存在するというレトリックが用いられる。「方今王法仏法相双、譬如㆓車二輪鳥二翼㆒、若其一闕者敢以不㆑得㆓飛輪㆒、若無㆓仏法㆒者、何有㆓王法㆒乎、若無㆓王法㆒者、豈有㆓仏法㆒乎」。――なお、一〇五二年（永承七年）が「末法の元年」とされたことも想起すべきである。

(58) 詳しくは、佐藤弘夫『日本中世の国家と仏教』（吉川弘文館、一九八七年）一二～一八頁を参照。

(59) 蓑輪顕量「顕密仏教の展開」（末木文美士〔編〕『新アジア仏教史　躍動する中世仏教』佼成出版社、二〇一〇年）四二～五一頁を参照。

(60) 衣川仁「院政期の密教修法と法験」三一八頁。

(61) 註(46)を参照。

(62) 堀裕「護持僧と天皇」(大山喬平教授退官記念会〔編〕『日本国家の史的特質　古代・中世』思文閣出版、一九九七年)三八三～四一〇頁中、三九八頁。

(63) 山折哲雄『日本の霊魂観――鎮魂と禁欲の精神史』(河出書房新社、一九九四年)一四四頁。

(64) 脇田晴子『天皇と中世文化』(吉川弘文館、二〇〇三年)二頁。

(65) 阿部泰郎「伊勢に参る聖と王――『東大寺衆徒参詣伊勢大神宮記』をめぐりて」(今谷明〔編〕『王権と神祇』思文閣出版、二〇〇二年)一九四～一九五頁。

(66) 前掲、上島『日本中世社会の形成と王権』四四一頁。

(67) 阿部泰郎「守覚法親王における文献学」(阿部泰郎、山崎誠〔編〕『守覚法親王と仁和寺御流の文献学的研究　論文編』(勉誠社、一九九八年)七～三四頁中、七頁。

(68) 『特別展　明王――怒りと悲しみの仏』(奈良国立博物館、二〇〇〇年)一七九頁。『密教大辞典　縮刷版』(法蔵館、一九八三)一四三四頁。『別尊雑記』の描写は多少異なるが、水牛の背に立っている点が共通し、全体像が極めて近い。『覚禅鈔』には、文観のものと極めて似た調伏用の大威徳明王が登場する。前掲『覚禅鈔　第三』一六八〇頁。

(69) 前掲『特別展　明王』一七九頁。なお、大威徳が文殊の化身であることは、既にインド密教に見られる説である。松長有慶『インド密教の形成と展開』(法蔵館、一九九八年)三四一頁。

(70) この曼荼羅は、林温「新出の大威徳転法輪曼荼羅」(『國華』一〇七六号、一九九三年)一二～二五頁。これは一三、一五頁に図版付きで紹介されている。林温の見解では、仏画師でもあった文観自身が実際に描いた可能性が高い(二四頁)。

(71) 同上書、一七頁。

(72) 同上書、二四頁。

(73) 現在金沢文庫蔵、二九九函七号。この聖教について、向坂卓也「称名寺本『覚禅抄』のうち「大威徳転法論法」および「灌頂抄」について――翻刻と紹介」(『金沢文庫研究』三一七、二〇〇六年)一八～三九頁。

(74)　具体的には以下の部分の記載が、内容的にほぼ一致している。例えば、『逆徒退治護摩次第』の「大威徳御修法七箇日支度」と覚禅鈔の同部分、そして大威徳の呪文の部分なども同様である。『覚禅鈔』のテクストに関しては、前掲『覚禅鈔　第三』一八六八頁、一八七四〜一八七五頁。

(75)　『大威徳転法輪法』の道場観はつぎのようである（向坂卓也、前掲論文、一二三頁）。

「結如来奉印、置心上観妙高山頂上有[illegible]字
為八葉蓮華遍法界。此蓮花上有[illegible]字為五
峰八柱宝楼閣。此法界空殿中有[illegible]字門、成
大蓮花。此蓮花上有曼陀羅。々々々上有[illegible]
字変成水牛。々四足立花座。其背有蓮花鞍。
其上有輪。々上有[illegible]字変成八輻輪。々変成
大威徳明王身、六面六臂六足。六面上三面中
面菩薩形柔軟也。其面頂有阿弥陀。六臂左一
鉾、二輪索、三弓。右一釼、二宝杖、三箭。以彼弓
射勢也。六足左三足立□石。三足上像背有
火焔如虹。又如吠瑠璃。其火中当像右足下有
寅神次第十二神。但米《ママ》申封面、後内院明王背
有法形文殊。（省略）」

(76)　『覚禅鈔　第三』一八八九頁。

(77)　岩佐正氏〔校訂〕『新葉和歌集』（岩波書店、一九四〇年）二五二頁。当時の後醍醐天皇の心境について、森茂暁「後醍醐天皇――その怨霊と鎮魂、文学への影響」（『中世日本の政治と文化』思文閣出版、二〇〇六年）三六四〜三七六頁中、三六五〜三六七頁。

(78) 前掲「文観著作聖教の再発見――三尊合行法のテクスト布置とその位相」一二二頁。
(79) この聖教について、拙稿「宝蓮の『四度加行』に見える南北朝期密教儀礼」(阿部泰郎〔編〕『第四回国際研究集会報告書 日本における宗教テクストの諸位相と統辞法』名古屋大学大学院文学研究科、二〇〇八年) 八〇～一〇〇頁を参照。
(80) 文観の『秘密源底口決』と『二二寸合行秘次第』の真福寺本の奥書に再度書写された旨が記されている。阿部泰郎「『秘密源底口決』『二二寸合行秘次第』解題」(国文学研究資料館〔編〕真福寺善本叢刊　第三『中世先徳著作集』、臨川書店、二〇〇六年) 五九八～六二五頁中、六〇二頁。
(81) 内田啓一「吉野・吉水神社蔵両界種子曼荼羅――後醍醐天皇と文観房弘真」(『早稲田大学大学院文学研究科紀要』第三分冊、五十九号、二〇一三) 二九～四七頁。
(82) 延元四年 (一三三九) 八月の後醍醐天皇のまさに死の直前である七月に書かれている。阿部泰郎「文観著作聖教の再発見――三尊合行法のテクスト布置とその位相」(『名古屋大学比較人文学研究年報』第六号、二〇一一年) 一一七～一三三頁中、一二二頁。
(83) 筆跡の比較について、前掲拙稿「『逆徒退治護摩次第』解題・翻刻」を参照。
(84) 巻中の奥書に「延元二年三月十五日、奉為国家護持、且為増蔵王権現威光記之。同八月廿四日、重金精牛頭行者供養次第書入畢。」とあり、『逆徒退治護摩次第』同様に天皇の命を受けて生まれた。奥書の翻刻は、首藤善樹〔編〕『金峰山寺史資料集成』(国書刊行会、二〇〇〇年) 三五頁。佐藤虎雄「金峰山秘密伝の研究」(『天理大学学報』四十七号、一九九六年) 一一九～一三六頁中、一二一頁。
(85) このテクストについて、前掲佐藤虎雄「金峰山秘密伝の研究」を参照。
(86) 奥書翻刻は、前掲『金峰山寺史資料集成』四四頁。
(87) 阿部泰郎『中世の宗教テクスト体系』(名古屋大学出版会、二〇一二年) 四六三頁。
(88) 阿部泰郎「修験における宗教テクストの輪郭――その縁起と図像をめぐる覚書」(川崎剛志〔編〕『修験道の室町文化』岩田書院、二〇一一年) 二二九～二四六頁中、二四二頁。

(89) これは、文観が著した他の聖教『自行次第』と比較することでより明らかになる。『自行次第』のテクストは阿部泰郎の翻刻に拠った。阿部泰郎編『文観弘真著作聖教資料集』(名古屋大学、二〇一一年)七四頁。『自行次第』の成立年は不明だが、文観が積極的に体系化した儀礼「三尊合行法」の修法次第の一種であると考えられている。この『自行次第』と『逆徒退治護摩次第』は、テクストの記述や本尊の構造にかなりの類似が認められる。『自行次第』の道場観に最初に登場する大日如来や如意宝珠の描写は、全く一致する描写が『護摩次第』に見られる。更に、登場する尊格自体は異なるものの、次第は構造的には同じ流れにしたがっており、『自行次第』においても、『逆徒退治護摩次第』に見られるように、複数の本尊が交代し最終的な到達点として曼荼羅が描かれるという構造が成立している。詳細は、「『逆徒退治護摩次第』解題・翻刻」参照。

(90) 阿部泰郎「文観著作聖教の再発見——三尊合行法のテクスト布置とその位相」、一二〇〜一二一頁。

(91) 現在研究上で一般的に用いられる通称は『謀書目録』で、その奥書が収録されている『大日本史料』に由来する。しかし、本来の名称は『謀書邪法邪義抄目録』である。石山寺文化財綜合調査団〔編〕『石山寺の研究——深密蔵聖教編　上』(法蔵館、一九九一年)二九一頁。

(92) 『謀書目録』は、実は十八世紀石山寺の僧侶尊遍が仁和寺の亮深という名の僧侶の所持していた本を書写したものであると、奥書に記載があり、文観の生きた時代からかなり下る後世の記録となっている。しかし、文観のテクストを読んだ上で書かれたことは明らかであり、引用箇所の後醍醐天皇への言及に関しても信頼性が認められると考えている。これについては別稿で論じたい。

(93) 本稿執筆にあたっては、二〇一一年に聖心女子大学奥田勲教授が実施した石山寺調査に参加させていただいた際に閲覧の機会を得、筆者が筆写・翻刻したものを参考にした。私見では『大日本史料』に収録されている奥書は不完全で、数カ所の誤植が認められる。

(94) 三尊合行法関係聖教の中でも、中枢的立場にある『御遺告大事』に関しては、前掲『中世先徳著作集』六〇二〜六〇六頁、牧野和夫、藤巻和宏「実践女子大学付属図書館山岸文庫蔵『御遺告大事』一軸　解題・影印」(『実践女子大学文学部紀要』四十四、二〇〇一年)一〜三八頁、藤巻和宏「宀一山と如意宝珠をめぐる東密口伝の展開——三宝院三尊合行法を中心として」（『むろまち』五号、二〇〇一年）一～一五頁。図像については、奈良国立博物館『仏舎利と宝珠――釈迦を慕う心』（二〇〇一年）には、群馬・慈眼寺本の『東長大事』が全文収録されている（一六五～一七〇頁）。また、仁和寺本内の「因位童形尊像」を含む四点は、阿部泰郎「中世密教のスペクトラム」（『芸術新潮　大特集――空海　花ひらく密教宇宙』第六十二巻八号、二〇一一年八月）七〇頁。図像に関しては、後述註（113）を参照。

（95）　前掲『中世先徳著作集』六〇三頁。

（96）　同上書、六〇四頁。

（97）　文観が後醍醐天皇に授けた灌頂は、『瑜伽伝灯鈔』に言及される。印可、仁王経秘法と両部灌頂について、前掲『文観房弘真と美術』一二〇～一三三頁。

（98）　この像に関しては、網野善彦がいわゆる「異形の王権」像として注目し、黒田日出男が仏法と王法の両方を統べた絶対的天皇の表象として分析したことで人口に膾炙している。黒田日出男「肖像画としての後醍醐天皇」（『王の身体・王の肖像』、平凡社、一九九三年）二四八～二七五頁。こうした解釈をうけて、松本郁代はこの図像と即位灌頂との関係を明らかにした。『中世王権と即位灌頂　聖教のなかの歴史叙述』（森話社、二〇〇五年）三三一～三三三頁。また、阿部泰郎が最新の研究で「三尊合行法」の図像化である可能性を指摘した。「三社神号を上に、即身成仏を果たした帝王と神祇が一体となり、天照大神（大日如来）に統合される」。阿部泰郎「宝珠の象る王権――文観房弘真の三尊合行法聖教とその図像」（内藤栄〔編〕『日本の美術　舎利と宝珠』至文堂、二〇一一年）八〇～九三頁中、八六頁。なお、『遺告法・合行』では、三尊合行法の修法の際、道場観中の曼荼羅に「天照大神、八幡、春日」の三神が登場し、儀礼空間に勧請されている。阿部泰郎『中世日本の宗教テクスト体系』二四五頁。

（99）　後宇多自身も密教伝授を受けていた。真木隆行「後宇多天皇の密教受法」（大阪大学文学部日本史研究室〔編〕『古代中世の社会と国家』清文堂、一九九八年）四七九～四九八頁、藤井雅子『中世醍醐寺と真言密教』（勉誠出版、二〇〇八年）一四三～一六二頁。

（100）　藤井雅子「後宇多法王と「御法流」」（『史艸』三十七号、一九九五年）六四～八九頁、前掲『中世醍醐寺と真言密教』一四

八〜一五四頁、渕田雲渓「大覚寺統における密教の受法とその周辺」（『密教学研究』四十三、二〇一一年）一五一〜一七二頁、同「後宇多法皇の密教と大覚寺統における相承」（『高野山大学論叢』四十六号、二〇一一年）二六七〜二八七頁。

(101) 実際、後醍醐自身は、後宇多の死後、大覚寺の「御法流」を掌握しようとした。坂口太郎「東京大学史料編纂所蔵『五大虚空蔵法記』について——後醍醐天皇と後宇多院法流」（『古文書研究』七十二号、二〇一一年）一八〜四一頁、同「鎌倉後期・建武政権期の大覚寺統と大覚寺門跡 性円法親王を中心として」（『史学雑誌』一二二—四号、二〇一三年）四五九〜四九七頁。

(102) 井野上眞弓「文観房殊音と河内の国」（『戒律文化』二号、二〇〇三年）四六〜五七頁には、文観の後宇多院の元での活躍が注目されるが、その背景には、道順の影響があったと指摘できる。例えば、前掲『文観房弘真と美術』九〇頁。

(103) 坂口太郎「建武新政・南朝と院政——後院の設置を中心として」（『人間・環境学』十七号、二〇〇八年）九三頁。後醍醐天皇の倒幕の動機について、平田俊春「後醍醐天皇討幕の御志の由来——亀山法皇および後宇多法皇との関係について」（『神道史研究』三十二—四号、一九八四年）二二五〜二五四頁。

(104) 文観の「三尊合行法」関係聖教の近年の研究動向に関しては、阿部泰郎「中世密教聖教の極北——文観弘真の三尊合行法テクスト」（同『中世日本の宗教テクスト体系』名古屋大学出版会、二〇一三年）二四二〜二四六頁、前掲「宝珠の象る王権」八四頁。

(105) その著作のリストは、前掲『中世日本の宗教テクスト体系』二五四〜二六五頁。さらにこれを基に作成した著作群関係図は、拙稿「『三尊合行秘決』解題・翻刻」（阿部泰郎〔編〕『中世宗教テクスト体型の復元的研究——真福寺聖教典籍の再構築』名古屋大学大学院文学研究科、二〇一〇年）一七三〜一九二頁中、一七六頁を参照。

(106) 原文は、『中世先徳著作集』四九一〜四九二頁。伊藤聡『中世天照大神信仰の研究』（法蔵館、二〇一一年）二六四〜二六五頁にも掲載。

(107) 如意輪観音について、彌永信美『観音変容譚　仏教神話学』（法蔵館、二〇〇二年）五七二〜五七六頁。ここでは、如意輪観音と金輪聖王の関係も論じられる。

(108)「三尊合行法」は、様々な三尊の形態のヴァリエーションが見られるが、大日如来・一字金輪・天照大神の各要素は、それぞれ「三尊合行法」の本尊となりうる尊格である。拙稿「『三尊合行秘決』解題・翻刻」。

(109)金輪聖王とは転輪聖王とも言い、古代インドの絶対的王者チャクラヴァルティン（cakravartin）に由来している。前掲『日本中世仏教史料論』二七七頁。

(110)前掲阿部泰郎「宝珠の象る王権」、八六頁を参照。

(111)大師の神格化と入定説の展開について、白井優子『院政期高野山と空海入定伝説』（同成社、二〇〇二年）、伊藤聡「天照大神・空海同体説――東密三宝院流の秘説形成」（前掲、『中世天照大神信仰の研究』）二四四～二八四頁。

(112)東寺の御影について、橋本初子『中世東寺と弘法大師信仰』（思文閣出版、一九九〇年）。

(113)『御遺告大事』の図像について、『中世先徳著作集』六〇四～六〇五頁。水原堯榮「御遺告を中心として現はれたる弘法大師影像変遷の種々相」（中川善教編『水原堯榮全集第十巻　論文集1』同朋舎出版、一九八二年、四六～七五頁）、真鍋俊照「虚空蔵求聞持法画像と儀軌の東国進出」（『密教図像と儀軌の研究　上巻』法藏館、二〇〇〇年）八四～一二一頁中、一〇六～一〇七頁。三尊合行法の本尊図像とその絵画化について、拙稿「いわゆる「赤童子」図（日光山輪王寺・大英博物館・大阪市立美術館）の検討――文観による「三尊合行法」の本尊図像化の一例として――」（『仏教芸術』三五〇号、二〇一七年）九～三二頁。ルチア・ドルチェ「儀礼により生成される完全なる身体」（阿部泰郎〔編〕『第四回国際研究集会報告書「日本における宗教テクストの諸位相と統辞法」』名古屋大学大学院文学研究科、二〇〇八年）五八～七一頁、及びルチア・ドルチェ「二元的原理の儀礼化――不動・愛染と力の秘像」（ルチア・ドルチェ、松本郁代〔編〕『儀礼の力――中世宗教の実践世界』法藏館、二〇一〇年）一五九～二三〇頁には、こうした図像の教理的な枠組みが特に触れられている。また、「各別三尊」の具体的な本尊について、内田啓一「根津美術館蔵大日金輪・如意輪観音厨子について――文観房弘真と制作背景」（『仏教芸術』三二四、二〇一二年）九八～一一三頁。

(114)前掲、拙稿「『三尊合行秘決』解題・翻刻」一八九頁。

(115)前掲、阿部泰郎「宝珠の象る王権」八四頁。

(116) 内田啓一『後醍醐天皇と密教』(法藏館、二〇一〇年)一九七頁。
(117) 前掲「宝珠の象る王権」九一頁。
(118) 院政期・鎌倉期の宝珠法の修法について、松本郁代「鳥羽勝光明院蔵の『御遺告』と宝珠――院政期小野流の真言密教」(前掲『覚禅鈔の研究』所収)三四九～三七八頁中、三五八～三六一頁を参照。
(119) 前掲、阿部泰郎「宝珠と王権――中世王権と密教儀礼」一二三頁。醍醐寺の勝賢による『伝授記』(永久三年＝一一一五)は、これらの説が登場する早期の例である。斎木涼子「仏教的天皇像と神仏習合――仁寿殿観音像・即位灌頂」(『ヒストリア』二一九号、二〇一〇年)二八～五〇頁中、三一頁。
(120) その同体説について、前掲、伊藤聡『中世天照大神信仰の研究』(法藏館、二〇一一年)二六四～二六五頁にも掲載。
(121) 斎木涼子、前掲論文、三一頁。
(122) 水上文義『台密思想形成の研究』(春秋社、二〇〇八年)五二九～五四七頁によると、慈円のこうした思想は『夢想記』の後に執筆され、その内容を一部補完している『法華別帖』にも見られる。
(123) 慈円自身は、如意輪＝天照大神＝神鏡とは断言していないが、『夢想記』以外の慈円の著作をふまえた水上氏の緻密な分析によれば、そのように導かれる。同上書、五一七～五一八頁、五四〇～五四二頁。
(124) 赤松俊秀『鎌倉仏教の研究』(平楽寺書店、一九五七年)三一三頁、前掲、上川『日本中世仏教形成史論』四一三～四一四頁。
(125) 慈円の『夢想記』自体は、『毘逝別』という即位灌頂を主題とするテクストの終わりに収録されている。即位灌頂は、中世から江戸時代に修法された。前掲、阿部泰郎「宝珠と王権」一三九～一四一頁。この論文には、慈円の教理と二間の仏事、或いは即位灌頂との関係も分析されている。また、即位灌頂の成立について、前掲『日本中世仏教史料論』四〇九～四一〇頁。
(126) 前掲「宝珠と王権」一四二頁。東寺の即位灌頂について、松本郁代『中世王権と即位灌頂』三五～五四頁を参照。
(127) 『鼻帰書』について、門屋温「両部神道試論――『鼻帰書』の成立をめぐって」(『東洋の思想と宗教』一〇号、一九九三年)

八〇～九六頁。道順、『鼻帰書』に展開される言説と文観の著作である『御遺告秘決』の接点について、前掲、伊藤聡『中世天照太神信仰の研究』二七四～二七五頁。また、Mark Teeuwen, "Knowing Vs. Owning a Secret", In Bernhard Scheid, Mark Teeuwen (ed.), *The Culture of Secrecy in Japanese Religion* (London: Routledge, 2006), pp. 172-203.

(128) 前掲、阿部泰郎「宝珠の象る王権」には、文観が後醍醐天皇に授けた瑜祇灌頂と「三尊合行法」の関係性が解明される。ただし、赤松俊秀、前掲論文に指摘されたように、後醍醐天皇自身は、本来の即位灌頂を受けていない可能性が高い。

(129) 内藤栄『舎利荘厳美術の研究』（青史出版、二〇一〇年）一一六頁。また、一三一頁に指摘されたように、西大寺叡尊が「三尊合行法」に酷似した儀礼を修法した形跡がある。

(130) 同上書、一〇九～一一四頁。三尊合行法の成立は、前掲、阿部泰郎「宝珠の象る王権」八〇～八二頁。

(131) 例えば網野善彦、前掲書、一九七～二六三頁。

(132) 市沢哲「鎌倉後期の公家政権の構造と展開――建武新政への一展望」（『日本史研究』三五五号、一九九二年）二三～四八頁、美川圭「建武政権の前提としての公卿談義――「合議と専制」論をめぐって」（前掲『日本国家の史的特質　古代・中世』五九九～六二〇頁、坂口太郎「建武新政・南朝と院政」（『人間・環境学』第十七号、二〇〇八年）九一～一〇五頁。

(133) 『異形の王権』で特に主張されてきた怪僧としての文観像を疑問視する研究は、つとに散見されてきた。とくに立川流を史的に見直す研究に関しては、彌永信美「立川流と心定『受法用心集』をめぐって」（『日本仏教総合研究』二号、二〇〇三年）一三～三二頁、同「密教儀礼と「念ずる力」――『宝鏡鈔』の批判的検討、および『受法用心集』の「髑髏本尊儀礼」を中心に」（前掲『儀礼の力』）一二七～一五八頁。また、邪教として「立川流」が捉えられた背景には、近代にこのテーマが特殊な状況下で研究の俎上にのったという歴史的背景があることを忘れてはならない。拙稿「近代の立川流研究の端緒――井上吉次郎著『文観上人』の誕生の背景を水原堯榮との交流から読み解く――」（『早稲田大学総合人文科学研究センター研究誌』四号、二〇一六年）三二五～三四二頁。

(134) 前掲『黒田俊雄著作集　第二』二四一頁。

(135) 蓑輪顕量「日本における王法と仏法」（小島毅〔編〕『東アジアの王権と宗教』、勉誠出版、二〇一二年）二七～三九頁。

(136) 日本の対外関係に対しても、この調伏の概念が適用された例としては、蒙古襲来の際の仏教儀礼修法が挙げられる。この時には、「金輪聖王の統べる日本国」が、神国思想の導入によって天照大神の子孫が統べる国であるともされ、神々に保護される東アジアの中でも別格の位置を有するという視座が導入された。前掲、上川『日本中世仏教史料論』二七七〜二七八頁。

(137) 賢俊について、森茂暁「三宝院賢俊について」(九州大学国史学研究室〔編〕『古代中世史論集』吉川弘文館、一九九〇年)一一七〜一四四頁、同『中世日本の政治と文化』(思文閣出版、二〇〇六年)一一七〜一四四頁。また、隆舜について、藤井雅子「南北朝の動乱と醍醐寺――主に報恩院隆舜を通して」(永村眞編『醍醐寺の歴史と文化財』勉誠出版、二〇一一年)一八九〜二二一頁中、一八九〜二二一頁。

(138) 例えば、藤井雅子、同上書、二〇〇頁。

(139) 上横手雅敬『権力と仏教の中世史』(法藏館、二〇〇九年)三二三〜三四七頁において、様々な事例が紹介されている。

(140) 例えば北畠親房は、後醍醐天皇の死後に、息子の後村上天皇の教育のために執筆されたと言われる『神皇正統記』では、後醍醐天皇の不徳を指摘している。下川玲子『北畠親房の儒学』(ぺりかん社、二〇〇一年)二八八〜二九〇、三一二〜三二五頁。

〔付記〕この論文は、二〇一〇年に東京大学多分野交流演習「東アジアの王権と宗教」において、小島毅・近藤成一両教授の指導のもとに行った発表を土台としている。その後、奈良県吉野山如意輪寺、滋賀県石山寺での資料調査を行い加筆・訂正を加えた。演習においてご指導くださった皆様、調査にあたり尽力してくださった関係者各位、如意輪寺住職加島氏、聖心女子大学奥田教授に、ここでお礼を申し上げたい。なお、執筆にあたりSwiss National Science Foundationの助成を受けた。

第三部　禅僧と儒者の王権論

中巖円月が学んだ宋学

小島　毅

はじめに

日本に宋学が伝わったのは、いつ、誰によってなのか。この問題には古来いくつかの答案が提出されてきたけれども、現在に至るまで定説は得られていない。近年「日本における臨済宗の開祖は誰か」をめぐって、教科書的通説たる「明庵栄西説」に対して、複数回路説とでもいうべき学説が提起されて学界の共通認識になりつつある[1]。これと同じく、宋学についても「何年に誰某がもたらした」という形での解答はさほど意味がない。穏当な解答として、「十二世紀末から十三世紀にかけて、僧侶たちが禅仏教を請来するのに合わせて流入した」とするに留めておくのが穏当なところかと思われる。

禅仏教は鎌倉幕府（より厳密には得宗家）の庇護を受け、やがて五山文化の時代を迎える。その過程で今度は「宋学を政治の領域に導入したのは誰か」の議論があり、後醍醐帝とその周辺が古くから注目されてきた。ここでも「何を以て宋学の影響と称するか」という問題があって、議論は錯綜している。ただ、如上の経緯に鑑みて、禅僧の存在が鍵になることは疑いない。

そこで、本稿では中巖円月に注目して彼の言説とその背景を分析する。(2) 中巖は後醍醐帝とも足利尊氏・直義兄弟とも面識があったが、彼らの知嚢だったというわけではない。その言動は政治の現場や文化政策に直接反映されてはおらず、しかもその学問を継承する後継者に恵まれなかった。だが、彼が留学の成果として得た宋学の思想内容は、この時期、日本に伝わった宋学なるものの内実を究明する上で一つの典型を示している。以下、中巖の生涯を概観したあと、彼が学んだ宋学とはどのようなものだったのか、彼が置かれていた状況に注目して論じていく。(3)

一　中巖円月の生涯

中巖は「自歴譜」を遺している。それによると、彼は正安二年（一三〇〇）の旧暦正月六日、鎌倉武士土屋氏の家に生まれた。だが、同年、父が西国配流となったため武蔵国の烏山（現在の東京都世田谷区烏山と想定されている）で幼年時代を過ごし、八歳の時に鎌倉の寿福寺、翌年大慈寺に入った。『孝経』・『論語』といった中国古典の学習を、当時の一般的な慣行どおり仏寺において経験している。十三歳で剃髪、はじめは密教を学んだがこれに厭きたらず、寿福寺にて禅語録を学び、円覚寺の東明慧日を師とすることになる。十九歳で渡元を志して博多に趨くものの許可が得られず、京の万寿寺や越前永平寺で修行、鎌倉に戻って建長寺書記に就任した。元亨三年（一三二三）、ちょうど鎌倉を大地震が襲った年である。翌年ふたたび渡元を企てて九州に向かい、その翌年にこれを果たす。元の年号で泰定二年（一三二五）の九月であった。以後、至順三年（一三三二、日本年号では元弘二年）四月の帰国まで七年間、かの地で各地の禅林を巡った。この留学中、本業たる仏道修行と並んで、本格的な宋学学習の機会を得ている。

帰国翌年の五月、九州滞在中に鎌倉幕府滅亡という大事件が生じ、その余韻さめやらぬなか、大友貞宗の随行員として上洛する。ところがその年末貞宗が死去、中巌は翌建武元年（一三三四）には鎌倉円覚寺に戻った。北条時行の鎌倉占領（中先代の乱）、足利尊氏の鎌倉奪還、北畠顕家の鎌倉通過といったためまぐるしい動きを、彼は鎌倉にて体験していたことになる。その後、天龍寺船による再渡航のために博多まで行くも乗船できず、基本的に鎌倉で過ごしたほか、京や九州、関東では下野国宇都宮や上野国利根（大友氏の領地）といった各地を頻繁に往来した。貞治三年（一三六四、南朝年号では正平十九年）に佐々木道誉の庇護を受け近江杣に龍興寺を創建して以降はここを拠点として京・鎌倉を往還、応安八年（一三七五、南朝の文中四年）正月八日に歿した。享年七十六。

大友貞宗に連れられて上洛した元弘三年十一月に、後述する「上建武天子表」をはじめとする経世論を後醍醐帝の政府に提出、唐土帰りならではの見解を披瀝している。大友氏は尊氏西走の船団を用意したことに象徴されるように、武家方（北朝）の中核的存在であった。翌建武元年には鎌倉にて主著『中正子』を著している。そして、南北朝分裂後は、観応の擾乱の最中に鎌倉で足利直義に面会したり佐々木道誉の葬儀を取り仕切ったりと、足利政権中枢と密接な関係を持ち続けた。鎌倉では建長寺・円覚寺・寿福寺・浄智寺、京では南禅寺・天龍寺・建仁寺・万寿寺と、（聖一派拠点の東福寺を除く）五山寺院のほとんどで幹部的役職を務め、中巌より一つ世代が上（一二七五年生まれ）で同時

に活躍していた夢窓疎石と並ぶ大物であった。(4)

建武四年（一三三七、南朝の延元二年）頃から、青年時代の師東明慧日ではなく、入元時代の師である東陽徳輝の法を嗣ぐ者であると自称したことにより、慧日門下の連中と不和になって「受難時代」（蔭木英雄の表現）を経験する。しかし、康永四年（一三四五、南朝の興国六年）には建長寺首座に就任しているから、生涯を通じてほぼ順風満帆であったと言えよう。

現在、学界での一般的評価としては、五山文学草創期における詩僧とみなされている。唐土仕込みの作詩技術は生前から高く評価されていた。この点で、留学経験の有無と相関するか否かは定かではないが、夢窓が詩作面ではさほど注目されないのと好対照をなしている。また、「宋学について相当な素養を積んでいた」(5)という点から、思想家としても注目され、岩波書店の日本思想大系において『中世禅家の思想』を編んだ際、明庵栄西『興禅護国論』・抜隊得勝『塩山和泥合水集』・一休宗純『狂雲集』と並んで、彼の『中正子』が選ばれるという栄誉を得ている。この選集に夢窓の『夢中問答集』が採られていないことは興味深い。事情は詳らかにしないが、同書の主要参考文献欄に入矢義高が挙げている、(6)井上哲次郎『日本朱子学派之哲学』（一九〇六）や西村天囚『日本宋学史』（一九〇九）以来の、宋学紹介の先駆者という位置づけが生きていたものと想像される。

入矢が言及しているように、中巌の『中正子』執筆を触発したのは周敦頤や張載のほか、「彼が常に深く崇敬してやまぬ宋の学僧契嵩」の「中正篇」であった。(7)入矢は、中巌の所説（特に性説）に朱熹への言及が見られぬことを指摘し、「彼のこうした思弁を直接導き出した契機は、やはり契嵩にあったと思われる」と言う。そして、旧来の中巌評価が「過度に宋学へ傾斜せしめて性格づけようとする傾き」に修正を迫っている。(8)

入矢の見解はおおむね首肯でき、現在でも通説的な中巌理解と言えよう。だが、では中巌自身の意識としてどうだったのか。入矢のテクスト内在的な分析では、中巌といわゆる朱子学との相違、および契嵩との共通点が見出されるに留まっている。しかし、それでは中巌自身の文脈、すなわち、彼が経験した元末の中国禅林における宋学観をどのように受け止めたかは検討されない。「彼の学問がその一代のみに終って、然るべき継承者を得るに至らなかったこと」を、入矢はその衒学趣味に帰している。(9)だが、果たしてそうなのだろうか。在元七年の碩学中巌ではなく、渡航経験のない夢窓のほうが広く信奉者を集め、その倫理説・経世論が『夢中問答集』として流布していった経緯は、別の視点から考えてみる必要を感じる。

以下、話を遡らせて、宋代における「禅僧と儒学」の問題を瞥見してみたい。

二　契嵩と欧陽脩

契嵩は宋の景徳四年（一〇〇七）、藤州（広東省）に生まれた。俗姓は李氏。七歳で出家し、十四歳で具足戒を受ける。廬山や洞山で学び、三十代のなかばに杭州へ移った。熙寧五年（一〇七二）に霊隠寺で入寂。杭州知事となった蔡襄との交友が伝えられ、儒者官僚たちにもその名が知られていた。彼は、時の皇帝仁宗に対して「万言書」を奉っているように、経世意識を具えていた。(10)他の禅僧のような語録はないが、文集として『鐔津文集』が伝わり、中巌も留学中にこれを読んだと想像される。十八世紀の四庫全書にも、蔡襄・范仲淹・孫復ら名だたる慶暦士大夫たちの文集と並んで著録されている。『鐔津文集』のなかに「輔教編」と題する護法書が載り、彼の思想的著作として注目されてきた。(11)

「輔教編」の執筆動機は、彼自身、韓愈の排仏論への反駁であると述べている。ただ、その文体は韓愈が提唱した古文そのものであり、この点で慶暦士大夫たちと文化基盤を共有し、また、それゆえに後世も読み継がれたものだろう。日本には、嘉暦元年（一三二六）に帰国した無隠元晦によって請来され、春屋妙葩が観応二年（一三五一）に『夾註輔教編』として五山版で刊行している。[12] 嘉暦元年といえばちょうど中巌の留学中であり、史料上の証拠はないが、中巌と無隠が現地で会っていた可能性も考えうる。ただ、観応元年前後に中巌は鎌倉にあって在洛せず、かつ春屋は夢窓の高弟だから、この五山版刊行に中巌は関わっていないであろう。

「輔教編」は「儒仏一体観」を説くことで韓愈のようないわれなき（と契嵩に思えた）排仏論に反駁している。契嵩は「善悪論を核として仏教の出世間性と儒教の世間性を連続させた」けれども、「公案禅を確立した大慧宗杲らと比較する時、契嵩思想の穏健性・消極性は、おおいがたいものがあろう」と評されている。[13] 契嵩は嘉祐六年（一〇六一）、「輔教編」を携えて開封に至り、これを大蔵経に収録してもらう運動を展開、翌年これが認められた。このように、彼は生前、堂々たる仏教界の大物として活躍していた。ちなみに、彼が歿したのは熙寧五年（日本年号で延久四年）の六月四日、その二ヶ月前の四月十三日に成尋が杭州に上陸し、五月四日にこの地を去っている。ただし、成尋が契嵩と会見したとは、成尋『参天台五臺山記』には見えない。[14]

さて、契嵩と生卒年を同じくするのが、有名な欧陽脩である。契嵩が「輔教編」入蔵運動で折衝した当局者のなかにも、当時参知政事の職にあって政界・学界の重鎮だった欧陽脩が含まれている。欧陽脩といえば、文学史の概説的説明では、韓愈の古文運動を継承し、ついに四六駢儷文に代わる標準文体の地位を勝ち得た功績者とされている。一方、その思想史的な位置づけについては、中国語圏はもとより、近年、日本の学界でも研究が進んでいる。彼は宋学の「第一世代」であり、王安石・程頤・蘇軾ら次の世代の活躍を準備した重要人物であった。[15]

欧陽脩は、儒教内部においては、漢代以来の訓詁学、特に緯書を用いた注釈作業に厳しい姿勢を見せ、（彼の見解による）儒教の純粋化に務めた。仏教にも批判的で、この点でも韓愈を継承する排仏論者とみなされている。その具体例とされてきたのが「本論」（『居士集』巻十七）の中篇である。ここで欧陽脩は、堯舜三代には秩序が整っていて邪説が入り込む余地が無かったのに、後世の為政者の弛緩・油断が隙を与えたという認識を示す。そこで、仏教の影響を排除するために礼義の復興が必要であると説く。

この議論は、中華の地から仏教を排斥することを目指している点で、たしかに排仏論の性格を持っている。しかし、仏教の何が悪いのかという、具体的な教義論争にはなっていない。社会のあるべき秩序（彼の表現では「堯舜三代之為政」）を復興することが、何の論証も無しに正しいこととされているだけである。その実現のため、民間のさまざまな風習（「蒐狩・婚姻・喪祭・郷射之礼」）の次元から立て直すことが強調される。それが「礼義」であった。この論旨は、彼が「春秋の義」に基づく歴史認識の確立に務め、また、近世的宗族を形成する運動の担い手でもあったことと対応している(16)。要するに、その争点は儒教が理想とする社会秩序を復興する上で仏教が有害であるというところに係っており、仏教教義自体への批判ではなかった。そして、この点が程頤以降の道学による仏教批判とは異質だと指摘されてもいる。

契嵩が活躍したのは、同い年の欧陽脩と重なる時期であり、当時の儒教側からの排仏論の代表格はほかならぬ欧陽脩だった。したがって、契嵩の仏教弁護論は、欧陽脩風の「仏教は社会的な悪」というところに焦点を合わせたものとなる。「輔教編」の内容はまさにそうであり、儒教の世間性における価値を十分尊重した上で、仏教には出世間の面で意義があると説く論法を採ることになった。契嵩がこれを持参して欧陽脩がいる開封の朝廷を訪ねたのは興味深い。当然、契嵩は欧陽脩の仏教批判を知っていたであろう。その上で、あえて自分たちに好意的ではない政府高官の儒教知識人たちに向かって仏教の効用を訴え、これを大蔵経に入れることを求めたわけである。

「六一居士伝」(『居士集』巻四十四)は熙寧三年(一〇七〇)九月七日の作で、王安石と政策上衝突した後の、欧陽脩晩年の文章である。ここに説かれているのは、功成り名遂げた者の隠遁志向で、仏教伝来以前から士大夫の間に見られる心情だった。ただ、これは仏教の出世間と同傾向の思念であり、そのため六朝時代以来、多くの士大夫が仏教教義を活用して自分の隠遁志向を述べていた。欧陽脩は自身のこの文章に仏教色を付していないが、宋代士大夫に広く共有される観念は仏教、特に禅との親和性を持っていたのである。

欧陽脩の後継者というべき蘇軾となると、士大夫官僚としては儒教的立場から仏教の社会的害悪を糾弾するものの、私生活の面では仏教信者として振る舞っている。たとえば、「薬師瑠璃光仏賛」(『東坡先生全集』巻二十一)は、孫の病気平癒を感謝して造像した時の文章だが、孫を「仏弟子」としているばかりでなく、文章上は蘇軾自身も孫たちの平癒は薬師如来の加護によるものだという解釈を採っている。王安石についても同様のことが言え、宋学を担った士大夫たちの間では社会的な排仏と私生活での崇仏は共存していた。また、禅僧たちとの知的交遊も多くの士大夫について伝えられている。

また、逆に、契嵩のように、仏僧でありながら政治的発言を行うことも許容されていた。儒と仏とは互いに異質であることを自覚しながら、ある種の分業体制を築いていたのである(17)。

こうした状況に対する尖鋭な批判勢力が程顥・程頤兄弟に始まる道学、なかんずく朱子学だった。道学のなかでも張九成や陸九淵には禅への共感があり、それゆえ朱熹から殊更にその点を批判される。朱熹が創りあげた思想体系は、古来指摘されているように、その内実としては仏教からの剽窃を含むにせよ、公的な言辞としては儒教から仏教や老荘思想の影響を排除して純粋化することを意図していた。中巌の時代、中国で広まっていたのは、そうした朱子学であった。

三 『中正子』性情篇の再検討

中巖が元に留学していたのは、儒教の権威回復が進み、皇帝みずから曲阜の文宣王廟（孔子廟）に拝謁したり、科挙が再開されたりしていた時期であった。その権威の中心にあったのは朱子学であり、やがて元末の争乱を経て朱子学王朝たる明の創建に貢献することになる、宋濂（一三一〇年生）や劉基（一三一一年生）がすでに勉学に励む年頃に達していた。ただ、彼らについては三教融合の気質を持っており、そのことが明初の朝廷における朱子学の性格に少なからぬ作用を及ぼしている。

宋学第二世代のなかで、程頤はとりわけ仏教に手厳しかった。その直系を以て自認する朱熹も、事あるごとにその教義を批判した。朱子学は原則的に排仏だったと言ってよい。しかし、程門道学の後継者のなかには禅僧と交遊する者もまた多かった。大慧は南宋初期に政治的に対金主戦論を主張して秦檜政権から迫害を受けているが、同じく主戦論を採る道学者たち、呂居仁・汪応辰・張九成らと親しかった。ちなみに、中巖の師東陽は大慧の法統を嗣いでいる。

言うまでもなく、中巖が渡元して得た朱子学の知識は、彼が巡った各地の寺院で得たものである。そして、彼にそれを伝授したのは主に禅僧であったろう。儒者から直接ということもあったかもしれないが、その場合でも、宋濂・劉基の前の世代に属する、彼らと同じように仏教と融和的な人物であったろう。そもそも、そうした人物でなければ仏寺を訪れるはずがない。

「自歴譜」には、元で出会った高僧の名は挙がっているが、儒者は登場しない。したがって、彼が現地で儒者と交流した証拠はない。ただ、たとえば、至順二年（一三三一）春に掛錫した金華は元代朱子学の拠点の一つで、当時は許謙が千人を超える門弟を養成していた。また、中巖が出入国の際に通った寧波は南宋以来学術の盛んな土地でもあり、当時は程端礼（科挙受験勉強のカリキュラム『読書分年日程』で有名）らが活躍していた。彼らであれば、正統な朱子学の知識を中巖に伝授し得ただろうが、中巖のほうからよほど積極的に接触を試みないかぎり、この人たちが「日東」から来ている一介の禅僧に会うとは思えない。

従来の研究では、『中正子』などに見える中巖の思想を、朱熹本人のものと比較し、そのずれを指摘していた。だが、中巖が中国で接した儒学が、宋学には違いないものの、朱熹が熱を籠めて主張したものと些か異なる性格を帯びていたとしたら、話は変わってくるのではなかろうか。中巖は一般に言われている意味での朱子学を学んだわけではなかったのである。

たしかに、中巖は朱熹の経学著作を読んではいる。朱熹の『周易本義』に対する批判的な文章として「辯朱文公易伝重剛之説」を著したりしているからだ。だが、これも、易という経書だからこそであって、詩（『詩集伝』）や書（『書集伝』、ただし朱熹の意を受けて弟子の蔡沈が著したもの）をきちんと学んだ形跡はない。朱子学の要とされる四書についても、『中庸』や『孟子』における性説への論及はあるが、これも朱熹の注解を熟読してというわけでなく、入矢が指摘しているように契嵩からの影響が大きい。そして、その契嵩は、欧陽脩ら北宋中葉の古文復興運動の雰囲気に染まっており、その意味で宋学の思想圏に属していた。

入矢は、中巖に影響を与えた人物として、契嵩と並んで王通を挙げている。中巖が『中正子』の中でみずから「中正子」と名告っているのも、隋の王通が「文中子」と呼ばれたのに倣ったからとされている。

王通は南朝の陳に生まれて隋に仕えたが、早くに引退して著書講学に専念し、唐初の朝廷を支えた魏徴・房玄齢ら多くの門人を養成した大儒であった。ところが、『隋書』には立伝されていない。『隋書』は魏徴撰であるにもかかわらずである。新旧の『唐書』では、その子孫の伝の前置きで簡単に紹介されている。[18]その著『文中子』として伝わる書物については、古来疑義が呈されてきた。すなわち、一時期埋もれていたこの書物を再評価して世に広めたのは、北宋の古文運動家阮逸であり、彼の偽作ではないかという疑惑である。その当否を判断するのは難しいけれども、阮逸が慶暦士大夫の一員で契嵩と同世代だったことは興味深い。中巌は『文中子』を隋人王通の著作と思っていたろうが、その内容を高く評価したのは唐人ではなく宋人だったわけだ。

入矢は王通が中巌に与えた影響を過大視するあまり、たとえば『中正子』巻四「性情篇」に見える「節情復性」という句を、『文中子』の「以性制情」を典拠としているかのように引いている（一五五頁）が、[19]「復性」の語で直接意識されていたのはむしろ韓愈の友人李皐の「復性書」だろうし、李皐再評価も欧陽脩ら古文運動家の営為だった。この節と制が同義だとしても、王通（もしくは阮逸）の「性によって情を節制する」と中巌の「情を節制することで性に復帰する」こととは思想的な意味内容が違っている。前者は、元来『文中子』でそうできる者は少ないと述べる文脈であるように、古来の性三品説に立っているのに対して、後者は道学の「聖人学んで至るべし」と類似する立場で、自己の本来性に立ち戻ることを目的とする修養論である。[20]『中正子』の該当箇所の文脈に即して厳密に言えば、各人がそうするように聖人が仕向けるのであり、そのための手段が礼と戒だと中巌は述べている。入矢による書き下し文を引用しよう。

故に聖人はその情欲を節して、その天性に復せしめんと欲するのみ。ここにおいて礼を制し戒を設けて、もつて人をして能くその欲を養ひて度に過ぎざらしむるものなり。故に礼は養なり。戒は禁なり。（中略）仁義・孝弟・忠信は能く心を養ふも、その情にして節せざるを禁ずるものなり。

（一五五頁）

儒教倫理の具体的な徳目たる仁義・孝弟・忠信は「心を養ふ（養心）」もので、個々人の情欲が筋目からはずれそうになることを防ぐ機能を具えていると説いている。ちなみに、これが巻四の結論の文である。入矢はここで「養ふも」と逆接的に読んでいるが、原文は単に「而」で繋いでいるだけであり、むしろ「養ひて」と並列で読む方が中巖の意図に叶うように思われる。なぜなら、ここで中巖は各人が自分の心を磨く主体的修養の意義を説き、その具体的徳目として仁義・孝弟・忠信を挙げているからである。中巖は礼の効用が養、戒の効用が禁だとしているのであるから、養と禁の関係は逆接ではなく並列のはずである。右記引用部分の中略箇所には、口・鼻・耳・目における味・香・臭・声の機能を例示し、心においては仁義・孝弟・忠信が同様にこう働くという論理構成を採っていて、それら四箇所も入矢は「も」という助詞で繋げて訓じているのだが、いずれも平板な並列であってしかるべきだろう。

ここで中巖が「節情復性」を「節其情欲、而復其天性而已」と言い換えていること、およびそれが各人の自主的・自発的な修養ではなくて聖人を使役主体とするものであることの二点に注目してみたい。

第一の点について言えば、これは単に『文中子』や契嵩の言説を敷衍したものではなく、道学、それも朱子学段階になって確立される発想を基底に据えている。有名な『論語』顔淵篇の第一章の句、「克己復礼」に対する朱熹の解釈は、「己の私欲に勝ちて、天理の節文に反《かへ》る」だった。程頤の道学、そしてそれを承ける朱子学では「性即理」であるから、中巖の言う「天性」は「天理」の同義語である。(21)『中正子』巻四で展開されている「性情」の論は、『礼記』の楽記篇・中庸篇の性説を解釈するところから始まっていた。(22)その解釈は漢唐訓詁学には見えない宋学特有の議論を踏まえているが、本稿でもすでに入矢の指摘として紹介したように、朱熹とは異なる見解を示している。しかも、それを朱熹への批判という形で明示的に述べることはしない。巻一末尾で孟子・荀子・揚雄・王通・韓愈・柳宗元・欧陽脩・蘇軾・蘇轍（および老子・荘子）の人物評があるが、朱熹の名は出てこないのと同様である。

これと関わって、第二点、「聖人」の意味内容の問題がある。中巖は「節情復性」を（朱子学のように）聖人になるための修養として説いてはいない。楽記篇には「礼節民心（礼によって人々の心を節制する）」という文言があり、中巖は中国の儒者たちの解釈を承けて、情欲を節制する手段として礼を持ち出したものと思われる。「礼は節、戒は禁」というのが彼の見解だったが、これも儒教古来の礼と法の分業を承けて、仏教者らしく法を戒に置き換えたものだろう。仏教で「法」というと、ダルマの翻訳語として儒教や道教で「道」に相当する位相の概念になってしまうからかもしれない。聖人とは、礼や法（中巖の言う戒）を設けて人々を教導する存在であり、各人が本来具えている普遍的な天理（中巖の言う天性）を具現化する制度設計をしたと説かれているのだ。

そもそも、入矢がすでに注意を喚起しているように、巻四冒頭における楽記篇からの引用には一箇所、原文の字を変えているところがあって、中巖が「情之欲」としているのは正しくは「性之欲」であった。入矢はこれを「両者の趣旨は実質的に相等しい」（四〇六頁）と片付けているけれども、実はここに重要な鍵が潜んでいる。

当該箇所についての宋人の注解を集成した衛湜『礼記集説』巻九十二には、楽記篇本文のこの箇所に「情」字が登場しないにもかかわらず、他の箇所との呼応関係から「性之欲」を「情」によって説明したものが並んでいる。すでに『五経正義』の解釈からしてそうなのだが、中庸篇との連動を強く意識するようになった宋学においては、この「性之欲」を「已発」たる「情」として理解するのが一般化していた。そのなかで、「長楽陳氏」の説明は、（情という字は使わないのだが）「耳の欲が声、目の欲が色、鼻の欲が臭、口の欲が味」と肉体的な欲望を列挙した上で、それらが「性の欲を知ることだ」としている。楽記篇が前段に挙げている肉体的な欲望は「口腹耳目」だった。腹（食欲）の代わりに鼻を入れているわけで、この言い方は中巖が挙げていた四つと同じである。「長楽陳氏」とは北宋の陳暘という学者で、衛湜も注記しているとおり、彼の『楽書』からの引用である。陳暘は兄の陳祥道とともに王安石学派に属していた。中巌が『楽書』もしくは『礼記集説』を読んだことは実証できないので確たることは言えないけれども、この発想を中巌が踏襲していたことは想像できよう。

衛湜が挙げる「厳陵方氏」は、楽記篇の「人生而静、天之性也」を「性は天より稟け、静にして無欲なり」と説明する。また、「馬氏」はこれを「無知」という語で説明し、人知が作動する以前のいわば原初的な状態として説明する。「延平周氏」は「静則為性（静であることこそが性である）」と言い、「山陰陸氏」は『列子』仲尼篇の「無楽無知、是真楽真知」をそのまま引く。この人たちは順に方愨・馬希孟・周諝・陸佃で、いずれも王安石の薫陶を受けた学者たちであった。

もちろん、中巌が彼ら王安石学派の影響を受けたことを明示する史料は現存しない。もしあれば、すでに先学が気づいて指摘していることだろう。したがって、中巌の立論がそれらを受けてなされたものだと思想史的に断定することはできない。ただ、中巌の「静が性の体で、動はその用」とする見解は、朱子学そのものとはたしかに相容れないが、宋学の中ではそれなりの拡がりを持っていたことは注意されてしかるべきだろう。中巌が直接的に影響を受けたのは契嵩や大慧かもしれないが、彼らの言説で意識されていた儒教は単に朱子学をもって代表することのできない拡がりを持っていたのである。

おわりに――中巌の守備範囲――

中巌の『東海一漚集』巻四には、暦応三年（一三四〇、南朝の興国元年）に藤谷崇福庵で執筆した「藤蔭瑣細集」と題する劄記が収録されている。内容はほとんどが中国の故事・逸話であり、東陽嗣法問題で閉居していた徒然に、留学時に書き留めていたメモの類を帰国後八年にしてまとめたものと思われる。その一部はオチを持った小咄であり、古典落語「気の長短」の原話となった内容もある。[23]中国の禅院で、僧侶同士、無聊を慰める際に語られていたものだろうか。

そうしたものの一つに、儒道仏三教を並べている話柄がある。話のオチは、三教と並べて吏人を皮肉ることにあるのだが、三教の特質がどう捉えられていたかが窺える。話の内容はこうである。儒者・道士・仏僧・吏人の四人が酒席の座興に、初めと終わりが同じ字となる文を言う遊びをした。儒者は「上以風化下、下以風刺上（上は風を以て下を化し、下は風を以て上を刺る）」（『毛詩』序）、道士は「道可道、非常道（道の道とすべきは常の道にあらず）」（『老子』）、仏僧は「色即是空、空即是色」（『般若心経』）と、各々の経典から教義内容に即した信条を披露した。最後に吏人が、「牒件状如前、謹牒（牒件の状は前の如し、謹みて牒す）」と言う。[24]役所が作成する書類における決まり文句であり、これが吏人の信条だとして皮肉ったわけだ。この話が中巌の思想を反映しているわけではないけれども、儒教は政治、道教は哲学、そして仏教は人間の本質探究にその本領を発揮するという分業体制を見事に表していよう。[25]こうした類の笑話を書き留めるところまで、中巌が関心を持つ守備範囲は拡がっていた。

中巌は暦学にも興味を懐き、その成果を『中正子』巻三の治暦篇で披瀝している。元代は、授時暦編纂に象徴されるように、数学や暦学が盛んであった。中巌はこうした方面にも関心を持つ、いわば理科系的な資質を持っていたと思われる。日本から留学した禅僧たちの多くが、いわば文科系（それも文学系）で、そのため詩文の修得を嗜好したのとは異なって、彼は易学・性説などと並んで暦学も消化する能力を具えていた。笑話の件も、文化人としての彼の懐の深さを示す一例であろう。

だが、それゆえに彼の学問は後継者を得なかったのではなかろうか。彼の死後ほどなくして、夢窓門下の絶海中津・

義堂周信らが活躍して五山文学の最盛期（と教科書で評価される状況）を現出し、「室町殿」の政治・外交・学術面の顧問として、『孟子』の解釈につき朱熹の注解をふまえて答えたりするようになっていく。宋学受容は、中巌が『中正子』で展開したような、自身の思索を深める方向には向かわなかった。思想史的には、中巌が同時代に与えた影響はほとんど無いに等しい。

しかし、それは彼の宋学理解が浅かったことを意味するわけではなかろう。彼が留学中に接した「宋学」は、現在私たちが中国思想研究からイメージする「朱子学」ではなく、元末禅林の知的状況を、むしろ忠実に伝えたからこそそうなってしまったと解釈するのが妥当である。このことは、日本思想史の上で長らく論じられてきた、南北朝時代の宋学受容の程度問題にも繋がる側面を有するように思われる。思想の伝播は、それを受け入れる側の構えの状態によって大きく左右される。後世の視点から遡及して論じるだけでは、歴史の文脈は見えてこない。中巌の宋学受容は、当時の可能態の一つの姿として今後も検討すべき余地を存しているように思われる。

註

（1）（末木　一九九八）・（榎本　二〇〇七）ほか。その一環として、聖一派開祖の東福寺円爾が注目されている。二〇〇六年の『季刊日本思想史』六十八「特集――中世の禅を読む：円爾弁円とその周辺」など。

（2）（小島　二〇〇二）で、中巌が王権理論に関わって五行思想に対する新しい知見を中国で得た蓋然性に論及した。本稿とあわせ読まれたい。

（3）中巌の思想に関する先行研究としては、（入矢　一九七二）・（久須本　一九七三）・（蔭木　一九八七）・（金　二〇一一）などがある。入矢も蔭木も中巌の渡航の志を彼の境遇から説明しようとしているけれども、若く才能のある禅僧が留学するのは当時広く見られたことであり、「留学動機」をわざわざ穿鑿するまでもなかろう。彼自身も、また後世の伝記も、その内面的な動機には言及していないのだ。（榎本　二〇一三）を参照。中巖は同書一二六頁に「七三」という番号を振られて登場する。最近の（金　二〇一二）は、東アジアの漢文文化圏に中巖の作品を位置づけることによって、蔭木の詩の誤読を指摘している。

（4）夢窓疎石については、（柳田　一九七七）・（川瀬　二〇〇〇）・（西山　二〇〇四）・（末木　二〇〇八）などの研究がある。手前味噌ながら、日本史教科書に加えて高校倫理の教科書にも漸く彼が登場するようになり、再評価が進んでいる。また、（小島　二〇〇九）・（小島　二〇一五）でも夢窓を扱った。

（5）（入矢　一九七二）の五〇〇頁。

（6）同、五八八頁。

（7）同、四八八頁。入矢は「中正」の典拠として、『易』の語であることが前提だとしつつも、周敦頤や張載の影響ではないかとする。だが、より直接的なものとしては『孔子家語』に見える欹器の話柄における「中則正」という孔子の発言ではなかろうか。なぜなら、中巖自身が劄記風にこの話柄を書き留めているからである。『東海一𥁞集』巻四の三五五条（玉村　一九七〇の四五五頁）。

（8）（入矢　一九七二）の四九六〜四九八頁。

（9）同、四九四頁。

（10）当時儒教のなかでは『尚書』洪範篇、特に皇極を基幹とする経世論が一般的であった（吾妻　二〇〇四）。契嵩もその文脈の中にいた。

（11）日本語訳としては、（荒木　一九八一）がある。使用した底本は市立米沢図書館所蔵の元刊本ということで、直江兼続が五山僧の誰かから譲られた本であろう。

（12）同、二六四頁。

（13）同、二六六〜二六九頁。荒木のこうした禅の見方こそ、末木らによって近年批判されている純粋禅主義であるから、この評価を再検討することが宋代禅学史にも求められていると思われるが、本稿では言及する余裕がない。

（14）とは言え、このあと成尋は高僧契嵩の訃報をどこかで耳にしたであろう。すでに入蔵していた「輔教編」が、翌年、成尋が弟子に託して日本に送らせた本に含まれなかったのは、当時の日本仏教界、とりわけ成尋のような密教僧がそうした問題関心を持っていなかったことを示す事例かもしれない。

（15）「第一世代」は（土田　二〇〇二）の表現。土田は続く王安石・程頤・蘇軾らを第二世代とする。なお、この点については、以下の内容を含めて私も論じたことがある（小島　二〇〇七および二〇一二）。

（16）欧陽脩は既存の『五代史』に不満で『五代史記』を編纂した。また、『欧陽氏譜図』を編纂して近世族譜の先駆となった（小林　二〇〇〇）。なお、欧陽脩は六一居士と称し、自選文集に『居士集』と命名したが、居士は中国古来の語であってここに仏教的な含意はない。

（17）三教の一角をなす道教について本稿では論及する準備がない。五山文化への道教の影響も検討に値するだろう。

（18）『旧唐書』巻一九〇の王勃、『新唐書』巻一六四の「王質」。前者で死後門人が文中子と諡したと述べている。

（19）以下、『中正子』に関して掲げる頁数は、（入矢　一九七二）が載る『中世禅家の思想』のものである。

（20）「聖人学んで至るべし」は一般に周敦頤のことばとみなされているが、厳密にはそうではない。彼の『通書』には「聖は学ぶべきか、曰わく、可なり」という自問自答があるだけで、これは必ずしも万人に聖人への道が開かれているという意味ではない。そう読み替えたのは程頤「顔子所好何学論」（『河南程氏文集』巻八）であり、この文章を『近思録』に採用して広めたのは朱熹であった。このような宋学における聖人観の変化については（小島　二〇一四）で述べた。

（21）ただし、朱子学では「天理が各人に具わっている状態を性と呼ぶ」ので、「天性」という語は概念としては用いない。中巌がここで「天性」と表現しているのは、楽記篇の言う「天之性」を縮めたものであろう。

（22）中庸篇は朱子学においては独立の書として『中庸』と表記すべきだろうが、中巌は「楽記曰」「中庸曰」と併記しているので、あえて中庸篇と表記しておく。

（23）（玉村　一九七〇）の四五五頁、第三四四条。短気な者の裾に引火した事実を目撃した気長な者が、相手が怒るのを懼れてゆっくりした口調で注意する、という話。松枝茂夫ほか訳『中国笑話選』（平凡社東洋文庫二十四、一九六四年、七三〜七四頁）では、日本への流入は明代の『応諧録』あたりだろうとするが、この話柄の最初の紹介者は中巌だったのかもしれない。
(24)　同上同頁、三四一条。
(25)　儒教を代表する文として風俗問題が挙がっているのは、契嵩にも見られた、禅僧側からの儒教観、より厳密に言えば仏教の存在意義を強調するために彼らが故意に限定的に捉えた儒教の本質である。

【文献】

吾妻重二　二〇〇四『朱子学の新研究』（創文社）
荒木見悟　一九八一『輔教編』（禅の語録14、筑摩書房）
入矢義高　一九七二「中巌と『中正子』の思想的性格」（日本思想大系16『中世禅家の思想』所収、岩波書店）
榎本　渉　二〇〇七『東アジア海域と日中交流――9～14世紀』（吉川弘文館）
榎本　渉　二〇一三『南宋・元代日中渡航僧伝記集成』（勉誠出版）
蔭木英雄　一九八七『中世禅者の軌跡――中巌円月』（法蔵館）
川瀬一馬　二〇〇〇『夢中問答集』（講談社学術文庫）
金　文京　二〇一一「中巌円月の中国体験――科挙との関係を中心として」（『文学』二〇一一年五―六月号）
久須本文雄　一九七三「中巌円月の思想」（『禅文化研究所紀要』五）
小島　毅　二〇〇二「革命・天道・隠逸――朱子学的王権をめぐって」（岩波講座・王権と天皇を考える4『宗教と権威』所収、岩波書店）
小島　毅　二〇〇七『中国思想史』（溝口雄三・池田知久との共著、東京大学出版会）
小島　毅　二〇〇九「五山文化研究に向けて」（『中国―社会と文化』二十四）
小島　毅　二〇一一「欧陽脩は何を説いたのか」（『中国―社会と文化』二十六）
小島　毅　二〇一四「儒教の聖人像――制作者か人格者か」（岩波講座・日本の思想8『聖なるものへ』所収）

小島　毅　二〇一五「夢窓疎石私論――怨親差別を超えて」（『文化交流研究』二十八）
小林義廣　二〇〇〇『欧陽脩――その生涯と宗族』（創文社）
末木文美士　一九九八『鎌倉仏教形成論――思想史の立場から』（法蔵館）
末木文美士　二〇〇八「『夢中問答』にみる夢窓疎石の思想」（『鎌倉仏教展開論』所収、トランスビュー）
玉村竹二編　一九七〇『五山文学新集』四（東京大学出版会）
土田健次郎　二〇〇二『道学の形成』（創文社）
西山美香　二〇〇四『武家政権と禅宗』（笠間書院）
柳田聖山　一九七七『夢窓』（日本の禅語録7、講談社）

大徳寺の創建と建武親政

保立道久

はじめに

大徳寺開山宗峰妙超は、嘉元三年（一三〇五）に京都韜光庵を住所とした大応国師・南浦紹明に参じたが、後に述べる嘉元寺建立の計画が遅延もしくは放棄されたために、南浦は建長寺住持として鎌倉に下った。妙超も、師に参随して鎌倉に下ったが、それは徳治二年（一三〇七）のことで、『大応国師語録』によれば紹明の建長寺入院は十二月と伝えられている。その鎌倉到着から十日を経ずして、妙超は大悟して、雲門の「関」の字を透過し、師に投機偈を捧げ、その印証をえたという（『大燈国師年譜』）。紹明が「吾宗、你に到り、大いに立ち直らんか。只是二十年長養して、人をして此の証明を知らしめよ」と証したのは有名である（『大日本古文書　大徳寺文書』三一〇六。以下、『大』と記す）。

玉村竹二はここに「二十年長養」とあるのは、『碧巌録』第三則の頌に「二十年来曾苦辛、為君幾下蒼龍窟」とあるのによるとするが（玉村一九四三）、ちょうどその「二十年長養」を経た嘉暦元年（一三二六）十二月八日、紫野の地に大徳寺が開堂された。この開堂を十二月に行ったのは、妙超が冬十二月を自身が大悟し南浦に認められた月と意識していたからであろう。

大徳寺の開堂にさいして、妙超は鎌倉で師の印可を受けて以来、「嚢蔵」していた香木を用いて五回、焼香した（『大燈国師語録』）。焼香を捧げた先を確認していくと、第一は「今上天皇」（後醍醐）、第二は「太上天皇」（花園）である。

妙超はそのおのおのに対して祝詞を述べている。後醍醐に対する祝詞は「龍図永く固く、玉葉弥芳しからんことを」、花園に対する祝詞は「上徳を千載に超え、風声を後毘に樹てたまわんことを」と結ばれている。前者は「龍図」（国人）への継承の祈願ということになる。現王に対しては国家政策を問い、前王に対しては徳望をほめあげるという訳である。

問題は「第三の香」を捧げた人物であるが、第三の焼香にかんする法語の文章は、次の如くである。

又、香を拈じて云く「此の一瓣の香、金紫光禄大夫黄門侍郎、禄算を増崇せんがために奉る。伏して願わくは松栢の寿、甫・申の幹のごとく、国家に柱石となりて、生民を撫育したまはんことを」

この「金紫光禄大夫」という言葉は中国で「金紫」（金印紫綬）の貴顕身分の宮内職を示す言葉であるが、日本では「正三位」を表現する唐名として使用された。また「黄門侍郎」とは中納言の唐名である。それ故に、「金紫光禄大夫黄門侍郎」というのは、正三位中納言の地位にいる人物を示すことになるが、この時の中納言のうち、これに該当するのは『公卿補任』によれば三条公明（侍従、四十六歳）、洞院公泰（中宮権大夫、左衛門督、二十二歳）、西園寺公宗（春宮大夫、十七歳）の三名である。

私は、このうちもっとも適当なのは、西園寺公宗であると考える。公宗はこの年七月二十四日の量仁親王（十四歳）の立太子に際して春宮権大夫となり、ついで十一月四日に正三位になるとともに春宮大夫についている。妙超は彼が夭亡することなく、松栢の長寿を保ち、皇太子が天皇として即位した際には国家の柱石となることを祈念したのである。あるいは公宗は大徳寺開堂の場に臨席していたのではないだろうか。妙超が彼を通じて皇太子量仁親王を祝福したことはいうまでもない。

第四の香は「法莚を光重する諸尊官および満朝の文武百僚」に捧げられている。つまり、「開堂の法莚に光臨した貴族官人とそのほかの諸官」である。西園寺公宗がいたとすれば、他にも相当数の官人が臨席をしていなければ儀式の格が整わない。『大燈国師年譜』にも「諸官臨莚」とある。

そして最後の第五の焼香は師の南浦紹明に捧げられている。その献詞は「前住建長禅寺、勅諡円通大応国師南浦大和尚に供養して、用て法乳の恩に酬ゆ」というものであった。

以上を前提とすると、妙超は、大徳寺開堂にあたって、南浦紹明の跡を嗣ぐ立場から王権全体を祝福したということになる。つまり、今上天皇・後醍醐と太上天皇・花園、そして西園寺公宗を通じて皇太子・量仁を祝福したのである。しかし、いうまでもなく花園上皇は持明院統、後醍醐天皇は大覚寺統に属し、皇太子の量仁（後の光厳天皇、花園の兄の後伏見の子）は持明院統に属している。この王権内部における大覚寺統と持明院統の王統分裂から、後醍醐の建武親政と南北朝の内乱が発したのはいうまでもない。妙超はこの問題を十分に知りつつ、王権内部の融和を求めたのだと思う。

このような問題をはらんだ大徳寺の開堂は、どのようにして行われることになったのか。そして、それを前提として創建期の大徳寺は、後醍醐の親政のなかでどのような位置に置かれることになったのか。本稿は、その様子を追究し、それを通じて足利時代の国家の禅宗国家というべき性格を明らかにする試みである(1)。

一　北条時代後期の王権と禅僧たち

（1）　宗峰妙超と高峰顕日・南浦紹明

妙超は、播磨・赤松の支族の浦上氏の出身であるが、『大燈国師年譜』によれば、正安三年（一三〇一）に、鎌倉に行き、嘉元二年（一三〇四）、二十三歳の時、無窓疎石に一年遅れて、鎌倉万寿寺の高峰顕日に参じ、高峰について祝髪受具し妙超と安名された。「妙」は高峰の法系を表現する（玉村竹二、一九四三）。その後、妙超はすぐに京都に上り、南浦紹明のもとに参じた。南浦はちょうど前年に九州崇福寺から後宇多の招請をうけて京にいた。高峰はその機会をとらえて妙超に南浦への師事を勧めたのである。つまり、妙超は、高峰顕日と南浦紹明という、北条時代の禅宗において、「二甘露門」といわれた二人の代表者の晩年の弟子として出発したのである。高峰と南浦の二人についた人物としては兄弟弟子の通翁鏡円、孤峰覚明がいるが、弟子をともにした南浦紹明と高峰顕日の関係が深いものであったことはいうまでもない。

高峰は後嵯峨天皇の皇子で、最初は円爾に師事した禅僧であり、円爾は渡宋して南宋の臨済宗、破庵派の代表的な人物、無準師範の弟子となっている。高峰の法系は仏国派といわれ、高峰の下には夢窓疎石がでて、いわゆる五山派を構成していくことになる。これに対して、南浦は渡宋して南宋の禅宗の流派のうちもう一方の松源派の代表的な人物、虚堂智愚の弟子となっており、この法系は大応派といわれる。この仏国派と大応派が日本臨済宗の二大系統なのであるが、発足時、この二つは、円爾によって密接にむすびついていた。つまり、南浦は円爾と同郷で、さらに甥にあたったともいう。よく知られているように、円爾は後嵯峨院政の下で京都政界の中心であった九条道家の帰依をえて東福寺を開いた。しかし、円爾は帰国後、太宰府の崇福寺を開き、また京都に上ったのちは、後嵯峨にも法を説き、白河法皇が娘の媞子ために立てた浄土宗寺院、「万寿寺」（六条御堂）を禅寺にかえて弟子を住持とした。南浦が円爾ののちを襲うようにして、この崇福寺や万寿寺にも住していることは見逃せない。

このような関係をみると、北条時代末期、高峰に強い縁をもって南浦の法系に属した妙超の位置はきわめて大きなものがあったことがわかるだろう。

（2）亀山・後宇多と「南宗」の系譜

そもそも、北条時代に伝来した禅宗は「南宗」をうけたものといわれる。この南宗とは六祖慧能の法流を示す用語であるが、たとえば円覚寺について「南宗の玄機を宣揚し、東漸の法水を恢弘す（広める）」といわれているように、一般に宋代の禅宗そのものを表現する言葉である（弘安六年、北条時宗申文、『鎌倉遺文』一四九一九。なお以下『鎌倉遺文』は『鎌』と記す）。

亀山上皇は、この南宗という言葉に思い入れがあった。つまり、南禅寺の第二世、仏国派の規庵祖円に対して亀山院が「禅門何有南北号」と聞いたという所伝が残っている。祖円は五祖弘忍の二人の弟子のうち、慧能が「韶陽に開法し」、神秀が「洛都に熾化し」たが、洛都は北地にあったため「北宗」といい、韶陽は江南にあるために「南宗」といったが、慧能が正伝となったために南宗というと説明した。これに対して亀山が弘安の末期に皇后・大宮仙院が死去したときに、まだ禅のことをきかないままにその菩提のために「南禅院」を立てた、それはただその北に禅林寺があったために「南禅」としただけなのだが、この偶然の一致に感銘するとして「他称を求むべからず」として「太平興国南禅寺」という寺号が決まったというのである（南禅寺住持籍『南禅寺文書』二六二）。亀山上皇の禅林禅寺（南禅寺）起願文に、「窃に思う、何ぞ幸いなるかな、法は大乗に逢い、禅は南宗を聞く」（『鎌』一九九六五）とある理由が、ここにあることになる。

前述のように、亀山の子どもの後宇多は崇福寺にいた南浦を京都に招致したが、それは亀山の南禅寺を受け継ぐものとして嘉元寺という禅寺を建立するためであった。それは南浦の事績を刻んだ「円通大応国師塔銘」に「嘉元甲辰、奉詔入京師、太上皇召対宮掖（中略）、又以東山故址興造嘉元禅刹」とある通りである。この寺は、結局、建設されなかったために、ほとんど知られていないが、もし竣工していれば、これも後宇多にとっての「南宗」の寺院だったに相違ない。その寺地は右の「円通大応国師塔銘」に「以東山故址興造嘉元禅刹」、『天台座主記』に「於洛中寺院建立」、「元徳二年三月日日吉社幷叡山行幸記」(『群書類従』第三輯帝王部、巻三十八)には「京都には禅宗御興行のため嘉元寺を建らるべしとて出雲路の在家をたてられけるを、山門鬱し申によりて事ゆかず」とあって容易に決めにくいが、出雲路の辺りに作ろうとしたということだと、現在の相国寺の辺ということになろうか。

その造営事業の進展度がどのようなものであったのかはまったく不明であるが、注目しておきたいのが、現在、京都妙心寺に太宰府観世音寺と同型の兄弟鐘が残っていることである(参照九州歴史資料館編『観世音寺』)。妙心寺の梵鐘は戊戌年(西暦六九八年)の銘を有する最古の紀年銘をもつ梵鐘として著名なものであるが、ここからして、元来は九州のどこかに所在したものであることは明かで、妙心寺に移された経過として考えられるのは嘉元寺の造営計画の一部として京に運ばれ、後に妙心寺に移ったということではないだろうか。南浦は、崇福寺のみでなく、北九州において大きな権威を有していたから、京に上るにあたって、朝廷と幕府が最大限の助力をしたことは容易に想定できる[1]。もしそうだとすると、これは造営が実際に企図された証拠と言うことになる[2]。

後宇多は嘉元寺の竣工まで、南浦を前述のように円爾も住した京都万寿寺の住持として処遇しようとしたらしい。南浦による万寿寺開堂は、嘉元三年(一三〇五)七月二十日であるが、これが後宇多の院宣による入寺であったことは、現在、大徳寺に残る祥雲庵常住証文等目録に「一通、先師六条院入院　院宣」とあることでわかる(『大』四五九。「先師」は南浦、「六条院」は万寿寺を意味する)。

しかし、南浦が入寺した万寿寺の側からは不協和音もあったらしく(『東福寺文書』六七)、嘉元寺の前途は多難であった。なによりも延暦寺が強く反発したのである。『天台座主記』(無品覚雲親王、嘉元三年条)によれば、この時に延暦寺は、「去嘉元三年禅宗御興行、於洛中寺院建立、即寺号被下嘉元寺之旨聞依之、大衆捧奏状」という強い抗議行動を行った。その時、延暦寺が使った論理は、同じく『天台座主記』によれば、「以故年号為寺号事、限我山」、元号を寺院名とできるのは延暦寺のみという論理であった。これは後にも延暦寺がしばしば行った主張であるが、嘉元寺に対する抗議ではそれが成功したのである。延暦寺は、後に足利幕府が夢窓疎石を開山とする勅願寺として「暦応寺」を建てようとした時、勅願寺とすることも、「暦応寺」という寺号も阻止することに成功したが、寺院それ自体は天龍寺として実現している。これは足利幕府が、結局、後に述べるように、武臣禅宗国家というべきものとして落ち着く点で大きな意味をもったが、この紛議の際の史料に、「後宇多院御代、召横岳明長老（南浦紹明）、欲被草創嘉元寺、然而山門依申子細、速被止其儀」とあることは（辻一九四九b）[3]、この嘉元寺の問題の影響の大きさを物語っている（康永四年〈一三四五〉七月二十日山門衆徒院参申詞。『康永四年山門申状』、『大日本史料』六編九、一三一頁）。

こうして、嘉元寺の建設は実現しなかった。この時期の後宇多の権威をしても、それが実現しなかったことは奇妙に思えるが、それはおそらく嘉元二年（一三〇四）七月に後深草、嘉元三年（一三〇五）九月に亀山法皇が死去したという事情が大きかったのであろう。とくに後宇多にとって、亀山の死去は新しい「南宗」の大寺院の竣工を報告するという晴れの場がなくなったことを意味している。またこの時期の史料を見ていると、院やその妻女たちの延命や追善のための顕密仏教の祈禱記事でいっぱいであって、この間の禅宗に対する王家の関心が本物であったとしても、それが引いていったことを示すようにも思う。

南浦は、徳治二年（一三〇七）末、在京、足かけ四年のみで、北条貞時の招きによって鎌倉建長寺に入院することとなった。そして、南浦は翌延慶元年（一三〇八）十二月、七十四歳で、鎌倉で死去してしまったのである。

ややもすれば現在でも、禅宗の発達はもっぱら武家との関係で考えられているかもしれない[4]。しかし実際には、禅宗の興隆の最初の動きは、後嵯峨院政期以降、東西の政治権力がそろって新しい宗教をもとめたことに基礎があった。嘉元寺の建立の動きは、そのイニシアティブが京都側にあった顕著な例ということができるように思う。もちろん、南浦が九州から京都に上り、すぐに鎌倉に下ったという足跡は、あるいは、南浦が北条氏や幕府とも相当の了解をした上で、嘉元寺の建立に参加したということを意味するのかもしれないが、ここでこれ以上、その問題を論ずる用意はない。

(3) 後醍醐と通翁鏡円

南浦の死の一年後、延慶元年(一三〇八)八月、今度は、時の天皇、後二条天皇が死去し(二十四歳)、その代わりに持明院統の花園天皇が即位した。これは後二条の父の後宇多にとっては大きな打撃であったが、しかし、この時、後宇多は自分の息子の尊治(後醍醐)を皇太子とした。そして約十年後、いわゆる「文保和談」(一三一七年・文保元)において、後宇多は花園の退位を迫り、尊治(後醍醐)を即位させることに成功した。しかも翌文保二年(一三一八)、後宇多は六歳の量仁(後の光厳)の立坊を希望する後伏見上皇の意向を退け、後二条長子・邦良を立坊させた。これは大覚寺統とそれを代表する後宇多が治天の地位にいて、天皇と皇太子を掌握するという体制である。しかも皇太子邦良には健康の問題があったが、その弟の邦省が、元亨元年(一三二一)に元服し、「慇懃の沙汰」があって、「皇嫡」としての資格も認められたという。

こうして、後宇多は、大覚寺統・持明院統の王統対立を清算する糸口をつけたようにもみえた。この時期、後宇多は権勢の絶頂にあったといってよい。そのなかで、後宇多は南浦に「円通大応国師」と勅謚し、その塔頭として龍翔寺を建立する。その土地は、現在の右京区太秦の安井の地(現在の池田町)、双岡の西から流れ下る御室川と妙心寺の方向から流れ下る宇多川が、ちょうど太子道とぶつかるところで合流する地点である。建立の正確な経過はわからないが[5]、文保二年（一三一八）の祥雲庵常住証文等目録、元応元年（一三一九）の宗卓〈絶崖〉龍翔寺流通物送状が残っており（『大』四五九、四六〇）、そのころには寺院として一応の体裁ができていたらしい[6]。

しかし、後宇多の権勢の割には建立の規模も速度も遅いように思える。それは、この時期、両統の対立を中心とする政治情勢が、時々の調停と平和はあるものの、基本的には激化の一途をたどり、南北朝内乱の要因が各所に蓄積されるという状況によるのであろうか。後宇多が元亨四年（一三二四）六月に死去したことは、その動きを強めた。しかし、ともかく、龍翔寺には後宇多遺髪塔が設けられ、その東側に南浦紹明の塔、「普光塔」が存し、西南には嘉陽門院礼子内親王の陵墓が残っており、後宇多と南浦の関係の深さを物語っている。

この時期、南浦の法統を受け継いで活動していたのは、前述の祥雲庵常住証文目録に連署している絶崖宗卓と通翁鏡円であった。二人の序列については、まずこの目録の署名では絶崖が奥、通翁が日下に署名している。また宗卓〈絶崖〉龍翔寺流通物送状の宛先が「当塔主　円公西堂禅師」となっていることからすると、龍翔寺塔主の地位が絶崖宗卓から通翁鏡円に交替し、この送状はそれをうけて出されたものである。また絶崖は、万寿寺の住持となり、さらに後宇多の命をうけて、南禅寺の住持（第四世）となっている。また、通翁鏡円も、花園の命によって万寿寺の住持となり、ついで後醍醐の命をうけて元亨四年（一三二四）九月に南禅寺の住持（第八世）となっている。これらから、二人の中では絶崖の方が法兄、通翁が弟というべき地位にいたことがわかる。

彼らは後宇多の後をうけて後醍醐への奉仕を行った。絶崖は正中二年（一三二五）に死去してしまうが、その死去を記録した『花園天皇日記』正中二年閏正月二十八日条は、彼を「当代（後醍醐）の帝の師なり」としている。彼は早い時期に後醍醐の帰依をえたようである。『花園天皇日記』の同日条によれば、次いで後醍醐は、「去年」（正中元年）、

「宗門においてその名あり」という理由で、通翁を「師」に請じた。この「師」とは天皇が受衣した「国師」のことであって、通翁は「普光大光国師」という国師号をうけている。しかし、花園によると、この国師号は「諸叢林皆以不受」と他の禅宗宗派において不許で、それは後醍醐が「法門をもって先となし、叢林の法を知らず」という状態で強行したためだとしている。この「宗門＝法門」とは南浦紹明の法門であるに相違ない。通翁鏡円は後醍醐にとっては律宗における文観に対応する禅宗の代表者であったのではないだろうか。後醍醐は彼らを私に組織していたのである。

花園は後醍醐による通翁鏡円の選任について「当世、才学をもって宗となし、さらに鼻孔なし。法滅の期すでに至るか。歎息すべし、々々」と述べているが、通翁の才学の様子をよく示すのは、正中二年（一三二五）、禅宗に対して宗論を挑んだ南都・北嶺の僧侶と清涼殿で激論したという事件である。このとき通翁は病中であったが、侍者として妙超をしたがえて、その場に臨んだ。まず叡山の玄恵法印が進み出て「教外別伝とはどういうことか」と聞いたところ妙超が「八角の磨盤、空裏に走る」と述べて相手を無言に追い込んだというのは有名な話である。通翁も病中にもかかわらず七日にわたって禅宗への問難を退けて雄弁を振るったが、帰路に容態が急にあらたまって死去したという(7)。

これは後に行われるような広く公開された宗論というよりも後醍醐の側近集団の内部における論議というべきものであろう。花園は、正中元年（一三二四）の国師号付与をめぐる紛議から翌正中二年正月の清涼殿における顕密仏教との間での激論というような事件を嫌ったらしく、その死について「或は云く、盗人のため殺さる。或は云く、路頭において殺害せらる。誰人かを知らずと云々。説くべからざるなり」と記している。

問題は、この通翁が中心となった一連の紛議は、後醍醐に倒幕の謀議主催の疑いのかかったいわゆる「正中の変（正中元年九月）」と前後して起きた事件であることである。それだけに、花園の眼はきびしくなったのであろうが、

「正中の変」とは、そもそも花園の侍臣であった日野資朝が後醍醐の懐刀に転じ、倒幕の謀議を行ったというクーデター未遂事件である。これが後醍醐の蜂起と南北朝内乱につながる最初の事件であったことはいうまでもないが、この事件のしばらく後に書かれた『花園院日記』の元亨四年（一三二四、正中元）十一月一日条によれば、後醍醐の周辺では、衣冠をつけずほとんど裸体で「達士」の風をまねる「飲茶の会」がしばしば催され、世間では、これを「無礼講・破礼講」と呼んだ。それに隠れて倒幕の謀議が行われたというのである。『太平記』の説明もほぼ同じであるが、さらに比叡山の文者・玄恵法印を参加させて文談の会を装って嫌疑を逃れようとしたともある。

このような「結衆・会合・乱遊」は早くから後醍醐宮廷の風儀となっていた。元亨三年（一三二三）の『花園院日記』（七月十九日条）によると、それは後醍醐の朝臣が儒教をもって立身し、しかも「理学をもって先として礼儀に拘わらざるの間、頗る隠士放遊の風あり」という方向に流れたためであるという。「理学」というのが興味深いが、注目すべきなのは、この「近日の禁裏の風」が「その詞、禅家に似る」という特徴をもっており、これは「宋朝の義」そのものであるとされていることである（元亨元年七月二十一日条）。

そうだとすると、通翁が活躍した清涼殿宗論なるものは、禅僧が参加しているという点で、まさに「宋朝の義」を表現する「結衆・会合」の代表といえることになるのではないだろうか。両方ともに比叡山の文者・玄恵法印の姿がみえることも注目すべき点である。

（4）　花園と妙超

こういう状態のなかで宗峰妙超は、むしろ政治の場などには距離をとって、悠揚せまらず、師・南浦紹明から命じられた「二十年長養」に専念したようにみえる。とくにその前半の時期には東山雲居寺での乞食行に入ったといわれ、伊藤克己は、その伝承を事実としている。(8) 私もそれに賛成であるが、雲居寺が賀茂川の「東岸」ではあっても（『年譜』）、東山に所在することは注目される点であろう。それが師の南浦の韜光庵のあった東山に近いことにはなんらかの意味があるように思う。

妙超は、正和二年（一三一三）には四十日をかけて『景徳伝灯録』の筆写を終え、『大灯国師年譜』によれば、同じ年、出世を勧める夢をみたといい、また祥雲庵主□光なる人物と法論を交わして論破したという（祥雲庵とは南浦の塔頭。参照、『真珠庵文書』八五二〈一六〉など）。そして、正和四年（一三一五）に東山雲古寺から紫野に移り、いよいよ庵を構えて大徳寺と号したという。『大灯国師年譜』が後の編纂物であることもあって、これを事実とするのは難しいとされる場合も多い。しかし、ここでは、一応、これをだいたいの事実を反映しているものと仮定して進みたい。

『大灯国師年譜』は、続いて妙超が正和五年（一三一六）に、まだ天皇位にあった花園に召し出されたとする。正和五年の『花園院日記』が欠巻になっていることもあって疑問も残るが、それによると、このとき、妙超は会見の前に道服を解く（抜く）ように要請されたが、面談の際に袈裟を着すことを願い、それを許され対座したところ、すぐに花園が「仏法は不可思議、王法と対座す」と述べた。それに対して妙超が「王法は不可思議、仏法と対座す」と応じ、それを聞いて「皇、龍顔を動かす」、つまり花園は動揺を示したという。なお、「皇、龍顔を動かす」の後は「一日、皇、勅問して云く……、一日、面して勅有りて云く……」と続いており、合わせて三つの問答を合叙したという形になっている。後の二つのエピソードは紹介を省略するが、それはもっと後の別の日の問答であると考える。

興味深いのは正和五年に懸けられた最初のエピソードが、花園と妙超の最初の対座がいわば素っ気ないものに終わったと解釈できることである。花園はまだ十九歳。王者の風格をもつといわれる妙超に気押されるということもあったかもしれない。それは王法と仏法の対置という重要な意味をもつ問答ではあるが、この時の会見は印象を残しただけに終わったということになるだろう。

花園が妙超と会ったことを示す確実な同時代史料は、その七年後の『花園院日記』元亨三年（一三二三）五月二十三日条に「逢妙超上人、談話如先々」とある記事である。「談話先々の如し」とある以上、天皇と妙超の関係がさらにさかのぼることになる。また、この会見の後、夏安居の時期をはさんで九月十四日に「妙超上人に遇う。法談」とあった後、翌々日十六日に「今夜妙超、法を談ず。上皇また御対面あり。宗門の大途を申す」とあることが示唆深い。ここに「上皇」とあるのは兄の後伏見上皇であり、妙超は後伏見上皇に対して「宗門の大途」（宗門の概略全体）を語ったのである。これは持明院統の中心人物二人が、妙超を認めたことを意味している。二回の法談でここまで行くとは考えられないから、妙超に対する高い評価がすでに存在していたこと、その関係が相当にさかのぼることは明らかなように思う。

さらにこの年の年末十二月十四日に、妙超が法兄の絶崖宗卓とともに参上し、絶崖が碧巌録を講ずるのに同席したときの様子も興味深い。つまり、講義が終わって、花園は絶崖に対して質問をしたが、その返答に疑問を覚え、後に侍者としてついてきた妙超に確かめたところ妙超は花園の疑問が正しいと言ったというのである。ここには妙超に対する格段の信頼があらわれている。この年、花園と妙超の会見は『花園院日記』によれば五月の会見から十二月の宗卓との同道の前まで、九月に三回、十月に一回、十一月に二回、十二月に一回と多いが、しかし、感動を率直に書く花園にしては珍しく、各回の記録は「談話先々の如し」などの簡単なものである。これも逆に妙超と花園の関係が相当にさかのぼることを示しているように思う。

ただ、これまでは、花園には妙超の前に妙暁上人という禅僧がおり、花園は彼によって禅宗への眼を開いた後に、妙超に帰依したと考えられていた。つまり、『花園院日記』の元応二年（一三二〇）四月二十八日条によると、この日、日野資朝が「得法の聞こえありて」という一人の禅僧を同道して参上し、その禅僧と夜を徹して法談を交わした花園は「その宗の体たるや、誠に思量の及ぶところ猶龍《ゆうりよう》というべし」と感激したという。そして、花園が、翌年、この妙暁上人といった禅僧との邂逅について「禅法の事、幼少より仰信す。然れども善知識に遇わず、徒に年序を送る」と記録していることによって、花園は妙暁上人において初めて禅僧に接したとされていたのである。

花園は、この禅僧に帰依し、翌元亨元年（一三二一）八月には兄の後伏見上皇に「漏れ達」して世間に披露しようと考えた。しかし、ちょうどその気持ちを固めた頃、妙暁は関東へ下ると言いだし、さらに年末に帰京するや鎮西に向かい元に渡ったのである。そして元では高峰顕日の師匠の無学祖元の属する破庵派でも、南浦紹明の属する虚堂智愚―運庵普巌とさかのぼる法流でもなく、運庵の兄弟弟子の派に属する古林清茂について月林道皎の名をうけるというあわただしい動きをみせた。この妙暁上人とは、古く辻善之助が明らかにしたように、後に梅津長福寺を開基した月林道皎その人である（辻善之助一九四九ａ）。

妙暁上人は、その「妙」という通字に明らかなように、妙超と同じく、最初、高峰顕日に参じ、後、京の岩蔵山に拠をもって妙超と行き来して活躍した僧侶である（『大日本史料』六編十四、月林道皎死没記事）。これは僧伝の類に現れる事実であるが、最長寿寺というおそらく妙暁が岩蔵の拠点に構えたかと思われる寺を、一時、妙超が管領していることから事実を反映していると思われる。(9) そして興味深いのは、辻が『江湖集抄』（『江湖風月集抄』）という史料に、妙暁が公案の下語に関して妙超の弟子の徹翁義亨を嫉妬して、その恨みのために入元の道を撰んだという挿話が記されているとしたことである（辻一九四九ａ）。これをそのまま事実とすることはできないとしても、妙暁のあわただしい行動には高峰門下におけるなんらかの葛藤が反映している可能性は否定できないであろう。

これは、花園が妙暁上人との邂逅にふれて「禅法の事、幼少より仰信す。然れども善知識に遇わず、徒に年序を送る」と記した日記の記事の解釈に関わってくる。つまり、この「善知識に遇わず」という一節は、禅僧と会ったことがないという意味ではなく、「教えてくれる禅機をもった僧侶に会うことはなく過ごしてきた」というニュアンスで読むこともできる。花園は『大灯国師年譜』のいうように、実際には正和五年（一三一六）頃、妙暁よりも四年程前に一度、妙超と会見していたのではないかということである。好学の王者として知られる花園は、即位の五年後、一三一三年（正和二）、十七歳の時に本格的に儒学の学習を開始している（参照、和島芳男一九六五）。「幼少」の頃から禅への興味をもっていた花園が儒学の本格的な勉強を開始した後、妙超をふくめ何人かの禅僧にあったが、しかし、禅を「仏法の高妙、心地の極理、ただ禅門の一宗にあり」と高調するなかで「善知識に遇わず」と書いたのではないかという想定である。このとき、妙超との行き違いに終わった短時間の会見は花園の意識の下層に隠れていたのではないかと思う。

私は花園と妙超が元亨三年（一三二三）五月に会ったという記録の後、速《すみ》やかに妙超との関係を後伏見上皇に披露し、法談の場を設定したことに特別の事情をみたいと思う。その事情は、花園が初対面の際の妙超の素っ気ない態度と王法と仏法についての断固たる言辞を貴重なものとして記憶によび覚ましたというようなことであったのではないだろうか。これは一つの蓋然性の指摘に留まるが、しかし妙暁との対面を取り持った日野資朝は、最初は花園の廷臣として出発しながら、このころになると後醍醐にちかづき、その「無礼講」の中心人物となっているはずである。そういう時日の経過を痛感するなかで、花園が政治から距離をとって悠然とした姿勢をとっていた妙超に惹かれるということはあってもよさそうに思える。

少なくとも明瞭なのは、妙超が王権と深い関わりをもったのは後醍醐ではなく花園からであったことだろう。『年譜』も、文保二年（一三一八）に花園が退位して後醍醐が天皇に即位した翌年、元応元年（一三一九）に妙超は「先朝に相継ぎ礼敬いよいよ敦く、時々参内」という処遇をうけたとしている。先朝（花園）に相継ぎ礼敬というのは大げさとしても、『年譜』は、妙超が後醍醐よりも花園との関係を先にもったとしている。辻が「後醍醐天皇の宗峰における御関係は（花園と比較して――保立注）、さほど深くはなかった」というのは事実であるというべきだろう（辻一九四九b、一二三頁）。

これを強調するのは、大徳寺がまず花園上皇の祈願所として認められたことを重視するからである。花園は正中二年（一三二五）二月の院宣によって大徳寺を祈願所とした。通翁の死去をもたらし、花園が通翁について痛烈な感想をもらした「正中の宗論」の翌月のことである。妙超は兄弟子の絶崖にも通翁にも、これまで公的な場所では「侍者」として登場しているが、ここで正式に一寺の主となったことになる。また、花園が元徳二年（一三三〇）二月十五日に室町院領の信濃国伴野庄と下総国葛西御厨を妙超にあてて寄進していることも注意しておきたい（『真珠庵文書』九二二、『大』二〇六七(1)）。

四月末の花園と法談の際には妙超は、「この間、禁裏に参ずの由」を花園に告げている。これは花園が大徳寺を祈願寺としたことを聞いて、後醍醐も妙超に肩入れを強めたということであろう。妙超はそれを花園に報告している。そして、二ヶ月をおいて七月初めには、今度は後醍醐が大徳寺を祈願所に指定した。上皇と天皇が二人とも、同じ大徳寺を祈願寺としたのである。

これは朝野に大きな反響を呼んだ。まずは、時の皇太子、つまり後二条の息子の邦良親王の側から荘園の寄進があった。つまり、別稿でふれたように（保立二〇〇五）(10)、この年の十月、中御門経継によって播磨国小宅庄（本所は大覚寺）が大徳寺に寄進された。これが大徳寺の領有した最初の庄園である。この経継は後宇多の別当をつとめ後二条の春宮亮をつとめた大覚寺統の近臣の家柄であるが、息子の経宣と甥の俊顕が邦良の春宮亮をつとめており、実際上の春宮亮の地位にある人物である。時の春宮大夫洞院公賢の名はないから、これは東宮庁としての公的な動きではないが、背後にはさらにさまざまな動きがあったに違いない。もっとも容易に想定されるのは、小宅荘近辺にも勢力を伸ばしている播磨国の雄、赤松氏の関与であって、大徳寺には赤松則村（円心）が黄金若干を寄進したという伝承が残っているが、ここから考えると、それが事実を反映していることは確実であろう。赤松支族出身の禅僧の寺院が天皇・上皇の祈願所となり、そこに皇太子庁の有力者が小宅荘を寄進するということになれば現地での動きがないはずはない。また、その際、播磨の書写山で修行をした徹翁義亨が動いていることも、別稿（保立二〇〇五）でふれた花山院兼信などとの関係を勘案するとほぼ確実であろう。

こうして妙超に対する帰依とともに花園の禅宗に対する信仰は確定していった。王家と禅宗との関係は、亀山—後宇多—後醍醐の大覚寺統において顕著であって、北条時代、足利時代を通じて持明院統の側は禅宗に接近することは少なかった。やや後の史料とはなるが、康永四年七月二十日の山門衆徒申詞に「後嵯峨院皇統両御流之間、亀山院・後宇多院・先朝（後醍醐）此三代、禅法御帰依異于他、如今者其子孫之継体如何者、当御代者後深草院・伏見院・後伏見院両三代之間、禅僧御帰依之段、曾以不承及」（前掲『康永四年山門申状』『大日本史料』六編九、一三三頁）とある通りである。それだけに花園の位置は独特であり[11]、これは妙超やその大徳寺に大きな影響をあたえ、それのみでなく、これ以降の後醍醐の建武親政の在り方にも影響をあたえることになる。

二　建武新制と大徳寺

さて、元亨四年（一三二四）六月、後宇多の死去（五十八歳）とともに、政治状況は一挙に流動化した。まず、九月に、「当今御謀叛」といわれた、後醍醐クーデター発覚事件（いわゆる「正中の変」）が発生し、後醍醐に討幕の企ての疑いがかかった。これは、結局、日野資朝が佐渡に配流されたのみで事態は解決したが、後醍醐の側は大きな弱みを抱えることになった。しかも、正中三年（一三二六）三月二十日に皇太子邦良が死去したことによって（二十七歳）[12]、王統をめぐる事態はもう一度振り出しにもどったのである。この時の春宮候補としては、①恒明（亀山子・後宇多弟）、②邦省（邦良の弟）、③量仁（光厳、後伏見皇子）、④尊良（後醍醐長子）などの選択があったが、関東の判断は穏当に持明院統に下り、同年七月二十四日に量仁が立坊した（十四歳）。

（1）　花園・後醍醐・西園寺公宗と大徳寺開堂

さて冒頭でふれた大徳寺の開堂は、その年の末、元号が変わって、嘉暦元年（一三二六）の十二月であった。大徳寺の開堂は、正中の変という重大な危機の後に量仁立坊が決まった年のことであったのである。私は決定的な年が、妙超の大悟の時、徳治元年（一三〇七）から、ちょうどあしかけ二十年にあたったことに因縁のようなものを感じる。

現在、大徳寺には二幅の妙超と花園上皇の問答頌が残っている[13]。その二幅目で花園が読んだ偈、「二十年来辛苦人、迎春不換旧風烟、着衣喫飯恁麼去、大地何曾一塵」の「二十年来辛苦人」もやはり上記の「二十年」をふまえているのではないだろうか（『大』三二〇七）。もしそうだとすれば、この問答もおそらく大徳寺開堂に前後する頃に行われたのではないかと思う[14]。花園は大徳寺開堂にいたる妙超の「二十年長養」に対する共感とともに、自分にとっても困難の多かった日々についての感慨を重ねていたのではないだろうか。花園は甥にあたる皇太子量仁を愛しており、後に有名な誡太子書を送ったから、その立太子を喜んでいたに相違ない。花園は大徳寺の開堂において、妙超が天皇後醍醐と皇太子量仁を祝福したとを聞いたのは本望であったろう。

これに対して、後醍醐は、実はこの年、ふたたび大きな危機に直面していた。後醍醐は、関東申次として幕府との間にたって大きな影響をふるった西園寺実兼の娘、禧子を中宮としており、禧子との間に娘を儲けていたが、禧子は、この年に再び身ごもり、六月に御産の祈禱が行われた。今度は男児出生が期待されたに相違なく、後醍醐としてもそれが関東との関係を修復する機会となることを期待したに相違ない。ところが、この禧子の妊娠は、あるいはいわゆる想像妊娠であったのであろうか、七月になっても出産がないままで量仁の立太子の時期を過ぎ、十月になっても「中宮御産遅々」といわれる事態となった。そしてあろうことか御産の祈禱が「関東調伏」の祈禱を偽装したものではないかという噂が立って、十月十七日、後醍醐自身が勅書によって陳弁するところにまで追い込まれたのである（岡見正雄一九七五）[15]。

実は、この禧子の兄、西園寺公衡は、公宗の祖父にあたる。逆にいうと、公宗にとって禧子は祖父の妹、つまり大叔母にあたるのである。西園寺氏は基本的に持明院統に属していたから、まだ十七歳であったとはいえ、公宗が七月の量仁の立太子にともなって、東宮権大夫となったのは自然なことであったかもしれない。しかし、大叔母が後醍醐の男児を産むということは公宗にとっても望まれる事態であったに相違ない。その御産祈禱が「関東調伏」の祈禱という噂を立てられるというのは意外な経過であったろう。公宗は、十月十九日に行われた七仏薬師法・普賢延命法の結願に着座しているが、その心中は複雑であったろう。

公宗は、十一月四日に正三位となるとともに大夫に転じたが、その直後、父の実衡が死去し、それにともなって公宗は関東申次の地位に就任している。こうして公宗は大徳寺開堂の時を迎えたのである。この経過をみると妙超の開堂法語の第三の祝詞と焼香の対象となった「金紫光禄大夫黄門侍郎」は、やはり冒頭で推定したように春宮大夫西園寺公宗に充てられていた可能性が高いと思う。

私は、後醍醐は、後醍醐クーデター発覚事件ののち、しばらくの間、とくに禧子の出産が期待されていた間は幕府との関係修復の希望をもっていたのではないかと思う。関東申次の家の女性との間に世嗣の男子を儲けることができれば、自己の王統を作ることができるかも知れないと考えた可能性は高いだろう。そして、大徳寺開堂の計画が、この年早くには企画されていたであろうから、後醍醐は、大徳寺を、後宇多が嘉元寺を朝廷・幕府一体となって造営しようとしたのと同じような寺として建てようとしたのではないか。そのような権威ある寺院を建てる上で、妙超の資質と経歴が最上のものであったことは疑いを入れない。

しかし、結局、禧子からの男児誕生はなく、しかも御産祈禱について屈辱的な陳弁をせざるをえない立場になって後、後醍醐は倒幕の意思を固めたのであろう。百瀬今朝雄によって明らかにされたように、この御産の祈禱は、延々と元徳元年（一三二九）まで続き、「関東調伏」のための祈禱ではないかという噂が事実であった可能性も高いという[16]。「関東調伏の噂があるというならば倒幕してやろう」という動きとなったのであろうか。

問題はそれが王家内部の矛盾の展開と同時に進んだことで、嘉暦三年（一三二八）には、一方で持明院統の側による後醍醐退位、量仁即位を要請する使者の派遣があり、他方で、永嘉門院による死去した皇太子・邦良の子供（康仁）の立太子運動があり、嘉暦四年（元徳元年、一三二九）には、邦良の弟・邦省親王の側が関東に使者を送ったという。

このなかで妙超の開堂法語が期待する王権の融和は、まったく空しいものに転じてしまった。それは春宮太夫西園寺公宗の運命に明瞭に示されている。公宗は、いわゆる元弘の変、後醍醐の笠置籠城事件において、光厳天皇の即位と後醍醐の隠岐配流に関東申次として関わり、建武二年（一三三五）には後伏見の院政再開を目指して中先代の乱の黒幕となり後醍醐によって処断されたのである。

（2）　後醍醐元弘還御と大徳寺

後醍醐が隠岐を脱出したのは元弘三年（一三三三）閏二月末のことであったが、その二十八日、出雲宇賀庄雲樹寺にいた孤峰覚明を呼んで面会している。弧峰については、すでに名前だけはふれたが、会津の出身で、紀伊興国寺の無本覚心に参じた後、高峰、南浦に師事し、元に渡って、出雲にいたという人物であって、通翁鏡円および妙超の兄弟弟子である。これはこの時期の後醍醐と禅宗の関係が急速に深まっていく予兆となった。

後醍醐は勝利のうちに軍勢を進め、六月五日、二条富小路内裏についた。注目したいのは、その翌々日、六月七日に「大徳寺領事、管領不可有相違者、天気如此、仍執達如件」という綸旨が発給されていることである（『大』六七、中御門宣明奉）。このような大徳寺への素早い手当は、これ以降さらに続き、六月十五日には伴野庄の地頭職を寄付する綸旨が大徳寺宛てに出されている（『大』二六）。これと並ぶものとして現在知られるのは、同じく十五日に相模極楽寺に対して（『鎌』三二二七五）、十六日に西大寺の奏聞に対して（『鎌』三二二八〇）、二十三日に泉涌寺（『鎌』三二二九〇）に対して、および長福寺（『鎌』三二二九一）に対して発給された綸旨のみである(17)。

この点は、これまで注目されていないが、後醍醐の入洛後に、大徳寺・西大寺を中心とする禅律寺院に対する所領安堵が突出して行われていることが明かである。もちろん、禅宗寺院の例としては、そのほか、六月十日、「王法・仏法再昌之時節、旁相看之志深」という参洛をうながす恵林寺あての後醍醐書状の案が残っている（『鎌』三二二五八）。これはおそらく夢窓疎石にあてたもので、それに対応するのが、七月十二日の夢窓にあてた円覚寺正続院を安堵する綸旨であろう。これは右の手紙によって夢窓が上洛した時に発給されたものではないか。ここからみて、禅宗寺院という場合、必ずしも大徳寺に限られている訳ではないことは確認しておく必要がある。ただし、前述のように、夢想は高峰顕日の弟子であるから、妙超の兄弟弟子にあたることは注意しておいてよいように思う。

大徳寺と後醍醐の関係が特別であったことは明瞭である。つまり、二ヶ月ほど後、元弘三年（一三三四）八月二十四日には、「大徳禅寺者、宜為本朝無双禅苑」「門弟相承、不許他門住」という後醍醐自筆の置文が発せられ（『大』二）、さらにその約一月後の同年十月一日には、「龍宝山大徳禅寺、可為五山之其一」という後醍醐綸旨が出されている（『同』一四）。大徳寺の興行は後醍醐による五山制度の改定を伴っていた。これは従来は十刹の格にあった南禅寺をも五山に引き上げる結果をもたらし、翌年、元弘四年（一三三四）正月二十六日、南禅寺を五山第一とする綸旨が下された（『大日本史料』六編一、建武元年正月二十六日条所引の史料を参照）。そしてその二日後、二十八日に改めて大徳寺に下された後醍醐天皇の綸旨には、「大徳禅寺は、聖運廓開の嘉域、南宗単伝の浄場なり、修宇、叡情より起こり、儀式、祖跡を越える、よろしく南禅第一の上刹に相並び、聖躬億兆の宝位を祈り奉るべし」（『同』一五）と同じく大徳寺の五山第一が確認されている(18)。

重要なのは、そこに「大徳禅寺は、（中略）、南宗単伝の浄場なり」とあることであろう。これは亀山が南禅寺という寺号に関係して強調した前述の「南宗」に直接に連なるものである。後醍醐は、大徳寺が「南宗単伝の浄場」として亀山院の南禅寺をうける国家寺院であると宣言したのである。大徳寺は、その建造が後醍醐の意思に発し（「修宇、叡情より起こり」）、その儀式規模が、南禅寺における亀山のそれを越える（「儀式、祖跡を越う」）ものであって、そのような寺院として「南禅第一の上刹に相並」ぶものであるというのである。大徳寺の所領に対する素早い安堵は、このような大徳寺の位置づけを前提としていたものであることは明らかであろう。

（3）公家一統と大徳寺

この時期の安堵政策の評価をめぐっては佐藤進一・黒田俊雄の論争をうけて様々な議論が繰り返されてきた。しかし、政策論レヴェルではなく安堵の具体的実態については、かつて佐藤和彦が「京都に帰った天皇後醍醐は、まず持明院統の後伏見・花園上皇の所領、永福門院の所領などを従来通りに承認し、播磨を光厳院の御料所と定めた。さらに公家・寺社への所領安堵を実施し、討幕功労者への除目を行うなど、諸政策を矢継ぎ早に公布し、実施していった」（佐藤和彦一九七九）としたように、王家領安堵がまず注目されねばならない。

後醍醐は、「仙洞以下、縦雖有与同彼凶党之儀、不可混朝敵之族」という方針をとり（『鎌』三二二二四）、入洛の翌々日の七日に、後伏見上皇に長講堂領・法金剛院領、花園上皇に室町院領半分、永福門院に今出河院領を安堵する文書を発給し（『鎌』三二二四三〜三二二四五）、その翌日六月八日には遍智院宮（聖尊法親王）にも同じ処置をとっている（『鎌』三二二五〇）。そして問題は、右にふれたように、大徳寺領の安堵が、持明院統の王領の安堵と同日、六月七日であったことである。

これは持明院統の王家領安堵と大徳寺領の安堵が一連のものであったことを物語っている。とくに問題なのは、花園上皇領の室町院領安堵との関係である。つまり、前述のように花園は室町院領の伴野庄と葛西御厨を妙超にあてて寄進していたが、後醍醐は室町院領を安堵すると同時に、そのうちの「伴野庄・葛西御厨」については、花園による大徳寺への寄進を後伏見院に確認させるという手続きをとった。それは同日の後伏見院の「伴野庄・葛西御厨等」の安堵院宣（『鎌』三二二四二）によって確認される[19]。さらに、二年後の一三三五年（建武二）、花園が出家を前にしてその所領を「新院」（光厳院）に譲与した時にも、「於信濃国伴野庄領家職」については大徳寺寄進ずみであることが、後醍醐綸旨によって再確認されている（『大』三〇）。

重要なのは、これらの措置によって、大徳寺は大覚寺統・持明院統の両統により支えられる寺であるという形式が整ったことであろう。室町院領は大覚寺統・持明院統の間でつねに争いの対象となった荘園群であるから、それが大徳寺につけられたことの意味は大きい。後醍醐政権の庄園安堵政策という点からみて、大徳寺は「公家一統」を象徴する寺院であったのではないだろうか。朝幕関係史という視角からはおうおうにして無視されがちなことであるが、後醍醐にとっては、大徳寺を表に立てて安堵権限を行使し、王家内部における正統性を確立することが第一の優先課題であったようにみえる。

（4）大徳寺造営計画と梶井門跡

このような後醍醐の「本朝無双禅苑」「五山之其一」「南禅第一の上刹に相並」などの大徳寺に対するプランが単に空想的なものではなかったことは、建武親政の中で、大徳寺の造営と寺地の確保が一貫して位置づけられていたことによって傍証することができる。

つまり、まず前述の元弘三年十月一日の「五山之其一」を令した後醍醐綸旨の直後、妙超の元弘三年十月三日の書状に「今月開爐日、被下五山専一之綸旨了、於今造営一大事、急速可有其沙汰」（『大』一三）とある。これは大徳寺の造営が急展開をみせていたことを物語っている。そして、同じ十月二十九日には後醍醐が綸旨を下して「当寺東路以東敷地六十六丈、自唐鋤鼻至不動堂前南北九十丈」が大徳寺敷地にあたえられた（『大』四八）。これは大徳寺の東路の東側（「以東」）に、東西六十六丈（約二〇〇メートル）、南の唐鋤鼻から北の不動堂前まで南北九十丈（約二七二メートル）の敷地があたえられたことを意味する。

さらに、翌年の建武元年五月六日綸旨では、南を安居院大路、北を船岡山の後社、東を船岡山東崎、西を竹林というさらに広大な土地が敷地としてあたえられた（『大』四九）。この東西南北を正確に現地名にあてはめることは、現状ではむずかしいが、北の「船岡山後社」とは今宮神社、もしくはその近辺の社であろう。また安居院大路とは現在の寺之内通りであるとされている（高橋康夫一九八二）。そして船岡山東崎を東の四至とし、同山の後社を北の四至とするということは、船岡山が大徳寺の敷地となっていることを意味する。[20]

問題は、辻善之助が述べるように、この境域が叡山の円融院・梶井門跡の境域であったことである（『日本仏教史』）。実際、しばらく前、元弘元年（一三三一）七月二日に後伏見の皇子承胤法親王は円融坊室に入り、「紫野犂ヶ鼻坊」で得度している（『天台座主記』一二〇世、尊澄の項目）。ただし、辻が「円融院を他に移して大徳寺を建てようとせられた」とするのには従えない。正確なところは地名・地理の詳細な検討が必要ではあるとはいえ、これはむしろ比叡山梶井門跡と大徳寺の寺院・坊舎の間で棲み分けさせながら同一地域に広大な寺地を創成しようとしたという方が適当ではないか。というのは、後醍醐の元弘還御と同時に、讃岐に流されていた後醍醐の子供の尊澄法親王が（後に還俗して宗良親王）帰洛し、六月二十二日に座主に還任し、梨本・梶井の両門跡を管領しているからである。尊澄は元弘元年（一三三一）の後醍醐の笠置籠城に同行して、座主を廃されたが、ここに復権したことになる。この尊澄はかって開堂時の大徳寺に自分の関係する善持寺という寺院の土地が流入することを了解しており（『大』①一六八）、大徳寺とも相当の縁があった。

また、延暦寺との関係でもう一人重要な後醍醐の皇子としては大塔宮尊雲法親王（後に還俗して護良親王）がいる。そもそも、元弘還御に先立って、元弘三年三月二十六日、叡山の大衆は、親王の牒状によって大講堂の前に集合し、六波羅にせめ下って反幕府蜂起の先陣をつとめた。護良が征夷大将軍となったのは、この叡山との関係を抜きには考えられない。

　そして、護良親王が元弘三年（一三三三）七月六日に、前述の伴野庄について、「任綸旨管領不可相違」という妙超あての令旨を発して、「将軍家仰」と称して、後醍醐の綸旨を施行していることが重大である（『真珠庵文書』九二一）。この将軍家令旨が護良のどのような権限を表示しているかは、むずかしい問題であり、現在、私は解答をもっていない。しかし、それは別としても、護良の母（後醍醐の妻）の民部卿局三品北畠親子は亀山にも愛されて尊珍法親王をもうけた女性として隠然たる力を有していたが（『鎌』三〇八〇六）、彼女も大徳寺と相当の関係をもっていることは注意される。つまり、親子は、下総国遠山方御厨を大徳寺に寄進しているが、その安堵の綸旨が元弘三年七月一日付けで発給されている。時間的な関係からいって、この寄進は後醍醐の還御の直後には計画されたに相違ないが、親子は、それを従兄弟の北畠具行の菩提料所として寄進している。具行が、後醍醐に長く近侍した寵臣で、笠置落城の際にとらえられ、後醍醐入洛の約一年前、元弘二年六月十九日に近江国柏原で切られた人物であることはいうまでもない。この寄進はさらに八月六日の親子宛綸旨と八月十日の宗峰妙超宛綸旨（両者とも千種忠顕奉）によってそれが「領家職并地頭職」の「永代管領」であることが重ねて確認されている。なお親子は大徳寺と深い縁をもつ妙覚寺に関係して、大徳寺と後々まで関係を維持している（『大』一四三一）[21]。

　このように考えると、後醍醐の大徳寺敷地拡大計画は、その梶井門跡と延暦寺に対する影響力を背景としている可能性が高く、この地域に後醍醐と関係のある寺院群を形成しようという意図も想定できるように思う。後醍醐としては、この計画によって、京に大きな禅宗寺院を作る上での最大の障害である延暦寺の反発も抑えられると考えたのではないだろうか。このような姿勢は建武親政期を通じて維持されたことは、先にふれた大徳寺東の敷地についても、建武元年（一三三四）十月二十日に後醍醐天皇綸旨が再度発給され（『大』五〇）、同じ敷地が「大徳寺東敷地事、東西一町三十丈、南北二町二十八丈余、可令管領給」と確認されていることでもわかるだろう(22)。

それが実現しなかったのは、右の綸旨発給の二日後、謀叛を企てたとして護良親王が逮捕されて尊氏に引き渡され、鎌倉に護送され、本来の建武親政期が終了したためであろう。そして、翌年六月の西園寺公宗・日野資名の謀叛、七月の中先代の乱（北条時行の反乱）、護良の刑死、尊氏・直義の鎌倉における蜂起という情勢が展開した。ここに後醍醐の権力は大きく揺らぎ、このような政治・軍事の情勢の中で、大徳寺についての後醍醐の意思は実現する条件を失ったのである。

おわりに――南北朝内乱と禅律国家――

だいたい十三世紀くらいまで、日本では「仏教東漸」ということをナショナルな国制意識とからめて立論することが多かった。たとえば十三世紀末期に成立した『野守鏡』に「和歌よく礼楽をとゝのふるが故に国おさまりて異敵のためにもやぶられず。仏法の流布する事も大国にすぐれたるは、これひとへに和歌の徳也。宋朝には和歌なくして礼楽をたすけざるによりて、八宗みなうせつゝ、異賊のために国をうばはれたり」とあることが、それをよく示している。この種のナショナルな国制意識が万世一系思想に対応するものであることは別に述べたところである（保立二〇〇〇）。

菅原昭英によれば、栄西は、『興禅護国論』において、このような通念に反対した。栄西は「インド・中国では仏道と戒律が廃れているという俗論を排し、戒律運動を表面に立てた日本仏教中興の実現可能性を説いた」というのである（菅原昭英一九九八）。栄西のいう「興禅護国」とは、日本のみが仏教の正統を伝えるという自尊になずむのではなく、むしろ遅れをとった日本が追いつかねばならない目標として、中国仏教と禅宗の先進性を強調したということになる。これは儒学でいえば孟子的な「革命思想」をそのまま本格的に受け取ることであり、浄土教でいえば親鸞において、阿弥陀が、「本地垂跡」でなく自然法爾として直接にあらわれるということであろう。私は、それこそが「鎌倉新仏教」といわれたものの背景に存在した国際的な風景であったのだと思う。ここには中国思想の再導入によってほぼ九世紀以来の正統的な国制イデオロギーを乗り超えようという意思が示されている。

こうして、北条時代、とくにその後期、東アジアの宗教と政治思想がはじめて国家と公武の貴族の間で本格的な議論の対象となる時代がやってきた。そこには、東アジアにおけるモンゴルの勃興という国際情勢と、それに対応する宋学と仏教思想の緊迫した問題意識の影響があったことは明かである。問題の中心は「宋学」にあったが、しかし、日本からみていく場合には、南宋の国家体制における禅律の位置がきわめて高かったことを確認しておくことが重要だろう。それはすでにふれたように、花園が観察していたところであった。つまり、『花園院日記』には大学頭紀行親の儒教の講釈が「その意、仏教に渉り、その詞は禅家に似る」ことを嘆き、そのような「近日の禁裏の風」を「是、宋朝の義」と断じているのである（元亨二年七月二十七日）。

本書で小島毅が強調しているように、「宋学」なるものの実態を朱子学に引きつけて理解し、また「宋学」と「禅律」を相互排他的なものと考えることは歴史の事実に反する。私は、むしろ国家中枢における儀礼宗教としては禅律の中心性を強調するべきように思う。たとえば円爾が嗣法した無準師範は南宋の寧宗・理宗の二代にわたる皇帝の宰相として著名な史弥遠の強い支援をうけた。史弥遠には五山制度の創設者であるという伝説があるが、南宋の国制においても禅律と宋学は深い関わりをもって思想的な支えとなっていた。菅原昭英は、無準師範・蘭渓道隆など日本の禅に大きな影響をあたえた中国江南杭州・明州の禅の宗匠たちの出身が四川にあり、その人脈が大きな意味をもっていたとし、それが史弥遠と無準師範の関係に結実したことを論じている。彼ら四川僧が元の侵攻の中で厳しい緊張を強いられたことが、彼らに国際的な視野をもたらし、この時期に活発となった入宋・入元の中で日本の禅僧に影響をあたえたというのである（菅原前掲論文）。

このような状況をうけて出発した建武親政において、国家統治の正統性を主張する上で、禅律の寺院の興隆と拡張の計画が重要な位置をもったことは自然なことであったろう。私はこう考えることによって、北条時代と足利時代を後醍醐親政という短い過渡期をはさんで連続的にとらえることが可能になると思う。後醍醐親政についての研究を代表する佐藤進一（一九六五）・伊藤喜良（一九九九）などの仕事が、後醍醐の国家構想を宋朝型の国王専制として描き出したことはよく知られているが、その中枢にはむしろ禅律国家という様相をみるべきなのである。少なくとも後醍醐は、首都京都において、亀山の南禅寺造営、後宇多の嘉元寺構想をうけて都市型の大寺院を建立することを、公家一統にとっても寺社勢力との関係においても実際上の有効性をもっていると考えていたのであろう。私は、現在残されている後醍醐の肖像の第一が大徳寺にあり、第二が西大寺の文観の許にあったと伝えられていることは、後醍醐の国家構想の禅律国家的性格を象徴していると考える。

そもそも足利時代の国家がいわば武家禅宗国家という外形をもつようになったこと自体に、建武親政における禅律国家の構想の影響がある。周知のように尊氏と直義は、後醍醐が死去した暦応二年（延元四年、一三三九）、その四十九日に嵯峨の亀山殿を禅院に改め、暦応寺（天龍寺）を建立して後醍醐の冥福を祈ることを発意し、その住持に夢窓疎石をすえた。永徳二年（一三八二）、義満が夢窓疎石を開山として相国寺を建立したことも、その延長線上にあることはいうまでもない。足利期国家の正統的なイデオロギーとして禅宗と儒学が位置づけられ、禅宗寺院が顕密寺院との関係でも、経済的・社会的にも重要な位置を占めるに至った過程において、建武親政における禅律国家の構想との連続性は否定できない。この条件なしには武家禅宗国家の形態は形成されなかったろう。

重要なのは、この過程で、第一に社会勢力としての宗教勢力の中枢が、天皇家＝旧王の直接の統御をはなれて、基本的に幕府の側に回収されてしまったことである。そのなかで、禅律という枠組みのうち、王家が禅とはどちらかといえば疎遠となり、泉涌寺系の律宗に近づいたというのも興味深い事実である。しかし、第二にそれは日本の伝統的な国制、つまり奈良時代の聖武の決定した「仏教国家」の伝統が形態をかえつつも維持されるという結果をもたらした。小島毅は、この経過を外から見た場合には「韓国は明の登場に連動して、仏教国家から儒教の国家へと変わるのですが、日本はそうしなかった。（中略）明は日本のことを仏教国家だと考えているのです。それは東南アジアでは当たり前で、タイとかカンボジア、マラッカが、当時は仏教国です。たぶん、明の皇帝からみると、韓国は自分のところと同じ宗教である朱子学を宗派にしているが、日本はタイやカンボジアと同じ仏教国だというようにみえていた」と概括している（小島二〇一一）。

このような広やかな観点からみていくと、たとえば、従来、禅宗の発達をもっぱら鎌倉幕府との関係で考え、「禅宗―武士―質実剛健」という通俗的な見方を打破しきれないでいた状態は簡単に相対化することができる。嘉元寺の建立の動きにみたように、それは公武を超えたものであり、また国制イデオロギーの全域に関わる変化だったのである。従来のような見方は、『太平記』（巻二十四）に「武臣相模守此宗（禅宗）ニ傾テ九代累葉ヲ栄ヘタリ」と述べたような事実認識のレヴェルに留まっている。これは、何度かふれた天龍寺を勅願とするかどうかの紛議に関わって語られた言葉であるが、この事件によって禅宗国家体制が武臣を中心に組まれ、それが徳川時代における禅宗の国家的位置の拡大と深化にまでつながっていったために、「禅宗＝武家」という図式が強化されたのであろうと思う。

なお、足利時代における大徳寺の独特な様相は、このような体制的な事情に由来するものである。花園は、後醍醐が吉野に移った翌年、建武四年（一三三七）八月二十六日に妙超を「興禅大灯国師」という国師号によって呼称し、大徳寺の「一流相承」を認めた置文を発した。そして、おそらくその前後、妙超の推挙する関山慧玄との関係が確定したのであろう。妙超は、これによって、大徳寺から妙心寺が分離することを承認した後、この年の十二月に死去した。そして妙心寺は暦応五年（一三四二）には寺基を整えていたといわれる。花園上皇は、大徳寺との関係を維持しながらも、大徳寺とは区別された禅院を建立する方向に進んだのである。そして、それ以降の足利時代の北朝の天皇は既存の禅寺および幕府の官寺の禅僧に帰依はするものの、月林の梅津長福寺や光厳・光明の母・広義門院の建立した伏見大光明寺などを別として禅宗寺院を外護する立場を取ることはなかった。

そして、大徳寺から妙心寺が区別されることによって、大徳寺は長く南朝に縁のある寺院として残った。前述の北畠親子（大塔宮護良親王の生母）は、正平十四年（延文四年、一三五九）までは生き、北畠具行から譲られた大徳寺近辺の土地を妙超がひらいた尼寺・妙覚寺に寄進している。彼女はその段階ですでに出家して「そうしやう」といったことがわかるから、おそらく早く妙超に帰依し、南北朝内乱の時期、妙覚寺の周辺で生活を営んでいたのであろう（『大』一四三二）。そして、この寄進の安堵が後村上天皇綸旨によって行われていることは（『大』一四三二）、大徳寺の周囲に長く南朝の影響が残ったことの何よりもの証明である。その他、妙超のでた浦上氏が赤松支族であったことを含め、大徳寺には足利幕府とは相対的に異なった諸要素があつまる条件が多かったということもできる。

もちろん大徳寺・妙心寺は、一面で、大応国師南浦紹明の派下の寺院として足利幕府体制の下に位置づけられており、その意味では、けっして朝廷と結んで五山派と対抗していたというようにはいえないが、しかし、こういう経過の中で、幕府からも朝廷からも相対的に離れた位置をもつことになったのである。私は、このような大局こそが足利時代後期以降において大徳寺の文化的な位置の自由さをもたらしたものであり、それこそが「林下」なるものの（少なくとも一部の）実体であったと考えている。それが織豊時代における大徳寺の国家的位置の拡大と、徳川幕府における大徳寺―東海寺の位置の大きさにまで転形していく過程を見通すために何が必要なのかは、大徳寺史の問題として、今後考えてみたい課題である。

註

（1）大徳寺の歴史の概要については玉村竹二「大徳寺の歴史」（一九六八）を参照されたい。

（2）天龍寺の紛議をめぐるいくつかの史料のうち、たとえば『大日本古記録　後愚昧記』①におさめられた「山門嗷訴記」に「後二条院御宇、雖被建嘉元寺、依山門訴訟、遂被破却訖」などと「破却」を示唆するものがあることは文飾とすべきではあろうが、建築計画がある程度進んでいたことを示すと解することもできる。

（3）辻善之助『日本仏教史』（中世三）一一七頁では「嘉元寺」の問題と「暦応寺」を関係させていない。

（4）このような考え方がどのように生まれたかは大きな問題であるが、歴史学にとっては辻が武士道と禅の関係を述べた影響が強い（辻一九四九a、一九一頁）。

（5）龍翔寺の敷地を「柳殿」というが、その「柳殿幷新御領所務」が、後宇多の院宣によって延慶二年（一三〇九）に「絶崖上人御房」につけられており（『大』一六二（四））、この年に敷地が確保された。なお、文保元年（一三一七）には後宇多院宣によって龍翔寺敷地が浄光（通翁鏡円）上人庵にあてられており（『大』一六二（五））、これは住持の交替を示している。

（6）元亨二年（一三二二）には卜部兼好が田地を売寄進しており（『大』二一八九、二一九〇）、寺院の体裁は整っていたものと思われる。なお、この契約は売買を基本としていた可能性もあって、詳細は不明であるが、「当寺帰依」という文言からすると兼好と南浦の法門、そして外護者の後宇多との間には、実際の関係があったのかもしれず興味深い。

（7）これは辻善之助『日本仏教史』（中世二、三九〇頁）の記載であるが、その出典が記されていなかった。しかし、最近、玉村竹二『臨済宗史』（一九九一）が金地院に『元亨宗論一件』という雑書があったことを指摘し、辻善之助はこれを利用したのであろうと推定した（一一一頁）。

（8）伊藤克己「大徳寺創立の歴史的前提：東山雲居寺と宗峰妙超の「社会的性格」」（『駒澤史学』三十九号。一九八八年九月）。

（9）嘉暦三年（一三二八）六月五日の後醍醐天皇綸旨は「最長寿寺幷寺領等、任賀茂経重契状、令管領」として、妙超に「賀茂経重の契状」によって最長寿寺領を認めている（『大』五一）。最長寿寺は後にも賀茂氏人重則という人物と相論を起こしていることから（『大日本史料』八編九、文明九年八月九日条）、おそらく賀茂氏人を檀那とする北辺の寺院であろう（なお『史料大徳寺の歴史』十五、四五頁に「上野国最長寿寺」とあるのは錯誤）。そしてこの寺は月林道皎が開基となった長福寺の関係文書にも現れることからして（『長福寺文書』八八二）、月林道皎が北辺（おそらく岩蔵）にもった寺院であろう。月林の不在中にその管領を妙超が認められているのは、妙超と月林の関係を証するものといってよい。なお月林が醍醐の親玄の甥にあたる人物であることにも注意しておきたい。

（10）なお同庄が大覚寺領であることは『鎌』二八二一一、二八二一八を参照。

（11）玉村竹二もすでに「元来持明院統の御歴代はこの新興の宗旨には御疎遠であらせられた。然るに花園天皇に至って云々」としている（玉村一九四三）。

（12）なお、四月二十六日に正中が嘉暦へ改元された。この改元については前年の地震によるという説があるが（尾藤正英『国史大辞典』）、私は皇太子の邦良の死去が大きいと考える。

（13）この文書の文書名が『大日本古文書　大徳寺文書』（巻十三）で「妙超〈宗峰〉花園天皇問答頌幷花園天皇投機頌」となっているのは誤りであった。なお、この問答頌については、大徳寺では、ある段階において、後醍醐天皇と妙超の問答とされたようで、それは軸箱中に「開山見示後醍醐天応法語」「後醍醐投機偈」という旧題箋が収められていることによってわかる。しかし、妙心寺所蔵の「玉鳳院宝物目録」（観応二年五月二十七日、妙心寺文書、史料編纂所架蔵影写本【3071.62-15-2】）に「一、扇手箱一合納物／国師印承一通／御授衣之時国師被書進一通、投機御頌以下御問答」とあること、および筆跡によって、花園の筆であることが確定している（玉村一九四三）。

（14）この二幅のうち、第一幅は妙超の問偈に対して花園上皇が答偈を記したもの、第二幅は逆に花園上皇の問偈に対して妙超が答偈を記したものであり、二軸は一つの軸箱におさめられている。編纂時の（私の）観察によれば、これらはおのおの同一の筆を使い、筆勢も同時に書したものと認められる。ここで一応、妙超と花園上皇の問答頌の解釈をしておく。まず、第一幅の妙超の偈は「億劫相別れて須臾に離れず、尽日相対して刹那も対せず、この理人々にあり、如何。これ恁麼の理、伏して一言を聞かん」というもので、これは「空間的な分離は分離でなく、時間的な近接にも囚われない。こういう理が人々の経験の中にあるという。これはどういうことか」というような意味だろう。これに対する花園の答えは、「昨夜三更、露柱の和尚に向かい、言い了」というもので、「それは昨夜、この仏殿の露柱が和尚にいっていた」というもの。これは意味が分かりにくいが、露柱を、建築を開始した大徳寺の柱と仮定すれば、「大徳寺の開堂という事業に集まった人々の経験こそ、そのようなものだ」と理解できるように思う。二幅目は今度は花園が偈を最初に読む。「二十年来辛苦人、迎春不換旧風烟、着衣喫飯恁麼去、大地何曾一塵」というもの。私は、これは花園が妙超になりかわって、その心意を読んだと理解したい。つまり、「二十年の間の修養に辛苦してきたが、いま、春になっても修養の雰囲気は変わらないまま、このようにしている。大地の上には塵というべきものはみえない」というのは「二十年長養」を終えた妙超の気持ちそのものではないか。そして花園は「弟子にこの悟りあるのところ、師、何をもって験するや、朕」（弟子はこう覚ったが、どのように証験をあたえるか）と問うが、それに対する妙超の答えは、「老僧、既に恁麼に験す、聻」というもの。つまり、「私は確かにそういうことだ」と答えたということになる。妙超と花園の彼我が一体となった様子が語られているということになる。

　玉村竹二（一九四三）は、「（『碧巌録』によった）類型的語句であるから、この二十年を以て史実に無理に当嵌めようとするのはよくない」としながら、花園が妙超に参禅した証のある元応二年（一三二〇）から（花園が妙超に「興禅大灯国師」号を授与したと玉村がする建武四年の前年）建武三年（一三三六）の間の十八年のことをほぼ二十年といったものとする。しかし、ここには無理があり、「二十年」は「二十年長養」の二十年と理解するほかないと思う。以上の如くだとすると、この問答頌は『大日本古文書　大徳寺文書』（巻十三）では「（年月日未詳）」となっているが、年次を大徳寺開堂の（嘉暦元年）もしくは「春を迎え」という文言を重視して、その翌年（嘉暦二年）正月頃とすべきことになる。

（15）　この事件の経過については岡見正雄注釈、角川文庫本『太平記』（一）。二八四頁以下に岡見の詳細な注釈と史料引用がある。

(16) 百瀬今朝雄（二〇〇〇）。なお、百瀬は禧子の妊娠が、いわゆる想像妊娠であった可能性にはふれていない。王妃の想像妊娠については、私は近衛天皇の妻、呈子の例について拙著『義経の登場』（NHKブックス、二〇〇四年）第一章でふれたことがある。

(17) このほか律宗の関係では二十九日に観心寺に「観心寺地頭職」（『鎌』三二三〇四）、西大寺に「筑後竹野庄地頭職」（『鎌』三二三〇五）を寄付とある。また長福寺への文書は祈禱文言のみで所領文言はない。また、十九日に東寺（『鎌』三二二八五）と神護寺（『鎌』三二二八六）の領有する幾つかの庄園に対して武士の濫妨停止の綸旨が発給されているが、これは個別的な安堵であり、しかも「奏聞の処」という文言が入っている。その他、二十七日に大乗院門跡あての「御領検断職」（『鎌』三二三〇二）、祇園社の「丹波国波々伯部保下司全丸半名」について（『鎌』三二三〇三）などがあるが、これも個別的なものである。六月五日の大徳寺宛の綸旨が群を抜いて早いことは否定できない。

(18) この経過は今枝愛真（一九七〇）、斎藤夏来（二〇〇三）を参照。ただし、後醍醐の意志としては大徳寺を「五山之其一」とすること自体は不変であったというべきであろう。南禅寺の五山格上げは大徳寺の「五山之其一」の格にともなうものであり、また後醍醐の南禅寺住持の明極楚俊などの中国僧に対する偏重をも条件としていたものと思う。なお、斎藤が紫衣事件の遠因をここまで遡って検討しているのは興味深い。ただここには、後にもふれる大徳寺と南朝との独特な関係に由来する側面もあると考える。

(19) 後伏見院は、同じ六月の二十六日に出家をすることになる。出家の戒師は亀山院の第十皇子、慈道法親王であった。後醍醐は、六月一日には、後伏見の子供の尊円を退けて、慈道を青蓮院門跡につけている。これについて花園は「自元雖存儲、驚存候」と述べているが（『鎌』三二二三一）、後伏見にとっては屈辱の出家であったであろう。しかし、後醍醐はおそらく京都還御の後に、中宮禧子との間に儲けた娘で、斎宮を退下していた後宣政門院を、密かに後伏見上皇の許に入れている。また後醍醐は、還御の後の一三三三年（元弘三）十二月には、後伏見の娘（母は広義門院、西園寺寧子）の新室町院（珣子内親王）を自己の許に迎えている。これも血縁を通じた持明院統との結合、いわゆる公家一統をはかったものであると思う

(「女院小伝」による。正確な年月日は未考)。このような動きが、後醍醐による持明院統の王領の安堵と同時に進展していることが注目されるのである。

(20) 現在の建勲通と智恵光院通りの交点から船岡山側をみればわかるように、船岡山の東部・南部の一帯は、東南にむけて傾斜面になっている。「船岡山東崎」とは、この傾斜が切れて落ちこむところを意味していたと思われる。

(21) この文書の文書名は大徳寺文書の『重要文化財指定目録』において「さうしやう(北畠親子)敷地寄進状」と訂正されている。その一つの根拠となったこの文書の紙質については保立など(二〇一三)を参照。

(22) この敷地付与自体は、建武親政の後、一三三八年(建武五)にも光厳院院宣によって再確認(『大』一七三)されている。なお通常、大徳寺と梶井門跡との関係は、尊胤法親王と義亨の関係によって説明される。尊胤は、座主を尊澄に交替した後に、大徳寺の奥の白毫寺に住んだというが(『天台座主記』)、大徳寺の敷地をめぐる梶井門跡との関係自体は後醍醐の時期にさかのぼると考える。

【文献】

伊藤喜良　一九九九　『中世国家と東国・奥羽』校倉書房
今枝愛真　一九七〇　「中世禅林の官寺機構」(同『中世禅宗史の研究』東京大学出版会)
小島　毅　二〇一一　『歴史を動かす――東アジアのなかの日本史』亜紀書房
斎藤夏来　二〇〇三　「五山制度と大徳寺・南禅寺」(同『禅宗官寺制度の研究』吉川弘文館)
佐藤和彦　一九七九　「南北朝内乱」『日本史の謎と発見』毎日新聞社
佐藤進一　一九六五　『南北朝の内乱』中央公論社
菅原昭英　一九九八　「江南における四川僧と日本僧の出会い」(『宗学研究』四十―四十二号)
高橋康夫　一九八二　「鎌倉時代における北辺道路網」(『京都中世都市史研究』思文閣出版)
玉村竹二　一九四三　「花園天皇と大灯国師」(『肇国精神』第三巻第七号、後に『日本禅宗史論集』上、所収)

玉村　一九六八「大徳寺の歴史」（『秘宝　大徳寺』講談社、後に『日本禅宗史論集』上、所収）
玉村　一九九一『臨済宗史』（春秋社）
辻善之助　一九四九ａ『日本仏教史』（中世二）、岩波書店
辻　一九四九ｂ『日本仏教史』（中世三）、岩波書店
保立道久　二〇〇五「創建期の大徳寺と王権」（『禅宗寺院文書の古文書学的研究』、二〇〇二年度～二〇〇四年度科学研究費補助金報告書〔基盤研究（Ａ）（２）〕）
保立など　二〇一三「編纂と文化財科学」（『東京大学史料編纂所研究紀要』二十三号）
保立　二〇〇〇「現代歴史学と国民文化」（後に『歴史学をみつめ直す』校倉書房二〇〇四所収）
百瀬今朝雄　二〇〇〇「元徳元年の『中宮御懐妊』」（初刊一九八五）（『弘安書札礼の研究』東京大学出版会）
山田宗敏編、伊藤克己補訂　一九九三『史料大徳寺の歴史』毎日新聞社
和島芳男　一九六五『中世の儒学』吉川弘文館

明治国家成立期の水戸イデオロギーに関する考察
――「大日本史完成者」栗田寛の勅語講釈を中心に――

陶　徳民

はじめに

田尻祐一郎氏は、「水戸学研究と『水戸イデオロギー』」（J・ヴィクター・コシュマン著、田尻・梅森直之訳『水戸イデオロギー――徳川後期の言説・改革・叛乱――』所収）において戦後五十年の水戸学研究の流れを手際よく分析している。本稿は、同書のタイトルを使うことによって、明治期の水戸史学およびそのイデオロギー性に対する立ち入った研究の重要性を強調したい。なぜならば、これまでの水戸学研究はたいてい幕末期までの考察で終わっているからである。事実、藤田東湖・会沢正志斎の所論を受け継いだ栗田寛（一八三五〜九九）の政治思想は明治国家のイデオロギー的支柱の一端を担ったばかりでなく、その言葉遣いと論理構造の一部は大正期ないし昭和戦前期の政治史と精神史に影響をもたらしたと見られる。まさに尾藤正英がかつて指摘したように、水戸学の思想は「明治国家を支える観念体系の一部をなして、近代日本とともに生き続けた思想であって、単に幕末の一時期だけに社会的影響力を発揮しえたとみるべき性質のものではなく、ましてこれを専ら幕藩体制の護持をめざした「後向き」の思想であったとみることはできない」、「日本における近代国家の形成という長い過程の中に、水戸学を位置づけてみることが必要とされる」のである。(1)

この栗田の主要経歴と主な功績について、『水戸市史』が次のように紹介している。(2)

①　栗田は、明治期の大日本史編纂の中心であると同時に、水戸を代表する学者でもあった。江戸前期の水戸藩主徳川光圀が始めた編纂事業を、明治維新後において水戸徳川家の事業として継続させ、自らこれに携わり、『大日本史』を完成させたことは栗田の一番の功績といわなければならない。また、義公徳川光圀・烈公徳川斉昭を祀る常磐神社の創建についても発起人として大きな貢献をし、その経緯を『常磐物がたり』（明治三十年刊）にまとめている。

②　その学識を評価された栗田は、政府からも三回にわたって中央に招かれ東京で仕事をする。一回目は明治六年（一八七三）七月から十一年十月まで、この間大教院、教部省、修史館に出仕し、神社調査と『特選神名牒』など史書の編纂に従事し、神社行政に大きく貢献した。二回目は、十七年（一八八四）から二十二年四月まで、元老

院准奏任御用係となり『職官考』の編纂に当たる。三回目は二十五年（一八九二）十月、時の文部大臣大木喬任のたっての要請を受け、文科大学教授として招かれ国語学・国文学・国史を教えている。これは内藤耻叟に続いての文科大学教授への就任であり、水戸の歴史学がわが国の史学の本流として認識され、文科大学国史科に水戸学の学風を導入する目的をもってなされたことであるという。

③　栗田は教育勅語にも関与したといわれる。明治二十三年（一八九〇）、教育勅語が発布されるに先立ち、明治天皇侍講元田永孚の問に答えて『神聖宝訓広義』という一書を提出し、教育勅語の参考に供した。『神聖宝訓広義』の内容は、「国家固有の大道、すなわち忠孝彝倫を根源とした神聖の大道を究明した書」で、「とくに、義・烈二公の精神をはじめ、水戸の先哲の精神を主軸としたいわゆる水戸学の伝統的学問思想を基盤にし」たものであるといわれる。

④　明治二十三年十月教育勅語が発せられると早速「勅語述義」を執筆し、渡辺正順、亀井善述などとはかり、弘道学会という水戸学の振興を目的とする団体を発足させ、毎月一回弘道館で会を開き、勅語の講義を行い、教育勅語と水戸学の普及に努めた。「栗田寛の著書は、八五部、五三六冊の多数に及ぶが、その学問思想は二十九年（一八九六）十二月十五日東京国光社から刊行された『天朝正学』に集約されているといわれる。」

このように、栗田は明治期の歴史編纂、神社行政および道徳教育の三方面に多大な貢献をしたが、そこに現れていた栗田の政治思想、とりわけその思想の中枢を占めていたはずの国家神道観について、これまで十分に検討されてこなかったようである。(3)本稿は、先行研究を踏まえ、『教育勅語』が公布された一八九〇年以降の水戸学「正学」化とも言える傾向の中で出来上がった『勅語述義』（一八九二年一月）と『勅語講義』（一八九二年十月）における国体明徴論を通してその国家神道観の特質を検討してみることにしたい。結論を先に示すならば、栗田は確かに「信じて古を好む」ものではあったが、決して「述べて作らず」という世の中の動きに疎い学究ではなかった。「王政復古」・「文明開化」という二大勢力の拮抗に密着した思索者、「洋学万能」に傾いた世相の転換に対抗した行動者として、その所論は水戸学の諸先達の遺訓を受け継ぎながらも強烈な時代性と個性で特徴づけられている異色なものであったと言える。

一　「神の国」の国体を明徴にする『勅語述義』

明治二十三年（一八九〇）十月に「教育勅語」が発布された後、芳川顕正文部大臣の依頼を受けて作成された井上哲次郎の公式衍義書のほか、水戸学者の栗田寛と内藤恥叟を含む民間有志たちによる多くの衍義書も現れた。明治二十五年（一八九二）一月に出版された『勅語述義』は、その扉を時の文部大臣・伯爵大木喬任、伯爵東久世通禧（貴族院副議長から枢密院副議長へ転任する過渡期にいた）および子爵佐野常民（宮中顧問官、元老院副議長経験者）の題辞で飾り、「勅語」本体は金字で印刷されている。「述義」本文の冒頭は、「臣　栗田寛　謹述」で始まる次のような所信表明である。

（前略）寛也不敏と雖、生を水戸に受け、嘗て旧藩主源義公・烈公尊王の大義を聞き、大日本史の編纂に預り、明倫正名の学に従事するときは、安んそ聖旨の要領を詳にして皇恩の忝きに奉答せさるを得ん。今恭く首に勅語を掲け条を逐て義を述へ、大に天下の同志に謀り、ます〳〵神聖の大道を発揚し、祖宗の遺訓を明徴にせんと欲

する也。(4)

では、「義公」徳川光圀と「烈公」徳川斉昭の「尊王の大意」を受け継いだ栗田はどのような方向で「神聖の大道」を発揚し、「祖宗の遺訓」を明徴にしようとしたのだろうか。これを理解するために、まずその神道観を知っておかなければならない。

栗田の神道観は、小山田与清（一七八三～一八四七）という、平田篤胤・伴信友と並び称されていた近世後期の国学者の神道史論に対する論評のなかに、よく現れている。すなわち神道は「歴代帝皇の天下国家を経綸し給ふ大道の、祭祀敬礼の内にある」、「大凡古への学者は、其志専ら神皇施政の大体を明らむるにあり、故に忌部広成は、其家の衰頽を慨歎するの余、祖宗祭祀の尤も重すへきを述て、古語拾遺を著し、北畠准后は、神器授受の詔勅を始め、君臣父子の大倫を明にして、神皇正統紀を作り、我水戸の義公は、儒仏の意に僻せす、老荘の見に溺れす、大日本史を著し、皇統を神器の所在にかけて、其正閏を論定し、内外尊卑の別を明にして、天下正邪の辨を正せり、当時新井白石・荻生徂徠・熊沢蕃山・山崎闇斎・谷秦山・安積澹泊・栗山潜鋒・佐々十竹・三宅観瀾諸氏の如き、其見識各異同ありと雖も、未神皇の道を度外におきて、彼高天原黄泉国を以て、仏氏の天堂地獄の如くに説きなせるはあらさりしかと、なほト部家の両部習合の説も行はれて、神典を講するものいとおほしきありさまなりしを、古学家起るに及て、大に前人の陋習を破り、古言を明にし古事を説き、古道を掲げて邪説を排き、天下公衆をして尊王の志を励さしめたるその功、真に雲霧を開て白日を見るか如き者あり、然れとも神皇の事迹を説くに至て禍福吉凶を禍津日・直日の二神にかけ皇祖天神のます処は茫々たる蒼天にして、人界にあらさるか如くにいひなし、黄泉国また綿津海国をもこの国をはなれし地底にあるか如くにいひなし、又与清の所謂老荘の無為恬澹をもて皇国の風義とするの類ひ、後学をして往々岐路に彷徨するの患あらしむるは、あかぬ事なり、凡学問は深く考へ博く学ひ、神皇一源の道、忠孝無二の理を明かにするを念慮となし、理世安民の事に精力を尽すを旨として学術門流の異同にか、はるへきにあらすと知るべし」と。(5)

なお、栗田の神道観のもう一つの側面は、山崎闇斎・浅見絅斎に師事し垂加神道と儒教に詳しい谷秦山（一六六三〜一七一八）の「君臣関係」論に対する論評から窺うことができる。すなわち「予皇都に居て、久しく皇風を仰くに、君は自ら神代の君にして、臣は自ら神代の臣也。故に衰世と雖も、君臣の道自然深厚、固に異邦毎世主を易ふるの国と同日に語るへきに非す、（中略）此君臣の契、根本深厚にして、天壌無窮、墜さるの験也」という谷の感想について、栗田は「凡儒神皆治国平天下の道なり、然るに西土は国治まらず、天下平かならす、屢夷狄の為に奪はる、者、其道未た尽さ、る所あるが為歟、我朝国治り天下平かにして、万古一日の如くなる、其道の至れるものあれはなり、学者審に考ふべし」と評している。(6)

これらによって見れば、神道はすなわち政道（＝「理世安民」）、政道はすなわち祭道（＝「祭祀敬礼」）、その奥義は「祭政一致」、「神皇一源」、「君臣一体」、「忠孝無二」、「幽顕無二」にあり、その道統は忌部広成の『古語拾遺』、北畠親房の『神皇正統紀』および徳川光圀・徳川斉昭の『大日本史』によって代表されている、ということである。己の主義主張を強調するために『大日本史』紀伝編集の功臣で水戸学の先達であった安積澹泊などにまで批判の矛先を向けたのは、国家神道の鼓吹者としての栗田の面目躍如といったところである。

まさにこのような神道観にもとづき、栗田は大日本帝国を次のように定義している。

天地の間に万国あり、万国に首出する者神州あり、其地や天地清淑の気を得て山川秀霊の美あり、蓋神皇基業を開き、天神国土を経営し、神功既成れ及て、之を天祖に伝へて天下の君とす。天祖之を皇孫に伝へ、万古一系、

天壌と窮りなく、君臣の分正しく国体尊厳なる者、之を大日本帝国と云ふ。(7)

ここの「万国に首出する」云々の表現はいうまでもなく、会沢正志斎の『新論』（一八二五年）や『下学邇言』に由来する文言であるが、注目すべきは、「「選民」型自民族中心主義」と批判されたこの種の独善的国体論の根拠が、会沢の強調した日本の「東方性」よりも「天地清淑の気」を得たゆえんの「秀麗の美」に置かれていることである。(8)その意味で、栗田の所論はむしろ藤田東湖の『弘道館記述義』（一八四六年）における「国体以之尊厳」論という神儒折衷の論法に従っていると言える。いわば、「赫赫たる大八洲、磤馭盧島に基づく。磤馭盧の島は、実に天瓊より成る。国威の由来するところ遠し」、「始めより土壌の霊秀にして、風気の醇美なる」、「蓋し国体の尊厳は、必ず天地正大の気に資るあり。天地正大の気は、また必ず仁厚義勇の風に参するあり。然らばすなわち国体風俗の淳漓、国体の汚隆、ここに繫る」と。(9)

一方、栗田は「大日本帝国の風俗」として次のような「敬神奮武」の臣民像を提示し、しかも十二年前の一八八〇年に宮内省の伶人によって作曲され、後に「軍艦行進曲」の中間部となった大伴家持の万葉歌「海行かば」を引いて、有事の際の天皇への献身を激励している。

万民の日用となる者、皆神代以来歴朝の拮据経営に因りて生するものに非るはなし、天祖天神は我同一気の祖先なり父母なり。天祖天神の威霊を戴き、数千載の恩沢に沐浴し、天祖賜ふ所の瑞穂の稲を食て飢ることなく、天祖織し所の神衣を服して寒ることなく、天地清淑の気より凝結せる百錬の刀を磨き、日本魂を振起して戎狄侵掠の侮を禦くは、我国体の由て立つ所以なり。故に曰、海行かば水漬屍、山行かば草むす屍、大君のへにこそ死なめ、のどには死なじと云者は、是万国に秀絶卓異なる大日本帝国の風俗なり。(10)

上記の国家像と臣民像を示した栗田の『勅語述義』の一番際立った特質は、なによりもまず、その永遠なる君臣（＝臣民）の運命共同体、祭祀共同体の所以である「惟神の大道」に関する論述にあり、全五十六頁のこの冊子の中に、ほぼ七分の一にあたる八頁の紙幅を割いて神道の祭祀儀礼の内容を紹介していることにある。その詳細の程度は、『新論』「国体上」をはるかに超えているため、栗田の神道研究の造詣が思う存分に発揮されたように思われる。そこでは、祭祀の根本義に関する説明は次のように行われている。

> 今日は即上古、上古は即今日、赫々たる大日本の天地、また洋々たる神代の天地に異ならす、子孫と祖先と体を異にして気を同ふす。（中略）祭と政と維一にして、道と教と又二ならず、億兆一心、衆誠感通、天祖天神洋々として左右に在すが如く、忠孝の義明かに、君臣父子の礼正く、人神相和き四海大同にして異物に遷ることなし。是之を報本反始の義と云ひ惟神の大道と云ふ。
>
> 歴世帝皇・神祇を敬祭する其秩祀の典礼、大小各異なりと雖も、其義の存する所、みな本に報ひ始に反るの道、孝敬忠愛の情、天下億兆を安撫するに出さるものなし。其他天下諸社礼典に預るの神は、之を要するに皆天祖を左右し、皇孫を輔翼し、或は法の民に施す者と死を以て事を勤めたるもの、労を以て国を定め、能く大菑を禦き大患を捍く者也、其豊功盛烈万世に亙て磨滅せさる者也。嗚呼、天地ありてより以来、君臣一体凝固結合国家と盛衰を共にし、天壌と窮り無きもの、是我神州の万国に冠絶する所なり。豈盛ならずや。(11)

この天地開闢以来の「神州」で「君臣一体凝固結合国家」であるという日本像、個々の国民の生命と死霊を永遠に束ねる天皇制国家が祭祀儀礼によって絶えず維持し再生されていくという運命共同体像が実に読者に強烈な印象を与えるものであったと言える。その上、このような完璧に近い理想的な運命共同体たる日本の対極に置かれていたのは、次のような日本以外の「万国の君臣」である。

（世界の中に）万民を以て一君を奉するの国と、一君を以て万民を養ふの俗とあり、一君を以て万民を養ふハ其成功に取るものにて、下民の為に契約上より推尊せられて君主と仰かれし者、即万国の君臣是なり。是故に其君過失あれは、或は民権を主張して君上に抗し其権を抑へんと計り、或は其君の不道を咎めて之が簒逆を行ふものあり。蓋しその君民共に異なる種族の集合体より成立せる国なるを以て互に相嫌疑し、君ハ臣に奪れんことを慮り、臣は君に代らんことを思ふの情ひまなければ也。風俗の醜悪、真に厭棄すべし(12)。

この中で、ルソーの『民約論』を生んだフランスや多種族の移民の集合体たるアメリカが批判されているが、別の箇所では「魯西亜の虚無党」や「独・仏社会党」なども槍玉に挙げられている。

しかし、これら外国の政治思想や民族構成の在り方と比べて、栗田がより一層憎んでいたのは、むしろキリスト教に帰依した日本の信者たちであり、とりわけ「不敬事件」の標的となった内村鑑三であったように見える。その「不敬事件」とは、『勅語述義』の出版された一年前の一八九一年一月九日に、第一高等中学校の講堂で挙行された教育勅語奉読式において、嘱託教員の内村が天皇の御真影と天皇宸筆の勅語に対する最敬礼をなすのに躊躇した、という出来事であった。

今人の聵々たる、唯外国摸倣の風を之れ主として心に一定の見なく、我　皇国固有一源の大道ある事を知らす、自ら鄙しみ自ら軽んし、内外の辨を忘れ本末の理を失ひ、我君父を以て外国他人の君父と同一視し、軽重尊卑の等あることをさへ知らざるに至る。愚亦甚しと謂べし。唯凡庸鄙俗の人然るのみに非す、粗理義を解する人亦此の如し。唯その然るのみにあらず、在官の稍知識あり名望ある人猶且然り、其甚しきに至ては、我　天祖の道に背き我天神の制に違ひ、且つ我祖先の神を蔑如して顧ざる者あり。其心に謂らく、神は一つのみ、彼外蕃の神を拝するときは一神を拝するのみにて足れり、彼神は大君也大父なり、其大君を敬拝するときは、我　天祖の神も敬拝するに足らす、天皇の御像も拝するに足らず。其大父を拝するときは、我眼前の父母を拝せすして可なりと。苟も其心を設くる此の如きときは、我君父に背くも、彼教の本尊に違ふこと能はす。我君父を蔑如するも、彼の国王等の命に背くこと能にずと云て、遂に款を外国王に通するの痴漢あるも測る可らす。(13)

要するに、栗田は祖国の天皇や自分の両親よりも一神教たるキリスト教の神を尊んでいる内村の「大義名分知らず」を許せなかったため、そのような傾向は「叛逆者」・「売国賊」に繋がりかねないと厳しく非難したわけである。ゆえに、『教育勅語成立史の研究』を著した教育学者海後宗臣は、以上のようなラジカルな表現に満ちている栗田の『勅語述義』および内藤恥叟の衍義書（『勅語釈義』と『国体発揮』の二種類がある）を数多い「民間の教育勅語衍義書」中の「最右翼とする」ものと評している。(14)

二　水戸学派の勝利宣言としての『勅語講義』

『勅語述義』は栗田の執筆した著書であるのに対して、九ヶ月後に出版された『勅語講義』は水戸の弘道学会で前者にもとづいて講釈した際の速記録である。その成立ちについて、栗田の門人たちは「緒言」において次のように説明している。「明治廿五年聖駕ノ東巡セラル、ニアタリ、人々皆勤王ノ気ヲ喚起セシノミナラス。教育ノ勅語ヲ拝読スルニ及ンデ、一層ノ奮励ヲイタセリ。是ニ於テ、有志ノ士相議リ、終ニ弘道学会ヲ設立シ、其開会ノ式ヲ挙ルヤ、我カ師栗田先生首トシテ勅語ヲ奉読シ、且聖旨ノ存スル処ヲ講演セラレタリ。爾来会ヲ重ヌル十数回、即本年二月ニ至テ、全ク其講ヲ了レリ」。「先生蘊蓄ノ力、鬱勃ノ気、自ラ言語ノ間ニ顕ハレ、親切ニ丁寧ニ説キ来リ、聴者ヲシテ往々感泣セシムルニ至ルトキハ、先生ノ徳人ニ及フヤ多シト謂フベシ」と。[15] 言い換えれば、弘道学会自体は教育勅語の発布を受けて結成されたものであり、そこでの感動的な講義は一八九〇年早春から一八九二年二月まで十数回にわたって行われたものである。

もとより、口語体の『勅語講義』では、文章体の『勅語述義』における国体明徴の意図がより一層分かりやすい言葉で表現された箇所は少なくない。たとえば、諸外国の王朝更迭や政権交代と対照的な天皇制の優越を説く際に、「天神の御拵へなされた国、御開きなされた国、それを天孫に伝へ、皇孫に御授け成されたことだから、天子様の天下を、彼の支那国の如く、「天下は天下の天下なり」と云ふと違つて、我が日本国は左様にゆかぬ、「天下は天子の天下なり」だ。敢て人民が彼此云つて、左右すべからざる土地である」[16]、アメリカなどの場合は「投票を以て君を立てたり、四年代りで君をとりかへたり、多く他姓を以て位を継ぐやうな風習である」と語られているのが、その一例である。[17] ただ、『勅語述義』と比べて『勅語講義』の最大の特色は、水戸学の「勝利宣言」とも見て取れるその一貫した文脈にあり、このことは、栗田の実感した水戸学の「正学」化動向と、諸「異学」に対する彼の逐一の批判という二つの側面から覗うことができるのである。

まず前者に関しては、すでに触れたように、栗田は「教育勅語」発布（一八九〇年十月三十日）の前に、その起草者の一人で天皇の厚い信頼を受けている枢密顧問官元田永孚（一八一八～九一）の諮問に応じて、「神聖宝訓広義」を提出したという事実があった。そして、発布直前に行われた明治天皇の水戸巡幸もその有力の根拠となっていたようである。すなわち栗田は講義の際、水戸は「夫れ程の尊き国だからして、畏くも此間の十月に、行幸せさせ給ひて、さて義烈両公の勤王の事業を御追感になされて、藤田幽谷、会沢正志等の四人の人々を、厚く御賞誉になつたと云ふは、皆尊王の事から来たつたことである」、「其に付いて天子様が御還幸に成りましてより、僅に一日を隔てゝ、この教育の勅語を御下しに成つたも、決して偶然ではありますまい。この水戸より御還り後、僅に一日を隔てゝ、此勅語か出ました。故に水戸人はマー別して感激して、此勅語を奉じなければ成らぬと考へらる」というふうに述懐したのである。(18)この間の内実について、栗田の養嗣子栗田勤が次のように伝えている。「十月廿三日　是より先き天皇皇后両陛下、陸軍大演習天覧の為め水戸へ行幸啓あらせらる、を仄聞し、先生自ら願書を草し、此日、同志の士数名と共に之を土方宮内大臣に呈し、臨幸の際、藤田幽谷・会沢正志に贈位の恩あらんこと請ふ。廿六日　両陛下水戸に行幸啓あらせらる。廿七日　山口主殿頭の伝献を以て神祇志料二部（別に上表一篇を添ふ）を両陛下へ進献し御嘉納の栄を蒙る」と。(19)天皇の行幸は主として水戸での陸軍大演習を観閲するためであって、水戸学の本拠地を視察するためではなかったとはいえ、この機会をうまくつかんで『大日本史』神祇志の史料集『神祇志料』が献上でき、先達の藤田幽谷・会沢正志斎の贈位に関する働きかけもできたことは、栗田の機敏さの現れでありその一大成功であったといわねばならない。

また、栗田は講義の中で「教育勅語」の形成に対する己の貢献だけでなく、幕末の勤王運動や明治維新における水戸学の貢献も力説している。たとえば、第一回の講義において「明治の事業と云ふものは、薩長の人々が水戸人の心になりまして、次第に皆水戸の風を聞いて起つたもので、自惚だも知れないが、其元は水戸に有るものだ。夫だから、彼の薩州に名の勝れて居る所の西郷隆盛の如き、若い時分には、東湖先生の処に来て話を聞きました。夫から段々と感激して、其国人を鼓舞した。長州の吉田寅次郎の如き、会沢先生の処に参つて話を聞きました」と、西郷隆盛や吉田松陰など幕末の薩摩・長州の志士たちに対する『大日本史』や『新論』の感化と影響を強調した[20]。

そして、「大義名分」に関する第二回の講義で烈公斉昭の名誉を守るため、水戸出身の学者で帝国大学教授であった内藤耻叟に追随して、島田三郎の『開国始末』を次のように批判している。

俗論が行はるゝと、かの島田某とか云ふ人の、開国始末に書いたやうに、井伊掃部の頭が忠臣で、烈公が何か巧みでもしたやうになります。其俗論を信ずる人が多くなると、成程烈公がたくらんで、幕府でも取つて仕舞はうと思つたのだらうと云ふ、了簡をする者が出来る。さうなると、其反対なる某氏が忠臣になる。烈公は攘夷でやぼな人だ。某氏は交易を許さなければならぬと云つた。実に気がきいてをる、先見だとほむるやうになる。（中略）俗論に従ふと、ソーなるから、学問をする人は、正を掲け邪を退くることをしなければならぬ[21]。

一八八九年三月に『開国始末』を出した島田三郎（一八五二～一九二三）は、薩長藩閥政府を一貫して批判する議院政治家で植村正久牧師より受洗したキリスト教信者でもあり、同じ嚶鳴社所属の歴史家で『日本開化小史』の著者である田口卯吉とも意気投合していた。陸奥宗光に認められて元老院や文部省の書記官となったが、明治十四年の政変で大隈重信とともに野に下り、立憲改進党の結成に参画し、東京横浜毎日新聞（後に毎日新聞と改名）主筆、社長となったこともあった。要するに、島田は明治二十年（一八八七）に行われた故井伊直弼二十七回忌への参加をきっかけに、将軍継嗣問題や開国通商問題で鎖国攘夷派の首領徳川斉昭と激しく対立し、斉昭に蟄居処分を下し安政の大獄で吉田松陰などを斬首し、結局「桜田門外の変」で水戸浪士の手で殺された佐幕派の大老井伊直弼に深い同情を抱き、井伊家の所蔵史料を駆使し従来の勤王史観・薩長史観よりする井伊直弼国賊論を覆そうとしていた。その見解によれば、「維新以後世に出たる史伝、十中の八九ハ水藩学派の文章にあらざるなくして、坊間の近史は悉く一方の材料に供すべきが故に、水党の証文は左右前後之を取りて余あり。（中略）是れ近史の材料一方に偏し史筆の精神依然鎖攘の気習を帯びたる所以にして、予の撰著は却て之に他の新原素を加へ論局是れが為に変じたるに過ぎざるなり」という。(22)当時の政界や学界に一石を投じ大きな反響を呼んだこの破天荒の「翻案」史書に対し、内藤耻叟は同年直ちに「開国始末弁妄」（『開国起原　安政紀事』に付録）を著わして反撃した。

上述のように、栗田は講義でこの島田の著書を「俗論」と一蹴しただけでなく、その最終講義で斉昭の鎖国攘夷派の汚名を払拭するため、次のような弁明も行っている。斉昭の「海防愚存と云ふ書を読むと、まつ大体は分る。乍併烈公は、彼亜米利加が初めて入津致した、あの騒ぎで、幕府で江戸の地に商館をおし建つるの、交易をしなければならぬと云ふ時に当つて、決してよくない。愈さう云ふことをなさるならば、私を亜米利加に遣して下されと、御自身で亜米利加に乗出しなさつて、而して大に交易なさる御積りだ。其御議論があると云ふことは、世の中に知れないから、烈公は一生攘夷論で仕舞つた人だと、かう思つて居る」と。(23)

さて、「異学」に対する栗田の批判は多岐にわたっていたため、ここでは主として森有礼の悲劇と久米邦武の非職という二つの事例の検討に止めたい。

まず、勅語中の「此レ我カ国体ノ精華ニシテ教育ノ淵源亦実ニ此ニ存ス」をめぐる第三回の講義において、栗田は「大天地」・「大朝廷」たる日本の国体の尊厳を次のように唱えている。「かの西洋諸国は、国が大きいか知らぬが、其君臣の定らない国に住ひして居る人民は、小天地と申して誠に小さい天地に生まれて居るのです。其小天地に住ひする君臣は、朝に代り夕に更はると云ふやうな国柄だから、これを小朝廷と云つて、我が国の如きは開闢以来天日嗣万古一系で、決して御変りなさらない御国がらだ。国は小さいと雖も、自大天地だ。其朝廷は大朝廷だ。其大天地に生まれ、其大朝廷に御奉公をする臣民たるものは国家に力を尽さなければならぬ。この道理を知るを、之を国体を知ると云ふのであります」と(24)。その上、敬神の精神が欠くことのできない所以を説明するため、森有礼を名指しこそしないが、その悲劇を取り上げて「神罰」の結果と決めつけた。

敬神の心があるからに、皇大神宮を始め、諸神社を尊敬して、おろそかにすまじきことだ。まづ朝廷の御先祖伊勢の皇大神宮を初め、天下に三千一百三十二座の式社と云ふがござります。これは昔延喜の時代に、天下の有がたい神々を朝廷の御帳面に書き載せてある処の神社は、即皇祖皇宗なり、我々人民の御祖先であるから、皆決して之を疎略にしてはならないで、万一皇大神宮に対して、不敬の所業があると云ふと、かの大臣と云ふと雖も、飛んだ目にあふと云ふやうな、神罰を受くる(25)。

「皇大神宮」たる伊勢神宮に対する「かの大臣」森有礼の不敬行為、たとえば、森は「神宮に参拝し、泥靴のまま昇殿したとか」、「ステッキをもって神前の御帳を掲げて内部をのぞいたとか」、「泥酔して参拝し、不敬の行動をあえてしたとか」などといった当時の新聞で報道されたことは、すでに知人の証言や事後の研究で事実無根と判明している(26)。では、森はなぜこのように悪意の宣伝で汚名を着せられたのだろうか。一説では、時の文部大臣として「当時の国民の道徳を、ぜひ早く立ち直らせたいという熱意にかけては、有礼は決して元田永孚におとっていなかった。遠からず発布されようとしていた教育勅語以前に、森はあまり儒教臭くない常識倫理ともいうべき一般道徳教科書の編纂を計画し、暗殺されるころには、すでにその草案を完成させていた。この草案を有識者に回覧し、批判を乞うたことが、有礼はキリスト教を国教にするのではあるまいかという疑念を一部の人々にいだかせて、有礼の悲劇をはやめたともいわれる」(27)。いずれにせよ、文明開化を推進する明六社の発起人であり、アメリカ駐在外交官として早くも「日本における宗教の自由」を発表した森は、元田など国教樹立の唱道者たちに嫌われ、狙われていたことは確かであった。結局、信教自由の条款を盛り込んだ「大日本帝国憲法」発布の当日、長州藩士の長男で国粋思想の持主である西野文太郎の襲撃を受け、翌日に亡くなったということは嘆かわしい悲劇であったが、当時、凶報を受けた森の薩藩同郷で保守的な元老院議官である海江田信義子爵（一八三二～一九〇六）はちょうど参内中で、剣を握って語気激しく「左も有るべきことなり」と叫んだと伝えられている。(28) この海江田について、栗田は講義の中で「かの某学者（加藤弘之を指す―筆者）が国体新論と云ふものを著はして、君臣の大義など云ふやうなことを云うてをる内は、野蛮蒙昧の国だと云ふが如き、馬鹿なことを云ふやうになります。（中略）彼海江田議官が憤り、直に天子様に奏聞して、その国体新論を絶版にさせましたと云ふことを、伝聞してをります」と賛えたことや、海江田の編による『須多因氏講義筆記』（すなわち「スタイン講義」、一八八九年七月宮内省より刊行）を引き合いに天皇制の正統性を裏付ける「三種の神器」の存在の重要性を説いたことなどから見ても、尊王敬神思想に関する両者の一致が認められる。(29) したがって、森の悲劇に対する両者の反応の一致も決して不思議なことではなかろう。

この森の悲劇に対する栗田の論評が二年前の事件に関する追想であるのに対し、久米論文に対する論評はほぼリアルタイムの反応であった。すなわち、久米を批判した最終回の講義が行われた明治二十五年（一八九二）二月は、久米の「神道ハ祭典の古俗」という論文の『史学会雑誌』第二十三号～二十五号における連載が終わる二ヶ月前、田口卯吉の個人雑誌『史海』第八号に転載される一ヶ月前にあたる時点であった。その所論は次のようになっている。

此頃東京の大学教授に久米邦武と云ふ人が書いたものに、天祖の御授けなされた処の三種の神器は、御祭をする所の、御祭をする際に設けた道具であつて、何も尊ぶ程のものでない。又伊勢の皇大神宮は、其道具の鏡を祭つたものであるから天照大神さまの神霊ではない、其道具を祭つたと云ふやうな説を唱へ出した。これを其邪説と云ふので、帝国大学の教授がさう云ふやうな事を云ひ出す、世の中になつて参りました。恐入たわけである。昔から我が朝廷御歴代天子様が伊勢天照大神宮は、御鏡を御神体として大神を御祭り申したのに相違のない証拠があるを、如此申すとはいかなる訳と申して天下有志の徒は、之を憤りまして、若心なく只ぶらとさう云ふことを云ひ出したので、大きに謬つたと云ふならば、其儘にしてやるけれども、若さうでなく、意があつて此説を称へるならば、不敬無礼の罪を以て、何所までも正さなければならぬと云ふことになつて参りました。既に其事が諸雑誌にも載つて居るやうに見えます。況んや此水戸の義公、烈公の遺沢を受けて居る人民たる者をや。(30)

この中に触れられている「諸雑誌」は、上記の加藤『国体新論』絶版問題で暗躍した枢密顧問官で明治会会長でもあった佐々木高行（絶版当時は元老院副議長、それ以前は侍補）の非難文章を載せた『明治会叢誌』（一月十五日号）および「曲説可討」と題する記事を載せた『国光』（二月十日号）などを指しているはずである。二月二十八日には倉持治木など「道生館」の塾生四名は久米の自宅に押しかけ、その論文について五時間にわたって抗議した。このような未曾有の圧力を受け、久米は新聞広告を出し論文を取り下げた。翌三月四日に文部省は久米を非職とし、次の五日に内務省は同論文を掲載した『史学会雑誌』と『史海』の該当号を治安妨害の理由で発行停止処分に付した。(31)

これに対して、同年十月に栗田の講義の速記録が『勅語講義』という題で刊行され、その後栗田の『勅語述義』に題辞を贈った大木喬任文部大臣の後押しで、栗田本人は文科大学教授に就任した。翌一八九三年九月にさらに「国語学国文学国史第一講座」の担任教授に任命され、その二ヶ月後の十一月には、数十年にわたって心血を注いで完成した『大日本史』神祇志もタイミングよく上梓された。以上のような一連の動きは、明治国家成立期における水戸学の勝利と一種の「正学」化を意味したと言って決して過言ではないと考えられる。

三　B・H・チェンバレンの目を通した栗田見解の評価

上述において、栗田の『勅語述義』と『勅語講義』のテキストを中心に、「王政復古」・「文明開化」という二大勢力の拮抗に密着した思索者、「洋学万能」に傾いた世相の転換に尽力した行動者の姿を描いてみた。ここでは、マクロ的視点から栗田の信奉する国家神道の生態環境を考えてみたいと思う。

石田雄がかつて久米事件の背景を次のように分析したことがある。「明治初期に一時あだ花のように咲いて以来不遇の中にあった神道家は、仏教徒がキリスト教攻撃によってその地位を強化しようとしたのと同様に、古代史の科学的究明を「国家の秩序を紊乱するもの」、「皇室の威厳を損すもの」と攻撃することによって急激に失地を回復しようとしたともいえよう。これを他面からいえば、天皇制的権威の確立は、その一翼において高度の神秘化を必要とし、ここに再び国学的神代思想に活躍の場を与えたことになる。ここに併せて触れておかなければならないことは、反国体分子の一掃をめざす保守的団体が教育勅語前後に重要な役割を演じるようになって来た点である」と。(32)

主として神道家の失地回復願望と国学的神代思想の活用という点からなされたこの石田の観察は、教部省に出仕し神祇官の復興に関する建白をしたことのある栗田などのケースに確かによくあてはまると考えられる。興味深いことに、この一九五四年の時点での石田の所論と類似した考察は、B・H・チェンバレン（Basil Hall Chamberlain, 一八五〇年～一九三五年）の名著『日本事物誌』（一八九〇年初版、一八九一年第二版、一八九八年第三版、一九〇二年第四版、一九〇五年第五版およびその一九二七年リプリント版、一九三九年第六版。いずれも改訂版、一部は増補版）という項目別の事典においてすでに展開され、しかもその分析はより一層深いものがあったように思われる。

チェンバレンは、栗田が明治政府に初出仕した明治六年（一八七三）に来日し、栗田の逝去六年後の明治三十八年（一九〇五）に日本から離れた。彼は、滞日三十二年の前半期について次のような語ったことがある。「当時の日本は過渡的状態にあって、外国人を教師として熱心に受け入れた。私は到着数箇月後に日本の海軍省に雇われて、海軍兵学校〔海軍兵学寮〕の生徒たちを教えることになった。私はこの職に一八八六年まで留まり、当時の文部大臣森有礼の後援により、東京の帝国大学の日本語教授〔教師〕に昇進した。一八九〇年に私はこの職を辞した。健康が依然として思わしくなかったからである」、また「私が古代日本の伝説と歴史を批判したことについて、当時の文部大臣の森有礼子爵が私に次のように語ったことがある。「英語でなら何を出版されてもかまいません。英語は学問の言葉で、比較的少数の人びとしか理解できないからです。日本語だと問題は別となります」と」(33)。外山正一の推薦で帝国大学の教員になり、古代日本語、アイヌ語と琉球語の研究で先駆的業績を上げ、上田万年、佐々木信綱、三上参次、芳賀矢一などの大家の育成に貢献したチェンバレンは、日露戦争が終わった一九〇五年に離日したが、一九一〇年から一九一一年にかけて再び日本を訪ねた。帰国後の翌年、「東京帝国大学日本語・言語学名誉教授」の名義で「新宗教の発明」（THE INVENTION OF A NEW RELIGION）という論文を発表し、「宗教は僧侶の発明」というボルテールの論断や「福音発見」に関するルソーの告白と比較しながら、日本の国家神道に対する辛辣な批判を行っている（同論文は「武士道」という項目タイトルで一九三九年の第六版に追加された）。一九一二年以降も、チェンバレンは同様の関心を持ち続けた。たとえば、「神道」に関する「一九三〇年追記」で「以上の解説は三〇年以上も昔の前版通りに印刷してある。「武士道」と題する新しい項目と読み較べるならば、神道は近年、宗教的というよりも政治的な、奇妙な発展を遂げていることを読者は知るであろう。国家的宗教の運命がいかに変動したかは、日本の近代史におけるもっとも興味ある一章となるであろう。今のところ満ちている潮は、いつか将来において、再び引いてゆくことがあるだろうか。それは誰にも分るまい」と述べている。[34] なお、「歴史と神話」に関する死去前年の「一九三四年追記」では、「近くは一九二六年に、別の有名な文学者井上哲次郎博士は、貴族院を辞職しなければならない羽目に陥った。すなわち、三種の神器の中の二つ（鏡と剣）は本物でないかもしれないという意見を発表したからである。奇妙だが、彼の歴史的批判に対して攻撃の先頭に立ったのが大衆雑誌であったことである。アメリカのキリスト教原理主義者〔聖書の創造説を固く信じ進化論をすべて排斥するもの〕とモンキーヴィル（猿の町）〔進化論を嘲った語〕の話を想起させる」と指摘している。[35] いずれもその追跡的観測データの価値をより一層高めている。

よく考えると、明治期の大半（全四十五年中の三十三年）を日本で過ごし、明治五年創立の日本アジア協会（The Asiatic Society of Japan——森有礼もその初期から入会し幹部を務めた）に加盟しその会誌への寄稿を続けるとともに他の「日本通」たる会員の著述をつねに目配りし、明治国家の骨格ができあがった一八八〇年代後期に枢要機関の帝国大学で教師を務めたというキャリアをもつチェンバレンは、同時代の裏表を知り尽くした一種の「インサイダー」であったとも言えよう。したがって、彼の国家神道観は、ただ単に「第三者」による客観的批評であっただけでなく、ある意味で「インサイダー」による内部告発の性格もあわせ備えていたと言えるかもしれない。いずれにせよ、チェンバレンの構築した以下の国家神道像は、情報不足や「色眼鏡」のため描写の精度に問題があったにもかかわらず、全体としては栗田の国家神道観を解剖するための重要なヒントを提供してくれていると考えられる。

> 〔近世の国学において〕幕府制度は嫌われた。天孫の帝の独裁政治に取って代っていたからである。仏教と儒教は、外国起源であるが故に冷笑された。これによって得をしたものは神道であった。偉大な学者の〔賀茂〕真淵（一六九七—一七六九）、本居〔宣長〕（一七三〇—一八〇一）、平田〔篤胤〕（一七七六—一八四三）は宗教的宣伝に専念

した――もしも世の中に必要なことが二つだけで、自分の自然衝動に従うことと、ミカドに従うことだ、という主義から発した理論が宗教と呼べるものならば――この種の考えが一八六八年の革命〔明治維新〕に際して一時的に勝ち誇った。仏教は廃毀されて財産を没収された。神道は唯一の国教の座についた。神祇官は太政官と並ぶ地位を与えられた。〔神祇官は神に関する行政を司り、太政官は俗事を司った〕。同時に今まで仏教や両部神道であった何千という寺社が、神道流に言えば、「浄め」られた。すなわち、仏教的装飾を剝ぎとられ、神道の管理に委された。しかし、神道自体は根無し草であったので、――あまりにも空虚で貧弱なもので、人びとの心に訴えることができなかったから――まもなく仏教は再び勢いを盛り返した。神祇官は省の地位に下げられ、省から局へ、局から部へ下げられた。今では神道全体として影の薄いものとなっている。しかし、公けの寄付金によって維持されている神社もあり、半ば宗教的、半ば宮廷的性格をもつ儀式ではときどき役人の参列が必要とされるという点から見れば、神道は今なお公けの宗教である。自分達の存在理由を確立し、少しばかりの人気を保持する必要に迫られて、神官達は、競争相手の仏教の真似をして、宗教に関する安価な印刷物を売り始めた。最近ある学者達は個人的に――例えば井上哲次郎博士は――外国から借りてきた論理的・神学的羽根を神道につけて飾り立て、それに新しい生命を吹き込もうと企てた(36)。

悠久なる歴史を持つ皇室は、日本の知識階級の常に誇りとする根源であり、万世一系の日本の独裁君主と短命なる中国の王朝との比較を説くことは、彼らの喜びとするところであった。神道は原始的な自然崇拝であり、すでに世の信仰を失っていたが、食器棚から取り出されて、塵を払われることになった。なるほど、一般の人民はなおも仏教に対して愛情を抱いていたし、一般の祭礼も仏式であり、死者を葬る所も仏寺であった。しかし支配階級は、このすべてを変えようと決意した。天皇は太陽女神の直系の子孫であり、彼自身は地上の生き神［現神《あきつかみ》］であって、自分の臣民に対して絶対的な忠誠を当然に要求できるものである、という神道の教義を主張した。法律制度のようなものは、ただ天皇にだけ賦与されたものであり、いかなる意味においても人民の権利というべきものではない。もちろん天皇の政治を執行する大臣、官僚は、上下ともども、民衆の召使［公僕］とみなさるべきでなく、至高の――超自然ともいうべき――大権の執行者とみなさるべきである。（中略）真の日本歴史の曙光は、西紀後五世紀に始る。六世紀に起った記事も、注意して受け取らなければならない。日本の学者も、われわれと同様にこのことをよく知っている。これは研究の成果の一つである。しかし日本の官僚は、このように不都合な事実を明るみに出すことを欲しない。国民的神話ともいうべきものに対しては特免状を与えながら、国民的歴史伝説については一言一句も信ずることを強制している。（中略）故伊藤公爵の、人を大いに誤らせる『大日本帝国憲法義解』から学校の教科書に至るまで、この馬鹿げた年代記はいたるところで主張されている。古代の天皇の口から出たという勅語は、中国古典から抜粋した寄集め《セントー》である。（中略）〔忠孝という〕二つの徳は、極東の天地において百行の基とされているものである。さらに公けに教えられていることは、上古の時代から日本においては、一方には慈愛深き君主があり、他方には君恩に感謝する忠実なる臣民があり、完全なる君民合体があったという。そして日本においては、いまだかつて、外国によくあるような不逞反逆の行為によって汚されるようなことはなかったと主張する。また同時に、日本国民は、その支配者の超自然的美徳にあやかるところがあって、「武士道」と称して、劣等の国々には知られていない高尚なる騎士道によって特に秀でている、と主張している。(37)

日本の新宗教は、現在の初期段階にあっては、神聖なる天皇と皇祖に対する崇拝、軍隊の頭首としての天皇に対する絶対服従（ついでながら、この地位は日本のあらゆる古来の考えに反するものであり、昔の考えでは、朝廷は本質的に文官である）から成り立つ。さらにこれと呼応して、天皇《ミカド》は普通のつまらぬ王や皇帝とくらべて神のごとく優れているのと同じく、日本も、普通のつまらぬ国々よりもはるかに秀でているという信仰が成り立つ。日本の国は最初に創造されたのであり、他の国々は創造主がその主要な仕事を終えて後に、その矛から落ちた余滴からできあがったのに過ぎないと、上代の歴史の本に記してあるではないか。真の勇気は日本の武士だけにあるもので、外国、すなわち中国もヨーロッパも同様に、人を堕落させる商業主義に溺れていると、後世の歴史書が証明しているではないか。「神の国」の住民にとっては、つまらぬ機械の発明品を少しばかり取り入れるために、このような外人連中を厚遇するのは、慈愛深き謙譲の行為と考えられる。(38)

自由と科学的正確さは、われわれの神である。しかし日本の官僚は、その光明を入れさせない。これが、彼らの流儀では全く自然なやり方なのである。なぜならば、その植えた信仰の根が成長し広がるためには、暗さが必要だからである。いかなる宗教も批判的な精密検査を受けては生存してゆくことはできない。

かくして、日本の官僚が自由主義者の日本人に対して苛酷であることも説明できるであろう。当局者の眼から見れば、彼らは単に政敵であるのみならず、選民［神より選ばれた国民］にとっては叛逆者であり、唯一無二の真正教会の権威に反抗する神聖冒瀆の異端者であると思われるのである。(39)

引用はやや長くなったが、ここで提示されているチェンバレンの国家神道像は上述の栗田の見解、すなわち『勅語述義』・『勅語講義』における主な論点に対する痛烈な批判となっていると考えられる。それと同時に、神道関係の印刷収入に関わる「現世利益」の問題や「お雇い」に対する神道関係者の蔑視の問題などにも触れられている。たとえば、同時代人の証言によれば、森文部大臣の存在はその思想傾向のため、国家神道の擁護者にとって不都合であっただけでなく、暦の印刷収入が所管官庁の異動のため、内務省神宮司庁から文部省所属の東京大学に「奪われた」という神官たちにとっての不利益の問題もあり、このような複合的原因からその悲劇が生まれたという。(40)

チェンバレンの洞察力は、国家神道の問題点を鋭く感知したことにあるだけでなく、「狂信的愛国主義」(『日本事物誌』の一項目として設けていることに注意せよ)を生み出した明治日本の国内事情と国際環境に対する深い理解にもよく現れている。まず、行き過ぎた「西洋化」に対して激しい反発と反動が現れたという国内事情があった。すなわち明治前期の「何年かの間は、「外国のもの」(foreign)と「良いもの」(good)とは同義語であった。日本人は西洋というガメーリエル(聖パウロの師)の足下にひざまずいて、彼の片言隻語を高価な真珠のように大切にした。このような状態は一八八七年(明治二十年)、突然に去った。今の国民感情は「日本人のための日本を！　日本人の日本にせよ」である」(41)。このような国民感情の背後に西洋化のマイナス面に対する一般国民の危惧――「日本には外国人が洪水のように移住してくるであろうし、日本の伝統的慣習は破壊されることになろうし、日本の鉱山も産業もすべて外国の管理下に置かれ、日本の土地そのものも、借りたり買ったりされて外国人の手に移り、日本国民は実質的には奴隷化され、独立日本はもはや存在しなくなるであろう」――の急激な増大という事情があった(42)。そして、次のような重要な事実も指摘されている。「日本思想界の指導者たちのある者は、個人的にはあらゆる宗教に無関心であると表明しながらも、冷酷にも宗教を利用しようとし、キリスト教の採用を主張した。キリスト教は、道徳や音楽を訓練するのに適当なものであり、また、西洋列強との外交交渉(！)において有利になるのではないかというのであった。いつかある日、勅令によって日本全体をキリスト教国に変えてしまうということは、当時の日本政治家の計画にはなかったかもしれない。しかし、それに似たようなものがその世紀の終りまでに起りうる可能性が、日本という不可能事が実現される国では実際にありうるように思われた」と。(43) チェンバレンもこのような急進的西洋化志向に伴う危険性を感じたのだから、保守勢力にとって、これは決して座視できず、未然に防止せねばならぬ重大な事態となっていたはずである。事実、栗田も『勅語講義』において次のような心配を吐露している。「この国土と云ふものは、一寸の土地でも、人民の所有でない、朝廷の御土地であると云ふことを思つて、苟且にも、外国人に売り渡したり、或は内証で相談をして、銭金か取れると思つてするやうな、不届な事をしてはならぬ。ソー云ふことをやる奸商とか、奸臣とか云ふ者があるやうに、往々聞えますが、相済まぬ事です」と。(44) これは近代的土地所有権の意識ではなく「普天の下、王土に非ざるなし」という中国由来の古い観念にもとづいた議論であったとはいえ、外国人への土地の売り渡しを警戒していたことは確かである。

さて、西洋に対するもう一つの危惧は、「文明国」による東洋侵略がもたらしたものであった。これについて、チェンバレンは次のように分析している。「宣教事業が阻害されているのは、(いわゆる) キリスト教国が公然と不道徳な政策を遂行しているためである。新教のイギリスが香港、威海衛、チベットをむさぶり取ると、一方では「神聖」ロシアは、この二大侵略者に対して何の悪いこともしていない中国の他の地方をいくつか横取りするという有様である。(中略) これを見て極東の人びとは何と思うであろうか。必要な修正を加えているが、われわれとまったく同じ意見を抱いている――西洋の宗教という職業は、単に俗悪な貪欲を隠す仮面にすぎないと考えているのである。この考えは正当である。日本人は自衛するだけの力があるから、他の東洋諸国民ほど深刻にこのような考えをしていないように思われる。しかしながら、彼らの新聞にあらわれる意見がときどき示すように、彼らがそれを感じていることは確かである」と。[45] ここで触れている弱肉強食的国際関係の現状について、栗田も注意深く見守っていたようで、『勅語講義』で次のような議論を展開していた。「今日の世界の状態を、大略見通した処が、表面に親睦を結びて、通信交易して居るが、陰には其隙があつたならば、人の国を奪取らう、其土地を侵略しやうと云ふことを含んでをる。それ故、英なり魯なり米仏なり、今日支那だの朝鮮だのと、追々の掛合談判する処の有様を見ても、共通の訳である。つひ〳〵弱者は強者に押付られて、弱国は強国の為にやらる、と云ふことは、歴々として私が見ても分るやうでありますから、世界万国の人は、皆朋友抔と云ふことは曰はずに、能く其外に交はる処の義理をたて、内外の分を明かにする様にしたいものだと存します」。「外国と交るは、自〔ずと〕友人の義理もあり、朋友の義理かあるから、親睦の情が出て来るが、とかく彼らの為に欺れたり、侵略強奪の計策に陥らぬ様にしたいものである」と。[46]

しかし、栗田の見解をチェンバレンの目を通して見た場合、そこに正当な自衛意識に由来する愛国主義の側面もあったにもかかわらず、全体としては「狂信的愛国主義」ないし「新宗教」のカテゴリーに当てはまるものであったに違いない。要するに、西洋の衝撃を受けた当時の東洋諸国はみな、自国の社会的求心力の再構築という緊急課題を抱えていたが、明治国家が選んだのは、国家神道を創出し「天皇の力によって国民の愛国心に訴えようとした」手段である。すなわち「天皇は太陽女神の直系の子孫であり、彼自身は地上の生き神〔現神《あきつかみ》〕であって、自分の臣民に対して絶対的な忠誠を当然に要求できるものである、という神道の教義を主張した」[47]。いうまでもなく、このような「天皇崇拝および日本崇拝〔忠君愛国教〕は、その日本の新しき宗教であって、もちろん自発的に発生した現象ではない」、神道、国学および儒教など古来の思想資源を「篩にかけて選り分けられ、変更され、新たに調合されて、新しき効用に向けられ、重力の中心を新たにした」という操作過程をへた作り物であった。[48]

前述のように、国家神道の構築作業に参加した栗田は、同時代水戸学の代表人物としての自覚と自負をもっていた。

古来の思想資源を今日的課題の解決に生かすという作業は彼の議論と提言に古色蒼然の外形をもたせ、時には内在論理の飛躍といった問題も引き起こさせた。たとえば、「敬神」・「奮武」の精神でもって外侮抵禦、祖国防衛にあたることの重要性を説く際、日本は国力が薄弱なため、条約改正が思うようにできないが、このような不幸な現状を変えるため、「各自の人々が勉強する所から、殖産の業を興して、富国の術を務め、強兵の策を講し、以て国権を拡張し、海外をして皇国に順服せしむるが天照大神の御遺訓であります」といい(49)、また「殊に豊臣太閤の如きは、三韓を攻め靡かし、支那四百余州を伐取り、我が日本天皇を彼国に行幸なし奉り、余力もあれば、天竺はおろか、地獄の青鬼赤鬼までも、征伐してくれんと申されました。かやうな勢は、敬神の心から出て来るのであります」というのである(50)。結局、「独立」・「自強」の提唱が一転してアジア征伐による「国威発揚」の鼓吹となってしまい、しかもこれを無理矢理に「天照大神の御遺訓」だとこじつけたのであった。ただし、この一見して調子外れの議論は講義の行われた前後の操觚界の論調と照らし合わせてみると、決して孤立した現象ではなかったことが分かる。栗田が講義中で批判した加藤弘之も、かつての民権論者から国権論者に転向し、今や「武国主義」論（一八八九年）の唱導者、社会進化論にもとづいた『強者の権利の競争』（一八九三年）の著者となっている(51)。

古来の思想資源を「変更」・「調合」する栗田の本領は、『大日本史』の最終構成に対するそのアレンジとアピールに最もよく発揮できたと言える。一つは先にも触れた『大日本史』神祇志、もう一つは『大日本史』の「外国伝」から「諸蕃伝」への改名についてである。

一八八二年九月に編集完了し、一八九三年十一月に上梓された神祇志に関して、秋元信英氏が次のように鋭く指摘している。その「題簽には「大日本史　一」と印刷していて、恰も神祇志が『大日本史』の第一巻に相当するとの錯覚を起こさせる感が否めない」、その序文は「神秘的な建国の由来を揚言、それにもかかわらず、やがて天皇の親政が権臣によってさまたげられ、名教は地を掃ったと指弾、歴史の下降を嘆くのであって、言わば『大日本史』全体を規定する役割を荷担しているのである」。「言わば中世暗黒史観に即応する意味での復古史観が貫通していて、武家政権の成立を歴史的発展として合理的に認識しようとする思想が不在なのである。それにも増して、国家制度への強い指向が認められる。この点から帰納して、天保期の水戸学が幕府の存在を前提にしているのに比較してみても、本書には、明治維新を経験している国家意識の高揚が窺え、明治前期の所産にふさわしい特色が内在していると考えられる」。「したがって、『大日本史』神祇志の史学史的位置は、明治前期における神秘的な歴史思想と国家思想の合流点に所在するのであって、徳川時代の史学史のなかに位置づけるのは、実態から乖離しているのである。そして、このような意味において、『大日本史』神祇志は、神秘的名分史観による実証的表現の成果であると言える」と。(52)

一方、後者に関しては、栗田は神祇志上梓の翌十二月に旧藩主の徳川敬篤公に「改訂の議」を呈し、翌一八九四年二月に後者の依頼を受けて表文を起草し、時の土方久元宮内大臣に提出された。結局、この「外国伝改称の事」が認められ、一八九六年九月に「大日本史外国伝を諸蕃伝と改め、其前後の順序及序文等を訂正して更に旧版を改刻す」という事態になった。(53)なお、「諸蕃伝」の構成は、新羅、高句麗・高麗、百済、任那・耽羅、渤海、蝦夷（上）、蝦夷（下）・粛慎・女真・琉球、隋・唐、宋・元・遼・金・明、吐火羅・崑崙となっている。

この二件をつなげて見れば、前者は神々の位置づけを更に高め、後者は近隣諸国の地位を下げることによって、神皇中心の日本史だけでなく、天皇中心の東洋史も構築されていった。これは、日清戦争のもたらした東アジア諸国間の秩序変動をリアルタイムに反映した歴史改編で、「大日本史完成者」栗田の二大特筆だったと言っても過言ではなかろう。附言すれば、山田孝雄が戦時中の一九四三年になって、栗田のこの二大処置を賛える一方、「神祇のことを志にして本紀に立てなかつたことの遺憾は消しえない」という不満も漏らしたことがあった。(54)

おわりに――絶頂期の栗田に対する井上文相の処遇の意味――

本稿の第一節は「神の国」の国体を誇示する『勅語述義』を、第二節は水戸学の勝利宣言としての『勅語講義』を考察し、第三節ではチェンバレンの目を通して栗田の国家神道観の特質を評した。言い換えれば、順番に「想像の共同体としての神の国」、「神の国よりの村八分の執行結果」、「外側から見た神の国の構造」を検討したとも言える。確かに、一八九〇年代前半は栗田にとっておそらく生涯の中で一番順風満帆の時期であったろう。しかし、そのなかで一つの想定外の失意もあった。それは、時の井上毅文部大臣の依頼で提出した修史事業構想案が結局没にされた、ということである。

すなわち一八九三年四月十日、久米事件に起因する帝国大学史誌編纂掛の廃止および重野安繹の免官（史誌編纂委員長は同年四月十日付、文科大学講師は同年十月十日付）の結果、栗田は従来の水戸派の領袖に併せて、官学の領袖としても期待され、名実共に帝国大学における史学の第一人者と見なされるようになった。同月二十七日に、新任の文相井上毅の諮問を受けた栗田は、修史事業に関する意見書を提出したが、その要点は、「教育勅語」の精神に基づく新史局（川田剛、小中村義象、内藤耻叟など国文重視論者十一名および星野恒など旧史局職員三人の起用）と事業目標（『大日本史』を継承する国文体の新国史の編纂）の確立にあった。井上は翌四月に栗田を「大臣官房図書課兼勤」に、八月に「教科書検定委員」に、九月に「国語学国文学国史第一講座」の担任教授に任命した。にもかかわらず、翌年の夏になって蓋を開けてみると、絶頂期にいた栗田の提案よりも外山正一・星野恒など開明派の意見が取り入れられた。結局、国史編纂の構想を断念し、新しい史局の事業は史料編纂の方に重点を移すことで決着がついた(55)。

では、「教育勅語」の起草者でもあった井上のこの決断は何を意味しているのだろうか。この問題の答案を見出すために、家永三郎の関連分析が一つの参考になれるかもしれないように思われる。すなわち明治九年、「井上が相続法についてある程度まで近代的な分割相続の精神を辨へている」にもかかわらず、「その方向をあくまで推進させることができず、家督相続と分割相続との二者択一を被相続人の意志に任せるという折衷案を主張しなければならなかったのは、井上の中間的な立場を物語るものではなかろうか。（中略）後年元田永孚の国教制定論にはげしく反対しながら、結局教育勅語の起草に協力した井上の立場が、この場合に早くも同一の反応を示しているのである。しかし井上は、その統領と仰いだ伊藤（博文）などと比べれば必ずしも立場を同じうしていると云えないのであって、この明治九年の（相続法議論）一件は井上研究のためにも貴重な資料を提供するものと考えられる」と。(56)

これによって見れば、井上は多くの場合、保守・開明という対立双方の立場をよく分かっていても、下した最終決断は多くの場合、保守勢力に有利な方向ではなく、折衷主義の方向であった。しかし、ほぼ一年以上の時間をかけてようやく下したこの修史事業に関する決断は、どちらかというと、開明派の方に傾斜したということになった。長引いた決定の過程が、必ずしも彼の個人の優柔不断の性格がもたらしたものではなく、対立双方の板挟みとなって意見聴取や利害調整を行う時間も必要であったからであろう。そして、同一人物の脳裏に二つの意見が対立し、雑居していることもよくあるものであり、いわゆる意見表明はあくまで二者択一の決断に迫られた時の「優勢」意見の表明に過ぎないと考えられる。例えば、『天皇観の相剋』を著した武田清子氏が次のような関連分析をしたことがある。井上の「統領」で「明治憲法の起草者である伊藤博文の思想も二重構造でした。「万世一系ノ天皇」は「神聖ニシテ侵スヘカラス」だから、天皇は憲法も超える存在だと民衆には説く。他方で、政治家や民権論者に対しては、憲法は君主権を制限するものだという解釈を示す。これはその後、超国家主義である国体明徴運動と、民本主義の大正デモクラシーや天皇機関説とに分解していきます」。溯れば、幕末の長州にすでに対立する天皇観があった。吉田松陰は「天下は一人の天下」と絶対主義的な天皇観であり、山県太華は「天下は天下の天下」と制限君主的な天皇観でした、と。(57)

維新後の天皇像、そして国家神道像の構築は、チェンバレンにして見れば、明治末期・大正初期になっても「いまだに官僚階級によって意識的に、あるいは半意識的に組み立てられる工事の進行途中にある。これは官僚階級が自己の利益のために役立てようとするものであり、付随的には国民一般の利益をはかるためのものである」(58)。「日本政府は、一般の日本人よりも見識があったから、条約改正の交渉を続ける努力をした。国民の興奮は、やがて暴力に捌け口を見出そうしはじめ」、「外務大臣大隈（重信）伯は、ダイナマイトの爆弾で片脚を吹き飛ばされた」としても、事態が沈静化すれば、すぐ交渉を再開した(59)。一八九〇年十月勅語発布、十一月国会開会の前に保守勢力が総動員して「元老院への神祇官設置」運動を展開したが、結局、条約改正交渉にあたっていた青木周蔵外務大臣によって阻止された。「今こそ各国の好意を承け、条約改正の議漸く将に其緒を就かんとする所あるに、神祇官なといふ一大庁を公然も独立に設置せられるに至らば、日本の国教は神道なり。神道教なと異教国の法律を奉する能わす抔、改正上の一大障害たるや必然なり」というのがその正々堂々たる理由であった(60)。しかも、この時の阻止決定は、神道家たちの「失地回復」を一九四〇年の神祇院設置（内務省神社局からの昇格）まで半世紀以上も延期させたのであった。

このように見れば、板挟みとなっている賢い政府官僚が日本と諸外国との利害関係および国民の間の対立意見を調節する機能を上手く果たした時も少なくなかった。井上毅が栗田の修史事業構想案を没にしたこともその一例と考えられよう。すなわち元田永孚の国教樹立論に反対しながらも、結局「教育勅語」の原案を起草した井上は「大日本憲法」に保証されている「信教の自由」に配慮し、「立憲政体ノ主義ニ従ヘハ、君主ハ臣民ノ良心ノ自由ニ干渉セズ」

という認識に立って、「教育勅語」を「政事上ノ命令」ではなく、教育の指針を示す「社会上ノ君主ノ著作公告」というふうに位置づけていたのであった。[61] この意味、「教育勅語」の制作は彼にとって両面作戦に直面した際の「苦肉の策」であり、「名誉ある転進」であったと言えるかもしれない。なぜならば、彼は、「教育勅語」でもって「一石二鳥」の効果――自由民権思想の蔓衍を封じ込め天皇の名義を用いて国家の求心力を高めると同時に、これを公式な「国教」と掲げようとした神道家勢力を抑え込み諸外国の反発を未然に防止することで不平等条約改正の果実を勝ち取る――を狙っていたのであった。「教育勅語」は憲法で定まっている「信教の自由」に抵触しないという効果（「社会上ノ君主ノ著作公告」であるゆえに）があるだけでなく、民法で定まっている「訴訟権」を有名無実なものにした――高度に普及した学校教育（「教育勅語」奉読の常態化を含む）を通じて「忠君愛国」「孝悌友愛」の道徳が浸透すれば、訴訟権があっても使われないはずであり、「親族同士」（親子の間、夫婦の間）の訴訟という多くの地方官が懸念していた前代未聞の醜い事態も完全に避けられるはず――という効果も期待できるのである。加えて、世界に向かって「神の国」と自称することで民族的自尊心も満足できるし、「法治国家」を公言することで西洋列強と対等の地位を手にするという至上命題的任務も完遂できる、このような様々な思惑が井上、そして伊藤博文の脳裏に去来していたことが明らかである。

このような姿勢は、元田永孚や栗田寛などのそれとは明確な一線を画したものであった。後者においては「敬神尊皇」主義での勅語奉読と宣伝は「学問でもあり、また確信でもあり、そして信仰でもあった」からである。[62] また、この意味で、一九一二年に書いた「新宗教の発明」において「故伊藤公爵の、人を大いに誤らせる『大日本帝国憲法義解』から学校の教科書に至るまで、この馬鹿げた年代記はいたるところで主張されている」と批判したチェンバレンは、伊藤博文や井上毅の「苦肉の策」に対する「同情的理解」が足りなかったと言えるかもしれない。なぜならば、

『大日本帝国憲法義解』および「教育勅語」の制作は、列強から西洋の法体制とキリスト教の導入を飲まないと不平等条約が改正できないという厳しい前提条件を課せられた明治日本が、苦慮の末に自国の体面を保ちながら近代国家として船出するためになされたギリギリの選択であったからである。それは決して賢明ではないが、錯綜した内外情勢で限られた選択肢のなかで実行可能な一つであったことは確かである。

註

（1）尾藤正英「水戸学の特質」、（今井ほか　一九七三）所収。
（2）（水戸市史編纂近現代専門部会　一九九三）、一〇一八～一〇二〇頁。
（3）これまでの関連研究は、（照沼　一九七四）、（照沼　一九九八）、（秋元　一九八二）、（秋元　一九八八）、西山徳「神祇志の学問的価値」および荒川久壽男「大日本史の終結――栗田寛博士を中心としたる――」（（日本学協会　一九五七）所収）、芳賀登「内藤恥叟と栗田寛――『大日本史』編纂とのかかわりを中心として――」（芳賀　一九九六）所収、および（安蘇谷　一九九八）などが挙げられる。
（4）（栗田　一八九二年一月）の一頁。句読点や傍線は筆者が施した。以下同様。
（5）栗田寛「銷夏漫録」巻中、（栗田　一九八〇）第四巻の九三～九四頁。
（6）同、一〇四～一〇五頁。
（7）（栗田　一八九二年一月）の二頁。
（8）会沢正志斎の国体論の構造と問題性について、近年、桐原健真氏は「東方君子国の落日――『新論』の世界観とその終焉」（『明治維新史研究』第三号、二〇〇六年十二月）など一連の論考を発表している。なお、「「選民」型自民族中心主義」という論点は、藤田雄二「近世日本における自民族中心的思考――「選民」意識としての日本中心主義」（『思想』八三二号、一九九三年）に初出するものである。

(9) 藤田東湖『弘道館記述義』、(今井ほか　一九七三)の二六九〜二七一頁。

(10) (栗田　一八九二年一月)の六頁。アジア太平洋戦争中に「海ゆかば」(「海行かば」)が「国民の歌」となった経緯について、辻田真佐憲『日本の軍歌――国民的音楽の歴史』(幻冬舎、二〇一四年)が次のように述べている。一九三七年(昭和十二年)の秋、日本放送協会(ＮＨＫ)の文芸部長小野賢一郎が、「国民精神総動員強調週間」という特番のために『万葉集』にある大伴家持の「陸奥国出金詔書を賀く歌」を抜粋した歌詞を、東京音楽学校講師の信時潔に渡し作曲を依頼したものであった。一九四二年十二月、大政翼賛会によって国歌に次ぐ「国民の歌」に指定され、各種の会合で歌うよう義務付けられたこともあり、一躍日本を代表する軍歌に大出世した、と(一六八〜一七〇頁、二一〇頁)。

(11) (栗田　一八九二年一月)の四二〜四三頁、五五頁。

(12) 同、七〜八頁。

(13) 同、四五〜四六頁。

(14) (安蘇谷　一九九八)の二九七頁。この海後の評語は、栗田・内藤両者の解釈を民間人の同類著述中の「最有力者」として褒めているかどうかについては、検討の余地がある。

(15) (栗田　一八九二年九月)(本稿では、(古田　一九七七年)所収本による)の第三頁。秋元信英氏は、「『勅語講義』は水戸弘道学会における講義筆記であって、教育勅語を平易に逐条説明するが、案外にも栗田の歴史観や時局への関心がかなり詳しく説述されていて、史料価値が存する。従来、栗田の伝記作者は、本書を通俗にすぎる為か余り重要視しないが、読み進んでみると、意外に栗田の素直な人柄があらわれてくる心持がするもので、洵に興味深い」と、本書の価値に言及したことがあった。

(16) 同、一二頁。傍線は原書にあったものである。

(17) 同、三四頁。

(18) 同、「緒言」第七頁。

(19) 栗田勤撰『栗里先生年譜略』、(栗田　一九八〇)第一巻の三三一〜三四頁。

(20)（栗田　一八九二年九月）の四〜五頁。（栗田　一八九六年十二月）の二二三頁にも「余之を福羽議官に聞く、先年主上小梅の徳川邸に幸するや、義公烈公の遺書を以て叡覧に供す、内に一通の封書あり、主上之を内務卿大久保利通に示して読ましむ、利通泣て曰、開国の論は、我輩の専にする所と謂ひて自負する久し、而るに烈公既に此論あり、公の開国論は、我に先つもの也、是れ因て之を言へば、我日本の開国を言ふ者、烈公より先なるはなし、臣等愧死せんの耳と」という明治天皇の侍講で国書担当の福羽美静による伝聞を記載している。すなわち東京の旧水戸藩下屋敷、小梅邸に見えた天皇が斉昭の遺書一通を大久保内務卿に見せたところ、後者も斉昭は開国論の先駆者と認めて感激した、ということである。

(21)（栗田　一八九二年九月）の二六頁。

(22)島田三郎「叙」、（島田　一九七八）の（一）所収、八〜一〇頁。なお、同（二）所収の吉田常吉氏による「解題」も参照した。

(23)（栗田　一八九二年九月）の一二三頁。

(24)同、三四頁。

(25)同、三五頁。

(26)（坂元　一九六九）の二一五頁。

(27)同、三頁。

(28)（犬塚　一九八六）の三〇一頁。

(29)（栗田　一八九二年九月）の一八頁、一九頁。故遠山茂樹氏によれば、文部省三等出仕・帝国大学法・理・文三学部綜理で元老院議官でもあった加藤の『国体新論』（明治八年刊行当時は明治天皇の侍読）の絶版は、「明治十四年の政変」で「政府内から大隈以下その系統の開明派が一掃された」直後の「政府内の思想の粛正」という背景で起きた事件であった。海江田は自由民権論者を「我帝室を廃シ奉ラント陰謀スル大逆賊」、加藤を「獅子身中ノ虫害」と罵倒した。遠山「解説」、同編『天皇と華族』（日本近代思想大系二、岩波書店、一九八八年）、四九七〜四九九頁。瀧井一博氏は、「海江田信義の編になる『須多因氏講義』は、シュタインの講義録中、早くから公刊され、最もよく出回ったものである」、また「この海江田によるシュタイン講義録は、昭和期の国家主義の高まりに乗じて、何度か言及されている。象徴的なのは、それが昭和九年に偕行社より『外人の観たる我が国体　墺国スタイン博士の国法学』と題して再版されていることである」と指摘している。（瀧井一九九九）の二三八～二四〇頁。なお、加藤弘之が突然従来の持論であった天賦人権説から国家主義へと転向した背景には、海江田が加藤に刀を突きつけて天賦人権説の誤りを認めさせたからだと伝える国学者井上頼圀の談話もあるが、その根拠は不明である。

(30)（栗田　一八九二年九月）の一一一頁。
(31)（宮地　一九八一）の第二章「近代天皇制イデオロギーと歴史学――久米邦彦事件の政治史的考察」（一七六～一七七頁）。
(32)（石田　一九五四）の後編第一章第二節「教育勅語以後の権力と思想――久米事件と哲学館事件」（二三八～二三九頁）。
(33)（チェンバレン・高梨　一九六九）第一巻、一九三九年「出版者の手記」（三頁）、第二巻「文学」（四五頁）。
(34)同、第二巻「神道」（二〇一頁）。
(35)同、第一巻「歴史と神話」（二八九頁）。
(36)同、第二巻「神道」（一九九～二〇〇頁）。傍線は筆者による。以下同様。
(37)同、第一巻「武士道」（八八～九一頁）。
(38)同、第一巻「武士道」（九三頁）。
(39)同、第一巻「武士道」（一〇一～一〇二頁）。
(40)（坂元　一九六九）の二二一～二二三頁。一説では、刺客の西野は「某神職の倅」だったともいう。
(41)（チェンバレン・高梨　一九六九）第一巻「狂信的愛国主義」（一一三頁）。
(42)同　第二巻「対外条約」（二八五頁）。
(43)同、第二巻「伝道」（九〇頁）。このチェンバレンの証言を裏付けるデータとして、例えば、キリスト教の受洗者（信仰告白者）人数が明治十八年の三三〇九名から「教育勅語」発布二年前の明治二十一年の七三八七名に倍増し、発布後の明治二十四年には三五一三にまで激減したという統計がある。「教育と宗教の衝突」のもたらした顕著な効果が現れたと言える。

(44)（海老沢ほか　一九七〇）の二九六頁。
(45)（栗田　一八九二年九月）、三三五頁。
(46)（チェンバレン・高梨　一九六九）第二巻「伝道」（九二頁）。
(47)（栗田　一八九二年九月）、八〇～八一頁。
(48)（チェンバレン・高梨　一九六九）第一巻「武士道」（八八頁）。
(49)同、第一巻「武士道」（八八頁）。
(50)（栗田　一八九二年九月）、三三五～三三六頁。
(51)同、三三三頁。
(52)鹿野政直「臣民・市民・国民」、（橋川・松本　一九七一）の二三八～二三九頁。
(53)（秋元　一九八九）、二〇頁、五〇頁。
(54)（栗田　一九八〇）第一巻、三三五～三三七頁。
(55)（山田　一九四三）の五〇～五八頁。
（秋元　一九八二）の一二〇頁、一五九～一六一頁。事実として、東京帝国大学から離れた重野はずっと水戸の『大日本史』編纂事業の進展を見守っていたようである。徳川光圀から始まったこの修史事業は、二五〇年間を費やして三九七巻の紀・伝・志・表がようやく出揃い、一九〇六年に完成した。その直後のことであったはずだが、重野は己の弟子に次のように語った。「水戸にて編輯出版せる大日本史は、近年に至り其全部始て世に出でたり。吾読過せしこと屢なりしが、水戸の学者は何故か執拗なる所ありて、其見る所公平ならず。（中略）凡て歴史を記述するには、事実のまゝにて記せば足ることにて、己れの主義に合わすは宜しからずと」。

偶然の一致というか、同じく一九〇六年に、十年以上を費やした重野の『国史綜覧稿』も刊行された。その前に、重野は「近著国史綜覧稿十冊、頗ぶる苦心の作なり。こは神代史につきての吾考説を述ぶるものにて、河田羆・植松彰両人に編輯せしめ、吾之を監修し、現在校刊中なり。近々活字縮刷に付すべし。其大字活版のものは岩崎彌之助遺族の出資に係るなり」

と述べた。また、己の神代史研究の手法について、重野は「人間の道で測つて行かなければならぬ」という趣旨で紹介したことがあった。「神代のことは神様のことであるから、人間の凡慮の及ばぬことが多い。（中略）調べぬで置くが宜しいといふ説である。併し又一方から言ふと、神様の所業だから、人間の智慧では測られぬと云へば、穿鑿を施す所を全く絶つて仕舞ふことになるから、さうばかりも行かない。神様であると云つても、今の天子様は、其の御子孫であれば、神様と云つても人間に違ひ無い。然れば神と云ふものは、矢張り人なりと斯う云ふことにすれば、数千年隔つた前のことでも、矢張り人事であるから、後世から人間道から推測を加へて行つて差支へ無い訳である。」これこそが、重野史学の神髄と言えるのではないだろうか。この意味で、重野の神代研究に対する井上哲次郎の次の評価が「同情的理解」の姿勢を示しているものであるように思われる。「重野博士の晩年編纂された『国史綜覧稿』は「神代の巻」の研究であるが、あれはなかなか取扱ひ難い部分であって、種々解決に苦しむ所であるが、博士は最後に此の「神代の巻」を研究して、之を後世に遺されたのは意義あることである」と。これに対して、先に触れた重野の長年の盟友である久米邦武の評価は、重野の神代研究はそれまでの伝説・歴史を峻別する考証史学からの後退、変節ないし「曲学阿世」であると見なしたことは、いささか「同情的理解」に欠けたものと受け取られても仕方がない。

なお、前述したように、栗田寛は、一八九三年九月帝国大学文科大学の「国語学国文学国史第一講座」の担任教授になった二か月後、その長年の心血を注いで完成された『大日本史』神祇志もタイミングよく上梓された。『国史綜覧稿』の初期作業に参加した久米の回想によれば、「修史廃止の後に国史綜覧の著こそ先生の終焉までの生命であった。その創起は廿七年の秋かと覚ゆ」ということである。明治二十七年すなわち一八九四年の秋は栗田の栄進と大作完成の一年後であり、神代史研究に関する重野の「一念発起」は、この栗田の存在から刺激を受けていた可能性もある。この点については、今後の検討課題にしたいと思う。（陶　二〇一五）の「解説　転換期における重野安繹の思想を記録した貴重な文献――西村天囚旧蔵写本三種について――」（同書、一一一～一一三頁）。

（56）家永三郎「新民法精神の萌芽」、（家永　一九五三）の一一四～一一五頁。

（57）「武田清子『天皇観の相剋』・外国が映す日本の二重性」（聞き手＝編集委員・村山正司）、二〇一二年四月二十七日朝日新聞デジタル「時の回廊」に掲載。近代天皇制に関する武田のこの「二頭立ての馬車」論は一九八六年日本評論社発行の法学セミナー増刊・総合特集シリーズ三三『天皇制の現在』における「天皇制について――その内包する二つの要素――」で展開されたものである。武田の所論の由来について、小股憲明氏は一九五六年に行われた「久野収のかの有名な「顕教」「密教」論の影響」の所産であり、この二要素が単に対立的に併存していた、「民主主義的」要素は「かくされ」ていたのではなく、むしろ「相互補完的・相即的関係にあり、両者あいまって明治国家の体制原理たり得ていたのである」。実際の政治展開の過程では「常に国体と政体のバランスの維持がはかられたのである。その意味で、帝国憲法下では、政体上の民主化の進展が、国体上の天皇の一層の権威強化を促しつづけたのだといってよい」と指摘している。小股氏は、久野論に反論する小山常実氏の「密教不在」論――伊藤博文、井上毅らは「あくまで、伝統思想を国体論用に、ドイツ思想を政体論及び実質的国民道徳論用に使い分けただけである。彼ら明治国家の形成者は、彼ら自身の思想的煩悶の一つの解決の仕方として、日本及び日本人の主体性を国体論のなかに現れる伝統思想に求めつつ、他方で日本及び日本人の西欧化または「近代化」のために、西欧思想を政体論及び実質的国民道徳論のなかに取り入れていったのである」――も紹介しているが、しかし、この中の「思想的煩悶」云々は不平等条約の改正など重大な政治・外交課題を抱えていた政治家としての伊藤・井上の置かれていたジレンマ的苦境とその打開策の工夫を十分に理解しているとは言えない表現であると思われる。（小股　二〇〇五）の四八六～四八九頁。なお、（島薗　二〇一〇）に「国家体制をめぐる「密教」と「顕教」」という節で久野の所論を引用している（一七七～一七九頁）。

(58)（チェンバレン・高梨　一九六九）第一巻「武士道」（八七頁）。

(59)同、第二巻「対外条約」（二八五頁）。

(60)（宮地　一九八二）の一六四～一六五頁。戸村政博というキリスト教牧師の研究によれば、「一九四〇年（昭和十五）年十一月九日、神祇院官制が公布され、内務省神社局が、神祇院に昇格した。それは、神祇官の神祇省への格下げ以来、実に六十年後の失地回復であった。しかし、この国家神道の絶頂期は、わずか五年足らずで、敗戦という事態によって終わりを告げることになる。それは、祭祀と宗教の分離という擬似政教分離の内包する基本的矛盾の顕在化にほかならなかった」そうである。同「解説　神社問題とキリスト教――神社非宗教論をめぐって」、（戸村　一九七六）の一三〜一四頁。

（61）「山県有朋宛井上毅書簡」、（山住　一九九〇）の三七五〜三七七頁。

（62）（安蘇谷　一九九八）の二九七頁。

【文献】

J・ヴィクター・コシュマン著、田尻祐一郎・梅森直之訳　一九九八『水戸イデオロギー――徳川後期の言説・改革・叛乱』（ぺりかん社）
安蘇谷正彦　一九九八「栗田寛」（國學院大学日本文化研究所編集発行『國學院黎明期の群像』）
秋元信英　一九八二「明治二六年栗田寛の修史事業構想」（『國學院女子短期大学紀要』一）
秋元信英　一九八九「『大日本史』神祇志の思想」（『神道宗教』一三五号）
家永三郎　一九五三『日本近代思想史研究』増補版（東京大学出版社）
石田　雄　一九五四『明治政治思想史研究』（未来社）
犬塚孝明　一九八六『森有礼』（吉川弘文館）
今井宇三郎・瀬谷義彦・尾藤正英校注　一九七三『水戸学』（日本思想大系五十三　岩波書店）
海老沢有道・大内三郎　一九七〇『日本キリスト教史』（日本基督教団出版局）
栗田　寛　一八九二年一月『勅語述義』（国光社）
栗田　寛　一八九二年九月『勅語講義』（博文社）
栗田　寛　一八九六年十二月『天朝正学』（国光社）
栗田　寛　一九八〇『栗里先生雑著』四巻（続日本古典全集　現代思潮社）
小股憲明　二〇〇五『近代日本の国民像と天皇像』（大阪公立大学共同出版社）
坂元盛秋　一九六九『森有礼の思想』（時事通信社）

島薗　進　二〇一〇　『国家神道と日本人』（岩波新書）
島田三郎　一九七八　『開国始末』（続日本史籍協会叢書、東京大学出版会）
瀧井一博　一九九九　『ドイツ国家学と明治国家――シュタイン国家学の軌跡』（ミネルヴァ書房）
武田清子　一九七八　『天皇観の相剋――一九四五年前後』（岩波書店）
チェンバレン著・高梨健吉訳　一九六九年　『日本事物誌』（平凡社）
照沼好文　一九七四　『栗田寛の研究――その生涯と歴史学――』（錦正社）
照沼好文　一九九八　『水戸の学風――特に栗田寛博士を中心として――』（錦正社）
陶　徳　民　二〇一五　『重野安繹における外交・漢文と国史――大阪大学懐徳堂文庫西村天囚旧蔵写本三種』（関西大学出版部）
戸村政博　一九七六　『神社問題とキリスト教』（新教出版社）
日本学協会　一九五七　『大日本史の研究』（立花書房）（一九九七年国書刊行会より「水戸学集成」五として復刻版刊行）
芳賀　登　一九九六　『近代水戸学研究史』（教育出版センター）
橋川文三・松本三之介　一九七一　『近代日本政治思想史研究』第一巻（有斐閣）
古田紹欽　一九七七　『教育勅語関係資料』第四集（日本大学精神文化研究所・日本大学教育制度研究所）
水戸市史編纂近現代専門部会　一九九三　『水戸市史』下巻（一）（水戸市）
宮地正人　一九八一　『天皇制の政治史的研究』（校倉書房）
山住正巳　一九九〇　『教育の体系』（日本近代思想大系六、岩波書店）
山田孝雄　一九四三　「栗田寛のこと――私の欽仰する近世人・その三――」（『文芸春秋』第二十一巻第三号）

〔後記〕

本稿では、一九九四年夏季、野村浩一先生の受け入れで立教大学法学部奨励研究員として訪問滞在中、同大図書館の大久保利謙文庫から複写で入手した栗田寛『天朝正学』（一八九六年）に論究できず、残念である。今後の課題としたいと思う。この機会を借りて、野村先生、多数の関連著書と論文を恵贈してくださった子安宣邦先生、宮地正人先生と秋元信英先生、および一九八七年東方学会での発表「富永仲基の音楽観――『楽律考』の研究――」をご親切に励ましてくださった司会担当の故尾藤正英先生に深謝を申し上げたい。

なお、本稿に関連する既刊拙論は以下の十一篇がある。ご参照いただければ幸いである。

① “Traditional Chinese Social Ethics in Japan, 1721–1943,” *The Gest Library Journal* (Princeton University), 4.2, Winter 1991.
② 「含翠堂の神道観と古義学――足代弘道と土橋宗信を中心に――」、『懐徳』第六十五号、一九九六年十二月。
③ 「「上西園寺公書」考――藤沢南岳の未刊書簡について――」、関西大学『文学論集』第四十七巻第三号、一九九八年二月。
④ 「藤沢南岳の国家主義教育思想」、大阪大学文学部日本史研究室編『近世近代の地域と権力』所収、清文堂出版、一九九八年。
⑤ 「泊園徂徠学與明治時代的国家主義教育」、黄俊傑編『儒家思想在現代東亜：日本編』所収、台湾中央研究院中国文哲研究所当代儒学研究叢刊八、一九九九年。
⑥ 「元田永孚的君徳補導与論語解釈」、台湾中央大学『人文学報』第二十四期、二〇〇二年三月。
⑦ 「明治漢学者の多元主義的文明観――中村敬宇・重野安繹の場合――」、藤田正勝ほか編『東アジアと哲学』所収、ナカニシヤ出版、二〇〇三年。
⑧ 「教育宗教衝突論争の背景に対する再考――井上哲次郎の『敬宇文集』批評を手がかりに――」、吾妻重二・黄俊傑編『国際シンポジウム　東アジア世界と儒教』所収、東方書店、二〇〇五年。
⑨ 「十八世紀懐徳堂の学術と政治思想――以五井蘭洲的『百王一姓論』為線索」、徐洪興・小島毅・陶徳民・呉震編『東亜的王権与政治思想』所収、復旦大学出版社、二〇〇九年。
⑩ 「吉野作造の民本主義における儒教的言説――人間論と政治論を中心に――」、関西大学『東アジア文化交渉研究』第三号、二〇一〇年三月。
⑪ 「十九世紀日本的外国学的変遷――従漢学、蘭学到英学、徳国学」、復旦大学歴史地理研究中心編『跨越空間的文化――16―19世紀中西文化的遭遇与調适』所収、二〇一〇年。

あとがき

序では本書の成立経緯を公的な表の面から説明したので、このあとがきでは私的な裏面、私個人にかかわる点を含めてそのダークサイドを告白してみたい。

関係者への忖度無しに端的に言えば、王権班は所期の成果をあげることができなかった。ただしそれは王権班構成員の能力や努力が不足していたということでは一切なく、一にかかって研究代表者たる私の責任である。

私は「にんぷろ」全体の領域代表を務めていたために共同研究全体にかかわる諸事業にもっぱら関心を奪われ、みずからの責任で組織した旗本集団である王権班での研究を疎かにしていた。のみならず、校務や研究とは相容れない放逸的嗜好にのめり込み、今から思えば倫理的に指弾されても致し方ないような事柄に手を染めて限られた時間を空費していた。さらに平成二十一年初頭からはそれが原因で窮地に陥る羽目となり、まさに自業自得で首が回らない状態だった。その後も、私の懲りない性分から事態はますます深刻化していった。当時、私と日常的に接していた人々のなかに、このことにうすうす感づいておられた方もいるかもしれない。

文部科学省がその頃あらたに定めた規定にもとづいて申請を行い、にんぷろの総括班および王権班は当初予定の研究期間を平成二十三年三月まで一年間延長することが認可された。こうして王権班の研究期間は結果として通算六年間（実質五年半）ということになったのだけれども、この間、全体での単独研究会は十数回にとどまっている。肝心の『宋史』・『高麗史』・『大日本史』の比較作業もあまり進捗しなかった。序で得々と叙したような他班や他プロジェクトとの共同作業は、王権班独自の集会が無かったことの補償措置でもあった。私から研究計画に誘い、研究テーマに惹かれて参集してくれた班員諸氏は、期待した研究会がほとんど開催されなかったことに失望と落胆を感じたのではなかろうか。遅ればせながらこの場を借りて陳謝したい。

そういう次第で、序に掲げた勇ましい研究目的、東アジア三国の正史を比較検討して朱子学的な歴史認識の性格を分析する作業は達成されなかった。計画立案から十四年が経過した今なお、この課題は追究すべきものとして私たちの目の前に残っている。それどころか、この課題はより喫緊なものになってきており、私の失態で研究成果をきちんとあげられなかったことが悔やまれる。

序の冒頭に記したように、平成三十年現在、以前に比べて遙かに険悪な雰囲気が東アジアの海域には垂れこめている。日本ではこの暗雲への嫌悪感・恐怖心から感情的な反応が国民レベルで広がっている。

三十年前、『尚書』大禹謨篇の「地平天成」という文言を旗印にあげて輝かしく船出した今上陛下の御代は、国内的には経済の不振と社会の動揺、国際的には近隣諸国との政治的不和と軍事的緊張という、当時は想定していなかった状態で幕を閉じようとしている。また、度重なる「数十年に一度」の規模の天候異常とそれにともなう災害、平成七年の阪神淡路大震災や二十三年の東日本大震災など相次ぐ「大地動乱」(保立道久氏の語)の事象、および福島第一原子力発電所事故(私は人為的犯罪行為が起こした「事件」だと思う)が生じ、特に原発事故は今後数十年単位での廃墟の解体作業と、その後も数千年(!)を要する汚物の厳重管理を余儀なくさせる後遺症を伴っている。とても大団円といえる状況ではない。このままでは、数百年後の史家から「平成天皇はさまざまな失政の責任をとって皇太子に譲位した」と書かれかねまい。数百年前の譲位を現在の史家が往々にしてそう記すのと同じように。儒教的王権論に依拠するならば、「地震・噴火・洪水の頻発を天譴と解釈して退位した」とされるのかもしれない。

畏れ多いことを書き散らしたが、私たちが見ている史書の記録とはそんなものである。すなわち、ある事象を記録する者が自分の世界認識の枠組みに無意識にまたは意識的に従って記述した内容であり、現実そのものではない。より客観性が保証されうる統計資料にしても、その数値の記録者もしくは現在の研究者が依拠した史料記述には、すでにそうしたバイアスがかかっている。所詮、私たちは昔人の掌の上で踊らされているにすぎない。

ただ、だからこそ、ある歴史認識というものがどのように形成されていくのか、その危険性はどこにあり、何に注意してそれと接すべきなのかを考える一つのケーススタディーとして、朱子学的王権論の研究は大きな意味をもつ。まして、私たちが今直面している問題の根にそれがあるとなればなおさらである。王権班が取り組もうとした研究課題は、俗にいう「世の中の役に立たない研究」の極北たる哲学・史学の分野に属す。だが、無用の用は真の大用にほかならない。憚り乍ら、人間の思惟や行為の志向性を自覚させるための基礎作業なのだ。しかも、（繰り返しになるが）王権というのは日本列島の住人にとって、有史以来一貫して存続してきている考察対象であり、それぞれの時代が社会環境の変化に応じて扱わざるをえない課題なのである。

本研究班が出航時点で船に積み込んだ荷物は、船長小島の失敗で迷走・漂流のあげく燃料が切れ、数年間ずっと停留状態が続いていた。ここにようやく論集刊行という形で積み荷の一部を降ろすことができた。しかし、なお船内には残った荷が堆く積もっている。これらの積み荷をどこにどう運ぶのか、そしていつどのように降ろすのか、その作業を担うのはもはや「にんぷろ」の王権班ではない。

王権班の一員だった伊東貴之氏は、本務の一貫として国際日本文化研究センターの共同研究班「比較のなかの東アジアの王権論と秩序構想――王朝・帝国・国家、または、思想・宗教・儀礼――」を組織し、平成二十八年から毎年六回程度の研究会を主宰している。二十名を優に超える班員のなかには旧にんぷろ王権班メンバー四人もいる。さしずめ、小島船長のもとで座礁した輸送船は、大型船に積み荷を移し、あらたに多彩な乗客、多様な荷物を増して、伊東船長のもと順調に航海を続けている。私も乗客のひとりに紛れ込んでその航海を楽しんでおり、昨日も洛西桂の地での日帰りクルーズに参加してきたところである。

最後に、校正段階で小林詔子さんに加えて雨宮明子さんにも世話になったことを記しておきたい。

平成三十年一月二十九日

小島　毅

East Asian Maritime World Series Vol.15

Kingship of Middle Ages Japan under the Influence of Chan Buddhism and Neo-Confucianism

KOJIMA Tsuyoshi ed.

Contents

執筆者紹介（掲載順）

小島　毅（こじま　つよし）1962年生。東京大学大学院人文社会系研究科教授。
〔著書〕『中国近世における礼の言説』（東京大学出版会、1996年）、『宋学の形成と展開』（創文社、1999年）、『中国思想と宗教の奔流　宋朝』（講談社、2005年）、『近代日本の陽明学』（講談社、2006年）、『足利義満　消された日本国王』（光文社、2008年）、『朱子学と陽明学』（文庫版、筑摩書房、2013年）、『儒教の歴史』（山川出版社、2017年）ほか。

井澤　耕一（いざわ　こういち）1968年生。茨城大学人文社会科学部教授。
〔著書〕『『朱子語類』訳注　第八十四～八十六』（共訳、汲古書院、2014年）〔論文〕「劉師培『中国歴史教科書』訳注（一）」（『茨城大学人文学部紀要　人文コミュニケーション学科論集』22号、2017年）、「夏曾佑『最新中学教科書　中国歴史』訳注（一）」（『茨城大学人文社会科学部紀要　人文コミュニケーション学科論集』1号、2017年）ほか。

山内　弘一（やまうち　こういち）1952 年生。上智大学文学部特別契約教授。
〔著書〕『朝鮮からみた華夷思想』（山川出版社、2003年）〔論文〕「李朝時代の虎患について」（『上智史学』第40号、1995年）、「朝鮮を以て天下に王たらしむ――学習院大学蔵『箕子八条志』にみる在野老論知識人の夢」（『東洋学報』第84巻第3号、2002年）ほか。

伊東　貴之（いとう　たかゆき）1962年生。国際日本文化研究センター・総合研究大学院大学教授。
〔著書〕『思想としての中国近世』（東京大学出版会、2005年）〔編著〕『「心身／身心」と環境の哲学――東アジアの伝統思想を媒介に考える』（汲古書院、2016年）、『治乱のヒストリア――華夷・正統・勢』〔シリーズ・キーワードで読む中国古典④〕（渡邉義浩・林文孝の両氏との共著、法政大学出版局、2017年）ほか。

シュライ　ダニエル（Daniel F. Schley）1979年生。ボン大学日本学部助教。
〔著書〕*Herrschersakralität im frühmittelalterlichen Japan: Eine Untersuchung der politisch-religiösen Vorstellungswelt des 13. - 14. Jahrhunderts*（LIT 出版社、2014年）〔論文〕“Heilige Texte im modernen Japan?: Das Kojiki im Blick von Ōkura Kunihiko, Watsuji Tetsurō

und Tsuda Sōkichi", *Interjekte* 11 (2017) ほか。

水口　拓寿（みなくち　たくじゅ）1973年生。武蔵大学人文学部教授。
〔著書〕『儒学から見た風水――宋から清に至る言説史』（風響社、2016年）、『中国伝統社会における術数と思想』（池田知久氏と共編、汲古書院、2016年）〔論文〕「台湾における「孔子廟と日本」の百二十年――統治者たちの視線をたどって」（『宗教学論集』第37輯、駒沢宗教学研究会、2018年）ほか。

近藤　成一（こんどう　しげかず）1955年生。放送大学教授。東京大学名誉教授。
〔著書〕『鎌倉時代政治構造の研究』（校倉書房、2016年）、『シリーズ日本中世史２　鎌倉幕府と朝廷』（岩波書店、2016年）〔論文〕「中世日本の『王権』」『アジア遊学151 東アジアの王権と宗教』（小島毅編、勉誠出版、2012年）ほか。

ラポー　ガエタン（Gaétan Rappo）1981年生。ハーバード大学人文社会系大学院（GSAS）客員研究員。
〔論文〕"Rhétoriques de l'hérésie dans le Japon médiéval et moderne: Le moine Monkan (1278-1357) et sa réputation posthume〈日本中世・近代の邪教言説：文観房弘真（1278-1357）とその歴史的評価〉"（Paris: L'Harmattan、2017)、「いわゆる『赤童子』図（日光山輪王寺・大英博物館・大阪市立美術館）の検討」（『佛教藝術』350号、2017年）ほか。

保立道久（ほたて　みちひさ）1948年生。東京大学名誉教授。
〔著書〕『黄金国家――東アジアと平安日本』（青木書店、2004年）、『歴史学をみつめ直す――封建制概念の放棄』（校倉書房、2004年）、『中世の国土高権と天皇・武家』（校倉書房、2015年）ほか。

陶　徳民（とう　とくみん）1951年生。関西大学文学部・東アジア文化研究科教授。
〔著書〕『懐徳堂朱子学の研究』（大阪大学出版会、1994年）、『明治の漢学者と中国――安繹・天囚・湖南の外交論策』（関西大学出版部、2007年）、『東亜的王権与政治思想』（共編著、復旦大学出版社、2009年）、『日本における近代中国学の始まり――漢学の革新と同時代文化交渉』（関西大学出版部、2017年）ほか。

東アジア海域叢書15

中世日本の王権と禅・宋学

平成三十年三月二十九日発行

監修 小島　毅
編者
発行者 三井久人
発行所 株式会社 汲古書院
〒102-0072東京都千代田区飯田橋二-五-四
電　話〇三-三二六五-九七六四
ＦＡＸ〇三-三二二二-一八四五

富士リプロ㈱

ISBN978-4-7629-2955-7 C3321

東アジア海域叢書　監修のご挨拶

――――にんぷろ領域代表　小島　毅

この叢書は共同研究の成果を公刊したものである。文部科学省科学研究費補助金特定領域研究として、平成十七年（二〇〇五）から五年間、「東アジアの海域交流と日本伝統文化の形成――寧波を焦点とする学際的創生」と銘打ったプロジェクトが行われた。正式な略称は「東アジア海域交流」であったが、愛称「寧波プロジェクト」、さらに簡潔に「にんぷろ」の名で呼ばれたものである。

「東アジアの海域交流」とは、実は「日本伝統文化の形成」の謂いにほかならない。日本一国史観の桎梏から自由な立場に身を置いて、海を通じてつながる東アジア世界の姿を明らかにしていくことが目指された。

同様の共同研究は従来もいくつかなされてきたが、にんぷろの特徴は、その学際性と地域性にある。すなわち、東洋史・日本史はもとより、思想・文学・美術・芸能・科学等についての歴史的な研究や、建築学・造船学・植物学といった自然科学系の専門家もまじえて、総合的に交流の諸相を明らかにした。また、それを寧波という、歴史的に日本と深い関わりを持つ都市とその周辺地域に注目することで、「大陸と列島」という俯瞰図ではなく、点と点をつなぐ数多くの線を具体的に解明してきたのである。

「東アジア海域叢書」は、にんぷろの成果の一部として、それぞれの具体的な研究テーマを扱う諸論文を集めたものである。斯界の研究蓄積のうえに立って、さらに大きな一歩を進めたものであると自負している。この成果を活用して、より広くより深い研究の進展が望まれる。

東アジア海域叢書　全二十巻

○にんぷろ「東アジアの海域交流と日本伝統文化の形成――寧波を焦点とする学際的創生――」は、二〇〇五年度から〇九年度の五年間にわたり、さまざまな分野の研究者が三十四のテーマ別の研究班を組織し、成果を報告してきました。今回、その成果が更に広い分野に深く活用されることを願って、二十巻の専門的な論文群による叢書とし、世に送ります。

【題目一覧】

1	近世の海域世界と地方統治	山本英史 編	二〇一〇年十月 刊行
2	海域交流と政治権力の対応	井上徹 編	二〇一一年二月 刊行
3	小説・芸能から見た海域交流	勝山稔 編	二〇一〇年十二月 刊行
4	海域世界の環境と文化	吉尾寛 編	二〇一一年三月 刊行
5	江戸儒学の中庸注釈	市来津由彦・中村春作・田尻祐一郎・前田勉 編	二〇一二年二月 刊行
6	碑と地方志のアーカイブズを探る	須江隆 編	二〇一二年三月 刊行
7	外交史料から十～十四世紀を探る	平田茂樹・遠藤隆俊 編	二〇一三年十二月 刊行
8	浙江の茶文化を学際的に探る	高橋忠彦 編	二〇一八年十月 刊行予定
9	寧波の水利と人びとの生活	松田吉郎 編	二〇一六年十月 刊行

10 寧波と宋風石造文化　山川　均 編　二〇一二年五月 刊行
11 寧波と博多　中島楽章・伊藤幸司 編　二〇一三年三月 刊行
12 蒼海に響きあう祈り　藤田明良 編　二〇一八年七月 刊行予定
13 蒼海に交わされる詩文　堀川貴司・浅見洋二 編　二〇一二年十月 刊行
14 中近世の朝鮮半島と海域交流　森平雅彦 編　二〇一三年五月 刊行
15 中世日本の王権と禅・宋学　小島　毅 編　二〇一八年三月 刊行
16 平泉文化の国際性と地域性　藪　敏裕 編　二〇一三年六月 刊行
17 東京大学本嘉興大蔵経を繙く　横手　裕 編　二〇一八年十二月 刊行予定
18 明清楽の伝来と受容　加藤　徹 編
19 聖地寧波の仏教美術　井手誠之輔 編
20 大宋諸山図・五山十刹図　注解　藤井恵介 編

▼Ａ５判上製箱入り／平均３５０頁／予価本体各７０００円＋税／二〇一〇年十月より刊行中
※タイトルは変更になることがあります。二〇一八年三月現在の予定

編者のことば

中国の喫茶の風習は、漢代の四川には存在しており、しだいに長江の中下流域に伝播して、六朝社会で流行した。これが全国的なものとなったのは、唐代の江南、特に浙江における喫茶文化の高揚による。陸羽の『茶経』の影響のもと、宋元明清を通じて、江南一帯は常に新たな茶文化を発信し続けた。その結果、茶は文人生活の必須アイテムとなったのである。また、浙江茶文化こそが、茶の湯へと発展する日本中世の茶文化の源流になったことも見過ごせない。その伝播においては、天台山に近い寧波が重要な役割を担った。本書は、文献、植物、考古、飲食文化の研究を総合して、浙江茶文化を学際的に追求し、日本との関連を視野に入れつつ、中国茶文化の本質を探るものである。あわせてその多様な側面を、文人生活、酥乳茶、本草、園林建築と関連づけて考察する。また、従来不十分な理解しかされてこなかった『茶経』の問題点を再検討した成果として、『茶経』の本文と読解を付した。

高橋忠彦　編

浙江の茶文化を学際的に探る

東アジア海域叢書8

編者　**高橋忠彦**

編者のことば

港や島で生きる人々の祈り、往来する船乗りや商人の祈り、沿岸の町や村の人々の祈り、使節として海外に赴く人々の祈り、海の上にはさまざまな祈りが交錯している。例を上げれば、小さな島の女神が、商船のネットワークを通じて沿海の港々、さらに海の向こうの山や岬で祀られていく一方で、地元の士大夫の奏請によって君主から称号を付与され、国家の守護神に上昇していく。或いは、経典の中の仏神が多様な回路を通じて、海に生きる人々の思いと触れ合うなかで新しい姿を獲得し、時代と共に在り方を変える集落の守り神が、船が運ぶ人や書物を通じて、遠く異郷の地でも祀られていく。

このような東アジア海域の沿海諸地域の信仰の特質、海域交流による信仰の伝播・変容・創生の諸相、交流を担った人々の信仰の具体相などを多角的に検証し、さまざまな祈りが紡ぎ出する諸相から東アジアと海域世界の歴史的特質を照射するのが本書のねらいである。

藤田明良　編

蒼海に響きあう祈り

東アジア海域叢書12

編者　**藤田明良**

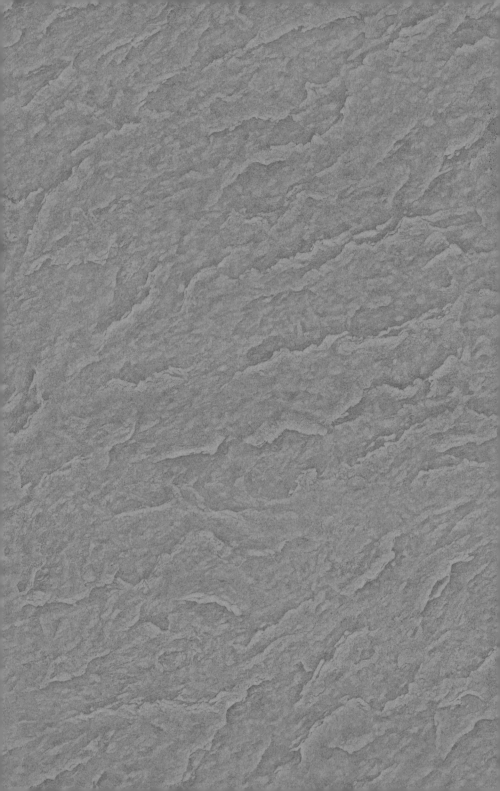